U0961149

2017 年 **第 4 辑** 总第 6 辑

FRONTIER EXPLORATION
OF JUDICIAL JUSTICE

公正司法前沿探索

黄　克◎主编

法律出版社
LAW PRESS · CHINA

编委会

主　　编： 黄　克

副 主 编： 黄海龙　林金文　戴红兵　林玉棠
梁　梅　丁　山　莫锦荣　零海康

编　　委： 何艳斌　韦国超　周　腾　梁文华
杨智军　黄　坚　林　立　于　宁
张培健　文秋德　陈　敏　滕志华
曾　艳　韦武斌　卢上需　刘拥建
刘红云　成　广　杨晓春　黄洪波
梁月奎　廖少昆　梁炳扬

执行主编： 陈　影

执行副主编： 王永明　黄朵成

执行编辑： 黄朵成　赖正直　兰又臻

卷首语

2014 年以来，为充分拓展调研工作渠道，有效发挥司法调研工作为领导决策、审判工作和基层服务的作用，广西壮族自治区高级人民法院决定对调研课题面向社会进行公开招标，合理配置调研工作社会资源，广纳良言，凝聚智慧。3 年来，通过各个课题组多层面艰苦细致的调查研究，取得了一批具有重要转化价值的调研成果，为推动人民法院的科学发展做出了贡献。

在招标课题的调研工作完成后，有一些法院反映，这些课题的研究成果紧扣法院工作中的热点、难点问题，指出问题深刻、到位，提出的解决方案科学、合理、切合实际、可操作性强，很有借鉴意义，但多数成果没有公开发表，难以查阅全文。因此，本书决定从历年的招标课题中精选、汇编一批优秀研究成果，以专刊形式刊登，以便全区法院加强交流、总结经验，更加重视调研工作，不断提高调研工作水平，不断推出高水平、高质量的研究成果，不断开创广西壮族自治区法院调研工作的新局面。

本书编辑部

目　录

Contents

全面推进人民法院信息化建设研究

——以广西人民法庭信息化建设为主要研究对象

柳州市中级人民法院课题组*

前　言

(一)调研的背景、目的与意义

2015年3月5日在十二届全国人大三次会议上,李克强总理在政府工作报告中首次提出"互联网+"行动计划。通俗来说,"互联网+"就是"互联网+各个传统行业",是利用信息通信技术以及互联网平台,使互联网与传统行业进行深度融合,创造新的发展生态。这是转型时期中央对社会治理创新做出的具体部署,充分说明利用网络进行社会治理、推进网络执政能力建设,既是中国经济社会快速发展变化的必然需求,也是解决社会现实问题的全新命题。

随着信息和互联网技术的发展,人民群众的司法需求必然发生重大变化。尤其在即时互动和无距离沟通等各个方面都对司法提出了新的要求。这是人民法院加快推进信息化建设的动力来源,也是人民法院审判体系和审判能力向现代化转变的重要契机。2014年12月,时任中共中央政治局委员、中央政法委书记孟建柱同志到最高人民法院进行专题调研信息化建设时强调,法治化是人民法院工作的内在要求,要从全面推进依法治国的大视野审视信息化建设,以信息化引领人民法院工作现

* 课题主持人:文秋德,柳州市中级人民法院党组书记、院长;课题组成员:关宇、梁斌、莫东军、李佳、戈宁、黄智、贾贞妮、曾真。

代化。人民法院的审判体系和审判能力现代化是国家治理体系和治理能力现代化的重要组成部分。大力推进法院信息化建设,是实现法院工作现代化的重要载体、有力推手和强大动力,也是推进人民法院审判体系和审判能力现代化的必然要求。2016年2月,最高人民法院研究通过《人民法院信息化建设五年发展规划(2016~2020)》和《最高人民法院信息化建设五年发展规划(2016~2020)》,提出要在2017年年底总体建成人民法院信息化3.0版,2020年年底实现人民法院信息化3.0版在全国的深化完善。[1]

课题组认为,在“全面推进人民法院信息化转型升级”的大背景下,人民法庭的信息化建设有其特殊性,尤其是在广西这样一个以壮族为主体的少数民族自治区。广西是全国少数民族人口最多的省(区),[2]其中民族自治县12个,享受自治县待遇的3个,民族乡59个。法庭大都设置在偏远、经济欠发达地区。“边远地区、交通不便、信息闭塞、力量薄弱、设施简陋、方式随意”几乎成为广西人民法庭的主要符号与标识,有学者因此把人民法庭的审判活动直接定义或定位为“乡土司法”。[3] 然而,广西基层社会纠纷的有效解决正逐步凸显出对人民法庭功能的需求,人民法庭自身的条件也发生了重要变化。特别是进入当前的信息化时代,互联网的平等性、即时性、草根性、大众性等媒介特质,打破了他们的政治生活定式,改变着他们所在地区组织结构和政治生态环境,成为民众交流、参政议政、信息服务等活动的一个新平台。根据中国互联网络信息中心(CNNIC)在国家网信办新闻发布厅发布的第38次《中国互联网络发展状况统计报告》显示,截至2016年6月,中国网民规模达7.10亿,互联网普及率达到51.7%,超过全球平均水平3.1个百分点。同时,移动互联网塑造的社会生活形态进一步加强,“互联网+”行动计划推动政企服务向多元化、移动化发展。

关注广大网民尤其是偏远地区民众的政治愿景和民生诉求,有效应对和解决由

---

[1] 法院信息化3.0版具体包括:形成全国法院固定和移动网络相结合、全面支持广大干警和社会公众随时随地接入的“网络法院”;形成司法公开和诉讼服务全面覆盖全国法院和人民群众,开放、动态、透明、便民的“阳光法院”;形成最高人民法院和高级人民法院主要业务信息化覆盖率100%,国家司法审判信息资源库案件数据、电子档案、司法解释等覆盖率100%,具有信息共享、业务协同和按需服务能力的“智能法院”。

[2] 据百度搜索统计,广西行政区划为14个地级市,7个县级市,67个县(含12个民族自治县),36个市辖区,722个镇,405个乡(含59个民族乡),120个街道。乡村人口2567万人,占总人口的54%,少数民族人口占广西总人口的37.18%,在全国居第1位。

[3] 参见顾培东:《人民法庭地位与功能的重构》,载《法学研究》2014年第1期。

网络引发的深层次社会问题，是互联网时代，特别是移动互联网时代社会治理创新的必然选择。正如意大利的莫诺·卡佩莱蒂所说："一种真正现代的司法制度的基本特征之一，必须是司法能有效地为所有人接近，而不仅仅是在理论上所有人可以接近。"课题组认为，信息化时代，在全面推进人民法院信息化转型升级的大背景下，人民法庭信息化建设尤其是广西的人民法庭信息化建设有其特殊意义，完善广西的人民法庭信息化建设，方便广大网民尤其是偏远地区民众参加诉讼，实现他们的政治愿景和民生诉求，是人民法院实现信息化、法治化、现代化的必然要求。

（二）研究的过程

2015 年 7 月，广西壮族自治区高级人民法院把《全面推进人民法院信息化建设》确定为 2015 年度全区法院重点调研课题。柳州市中级人民法院考虑到融水苗族自治县人民法院所辖法庭的基本情况在广西具有一定代表性，其信息化建设也在全区走在前列，[4] 柳州市中级人民法院采取与融水苗族自治县人民法院联合组成课题组的方式，在认真组织贯彻落实最高人民法院、自治区高级人民法院关于信息化建设部署的同时，针对本课题做了大量的前期研究论证工作，并通过竞标成为这一调研课题的承担单位之一。

为高质量地完成这项调研任务，柳州市中级人民法院研究室、融水县人民法院联合课题组制订了详细的调研实施方案，由柳州市中级人民法院党组书记、院长文秋德担任课题主持人，课题组成员则抽调柳州市中级人民法院、融水苗族自治县人民法院多名调研骨干组成。课题组曾多次召开调研课题集中讨论会，对课题研究方向、思路、方式、重点以及报告提纲等进行全面而深入的探讨。2015 年 9 月至 2016 年 8 月，课题组用近一年的时间收集和研究文献资料、开展实地调研、召开座谈会、进行问卷调查、统计分析数据、到区内其他地市的先进法院学习考察等，对人民法庭信息化建设相关问题进行了较深入的调查研究，听取各方面的意见和建议。2016 年 7 月，课题组到河池凤山县人民法院、南宁西乡塘区人民法院、北海合浦县人民法院、钦州灵山县人民法院等区内先进法院及其法庭进行考察学习，参观了凤城镇人民法庭、金陵人民法庭、星岛湖人民法庭和陆屋人民法庭，详细了解和收集这些地市法院对人民法庭信息化建设的做法与经验。在广泛调研的基础上，课题组于 2016 年 8 月 25 日形成广西人民法庭信息化建设的中期调研报告，报送至自治区高级人民法院。自治区高

---

[4] 2013 年 8 月 5 日，全区人民法庭创新管理工作总结表彰会议在融水召开，最高人民法院审判委员会专职委员杜万华及自治区高级人民法院党组副书记、副院长林金文等领导出席会议。

级人民法院组织专家对本课题进行中期评议后，课题组于2016年10月31日～11月6日组织执笔人进行集中写作，并经过多次修改，最终于同年12月形成该调研报告。

（三）研究对象和主要内容

本研究课题主要以广西人民法庭的信息化建设为主要研究对象，将“方便群众诉讼”和“方便法院办案”的人民法庭“两便”原则贯彻始终，以“移动互联网＋共享数据大集中成果”为指导，构建符合广西特色的智慧法庭3.0版标准体系，以期为最高人民法院提出的2017年年底总体建成人民法院信息化3.0版，2020年年底实现人民法院信息化3.0版在全国的深化完善，提供参考性意见。

广西人民法庭的信息化建设，既要考虑到广西人民法庭所在地大多为少数民族山区，发展程度不一，民俗风情各异等地域文化特点和实际；又必须充分认识信息化时代的“现代性”及其对国家司法的现实需要。在本调研课题中，我们研究人民法庭的信息化建设的主要内容为：以信息化为依托，在完善与对接人民法庭与上级法院的内部专网，共享数据大集中成果的基础上，从移动办案（分为立案、送达、庭审、结案四个阶段）、智能办公（诉讼服务大厅、科技法庭、掌上移动办公、四级联网视频系统）以及“五位一体”司法公开体系（构建微博、微信、网站、APP以及短信公开平台“五位一体”司法公开平台）三个方面构建符合广西特色的智慧法庭3.0版标准体系，并提出相关完善建议。智慧法庭3.0版标准体系如图1所示。

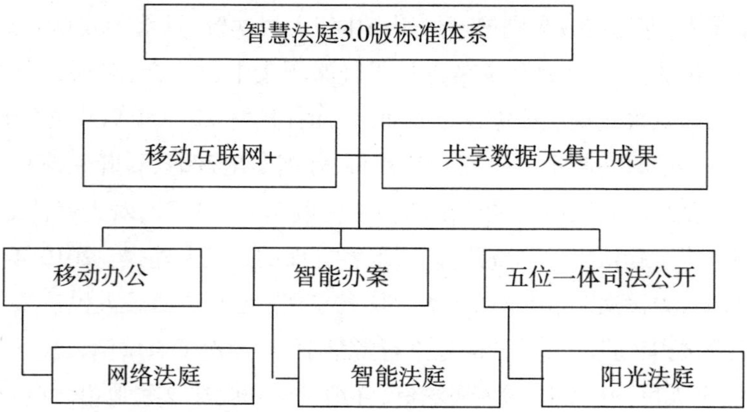

图1 智慧法庭3.0版标准体系

（四）研究的主要方法

1. 文献分析。课题组通过网络、图书馆、法院档案室等方式，收集查询区内区外人民法院信息化建设，尤其是人民法庭信息化建设方面的著作、论文；课题组广泛收集了最高人民法院、广西壮族自治区高级人民法院关于信息化建设尤其人民法庭信息化建设的指导性文件以及相关工作报告，全国各兄弟法院有关人民法庭信息化建设的领导讲话稿、经验材料、规章制度等大量文件资料，以及区内法院召开历次有关人民法庭会议、信息化建设会议的档案，了解本自治区人民法院信息化建设，尤其是人民法庭信息化建设的过程、发展特点和经验。

2. 实地调研。课题组通过召开座谈会、现场参观、听取汇报、操作体验等方式，对广西法院人民法庭信息化建设深入开展实地调研，了解广西法院人民法庭信息化建设的基本情况、成功经验及存在的问题。2016 年 7 月，课题组到河池凤山县人民法院、南宁西乡塘区人民法院、北海合浦县人民法院、钦州灵山县人民法院等区内法院进行考察学习，参观了凤城镇人民法庭、金陵人民法庭、星岛湖人民法庭和陆屋人民法庭，详细了解和收集这些地市法院对人民法庭信息化建设的做法与经验，为调研报告的顺利完成提供了坚实的事实基础与直观认识。

3. 问卷调查。调查的群体主要分为法院内部和法院外部两大部分。法院内部课题组以法院工作人员为调查对象，法院外部课题组以案件当事人、社会公众两类群体为调查对象。问卷的发放方式主要有：法官或司法行政人员利用其培训、开会的时机发放，同时在法院内部网站上开通电子问卷；社会公众、当事人及代理人问卷则委托法院利用立案、送达以及旁听庭审等环节发放回收。问卷调查工作完成后，课题组专门委托专业机构运用专业软件对问卷答卷情况进行统计。调查问卷数据全面、客观、细致，为课题研究工作提供了翔实的数据依据。

4. 比较研究。对广西壮族自治区与先进省份以及先进省份之间的做法进行比较衡量，了解各地在各种做法之间的实际效果差异，对各地人民法庭的信息化建设进行客观评价。

一、人民法庭信息化建设的广西实践

（一）发展历程

广西法院探索人民法庭信息化建设的实践，主要历经了起步阶段、“五化”建设阶段、全面建设阶段和“升级版”建设阶段，人民法庭信息化建设的范围和程度进一步拓展和深化。广西人民法庭信息化建设历程如图 2 所示。

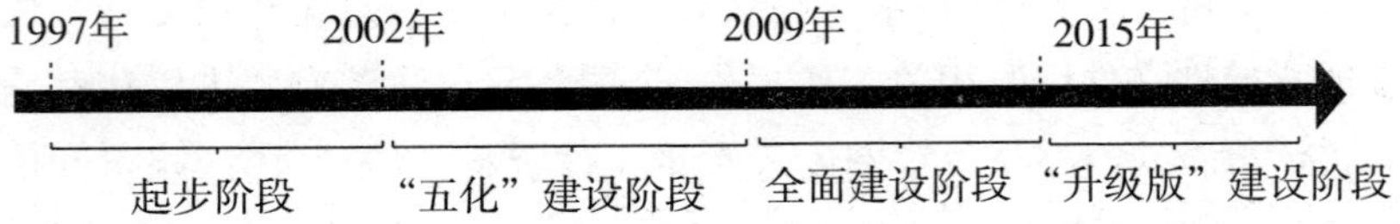

图2 广西人民法庭信息化建设历程

1. 1997～2002年：起步阶段

1996年5月，最高人民法院在江苏召开“全国法院通信及计算机工作会议”召开，部署全国法院计算机网络建设工作，标志着人民法院信息化工作的正式起步。广西法院信息化建设起步于1997年，但人民法庭信息化建设并未作为单独项目提出，只是作为法院整体规划信息化建设的内容之一。这一时期人民法庭信息化建设发展较为缓慢，主要应用于文字处理、庭审记录、数据统计以及撰写、打印法律文书等办公自动化领域，应用范围窄、程度低，信息化水平十分落后。

2. 2002～2009年：“五化”建设阶段

2002年，最高人民法院召开了第一次全国法院信息化工作会议，标志着全国法院信息化建设全面启动。同年，广西法院信息化建设全面启动，在信息化建设和应用领域开始进行有益的探索和尝试，逐步实现最高人民法院、高级人民法院、中级人民法院、基层人民法院四级专网建设，信息化网络系统初步形成，信息化建设得到较快发展。2005年5月，广西壮族自治区高级人民法院在全区法院范围内开展“精神文明建设规范化、组织建设规范化、审判工作规范化、管理制度规范化、物质建设规范化”的“五化法庭”创建活动，进一步对基层人民法庭加大投入，并积极推进人民法庭信息化建设和应用。2009年，广西所有的基层人民法庭全部达到了规范化建设的要求，人民法庭信息化建设和应用也得到进一步发展。

3. 2009～2015年：全面建设阶段

2009年，广西壮族自治区高级人民法院提出“科技强院”的战略目标，全面加快推进法院信息化建设。同年12月，广西壮族自治区高级人民法院完成广西三级法院审判管理系统联网。2012年，广西壮族自治区高级人民法院开始实施基层人民法庭专线联网工程，实现高级人民法院、中级人民法院、基层人民法院和基层人民法庭四级联网，实现包括人民法庭在内的全区法院各大应用系统数据集中存储、互联互通、交换共享。截至2015年，人民法庭信息化基础设施建设基本完成，核心应用系统日益成熟，司法信息资源的搜集、整合及管理使用初见成效，信息化保障体系不断完善，实现了网上立案、网上办案、网上办公，已基本建成互联互通的信息化格局。

4. 2015年至今："升级版"建设阶段

2015年，最高人民法院发布《人民法院信息化建设"十三五"发展规划》，要求全面推进人民法院信息化3.0版建设。2016年1月，广西法院开始围绕人民法院信息化3.0版的要求，全面推进法院信息化转型升级。广西南宁金陵人民法庭、柳州三都人民法庭、汪洞人民法庭等已经开始着手人民法庭信息化"升级版"建设，大力推进人民法庭信息化与审判工作深度融合，实现人民法庭沟通方式、诉讼服务、审判效率等方面的深度变革，有力推动人民法庭信息化建设提档升级。

（二）基本情况

1. 司法辖区情况

广西在14个地级市的县、区设111个基层人民法院，基层人民法院在各城区、乡、镇共派出279个人民法庭（不含筹建中的人民法庭〔5〕及北海海事法院派出的防城港法庭、贵港法庭和景洪法庭）。广西全区279个人民法庭所辖城区、乡、镇共计1042个，辖区人口共计约4095.7131万人。〔6〕

2. 人员组成情况

目前，广西全区279个人民法庭共配备了干警1495人，其中在编人数1134人，聘用人数361人，配备人民陪审员1259人。广西全区人民法庭人员配备情况（2015年统计数据见表1。

表1　广西全区人民法庭人员配备情况（2015年统计数据）〔7〕

中院	法庭数量（个）	总人数（人）	在编人数（人）	聘用人数（人）	陪审员人数（人）
南宁	25	171	110	61	57
柳州	21	108	76	32	74
桂林	32	156	134	22	104

〔5〕 筹建中的人民法庭有：嘉会人民法庭（恭城县）、东山人民法庭（全州县）、柘木人民法庭（雁山区）、甲篆人民法庭（巴马县）、金牙人民法庭（凤山县）、板升人民法庭（大化县）、马步人民法庭（武宣县）、涠洲人民法庭（海城区）、滩营人民法庭（防城区）、江山人民法庭（防城区）、华兰人民法院（上思县），共11个。

〔6〕 数据来源于广西壮族自治区高级人民法院民一庭提供的"全区人民法庭创建情况统计表（2015年7月止）"。

〔7〕 数据来源于广西壮族自治区高级人民法院民一庭提供的"全区人民法庭创建情况统计表（2015年7月止）"。

续表

中院	法庭数量(个)	总人数(人)	在编人数(人)	聘用人数(人)	陪审员人数(人)
梧州	17	94	76	18	133
崇左	19	95	76	19	71
来宾	17	89	64	25	63
贺州	17	80	66	14	81
玉林	22	157	119	38	134
百色	41	156	124	32	242
河池	33	140	112	28	139
钦州	11	92	62	30	39
防城港	7	34	20	14	13
贵港	14	103	78	25	103
北海	3	20	17	3	6
总计	279	1495	1134	361	1259

从男女比例上看，男性占人民法庭人数的大多数，基本能够适应基层人民法庭条件艰苦的工作。以柳州融水法院为例，该院4个基层人民法庭共23人，其中男性17人，女性6人，融水法院人民法庭男女比例示意图见图3。

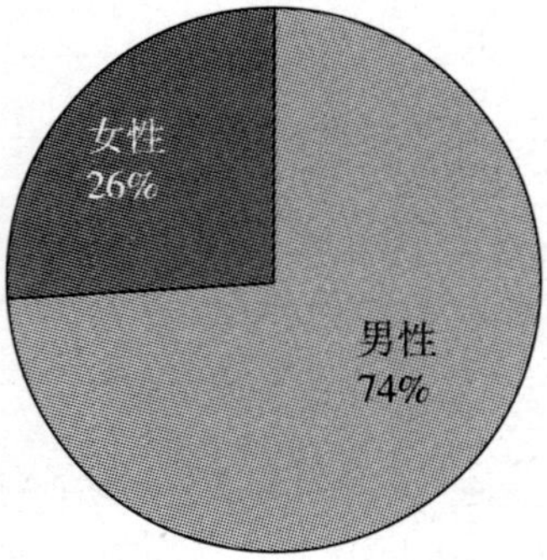

图3 融水法院人民法庭男女比例示图

从年龄结构上看，以柳州融水法院为例，该院4个基层人民法庭共23人，其中25岁以下有4人，25～35岁有14人，35～45岁有3人，45岁以上有2人。人民法庭人员年龄分布较为均衡，基本形成了老中青合理搭配的格局，为人民法庭的可持续发展提供了较好的人员支撑。融水法院人民法庭人员年龄分布图见图4。

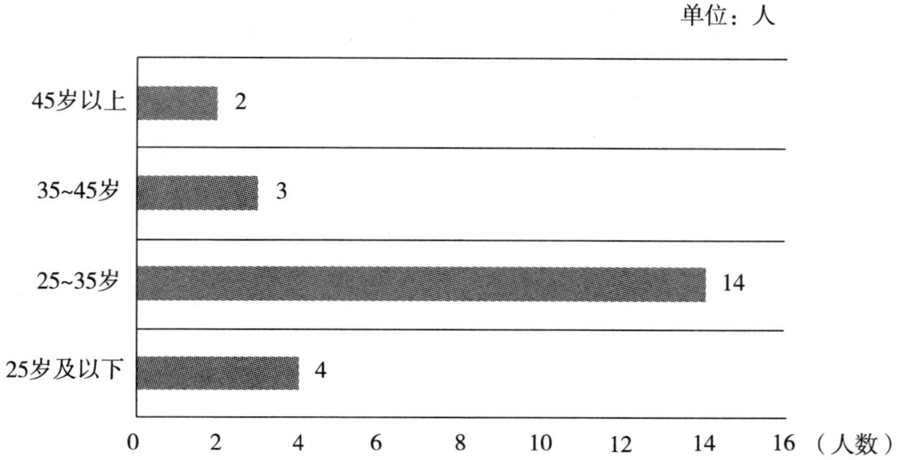

图4　融水法院人民法庭人员年龄分布图

从学历结构上看，以柳州融水法院为例，该院4个基层人民法庭共23人，其中大专有4人，本科生有18人，研究生有1人，人民法庭人员的学历层次绝大多数在大专以上，其中本科学历占绝大部分。人民法庭人员总体上学历层次较高，可以较好地满足审判工作的要求。融水法院人民法庭人员学历统计见图5。

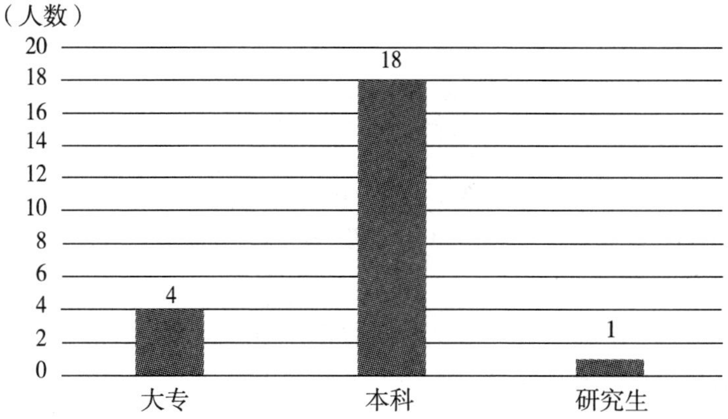

图5　融水法院人民法庭人员学历统计

以上数据说明，人民法庭在人员队伍方面具有年轻化、学历高的特点，广西人民法庭信息化建设在人才队伍方面具备一定的优势和条件。

3. 案件收结情况

全区人民法庭收案、结案均呈现逐年上升的态势，各地区之间呈现不均衡的特点。人民法庭法官人均结案数逐年增加，结案压力逐年增大。广西全区人民法庭 2012 ~ 2014 年度的收结案情况见表 2。

表 2　广西全区人民法庭 2012 ~ 2014 年度的收结案情况〔8〕

中院	2012 年		2013 年		2014 年	
	收案	结案	收案	结案	收案	结案
南宁	3869	3800	5549	5326	6135	5907
柳州	3664	3408	4147	3703	5013	4684
桂林	4706	4821	5227	4779	5474	5521
梧州	1515	1515	2152	2150	3008	2977
崇左	2376	2272	2960	2799	2410	2376
来宾	2552	2512	3490	3311	4261	3934
贺州	2207	2190	2435	2337	2319	2290
玉林	10 776	10 465	9538	9486	7904	7438
百色	7075	7132	6785	6726	6944	6793
河池	3573	3557	3792	3653	4186	3995
钦州	4000	3865	4011	3989	4330	4313
防城港	556	556	1070	1026	1300	1296
贵港	5762	5855	5129	5066	5350	5254
北海	717	630	976	830	1114	995
总计	53 348	52 578	57 261	55 181	59 748	57 773

以上数据表明，人民法庭在“案多人少”的压力下，对于具有提高工作效率、减轻法官的工作负荷功能的人民法庭信息化建设，有着现实而迫切的需求。

4. 物质硬件装备现状

2007 ~ 2009 年，按照“五化”法庭验收标准，广西全区所有人民法庭的用房及物质装备等全部达到规范化法庭的标准。近年来，全区人民法庭在物质装备、办公设备方面等信息化投入逐步增加，人民法庭的信息化基础设施得到不断改进和完善。因此，人民法庭信息化建设具备了应有的物质基础和现实条件。

〔8〕 数据来源于广西壮族自治区高级人民法院民一庭提供的“全区人民法庭创建情况统计表（2015 年 7 月止）”。

（三）信息化运用情况

受经济发展水平、地理环境、客观需求、司法观念、法官素质等因素的影响，广西各人民法庭在推进信息化建设的过程中呈现出不同的内容和特点。课题组基于以上因素的考量，分析了广西各地人民法庭信息化建设的内容，并实地调查南宁、柳州、河池、北海、钦州等地，选取具有代表性和典型性的人民法庭作为分析模板，归纳总结广西全区人民法庭信息化运用的基本情况。

1. 信息化基础设施建设不断完善

（1）科技法庭全面建成

广西法院大力加强人民法庭的科技法庭建设，实行庭审活动全程同步录音录像，并以数据形式集中存储、定期备份、长期或按要求时限保存。截至 2016 年 4 月，全区 293 个人民法庭实现了科技法庭全覆盖，全部接入广西法院音视频管理平台，并实现了庭审同步录音录像。[9] 科技法庭功能图见图 6。

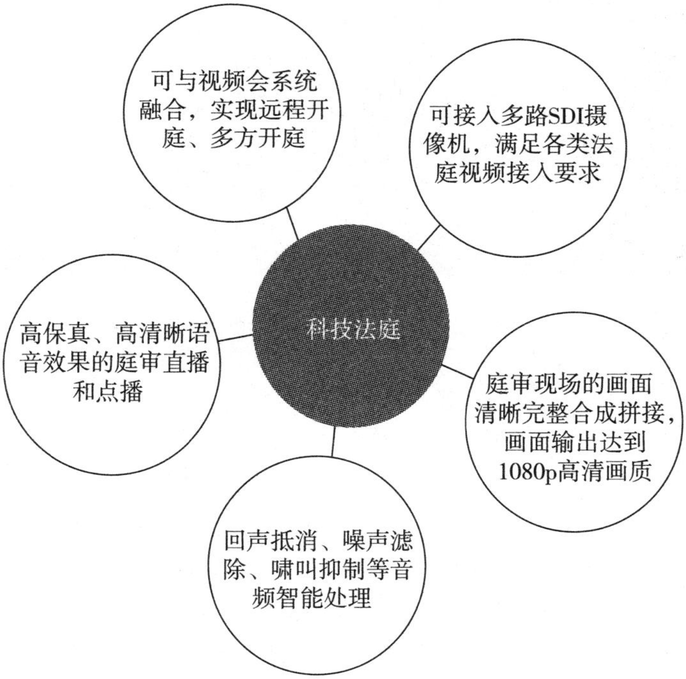

图 6　科技法庭功能图

---

〔9〕 参见中国社会科学院法学研究所法治指数研究中心、法治指数创新工程项目组：《中国法院信息化第三方评估报告》，中国社会科学出版社 2016 年版，第 32 页。

(2)人民法庭网络建设实现全面覆盖

2010年,广西壮族自治区高级人民法院自主研发内部办公自动化系统和内部网站群系统,并在全区三级法院全面投入使用,该系统包括法院公文处理等20多个办公模块几十个子系统,涵盖日常办公各种应用。2012年,广西法院完成人民法庭四级专网建设,实现全区人民法庭专网全覆盖。2015年3月21日,广西法院正式启用新审判管理系统,审判管理系统与综合管理平台、人事和后勤管理系统、科技法庭、档案管理系统、司法公开系统、法官办案助手等各大应用系统的有效衔接,人民法庭在此基础上实现了信息互通资源共享,发挥了信息化综合整体效应。广西法院新系统登录界面见图7。

图7 广西法院新系统登录界面

(3)信息化技术人才队伍建设机制日臻成熟

广西各级法院认识到信息化技术队伍建设是信息化建设不可或缺的内容,因此各级法院结合自身的实际和特点,开始探索和构建信息化技术人才队伍建设机制。一方面,优化内部信息化技术人才队伍的培养机制,如出台系列信息化人才队伍建设相关配套制度,建立常态化的信息化培训制度和人才培养制度;另一方面,各级法院开始逐步探索和建立服务外包机制,充分利用社会力量,走市场化、专业化的道路,交由专业化的技术公司承担系统的运行和维护管理工作。

2. 人民法庭信息化应用范围日益广泛

广西法院大力推进信息化在审判管理、行政后勤管理、科技法庭、档案管理、司法公开、司法便民、法官办案助手等方面的应用,并在各人民法庭推广普及。广西法院审判系统应用模块见图8。目前,一些法院如南宁西乡塘法院、柳州融水法院、鱼峰法院、柳江法院等正在人民法庭信息化应用创新性方面开始进行有益的探索和尝试。总体而言,人民法庭信息化应用范围越来越广,作用也越来越大。以柳州融水法院为例,该院4个人民法庭全部配备了移动办公系统,能够与广西法院新审判系统进行无缝对接,实现审判管理系统与综合管理平台、人事和后勤管理系统、科技法庭、档案管理系统、司法公开系统、法官办案助手等各大应用系统的有效衔接,人民法庭在此基础上实现了信息互通资源共享,发挥信息化综合整体效应。

图8　广西法院审判系统应用模块

3. 司法公开呈现全方位立体式格局

广西法院依托现代信息技术,建成司法公开"三大平台",为社会公众和当事人提供开放透明、方便快捷的查询服务,见图9。同时,广西法院不断深化和拓展司法公开的范围和内容,开通庭审视频直播。截至2016年9月,广西已有7家中院、25家基层法院接入庭审直播服务,建设完成43间直播法庭,在中国庭审公开网、法院官方微博、官方微信、新浪法院频道多平台同步视频直播案件345件,直播和点播观看量合计3 099 825人次。广西中级人民法院庭审视频直播数据统计和广西基层人民法院庭审直播数据统计见表3和表4。

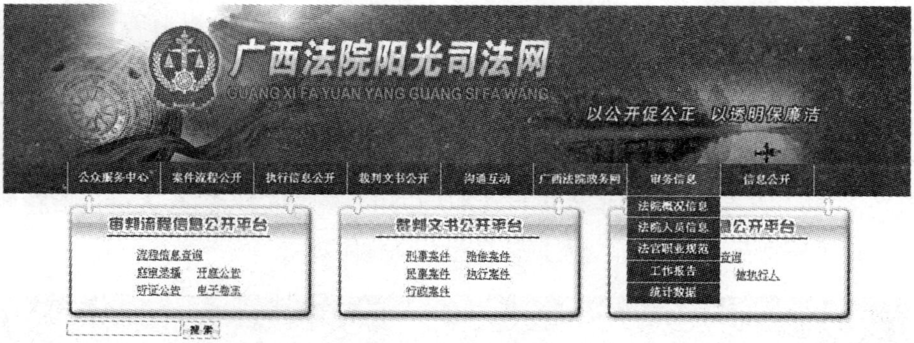

图9　司法公开"三大平台"

表3　广西中级人民法院庭审视频直播数据统计(统计时间截至2016年9月)〔10〕

接入中院	直播法庭数(间)	直播案件数(件)	直播点播观看量(人次)
南宁中院	2	8	351 210
柳州中院	1	7	418 991
防城港中院	1	16	974 165
贺州中院	2	4	41 814
北海中院	1	3	79 051
钦州中院	1	5	78 200
来宾中院	1	1	25 323
合计	9	44	1 968 754

注:统计时间截至2016年9月。

表4　广西基层人民法院庭审直播数据统计(统计时间截至2016年9月)〔11〕

地区	接入基层院	直播法庭数(间)	直播案件数(件)	直播点播观看量(人次)
南宁	兴宁区法院	2	77	124 706
	江南区法院	2	82	81 880
	西乡塘区法院	2	34	46 207

〔10〕 数据由江苏新视云科技股份有限公司提供(该公司在广西提供该项技术服务)。

〔11〕 数据由江苏新视云科技股份有限公司提供。

续表

地区	接入基层院	直播法庭数（间）	直播案件数（件）	直播点播观看量（人次）
南宁	青秀区法院	6	36	54 349
	良庆区法院	2	1	20 447
	武鸣区法院	1	1	13 225
	邕宁区法院	1	—	—
	宾阳县法院	1	—	—
	马山县法院	1	1	17 089
	上林县法院	1	1	17 917
	隆安县法院	1	1	18 883
防城港	防城区法院	1	14	502 734
	港口区法院	1	23	27 945
	东兴市法院	1	15	58 558
	上思县法院	1	4	29 164
来宾	兴宾区法院	1	2	22 678
	合山市法院	1	1	5566
	象州县法院	1	1	60 973
	武宣县法院	1	5	10 741
	忻城县法院	1	1	10 810
	金秀瑶族自治县法院	1	1	7199
北海	海城区法院	1	—	—
	银海区法院	1	—	—
	铁山港区法院	1	—	—
崇左	凭祥县法院	1	—	—
合计	25 家	34	301	1 131 071

注:“—”为已接入设备但因网络带宽有限尚未直播的法院。

(四)创新特色

1. 柳州:“多位一体”的信息化建设

柳州法院所辖的人民法庭信息化程度较高,而融水法院所辖的人民法庭基本情况在广西具有一定的代表性，并且其信息化建设在全区走在前列。[12] 课题组选取融水法院、鱼峰法院、柳江法院等为调查对象，分析并归纳柳州法院在人民法庭信息化建设的做法和经验。

（1）建立人民法庭多功能诉讼服务中心

截至2013年，柳州21个基层人民法庭全部完成人民法庭多功能诉讼服务中心的建设，可以为当事人提供咨询、立案、查询、诉前调解、判后答疑、司法救助等“一站式”综合服务，方便群众诉讼。柳州人民法庭诉讼服务中心主要功能见表5。

表5 柳州人民法庭诉讼服务中心主要功能

序号	主要功能
1	诉讼引导、指导及法律咨询
2	提供各种便民服务和便民设施
3	立案（登记、审查、受理、缴费）
4	查询案件审判流程
5	文书送达
6	调解
7	判后答疑及信访接待
8	法律宣传
9	投诉建议
10	法律援助及司法救助

（2）建设“互联网＋法庭”

以科技化法庭平台、司法公开平台和新媒体平台（简称“三大平台”）为依托，开始探索网上立案（预立案）、收费、送达、开庭、判决、回访的实践，建设“互联网＋法庭”。

一是推行网上立案。以鱼峰法院为例，该院于2014年率先在广西推出网上立案工作模式，雒容人民法庭通过该院网上立案和律师服务平台两大模块，可以实现线上线下同时立案，数据实时传输，信息无缝对接。鱼峰法院网上立案登录界面见图10，鱼峰法院网上立案主要途径示意图见图11。

---

〔12〕 2013年8月5日，全区人民法庭创新管理工作总结表彰会议在融水召开，最高人民法院审判委员会专职委员杜万华及自治区高级人民法院党组副书记、副院长林金文等领导出席会议。

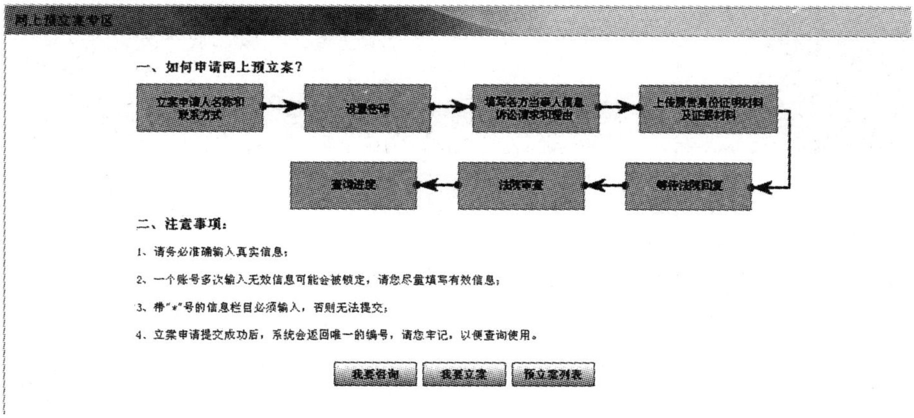

图 10　鱼峰法院网上立案登录界面

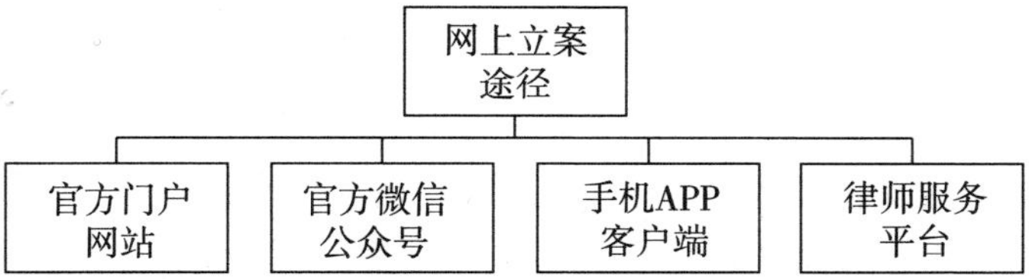

图 11　鱼峰法院网上立案主要途径示意图

二是实现远程调解、开庭。以融水法院为例，该院的 4 个人民法庭针对辖区山高路远、群众多外出务工的特点，先后开通阳光司法网、维权 QQ、维权微博等，开展远程立案、远程开庭、调解，方便当事人诉讼。融水法院人民法庭 2013 ~ 2015 年远程开庭情况统计表见表 6。

表 6　融水法院人民法庭 2013 ~ 2015 年远程开庭情况统计表

年度	远程开庭次数	节省当事人往返路费、住宿费（万元）
2013 年	40	2.1
2014 年	68	3.5
2015 年	96	4.6

三是实现审判流程公开及实时查询。柳州 21 个基层人民法庭均已连接至广西法院阳光司法平台，均可实现案件审判流程、庭审过程、裁判文书等内容的公开和查询。广西法院阳光司法平台截图见图 12。

图 12　广西法院阳光司法平台截图

(3)巡回审判与信息化建设的深度融合

巡回审判是人民法庭司法为民的一项重要举措,融水法院的 4 个人民法庭根据辖区交通不便、经济发展落后的特点,建立了一套依托信息化建设的巡回审判运行机制,实现了巡回审判与信息化建设的深度结合。主要做法有:一是全面配备便携式手提电脑、打印机等物质装备。二是全面建设便携式科技法庭,延伸至边远乡村,实现巡回审判的刻录、直播。三是推广运用移动办公系统。四是开发电子签章的移动终端应用。融水法院人民法庭 2013 ~ 2015 年巡回审判情况统计表见表 7,融水法院移动办公系统见图 13。

表 7　融水法院人民法庭 2013 ~ 2015 年巡回审判情况统计表

年度	巡回审判次数(次)	巡回办案率
2013 年	846	78%
2014 年	1080	83%
2015 年	12 324	85%

(4)人民法庭信息化助推司法阳光

柳州法院以信息化为依托,探索出一条符合基层人民法庭实际,具有地区特色的多渠道、全方位、多元化的"阳光司法"之路。

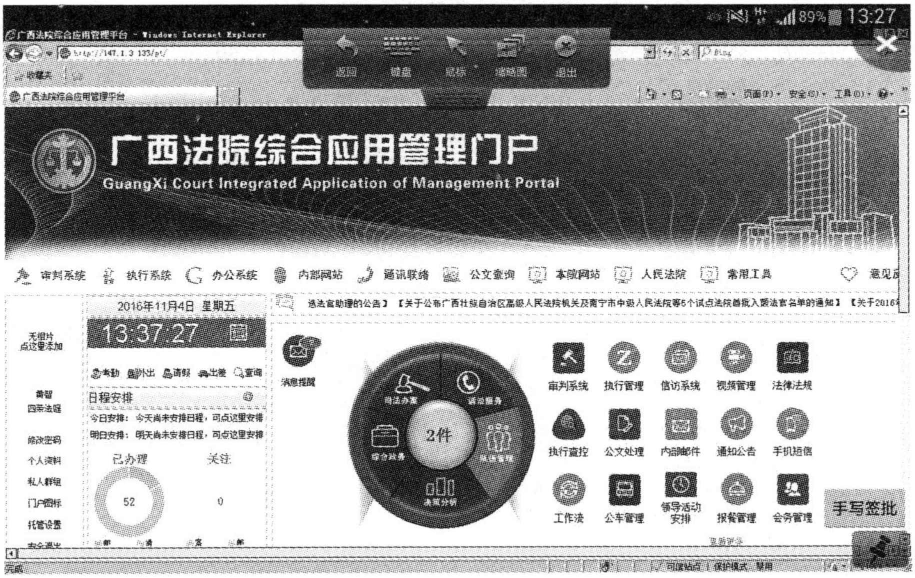

图 13　融水法院移动办公系统

一是裁判公开运行全程留痕。目前柳州 21 个人民法庭已经全部完成高清科技法庭建设,可以实现庭审过程同步录音录像,并提供内、外网点播与直播。

二是将便携式科技法庭延伸至边远乡村,实现巡回审判“一案一刻录”“每案必录”,以及微博、微信同步直播。

三是官方微博、微信平台积极回应群众关注。各基层人民法庭广泛自主地开设官方微博、微信,以生动的语言,活泼的形式,多样的内容,积极与粉丝互动,积极回应辖区群众关注的司法个案。微博、微信已经成为包括基层人民法庭在内的各级法院全方位、多角度、全天候地公开司法活动的重要平台。

(5)建设“智慧法庭”

融水苗族自治县人民法院于 2015 年提出“智慧法庭”这一概念,并于 2016 年 12 月 8 日召开新闻发布会,介绍了该院在加强信息化建设中,以汪洞人民法庭为试点打造“智慧法庭”,逐步建设以大数据为核心的人民法院信息化 3.0 版的阶段性成果。主要以打造“智慧法庭”六大系统为主要内容,推进人民法庭信息化建设与实际审判工作的深度融合,实现沟通方式、诉讼服务、审判效率等方面的变革,有力地推动了人民法庭各项工作提档升级。融水法院“智慧法庭”六大系统见表 8。

表8 融水法院"智慧法庭"六大系统

	系统	功能
融水法院"智慧法庭"六大系统	1. 四级联网视频系统	实现远程会议、远程接访、远程调解、开庭等功能
	2. 移动便携式科技法庭系统	实现巡回审判一案一刻录,巡回审判庭审微信、微博及视频直播等功能
	3. 视频通话系统	构建群众与法官无障碍的沟通联系机制,实现工作8小时
	4. 内部数据共享系统	法院内部数据大集中和大共享,实现人民法庭移动终端数据共享
	5. 外部数据共享系统	实现人民法庭与当地联动部门的网络系统连接和数据共享
	6. 电子签章移动终端系统	实现人民法庭移动终端的电子签章

2. 南宁:打造司法联络网 实现乡村司法网格一体化

以西乡塘区人民法院为例,该院金陵法庭先后在辖区乡镇的55个行政村落、屯(组)设立了"司法联络点",绘制了精细的"司法联络点网络示意图",详细标注了55个村屯(组)联络员姓名、联系方式、与法庭相距公里数、每年诉讼的情况等信息。通过聘请村干部及村屯中有威望、讲诚信、有能力的村老为"司法联络员",利用联络员来自基层、贴近群众的优势,法官可及时与联络员沟通联系,直观了解各村屯院落人员以及涉诉的情况,联络员可协助法院开展送达、调查取证、执行、矛盾排查、纠纷化解等具体工作,建立起以法庭为中心、以"司法联络点"为支撑、以司法联络员为纽带,辐射乡镇、村、屯的司法网络,实现了各类纠纷调处的网格化管理,做到涉诉矛盾纠纷"不出村,不上交,就地化解"。同时,依托联络点的信息反馈功能,金陵法庭还会同联络员对纠纷案件多发村、多发群体开展有针对性的法制宣传教育,提高群众的法律意识和法律观念。金陵人民法庭便民司法联络点网络示意图见图14。

3. 北海:以提高审判工作的质量和效率为主要目标的人民法庭信息化

北海位于广西沿海平原地区,交通发达,经济发展水平较高,该地区的人民法庭在法院本部服务的辐射下,人民法庭对外服务功能因此有所弱化,其信息化的侧重点主要在于对内服务方面,主要是提供快捷、便利的信息手段,提高审判工作的质量和效率。

以北海合浦县人民法院为例,该院星岛湖人民法庭全面推行网上办案,提升信息化应用能力,通过"审判流程管理系统"将案件审理过程中的收案、审批立案、分案、开

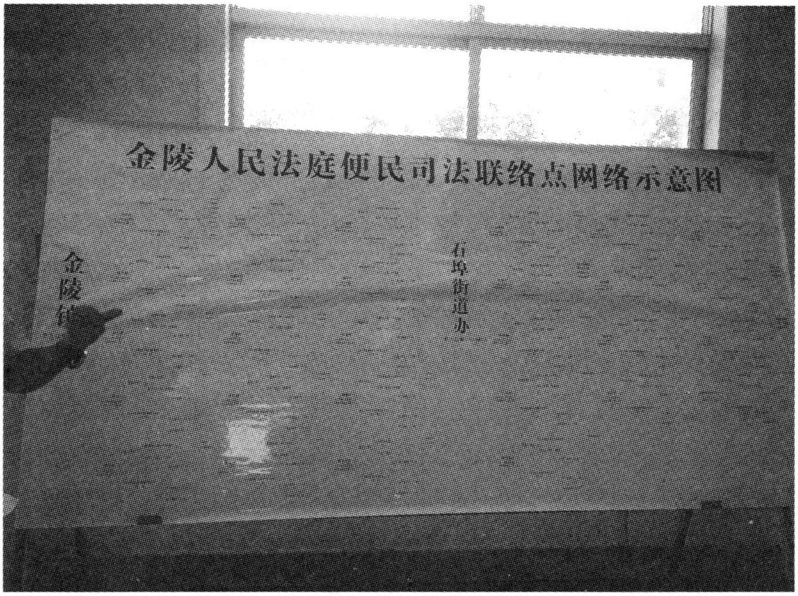

图 14　金陵人民法庭便民司法联络点网络示意图

庭排期、送达、审理、结案、归档及文书的撰稿、送签和审批等工作流程纳入网络，实行自动化管理，实现审判管理的信息化、同步化、无纸化，把法官从重复烦琐的事务性工作中解放出来，提高了案件审理的效率和质量。

4. 钦州：着手构建外部信息互联共享机制

以钦州市灵山县人民法院为例，该院的陆屋法庭除了已经完成法庭与法院内部各大应用系统数据集中存储、互联互通、交换共享外，还着手构建了人民法庭以执行部门为纽带的与其他联动部门的信息互联共享机制，实现了与工商、税务、公安、银行等机关部门的信息资源互通。灵山人民县法院与其他部门信息共享情况统计表见表 9。

表 9　灵山县人民法院与其他部门信息共享情况统计表

序号	部门
1	房产
2	土地
3	工商
4	税务
5	公安

同时调查发现，钦州各法院均将网络信息安全放在十分重要的地位，并不断加强信息网络安全建设，可以归纳为：建立网络信息安全管理制度、严格实行内外网物理隔离制度、建立健全安全保障机制、强化干警网络安全保密意识"四大措施"。钦州法院保障信息安全"四大措施"见表 10。

表 10 钦州法院保障信息安全"四大措施"

	具体措施	
信息安全"四大措施"	1. 建立网络信息安全管理制度	根据自身的情况及辖区人民法庭的实际，制定了一系列配套的网络信息安全管理制度
	2. 严格实行内外网物理隔离制度	在人民法庭应用终端提供了经济安全的内外网物理隔离功能，通过物理开关进行内外网的切换，有效地保障了内部网重要数据的安全，内部局域网和外部因特网实现物理隔离
	3. 建立健全安全保障机制	1. 升级存储备份设备，并打造云数字中心； 2. 安装机房精密空调，确保服务器高温条件下的正常运行，保证审判、办公资料安全； 3. 落实互联网接入实名登记制； 4. 清理无线路由器的使用，禁止干警在办公区和审判区私自搭建 WiFi 热点
	4. 强化干警网络安全保密意识	1. 加强保密教育，切实提高干警对保密工作重要性认识； 2. 严格存储介质、文件安全管理，要求干警尽量使用法院办公专网、"布谷鸟"即时通讯工具等形式进行资料传递，最大限度地降低 U 盘使用率； 3. 对涉密移动存储介质实行严密管理、定期查杀病毒

5. 河池：依靠科技信息化手段推行巡回审判模式

河池境内石山连绵，交通十分不便，经济发展滞后。凤山县作为代表与典型的老少边山穷县，该县法院以山区巡回审判为载体，以解决群众打官司难为突破口，依靠科技信息化手段，积极探索"五位一体"的山区法院司法为民途径。凤山法院"五位一体"的巡回法庭模式见表 11。

表 11　凤山法院“五位一体”的巡回法庭模式

		具体措施
“五位一体”的巡回法庭模式	庭	在原机构编制不变的基础上，整合凤城、平乐、长洲 3 个派出法庭，成立大巡回法庭，负责在辖区内巡回办案；整合民一、民二庭，民商事办案组，负责全县较为疑难、复杂的民商事案件的审理；整合退居二线的资深法官，成立审监庭组，负责对小额争议、交通事故案件巡回进行诉前、庭前调解
	站	在 3 个派出法庭办公地点、县公安局交警大队等设立工作站，专门负责小额诉讼、家庭矛盾邻里纠纷、道路交通事故损害赔偿等案件的诉前调解工作
	所	在各乡（镇）司法所设立巡回办案场所，安排固定人员到所巡回立案、巡回审理，指导当地的人民调解工作
	点	在村屯（社区）设立办案点，定期到点上开展法律宣传和法律咨询工作
	员	在村屯（社区）落实调解员，协助巡回调解工作

6. 小结

广西各人民法庭在推进信息化建设的过程中呈现出不同的内容和特点，通过横向比较，我们发现广西人民法庭信息化建设具有以下特色。

（1）人民法庭在“两便”原则下形成“多位一体”的信息化建设格局。

“一体”主要表现为：广西各人民法庭以便民诉讼为原则，以群众需求为导向，以群众满意为依归，不断丰富便民诉讼的内涵和外延，拓展便民诉讼的广度和深度，其内容涵盖了诉前调解、立案、送达、开庭、宣判、答疑、回访等所有诉讼环节，构建并形成了内容丰富的便民诉讼体系。

“多位”主要表现为：一是建立人民法庭多功能诉讼服务中心，实现立案的“一站式”综合服务，特别是网上立案的推广运用，更加方便群众诉讼。二是推行电子送达，实现高效、便捷的司法便民服务。三是推行远程调解、开庭，宣判，节省了当事人的时间，减轻了当事人的诉讼成本。四是构建群众与法官无障碍的沟通联系机制，实现工作时段的无障碍咨询服务。

（2）巡回审判与信息化建设的深度融合。广西人民法庭信息化建设的另一创新点是依托信息化建设的巡回审判运行机制，实现了巡回审判与信息化建设的深度融合，为人民群众提供更为直接、更为具体的司法便民服务。

（3）以信息化为依托开创具有广西特色的阳光司法之路。广西法院以信息化为依托，探索出一条符合基层人民法庭实际，具有地区特色的多渠道、全方位、多元化的

"阳光司法"之路。一是以审判的重要流程环节信息公开为脉络,创建了以互联网、移动媒体等现代技术平台为载体的审判信息公开。二是以人民法庭启动高清科技法庭以及便携式科技法庭为平台,实现了案件审理和裁判公开的全程留痕。三是利用微博、微信等新媒体强化与民众的互动,回应群众的关注。

(4)率先建设"智慧法庭"。"智慧法庭"这一概念是融水法院于 2015 年首次提出的,该院以打造"智慧法庭"六大系统为主要内容,推进人民法庭信息化建设,实现了信息化与实际审判工作的深度融合。

(五)成效

广西法院在开展人民法庭信息化建设及提升工作取得了明显成效,可以归纳为以下几个方面:

1. 基础设施建设全面发展

目前,广西各级法院均建成局域网,并完成了与最高人民法院一级专网的连接和全区法院的广域网建设,开通了全区法院视频会议和 IP 电话,实现了数据、语音、图像的"三网合一",并完成所有基层人民法庭联网。全区法院共配备计算机 12 000 余台,打印机 6000 余台,人机配备比例已达到 92% 以上。近两年来,建成科技法庭 200 余个,70% 以上的审判法庭配备了音像系统。

2. 社会公众对法院满意度提高

一方面,近年来广西各级法院工作报告均全票或高票通过,得到人大代表的认可;另一方面,从社会调查及法院审判公开网站、微信、微博等互动情况看,社会反馈总体较好,公众满意度较高。

3. 司法诉讼服务能力进一步提升

一方面,司法公开方式更加丰富;另一方面,立案大厅诉讼服务功能更加完善,两级法院在诉讼服务大厅完善网上预约、网上立案、网上阅卷、网上开庭、网上信访、网上查档等便民措施,建立贴近式、集成化、多样性的一站式综合性诉讼服务中心,实现了从单一的"立案窗口"向"诉讼服务中心"的转型升级。

4. 信息化应用水平进一步提高

一是建立现代化工作机制。广西法院各基层人民法庭已实现"网上办公""网上办案"常态化,并加强审判流程管理、档案电子化、公文流转、电子公文传输、电子公告和电子邮件的广泛应用,既方便了干警高效办案,也起到了倒逼司法公正的作用。二是充分运用法院网站各业务系统功能,确保阳光司法网的有效顺畅运行。三是诉讼活动实现数字化转变。通过综合信息管理系统的应用,实现了网上立案、审批、分案排期、审限管理等工作，实现了庭审过程的数字化记录，实现了现代化的会议展示和表决方式等。四是首创全国网上评估、拍卖直播厅等工作，推行网上同步竞价，实行阳光拍卖。

二、外省区法院信息化建设实践

（一）外省区法院的经验和做法

1. 四川省青白江区人民法院：打造“小而美”的微信诉讼服务平台〔13〕

2015 年以来，该院奋力打造“小而美”的微信诉讼服务平台，着力于诉讼服务、司法公开、法治宣传和沟通交流四大功能的归集，推行微信预约立案、微信送达诉讼文书、微信约见法官等便民举措，为当事人和社会群众提供了贴心便捷的诉讼服务。该院打造微信诉讼服务平台的具体做法如下。

（1）运营规范化

一是用制度保障诉讼服务。青白江区人民法院经审委会讨论通过了《微信预约立案工作制度（试行）》《微信送达诉讼文书工作制度（试行）》《微信约见法官工作制度（试行）》等工作制度。为方便律师和行政案件被告进行诉讼，还拟定了行政机关、律师事务所使用该院官方微信办理相关诉讼服务事项的协议等文书样式。

二是团队协作归口管理。该院成立新媒体中心，对微信、微博、微官网、APP 客户端等进行统一归口管理，由院党组书记、院长担任中心主任，下设办公室、编辑部、诉讼服务组、司法公开组，由具有专长的年轻干警承担微信诉讼服务、电子期刊编辑、微博、微官网、微社区管理员等工作，并出台了《新媒体中心工作制度》。

（2）普法品牌化。青白江区人民法院确立了打造《青白江微审判》电子期刊的品牌推广计划，新媒体中心设立编辑部，创建了一系列特色栏目，如创作普法漫画、打造法院文化阵地以及发布互动讨论等。

（3）服务订单化。通过该院微信诉讼服务平台已可实现以下诉讼事项的办理。

一是在线咨询。青白江区人民法院微信的在线咨询服务，依托微信“多客服”功能，可设置多个微信客服在线，为保证在线咨询的时效性和专业性，该院建立了微信诉讼服务值班制度和微信咨询“专家库”，按业务类别进行分工，解答诉讼服务组移交

---

〔13〕 在法制网舆情监测中心 2015 年 9 月 7 日发布的第 37 期《政法机关微信影响力排行榜》中，青白江区人民法院微信影响力列全国法院微信第 31 位，在 11 月 9 日《四川法制报》公布的微信影响力排行榜中，该院位居该省第一。

的通过微信咨询的法律问题。

二是"互动预约"立案。为当事人和社会群众提供立案咨询和材料审查、预约立案时间的更便捷的服务,使当事人能提前准备好立案所需材料,避免因材料不齐导致走"冤枉路",大大提高了办事效率。当事人在微信界面触发预约立案指令后,后台将自动发送诉讼风险提示、诉讼指南、不同类型案件所需立案材料等。运用微信对话窗口功能,当事人可使用语音、文字与微信值班工作人员进行对话,就相关疑问进行咨询;为配合立案登记制的实施,在诉讼服务中心增设"预约立案窗口",为通过微信预约立案的当事人开辟"绿色通道",使其减少等待时间,进一步提高工作效率;为保障微信运行过程中的硬件和软件需求,配置专用于微信后台操作的电脑等设备,安排专人负责微信接待,加强对诉讼服务工作人员的业务和微信在线交流服务的培训。预约完成后,当事人即可携带纸质案件材料在约定的时间到法院办理正式立案手续,实现当场一次性完成。

三是微信送达。青白江区人民法院按照《民事诉讼法》及其司法解释关于电子送达的相关规定,对除判决书、裁定书、调解书之外的其他诉讼文书适用微信送达。在实践中,该院参照普通送达的方式,要求当事人事先签订《微信送达地址确认书》,还与辖区律师事务所签订《使用微信办理诉讼服务事项的协议》,签约备案的律师在该院代理的案件使用微信送达相关诉讼文书,大大提高了效率。另外,该院积极探索行政案件微信送达,与彭州市政府法制办签署了微信诉讼服务事项办理的协议,彭州市行政机关作为被告的案件均可适用微信送达。

为保证微信送达程序的规范性和安全性,青白江区人民法院对送达流程做了详细规定,通过审核"随案密码+微信昵称"的方式,确保微信送达的准确性和安全性。该院还要求工作人员在收到当事人通过微信发送的随案密码后,在一个工作日内核实当事人的微信昵称、随案密码是否准确。确认无误的,通过微信向当事人发送相关诉讼文书,完成送达。以法院微信公众号后台"消息管理"处显示的发送日期或当事人确认的日期为送达日期,成功送达后,工作人员及时做好台账,将送达记录截图留存后附卷,同时保存系统后台数据。

四是约见法官。2015年8月,青白江区人民法院正式推出微信约见法官服务。为保障约见法官制度的严肃性,该院对微信约见法官的申请主体准入机制做了严格限定,即仅限案件当事人及其诉讼代理人,并要求其提供相关证明材料,由微信值班工作人员对当事人的身份进行核实;对约见事由进行审核分流,由于当事人对诉讼程序不熟悉,有些事项是诉讼服务窗口或其他部门就可办理的却申请约见法官,对这部分申请,就可以直接转交相关诉讼服务窗口或相关职能部门,由他们进行处理,并对当事人做好解释说明工作;需要承办法官处理的,工作人员应及时做好登记,移交各承办法官;对于应由法官决定是否同意约见的,应规定时限,若法官同意约见,则应及时告知当事人,并按照相关工作要求会见当事人。不同意约见的需说明理由。

五是案件查询。青白江区人民法院将成都法院司法公开网、成都网上诉讼服务中心等相关网页链接整合至微信平台,建立"审判公开"菜单,网民及案件当事人可通过该院微信公众号窗口,点击相应菜单,访问成都法院司法公开网、成都网上诉讼服务中心相关网页,进行案件信息查阅。

2. 湖北省秭归县人民法院:开启山区法院"掌上时代"

秭归县辖区多属于边远山区,该县法院下设茅坪、归州、郭家坝、沙镇溪、杨林桥、两河口6个人民法庭。由于远离县城,该院结合自身特点发展了"审务通"系统,实现了一线法官办案办公移动化,开创了法院移动办公的新格局。具体做法如下:

一是建立服务外包机制。秭归法院根据自身的需求和特点,将办案办公移动化的需求及构建外包给中国移动湖北公司,由该公司负责"审务通"系统的开发、运行和维护管理等工作。

二是建立健全移动办公应用。"审务通"系统界面集合"我的办公""我的办案""诉讼服务""办案辅助"等功能,可随时为一线法官提供公文签批、工作审批等移动办公服务,也可随时为一线法官提供办案审批、案卷查询等移动办案服务,各项办公办案动态随时掌握,实现了法院内外工作无缝衔接。

三是着重解决信息的安全问题。"审务通"运用4G－VPN专线、防火墙、数据同步、身份认证等多种移动通讯、信息处理和计算机网络技术,全面保障法院系统数据的安全。例如,工作人员登录该系统时需要通过双重验证,在输入个人账户及密码后,还需输入手机密码,才能登录界面。而且"审务通"采用的是4G－VPN专用通道,工作人员只能通过客户端查看部分信息,关于案卷、笔录等涉密的资料,系统进行了自动保护,以防止信息被外部人员提取利用。

3. 宁夏:在全国率先实现"便民服务流动法庭车"全覆盖

宁夏,属于少数民族自治区,全区63个人民法庭辖区多属于边远山区,交通不便,给老百姓打官司带来不少麻烦。宁夏回族自治区高级人民法院针对全区人民法庭辖区特点及当地习惯,多方协调,筹集资金,一次性为63个基层法庭配发了63辆"便民服务流动法庭车",在全国法院系统率先实现了"便民服务流动法庭"的全覆盖,让群众足不出户就能享受到方便快捷的司法服务。主要经验如下:

一是由高级人民法院自上而下统一筹划实施。宁夏回族自治区高级人民法院通过多方协调，积极筹集资金3000万元，通过统一招标采购，一次性为基层法院63个人民法庭统一配发了“便民服务流动法庭车”。

二是功能全面实用且易于操作。“便民服务流动法庭车”集车载录音、录像设备、宣传和引导等设备功能于一体，具有流动性、灵活性等特点，能够达到与实体法庭相同的“数字化法庭”利用效果，可随时随地开庭办案，方便边远地区公众诉讼。

另外，值得一提的是，流动法庭车的功能在实践中得到了拓展。例如，重庆市江津区人民法院借助现代科技，率先在全国研发成功集诉讼服务、巡回审判、法制宣传、执行指挥、远程接访等功能为一体的多功能、全天候流动车载法庭，主要执行巡回审判、诉讼服务、法治宣传、现场指挥等任务。流动车载法庭秉承“好传统+高科技”理念，将诉讼服务、巡回审判、法制宣传、视频接访等功能融为一体，是现代版、升级版“马锡五式”审判服务方式。

（二）外省区法院的经验启示

1. 人民法庭信息化建设的关键是便民、实用

人民信息化建设以“两便”为原则，对外以“便民利民”为目的，切实为人民群众提供更满意的诉讼服务，对内以提高审判工作的质量和效率为目的，提供信息化建设的水平。因此，人民法庭信息化建设不仅要考虑各种方案和软件开发的科学性，更要考虑如何更加实用和方便，更加符合人民法庭管理和使用的特点，更容易为一般人员所掌握和运用。

2. 人民法庭信息化建设应当体现移动智能化的特点

移动智能化是目前信息化的趋势和方向，尤其是人民法庭大多地处偏远山区，人民法庭配备移动智能终端，高效便捷接入互联网，通常搭载符合人民法庭实际的操作系统，能够满足人民法庭特殊的需求。人民法庭智能终端应包括移动智能终端、车载智能终端、智能电视、可穿戴设备等。无论是微信送达、“审务通”，还是流动车载法庭，均是通过信息化技术手段，消减时空的距离和障碍，实现参与司法活动的各主体之间的便捷互动和交流，从而为顺利完成司法活动奠定良好基础。

3. 人民法庭信息化建设的有效路径是总体思路下的分步推进

人民法庭信息化建设应从科学的角度出发，在对信息技术特别是其发展方向有一定研究和了解的基础上，制定一个全面、协调和可持续发展的总体思路和规划，同时结合全区人民法庭一定时期的实际情况，制定一定阶段的发展方案和目标并稳步推进，分步开发具体实用的项目。

三、人民法庭信息化建设实证研究

课题组以问卷调查作为实证研究方法，对人民法庭信息化建设公开的认知、深度、广度、内容、方式及效果展开实证分析，以期为人民法庭信息化建设公开的规范化、制度化提供翔实的客观依据。

（一）调查方法概述

本课题在广泛发放和收集调查问卷的基础上，综合运用法学、社会学及统计学等研究理论与实证研究手段，以定量方式为主、定量与定性分析相结合。按整群、分层、定比等抽样方法，注重调查问卷样本覆盖的均衡性和代表性。同时，以获取的第一手调查资料为依据，通过与研究目标本身所具有的特点相互结合进行分析，其他的调查结果相互印证，从多个不同侧面科学、客观、全面分析当事人、律师、社会公众和法官对人民法庭信息化建设的看法，从各群体的主观感知分析其中原因和反映出来的客观情况。

1. 调查时间和地点

课题组于2015年5月开始对相关调查问卷进行设计，于2016年6月进行调查和统计。通过委托各级人民法院对以河池、南宁、北海和钦州4个地级市及其下辖的21个区县的当事人、社会公众和法院干警发放调查问卷，最终形成调查数据结论，选择这几个区域的考虑是：一是从经济发展水平看，4个地区有一定的层次差别，南宁地处经济相对发达的地区，北海、钦州居中，河池则地处经济相对落后的地区；二是从地理分布看，北海、钦州地处沿海地区，南宁地处中部平原地区，河池地处北部山区；三是过去几年，4地在人民法庭建设方面都做过大量努力，并有不同的侧重方向，取得了一定成效。上述4地基本涵括了广西所有地区基层人民法庭的特征，整体数据能够反映广西法院人民法庭信息化建设的基本情况。

2. 调查对象和样本数量

本课题主要调查的对象是法院干警以及社会公众，调查采用发放调查问卷的形式进行，课题组委托广西区内河池、南宁、北海和钦州4个中级人民法院及其下辖的基层人民法院法庭干警进行问卷发放并收集数据，得到了各级法院的大力支持。对于社会公众的调查，课题组在南宁、柳州、河池、北海及钦州等地向当事人、律师及社会公众发放调查问卷，乡村公众及当事人的问卷由课题组委托以上几个地市的基层法院法庭进行发放及回收。本课题共发放调查问卷540份，回收有效调查问卷510份，其中社会公众有效调查问卷317份、法院干警有效调查问卷193份。

3. 调查问卷的设计

由于本课题的调查针对不同的对象，因此，课题组在设计调查问卷时对不同对象设计了三类不同的调查问卷，分别为法院干警卷、当事人卷和社会公众卷。针对当事人和社会公众的问卷主要设计相关非专业性问题考察社会公众对人民法庭信息化建设宏观上的认识，以期了解他们对法庭信息化建设的实际需要。法官卷设计了信息化应用内容，了解他们对于信息化建设的态度、信息化应用的使用频率及对信息化建设的期待。

4. 调查样本分布情况

由于广西人民法庭的设置主要面向农村、面向基层、面向群众，因此调查比较侧重于乡村地区及法庭干警。虽然被调查对象的文化及年龄相对集中于某一层次，从而导致总体上的调查样本会出现文化及年龄不够均等的现象，但考虑到本次调查主要是进行群体上的分类调查，所以上述群体某些项目不均等不影响调查结论本身的科学性。调查对象的基本情况见表12～表16。

表12　年龄分布情况

	18～30岁	31～40岁	41～50岁	51岁及以上	合计
人数（人）	167	214	96	33	510
比例	33%	42%	19%	6%	100%

表13　文化程度分布情况

	高中及以下	大专	本科	硕士及以上	合计
人数（人）	179	133	173	25	510
比例	35%	26%	34%	5%	100%

表14　社会公众、当事人地域分布情况

	山区、村屯	乡、镇	县城	市城区	合计
人数（人）	137	82	57	41	317
比例	43%	26%	18%	13%	100%

表15　法院干警职务分布情况

	法警	书记员	审判员	副庭长	庭长	审委委员	院领导	其他	合计
人数（人）	27	68	55	15	13	2	2	11	193
比例	14%	36%	28%	8%	6%	1%	1%	6%	100%

表 16 法院干警所在法院级别分布情况

	中级法院	基层法院	人民法庭	合计
人数(人)	8	39	146	193
比例	4%	20%	76%	100%

(二)民众认知程度分析

1. 民众对人民法庭信息化建设了解程度不够。从调查结果看,无论是城镇的社会公众及当事人还是乡村的社会公众与当事人,“非常了解”人民法庭的信息化建设内容的都很少。没有一个乡村社会公众及乡村当事人非常了解人民法庭信息化建设,约有 5% 的城镇社会公众及 11% 的城镇当事人非常了解人民法庭信息化建设。此外,约有 15% 的乡村社会公众及 22% 的乡村当事人了解人民法庭信息化建设的主要内容,另有近三成的城镇社会公众及当事人同样如此。约有六成的城镇社会公众及当事人对人民法庭信息化建设了解很少或完全不了解,这一比例比乡村社会公众及当事人高出 15% 。这说明社会公众及当事人对人民法庭信息化建设都比较陌生,缺乏了解,而身处乡、村的民众对人民法庭的信息化建设的了解程度又较城镇的民众少。

不同区域的当事人、社会公众对人民法庭的信息化建设了解程度示意图如图 15 所示:

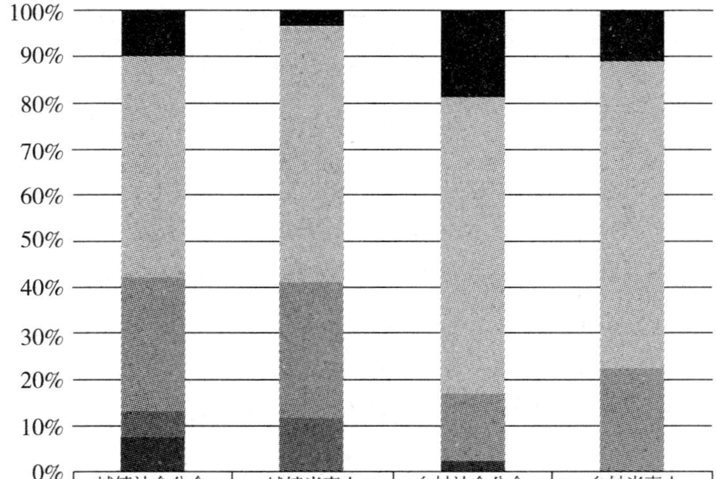

	城镇社会公众	城镇当事人	乡村社会公众	乡村当事人
■ 完全不了解	10.12%	3.71%	19.05%	11.11%
■ 了解很少	47.90%	55.55%	64.29%	66.67%
■ 了解主要内容	28.95%	29.63%	14.29%	22.22%
■ 非常了解	5.79%	11.11%	0.00%	0.00%
■ 不清楚什么是人民法庭	7.24%	0.00%	2.37%	0.00%

图 15 当事人、社会公众对人民法庭信息化建设了解程度示意图

2. 大部分当事人、社会公众对法院已有的信息化服务有着积极的评价。七成左右的城镇社会公众及乡村当事人对法院信息化建设服务内容有着积极的评价（满意及比较满意），持有同样观点的城镇当事人及乡村社会公众的百分比为 76%。对此服务内容评价一般的城镇社会公众、城镇当事人、乡村社会公众及乡村当事人各占到约 16%、12%、14% 和 33%。另有约一成的城镇社会公众、城镇当事人、乡村社会公众表示不了解法院信息化建设服务内容。不同地域的当事人及社会公众对法院信息化建设服务内容总体评价大体持平。当事人、社会公众对法院信息化建设服务内容总体评价示意图见图 16。

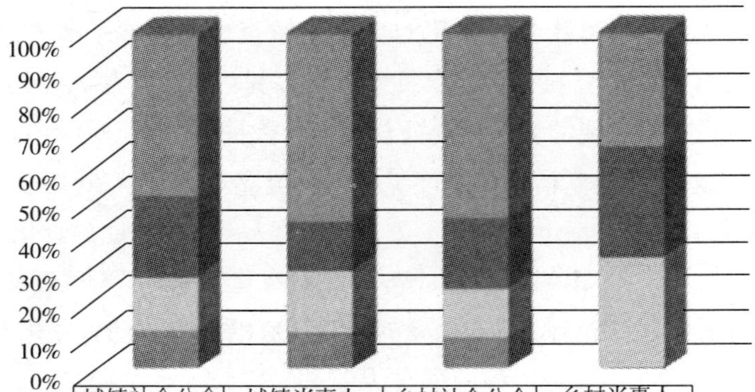

	城镇社会公众	城镇当事人	乡村社会公众	乡村当事人
满意	47.83%	60.00%	54.76%	33.33%
比较满意	24.63%	15.99%	21.43%	33.33%
一般	15.95%	12.01%	14.29%	33.33%
不太满意	0.00%	0.00%	0.00%	0.00%
不满意	0.00%	0.00%	0.00%	0.00%
不了解/未接触该业务	11.59%	12.00%	9.52%	0.00%

图 16　当事人、社会公众对法院信息化建设服务内容总体评价示意图

对网上立案服务评价较高（满意及比较满意）的城镇社会公众、城镇当事人、乡村社会公众及乡村当事人分别约为 52%、66%、47% 和 44%。对此服务评价一般的城镇社会公众、城镇当事人、乡村社会公众及乡村当事人各占到约 25%、11%、10% 和 22%。表示不了解此服务的城镇社会公众、城镇当事人、乡村社会公众及乡村当事人各占到约 23%、18%、38% 和 33%。另有 5% 左右的乡村社会公众对此服务表示不太满意，有 4% 的城镇当事人对此服务表示不满意。城镇公众及当事人对网上立案服务评价略高于乡村社会公众及乡村当事人，其对网上立案服务的熟悉程度也较乡村社会公众及乡村当事人要高出约 15%。当事人、社会公众对网上立案服务评价示意图见图 17。

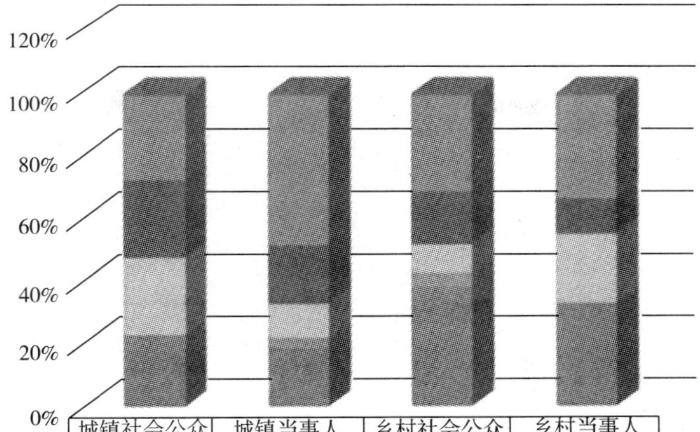

	城镇社会公众	城镇当事人	乡村社会公众	乡村当事人
满意	27.54%	48.14%	30.95%	33.33%
比较满意	24.64%	18.52%	16.67%	11.11%
一般	24.64%	11.11%	9.52%	22.22%
不太满意	0.00%	0.00%	4.76%	0.00%
不满意	0.00%	3.71%	0.00%	0.00%
不了解/未接触该业务	23.19%	18.52%	38.10%	33.33%

图 17　当事人、社会公众对网上立案服务的评价示意图

对远程开庭宣判服务评价较高（满意及比较满意）的城镇社会公众、城镇当事人、乡村社会公众及乡村当事人分别约为 52%、54%、44% 和 55%。对此服务评价一般的城镇社会公众、城镇当事人、乡村社会公众及乡村当事人各占到约 13%、7%、14% 和 11%。表示不了解此服务的城镇社会公众、城镇当事人、乡村社会公众及乡村当事人约为三成。另有 1% 的城镇社会公众及 5% 的乡村社会公众对此服务表示不太满意，有约 2% 的乡村社会公众对此服务表示不满意。对不同地域的当事人及社会公众对远程开庭宣判服务的评价大体持平。当事人、社会公众对远程开庭宣判服务的评价示意图见图 18。

对查询案件进程服务评价较高（满意及比较满意）的城镇社会公众、城镇当事人、乡村社会公众及乡村当事人分别约为 56%、67%、50% 和 77%。对此服务评价一般的城镇社会公众、城镇当事人、乡村社会公众及乡村当事人各占到约 23%、22%、17% 和 0%。表示不了解此服务的城镇社会公众、城镇当事人、乡村社会公众及乡村当事人各占到约 17%、7%、33% 和 11%。另有 3% 左右的城镇社会公众对此服务表示不太满意，约有 3% 的城镇当事人和 11% 的乡村当事人对此服务表示不满意。不同地域的当事人及社会公众对查询案件进程服务的评价总体较好。当事人、社会公众对查询案件进程的评价示意图见图 19。

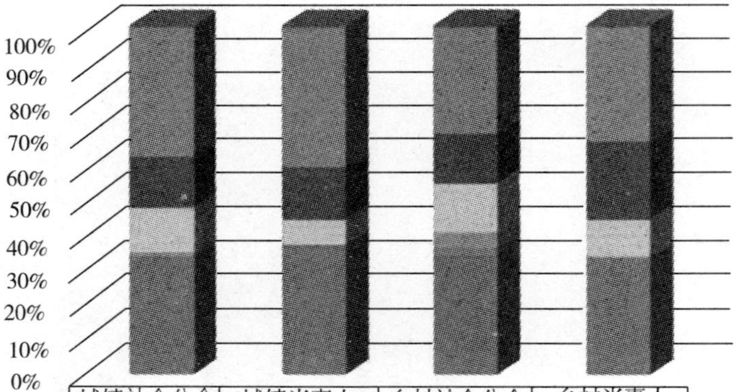

	城镇社会公众	城镇当事人	乡村社会公众	乡村当事人
满意	37.69%	40.74%	30.95%	33.33%
比较满意	14.49%	14.82%	14.29%	22.22%
一般	13.04%	7.40%	14.29%	11.11%
不太满意	1.44%	0.00%	4.76%	0.00%
不满意	0.00%	0.00%	2.38%	0.00%
不了解/未接触该业务	33.33%	37.04%	33.33%	33.33%

图18　当事人、社会公众对远程开庭宣判服务的评价示意图

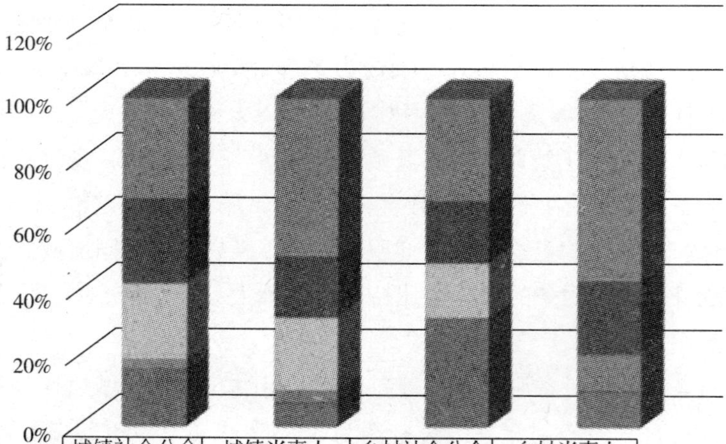

	城镇社会公众	城镇当事人	乡村社会公众	乡村当事人
满意	30.43%	48.15%	30.95%	55.56%
比较满意	26.10%	18.51%	19.05%	22.22%
一般	23.19%	22.23%	16.67%	0.00%
不太满意	2.90%	0.00%	0.00%	0.00%
不满意	0.00%	3.71%	0.00%	11.11%
不了解/未接触该业务	17.39%	7.40%	33.33%	11.11%

图19　当事人、社会公众对查询案件进程的评价示意图

对电子送达服务评价较高(满意及比较满意)的城镇社会公众、城镇当事人、乡村社会公众及乡村当事人分别约为46%、55%、45%和77%。对此服务评价一般的城镇社会公众、城镇当事人、乡村社会公众及乡村当事人各占到约23%、11%、7%和0%。表示不了解此服务的城镇社会公众、城镇当事人、乡村社会公众及乡村当事人各占到26%、26%、40%和22%。另有约1%的城镇社会公众、4%的城镇当事人及7%的乡村社会公众对此服务表示不太满意,有约3%的城镇公众和4%的城镇当事人对此服务表示不满意。不同地域的当事人及社会公众对电子送达服务的评价差异明显。当事人、社会公众对电子送达效果的评价示意图见图20。

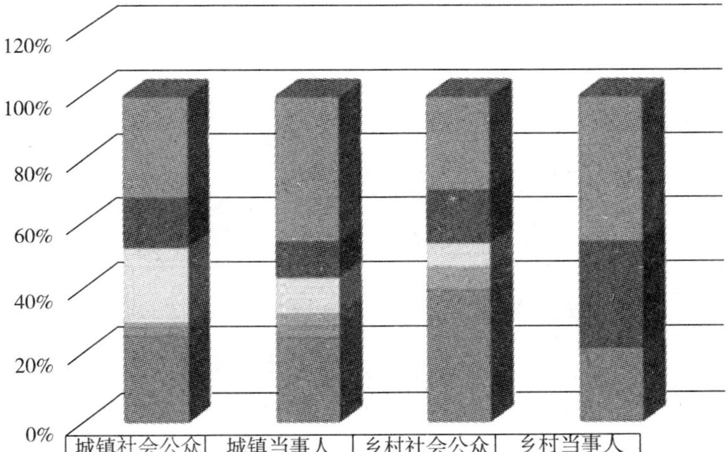

	城镇社会公众	城镇当事人	乡村社会公众	乡村当事人
满意	30.44%	44.44%	28.57%	44.44%
比较满意	15.95%	11.10%	16.67%	33.34%
一般	23.19%	11.11%	7.14%	0.00%
不太满意	1.44%	3.71%	7.14%	0.00%
不满意	2.90%	3.71%	0.00%	0.00%
不了解/未接触该业务	26.08%	25.93%	40.57%	22.22%

图20　当事人、社会公众对电子送达效果的评价示意图

对手机缴纳诉讼费服务评价较高(满意及比较满意)的城镇社会公众、城镇当事人、乡村社会公众及乡村当事人分别约为52%、52%、50%和55%。对此服务评价一般的城镇社会公众、城镇当事人、乡村社会公众及乡村当事人各占到约13%、4%、7%和22%。表示不了解此服务的城镇社会公众、城镇当事人、乡村社会公众及乡村当事人各占到29%、33%、38%和22%。另有约1%的城镇社会公众及2%的乡村社会公众对此服务表示不太满意,有约4%的城镇公众、11%的城镇当事人及2%的乡村社会公众对此服务表示不满意。不同地域的当事人及社会公众对手机缴纳诉讼费服务的评价总体较好。当事人、社会公众对手机缴纳诉讼费的评价示意图见图21。

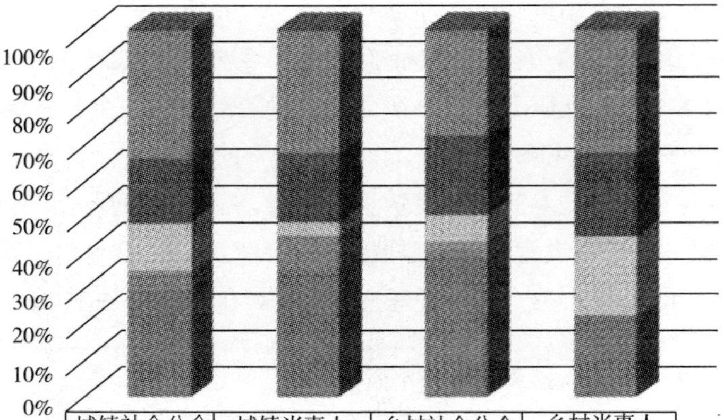

	城镇社会公众	城镇当事人	乡村社会公众	乡村当事人
■ 满意	34.78%	33.33%	28.57%	33.33%
■ 比较满意	17.39%	18.51%	21.43%	22.22%
■ 一般	13.04%	3.70%	7.14%	22.22%
■ 不太满意	1.45%	0.00%	2.38%	0.00%
■ 不满意	4.34%	11.11%	2.38%	0.00%
■不了解/未接触该业务	29.00%	33.35%	38.10%	22.23%

图21　当事人、社会公众对手机缴纳诉讼费的评价示意图

对案件信息安全性、保密性评价较高(满意及比较满意)的城镇社会公众、城镇当事人、乡村社会公众及乡村当事人分别约为59%、67%、62%和66%。对此项评价一般的城镇社会公众、城镇当事人、乡村社会公众及乡村当事人各占到约22%、22%、7%和11%。表示不了解此项的城镇社会公众、城镇当事人、乡村社会公众及乡村当事人各占到约19%、7%、31%和11%。另有约4%的城镇当事人及11%的乡村当事人对此项表示不满意。不同地域的当事人及社会公众对案件信息安全性、保密性评价总体较好。当事人、社会公众对案件信息安全性、保密性的评价示意图见图22。

对推送电子裁判文书评价较高(满意及比较满意)的城镇社会公众、城镇当事人、乡村社会公众及乡村当事人分别约为52%、63%、50%和66%。对此服务评价一般的城镇社会公众、城镇当事人、乡村社会公众及乡村当事人各占到约12%、4%、10%和11%。表示不了解此服务的城镇社会公众、城镇当事人、乡村社会公众及乡村当事人各占到约33%、26%、40%和22%。另有约3%的城镇社会公众及4%的城镇当事人对此服务表示不太满意,有约4%的城镇当事人对此服务表示不满意。不同地域的当事人及社会公众对手机缴纳诉讼费服务的评价差异明显。当事人、社会公众对推送电子裁判文书的评价示意图见图23。

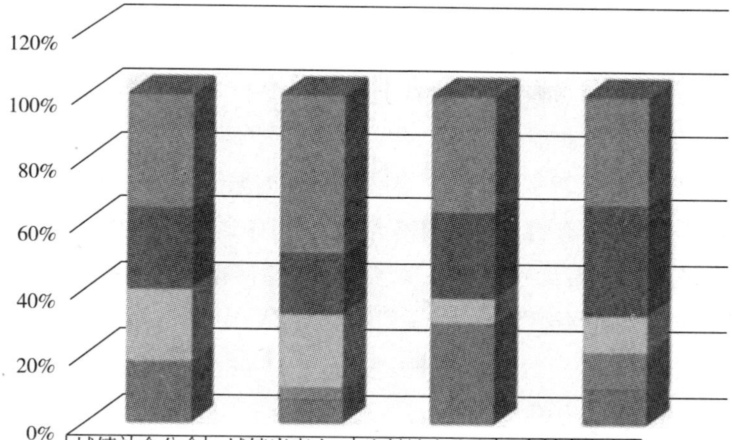

	城镇社会公众	城镇当事人	乡村社会公众	乡村当事人
满意	34.79%	48.14%	35.71%	33.33%
比较满意	24.65%	18.52%	26.19%	33.34%
一般	21.75%	22.22%	7.14%	11.11%
不太满意	0.00%	0.00%	0.00%	0.00%
不满意	0.00%	3.72%	0.00%	11.11%
不了解/未接触该业务	18.81%	7.40%	30.90%	11.11%

图 22　当事人、社会公众对案件信息安全性、保密性的评价示意图

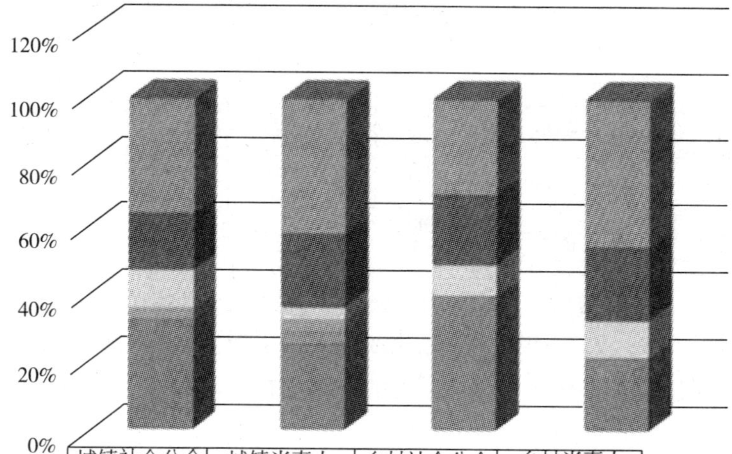

	城镇社会公众	城镇当事人	乡村社会公众	乡村当事人
满意	34.78%	40.75%	28.57%	44.44%
比较满意	17.39%	22.22%	21.43%	22.22%
一般	11.59%	3.71%	9.52%	11.12%
不太满意	2.90%	3.71%	0.00%	0.00%
不满意	0.00%	3.71%	0.00%	0.00%
不了解/未接触该业务	33.34%	25.90%	40.48%	22.22%

图 23　当事人、社会公众对推送电子裁判文书的评价示意图

对与法院沟通便捷性评价较高（满意及比较满意）的城镇社会公众、城镇当事人、乡村社会公众及乡村当事人分别为52%、67%、57%和78%。对此项评价一般的城镇社会公众、城镇当事人、乡村社会公众及乡村当事人各占到约17%、19%、14%和0%。表示不了解此项的城镇社会公众、城镇当事人、乡村社会公众及乡村当事人各占到约19%、4%、29%和11%。另有约1%的城镇社会公众及7%城镇当事人对此服务表示不太满意；有约4%的城镇当事人，11%的乡村当事人对此服务表示不满意。不同地域的当事人及社会公众对与法院沟通便捷性评价差异明显。当事人、社会公众对与法院沟通便捷性的评价示意图见图24。

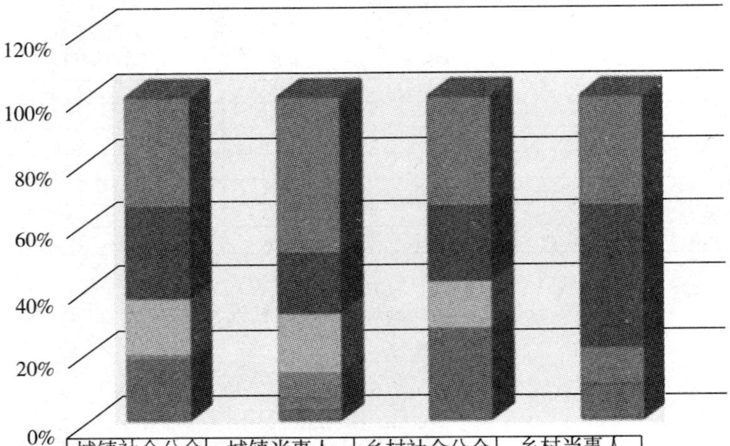

	城镇社会公众	城镇当事人	乡村社会公众	乡村当事人
满意	33.32%	48.14%	33.33%	33.34%
比较满意	28.99%	18.52%	23.81%	44.44%
一般	17.40%	18.52%	14.29%	0.00%
不太满意	1.45%	7.41%	0.00%	0.00%
不满意	0.00%	3.71%	0.00%	11.11%
不了解/未接触该业务	18.84%	3.70%	28.57%	11.11%

图24　当事人、社会公众对与法院沟通便捷性的评价示意图

调查显示，法院的很多信息化成果惠及了当事人和民众，从总体和各单项的评价来看，对法院信息化成果表示满意的民众均在50%以上，表明在方便群众诉讼上法院的信息化建设是卓有成效的。相较而言，乡村社会民众及当事人对法院信息化建设成果的了解不及城镇社会民众及当事人，在调查组的实地走访中，发现造成差异性的原因有两点：一是信息化建设水平的差距，二是法院干警素质及对象的差异。

需要说明的是，民众对法庭信息化成果评价是与图15的调查结果相冲突的。这样的统计冲突或许有两个方面的原因：一是当事人、社会公众对法院内的信息化设备和应用并不陌生，但他们并不知道这些信息化设备和应用就是法院或法庭信息化建设的成果;二是当事人、社会公众平日里没有关注到法院信息化建设,自然就觉得不了解法院信息化建设的目的和意义所在。

(三)民众司法需求分析

1. 民众司法信息渠道来源多样化

2015 年,全国法院新收各类案件 17 659 861 件,上升 22.81%。新收一审案件数量首次突破千万件,同比增幅接近 2014 年的 3 倍。[14] 案件总量的不断增长,同时带动了民众的司法信息需求,调查结果显示,不同区域的民众司法信息渠道来源差别较大。城镇社会公众获取法院信息的渠道来源主要为网络媒体、平面媒体、电视广播及手机等移动媒体,4 项占比依次约为 36%、20%、20% 和 16%,还有 7% 的城镇社会公众没有接触过司法信息。而城镇当事人获取法院信息的主要渠道与城镇公众相同,4 项占比依次约为 56%、18%、19% 和 4%,还有约为 4% 的城镇当事人没有接触过司法信息。乡村社会公众获取法院信息的主要渠道比较平均,依次为网络媒体、电视广播、手机等移动媒体和平面媒体,4 项占比依次约为 26%、24%、24% 和 19%,还有约为 7% 的乡村社会公众没有接触过司法信息。乡村当事人获取法院信息的主要渠道比较平均,依次为平面媒体、电视广播、手机等移动媒体和网络媒体,4 项占比依次约为 33%、22%、22% 和 11%,还有约为 11% 的乡村社会公众没有接触过司法信息。城乡差异差别较大有两方面的原因:一是由于城镇化发展比较快,城镇居民生活水平较高,接触网络媒体也比较早,而在乡村地区,由于生活水平和基建发展等原因,电脑普及范围不广;二是由于手机等移动端的快速发展,具备后发优势,一部手机就可满足影音、娱乐、信息的需求,作为一种新兴的媒体平台,手机在乡村中扮演的角色将越来越重要。当事人、社会公众获取法院或案件信息的渠道比例示意图见图 25。

在对当事人、社会公众希望获取法院或案件信息的渠道来源的调查中,城镇社会公众希望通过获取法院信息的渠道依次为手机移动平台、人民法院官网、立案大厅查询系统和电话查询平台,4 项占比依次约为 52%、28%、10% 和 7%;城镇当事人希望通过获取法院信息的渠道依次为手机移动平台、人民法院官网和电话查询平台,3 项占比依次约为 56%、37% 和 7%;乡村社会公众希望通过获取法院信息的渠道依次为手机移动平台、人民法院官网、立案大厅查询系统和电话查询平台,4 项占比依次约为 67%、17%、12% 和 5%;乡村当事人希望通过获取法院信息的渠道依次为手机移

〔14〕 2015 年全国法院审判执行情况,载 http://www.chinacourt.org/article/detail/2016/03/id/1824191.shtml,最后访问时间:2016 年 12 月 30 日。

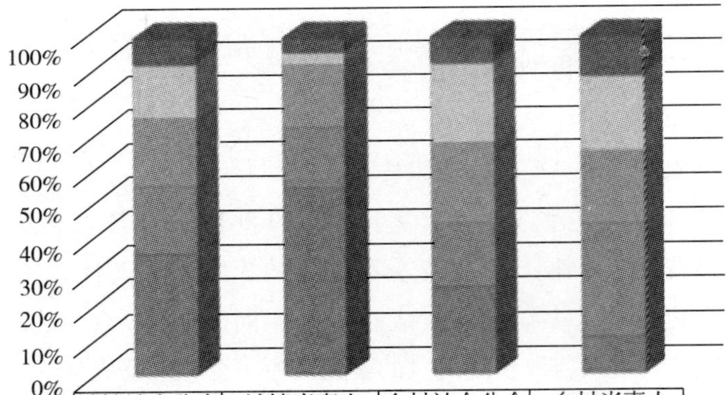

	城镇社会公众	城镇当事人	乡村社会公众	乡村当事人
■ 没接触过司法信息	7.25%	3.71%	7.14%	11.11%
■ 手机等移动媒体	15.94%	3.70%	23.81%	22.22%
■ 电视、广播传媒	20.29%	18.52%	23.81%	22.22%
■ 平面媒体	20.29%	18.52%	19.05%	33.33%
■ 网络媒体	36.23%	55.55%	26.19%	11.12%

图 25 当事人、社会公众获取法院或案件信息的渠道比例示意图

动平台、人民法院官网和电话查询平台，3 项占比依次约为 78%、11% 和 11%。调查结果与上文的分析相印证，在智能手机高速发展的当下，社会公众及当事人希望通过获取法院或案件信息的首选都是手机移动平台。这也为我们人民法院信息化建设提供了参考方向。当事人、社会公众希望获取法院或案件信息的渠道比例示意图见图 26。

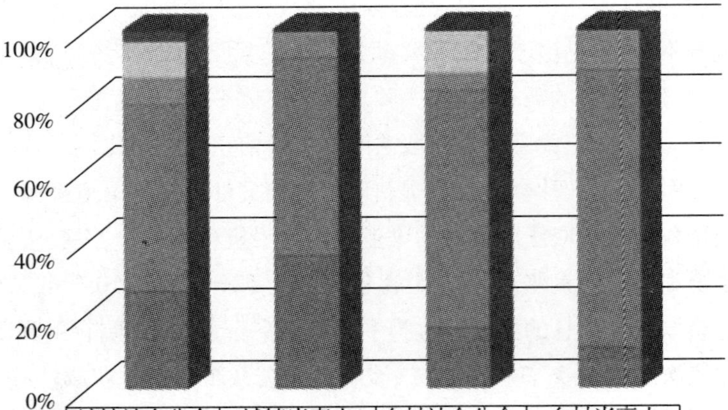

	城镇社会公众	城镇当事人	乡村社会公众	乡村当事人
■ 其他	2.90%	0.00%	0%	0%
■ 立案大厅电子查询系统	10.14%	0.00%	11.90%	0%
■ 电话查询平台	7.25%	7.40%	4.76%	11.11%
■ 手机移动平台	52.18%	55.55%	66.67%	77.78%
■ 人民法院官方网站	27.53%	37.05%	16.67%	11.12%

图 26 当事人、社会公众希望获取法院或案件信息的渠道比例示意图

在调查中,90%以上的城镇社会公众及当事人所在地都普及了3G以上移动网络,只有不到10%的镇社会公众及当事人所在地周围没有3G以上移动网络或是信号不好;相较城镇地区,乡村地区3G以上移动网络普及率明显不足,只有不到70%的乡村社会公众及当事人所在地有3G以上移动网络,另有近3成左右的乡村社会公众及当事人所在地周围没有3G以上移动网络或是信号不好。当事人、社会公众所在地3G以上网络普及度示意图见图27。

目前,广西移动已建成4万多座4G基站,实现了全区14个地市99%城区、县城和乡镇区域的连续覆盖,99%行政村区域的有效覆盖,其他移动营运商同样也在积极构建4G网络。[15] 智能手机价格的不断降低和进一步普及,为法院建设移动司法信息服务提供了良好的硬件基础。

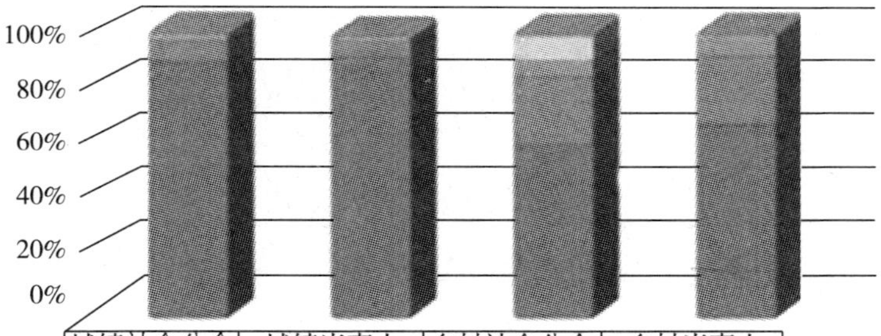

	城镇社会公众	城镇当事人	乡村社会公众	乡村当事人
不清楚	0%	0%	8.85%	0%
没有	2.20%	1.40%	6.23%	7.14%
有,但信号不好	7.58%	6.61%	23.33%	23.81%
有,3G以上网络	90.22%	91.99%	61.59%	69.05%

图27　当事人、社会公众所在地3G以上网络普及度示意图

2. 民众对便捷的移动信息化服务要求迫切

移动互联网广泛而深刻地改变了我们的生活,很多人早上醒来第一个下意识的动作就是看手机。随着信息网络应用的深化,互联网扁平化、交互式、快捷性的优势得以凸显,大量原本属于"线下"的社会服务项目、社会管理内容迅速转移到"线上"。不仅购物、订餐、订票、缴费等简单生活服务可以"一键下单",而且向法官咨询问题、电子送达、打官司等司法服务也开始"触网"。如城镇社会公众最关注的5项信息化建设项目依次为网上立案、远程开庭宣判、随时随地查询案件进程、采用手机等多渠

〔15〕 载 http://www.gx.xinhuanet.com/newscenter/2016-03/25/c_1118439547.htm,最后访问时间:2016年12月30日。

道支付诉讼费及便捷地与法院互动交流，5 项占比依次约为 38%、32%、32%、33% 和 28%；城镇当事人最关注的 5 项信息化建设项目依次为随时随地查询案件进程、采用手机等多渠道支付诉讼费、网上立案、便捷地与法院互动交流及推送电子裁判文书，5 项占比依次约为 56%、52%、48%、40% 和 24%；乡村社会公众最关注的 5 项信息化建设项目依次为网上立案、便捷地与法院互动交流、随时随地查询案件进程、远程开庭宣判及采用手机等多渠道支付诉讼费，5 项占比依次约为 43%、38%、38%、33% 和 24%；乡村当事人最关注的 5 项信息化建设项目依次为远程开庭宣判、便捷地与法院互动交流、随时随地查询案件进程、采用手机等多渠道支付诉讼费及案件信息的安全性和保密性，5 项占比依次约为 56%、33%、33%、33% 和 33%。当事人、社会公众最关注信息化建设项目比例（多选）示意图见图 28。

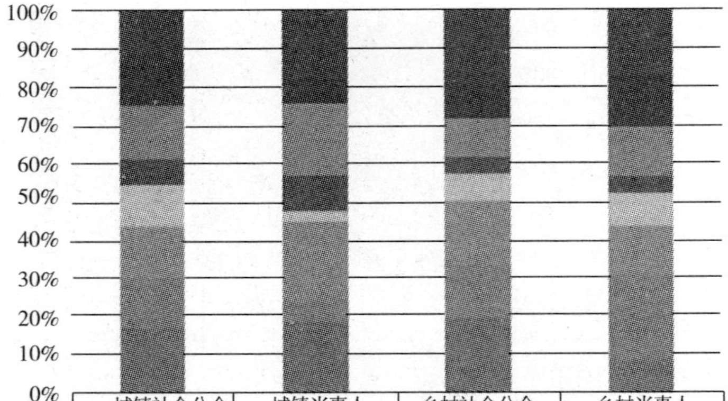

	城镇社会公众	城镇当事人	乡村社会公众	乡村当事人
其他	0.00%	0.00%	0.00%	0.00%
不了解	5.80%	8.00%	7.14%	11.11%
便捷地与法院互动交流	27.54%	40.00%	38.10%	33.33%
案件信息的安全性和保密性	23.19%	16.00%	19.05%	33.33%
采用手机等多渠道支付诉讼费	33.33%	52.00%	23.81%	33.33%
推送电子裁判文书	15.94%	24.00%	9.52%	11.11%
采用电子送达传票等诉讼文书	24.64%	8.00%	16.67%	22.22%
随时随地查询案件进程	31.88%	56.00%	38.10%	33.33%
可以远程开庭宣判	31.88%	16.00%	33.33%	55.56%
可以网上立案	37.68%	48.00%	42.86%	22.22%

图 28 当事人、社会公众最关注信息化建设项目比例（多选）示意图

从当事人、社会公众最关注信息化建设项目可以看出，便捷地与法院互动、交流，采用手机等多渠道支付诉讼费，推送电子裁判文书，远程开庭宣判，电子送达及网上立案等功能正是当事人和社会公众的关注所在。但这些服务内容，在当前的人民法庭还远未完善，也没有具体投入使用的具体时间表。因此，在日新月异的社会形势下，人民法庭信息化建设应该有前瞻意识和服务意识，进一步吃透信息技术与网络应用的理念与“精髓”,以适应人民群众的新司法新需求。

(四)法院承载能力分析

1. 法院干警信息化应用总体向好

经过调查,信息化建设已在全区法院全面铺开,法院干警基本都能熟悉信息化应用,但院部与法庭的法院干警在熟悉并掌握各式各样的信息化设备和工具程度上有细微差异,见表17。

表17　院部法院干警及法庭法院干警对信息化应用的熟悉程度

	从未		不了解		偶尔		经常	
	院部干警	法庭干警	院部干警	法庭干警	院部干警	法庭干警	院部干警	法庭干警
操作网上立案比例	45.89%	41.18%	0%	0%	36.30%	17.65%	17.81%	41.18%
运用科技法庭比例	28.08%	17.65%	0%	0%	36.99%	25.32%	34.93%	58.82%
使用POS机比例	24.66%	29.41%	49.32%	47.06%	15.07%	17.65%	10.96%	5.88%
操作审判流程的信息公开功能比例	11.64%	11.76%	20.55%	11.76%	32.19%	25.53%	35.62%	52.94%
使用微信、QQ进行相关工作比例	7.53%	35.29%	34.93%	47.06%	31.51%	0%	26.03%	17.65%
使用法庭的电子签章系统比例	34.93%	58.82%	23.29%	29.41%	0%	0%	41.78%	11.76%

从表17中可以看出,凡是在工作中常接触到的信息化应用,干警的熟悉程度与使用程度就越高,如科技法庭及审判流程信息公开。而一些与日常工作内容不是紧密相关的信息化设备和应用,干警的熟悉程度相对较低,如POS机及网上立案。值得一提的是,法院干警使用POS机比例和远程电子签章系统比例很低,从调查组实地走访的情况来看,POS机使用程度低是因为部分基层法庭没有设立立案窗口导致的,如凤山、合浦;而远程电子签章系统的情况稍复杂,有的法院是因为整套电子签章系统太贵而没有使用,有些是因为系统故障导致不能使用,还有些是因为觉得电子签章配套墨水太贵或是使用不方便而放弃使用,在调查组的走访中,只有南宁市在正常使用电子签章。这些情况说明,信息化建设始终应以有利于干警审判工作为原则,以功能性、实用性、便利性和便捷性为基础,否则便容易被法院干警视为花架子而束之高阁,徒增干警负担。

2. 法院干警对信息化应用评价向好

认为电子送达功能节约高效的院部法院干警和法庭法院干警都约为六成左右，有三成左右的院部法院干警和法庭法院干警认为电子送达功能作用不大，另有一成左右的院部法院干警和法庭法院干警不了解电子送达功能。法院干警对电子送达认可比例示意图见图29。

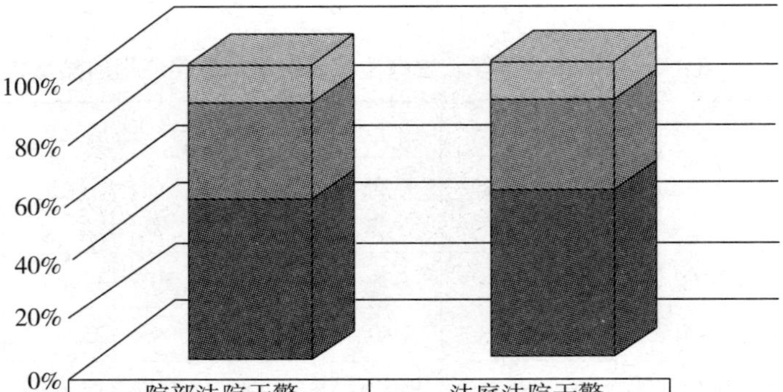

	院部法院干警	法庭法院干警
不了解	11.65%	11.76%
作用不大	32.19%	29.42%
节约高效	56.16%	58.82%

图29　法院干警对电子送达认可比例示意图

愿意使用"流动便携式"科技法庭的院部法院干警和法庭法院干警都约为七成左右，有一成左右的院部法院干警和法庭法院干警不愿意使用，另有两成左右的院部法院干警和法庭法院干警不了解"流动便携式"科技法庭，见图30。

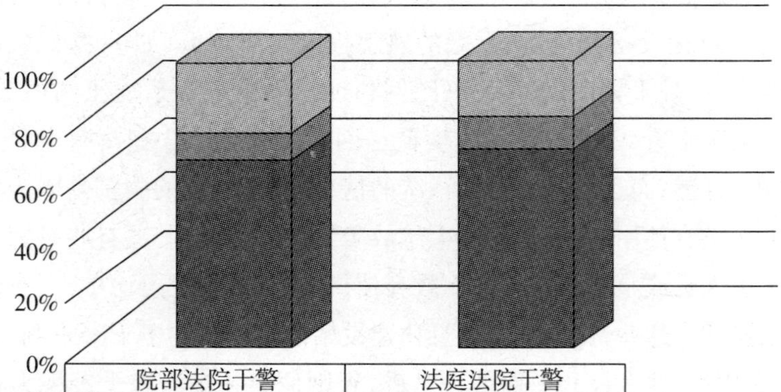

	院部法院干警	法庭法院干警
不了解	24.66%	17.65%
不愿意	8.90%	11.76%
愿意	66.44%	70.59%

图30　法院干警是否愿意使用"流动便携式"科技法庭比例示意图

七成左右院部法院干警认为移动办公终端很实用，比法庭法院干警高出 5 个百分点，约有一成左右的院部法院干警和法庭法院认为移动办公终端不实用，另有两成左右的院部法院干警和法庭法院干警不了解移动办公终端，见图 31。

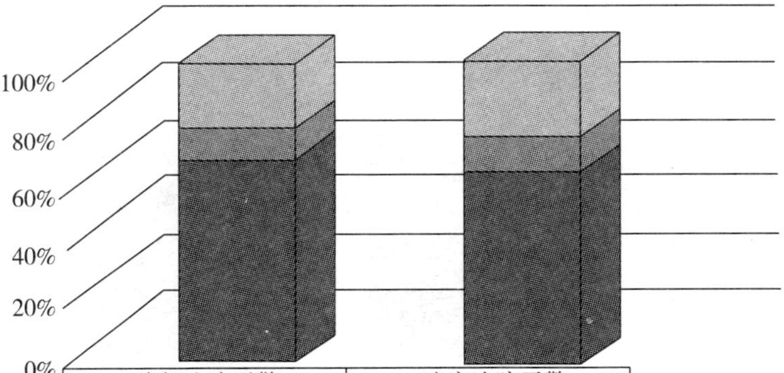

	院部法院干警	法庭法院干警
不了解	20.55%	23.53%
不实用	10.27%	11.76%
实用	69.18%	64.71%

图 31　法院干警对移动办公终端是否实用的态度示意图

愿意使用新媒体与民众及当事人进行交流的院部法院干警和法庭法院干警都约为七成左右，有两成左右的院部法院干警和法庭法院干警持不同意见，另有约一成的院部法院干警和 5.88% 法庭法院干警不了解如何应用新媒体与民众及当事人进行交流，见图 32。

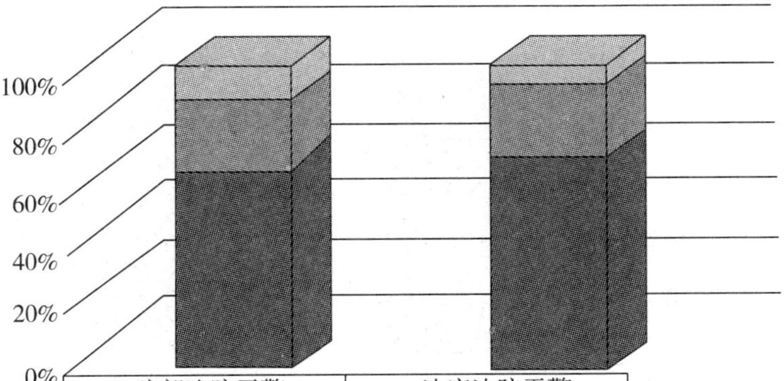

	院部法院干警	法庭法院干警
不了解	9.59%	5.88%
不愿意	23.29%	23.53%
愿意	67.12%	70.59%

图 32　法院干警对使用新媒体与民众及当事人进行交流的态度示意图

七成左右院部法院干警和法庭法院干警认为在信息化运用过程中存在一定的困难，约有一成半左右的院部法院干警和一成的法庭干警认为在信息化运用过程中没有困难，另有一成半左右的院部法院干警和法庭法院干警表示不了解此选项的含义，见图 33。

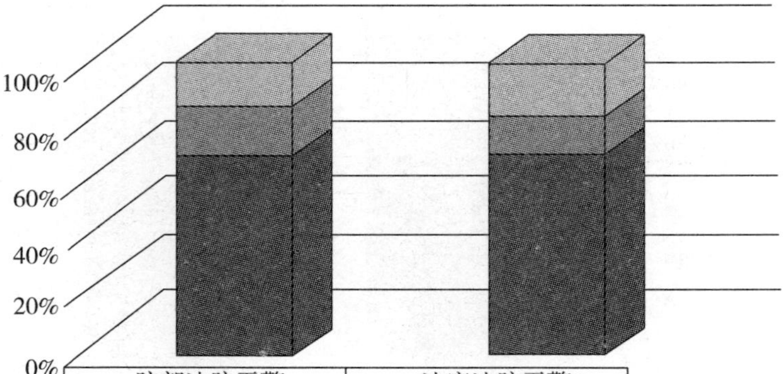

	院部法院干警	法庭法院干警
不了解	14.38%	17.65%
没有	16.44%	11.76%
有	69.18%	70.59%

图 33　法院干警信息化运用过程中有无困难比例示意图

约有 89% 的院部法院干警和 94% 的法庭法院干警对法庭信息化建设持肯定态度，另约有 11% 的院部法院干警和 6% 的法庭法院干警表示法庭信息化建设不必要，见图 34。

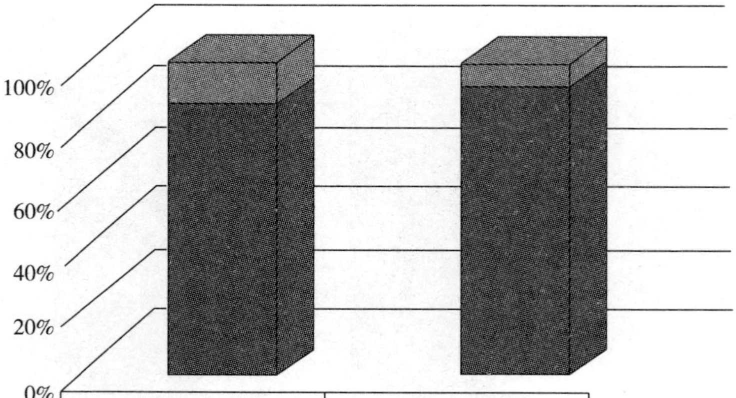

	院部法院干警	法庭法院干警
不必要	10.96%	5.88%
必要	89.04%	94.12%

图 34　法院干警对法庭信息化建设的态度示意图

八成左右的院部法院干警和法庭法院干警认为法庭信息化建设有利于当事人，另有约 17% 的院部法院干警和 17% 的法庭法院干警法庭认为信息化建设对当事人作用不大，另有 5.48% 的院部法院干警不了解此选项，见图 35。

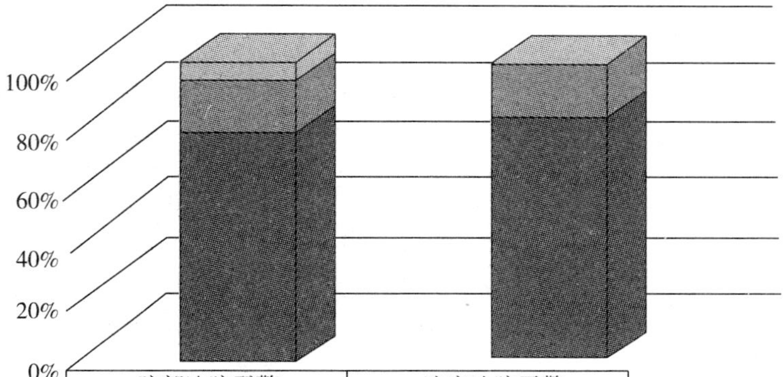

	院部法院干警	法庭法院干警
不了解	5.48%	0%
作用不大	17.12%	17.65%
便民利民	77.40%	82.35%

图 35　法院干警对法庭信息化建设是否有利于当事人的态度示意图

分析显示，在对待信息化应用上，法院干警普遍是积极的和欢迎的，认为各项信息化应用都很实用，有利于当事人，法庭信息化建设非常必要，也愿意去尝试应用各种各样的新信息应用；但消极的一面是，大多数干警认为自己在使用信息化应用时存在困难，并认为信息化应用存在安全隐患。

综合法院干警对信息化应用的态度和对信息化应用的评价进行分析，得到的结论是：法院干警对信息化应用的整体评价是正面的，认可信息化建设给工作带来的积极作用，但同时认为信息化应用加重了他们的工作负担或是要付出一定学习时间来适应信息化应用。

（五）效果评价分析

1. 促进司法公正和司法公信的效果评价

经过调查得知，近八成的城镇社会公众认为信息化建设对促进司法公正和司法公信起到了有效提升和辅助提升作用，近九成的城镇当事人也持同一观点。近六成的乡村社会公众认为信息化建设对促进司法公正和司法公信起到了有效提升和辅助提升作用，近九成的乡村当事人也持同一观点。对调查结果进行进一步分析，得到两个结论：一是信息化建设能够解决群众的部分司法需求；二是法院信息化建设成果的受益者更支持法院的信息化建设。当事人、社会公众对信息化建设促进司法公正和司法公信的看法示意图见图 36。

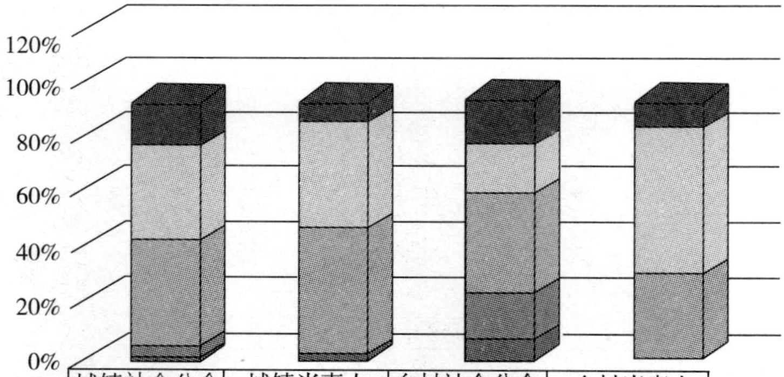

	城镇社会公众	城镇当事人	乡村社会公众	乡村当事人
不清楚	15.95%	7.40%	16.67%	11.11%
有效提升	36.23%	40.73%	19.05%	55.56%
辅助作用	40.58%	48.14%	38.10%	33.33%
没有用	5.80%	0.00%	16.67%	0.00%
负面作用	1.44%	3.72%	9.51%	0.00%

图 36　当事人、社会公众对信息化建设促进司法公正和司法公信的看法示意图

对比当事人、社会公众对信息化建设的看法，当事人较社会公众更为认可人民法庭信息化建设的作用，55.56% 的乡村当事人认为人民法庭信息化建设“有效提升”了司法公正和司法公信力，这一比例几乎是乡村社会公众支持比例的 3 倍。

但对待信息化建设的费用投入问题，不同群体之间产生了较大的分歧，约六分之一的城镇社会公众和城镇当事人表示信息化建设会大幅增加司法成本，超过四分之一的乡村社会公众同样支持此观点。然而没有一个乡村当事人认可此观点相反，88.89% 的乡村当事人认为虽然信息化建设会增加一定的司法成本，但完全可以接受。这一比例比城镇社会公众和当事人高出三成，充分表现出乡村当事人对信息化建设的认可。当事人、社会公众对信息化建设会增加司法成本的看法示意图见图 37。

2. 促进司法效率的效果评价

在信息化建设是否能够促进司法效率的评价上，当事人、社会公众均认可信息化建设对司法效率的提升作用。近八成的城镇社会公众和城镇当事人认为信息化建设促进司法效率起到积极作用。约二成的乡村社会公众认可信息化建设对司法效率的提升作用，约六成的乡村当事人也持同一观点。约有七成的院部法院干警和七成的法庭法院干警同样认可信息化建设对司法效率的提升作用，当事人、社会公众和法院干警对信息化建设促进司法效率的看法示意图见图 38。与前文分析的结果类似，对

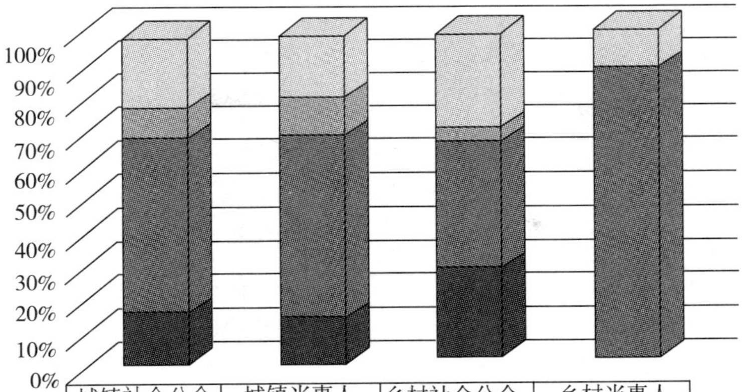

	城镇社会公众	城镇当事人	乡村社会公众	乡村当事人
不清楚	21.73%	18.52%	28.57%	11.11%
不会	8.70%	11.11%	4.76%	0%
一定成本	52.18%	55.56%	38.10%	88.89%
增加成本	17.39%	14.81%	28.57%	0.00%

图 37　当事人、社会公众对信息化建设会增加司法成本的看法示意图

法院审判流程或工作流程了解得越深的群体，往往更能体会法官在操作信息化应用方面的付出与努力，也显然对信息化建设工作抱有很高的期待。

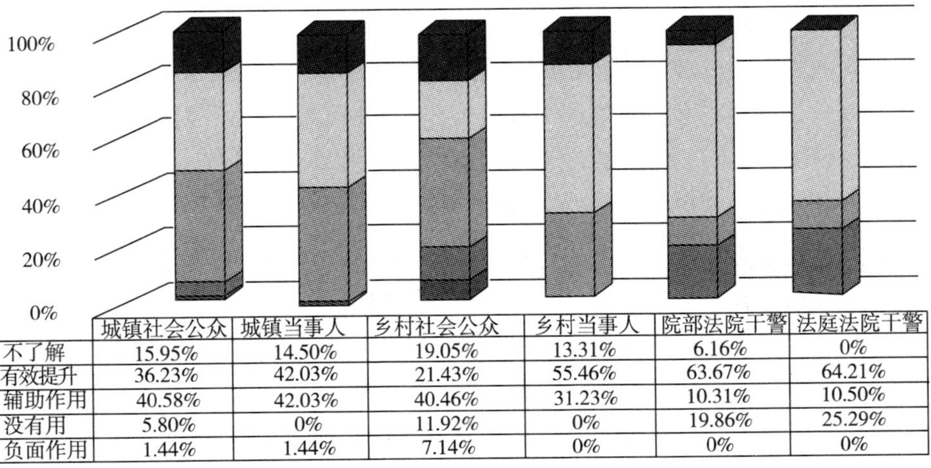

	城镇社会公众	城镇当事人	乡村社会公众	乡村当事人	院部法院干警	法庭法院干警
不了解	15.95%	14.50%	19.05%	13.31%	6.16%	0%
有效提升	36.23%	42.03%	21.43%	55.46%	63.67%	64.21%
辅助作用	40.58%	42.03%	40.46%	31.23%	10.31%	10.50%
没有用	5.80%	0%	11.92%	0%	19.86%	25.29%
负面作用	1.44%	1.44%	7.14%	0%	0%	0%

图 38　当事人、社会公众和法院干警对信息化建设促进司法效率的看法示意图

（六）数据结论与启示

1. 民众的信息化需求与法庭信息化建设的现状之间的矛盾

当前，法院的信息化建设开展得如火如荼，信息化建设的进展更是一日千里。目前,法院及法庭的信息化建设虽然逐步在铺开,但显然离社会公众和当事人的期望有一定距离,同样一部手机,民众可以用来缴费、购物、远程视频、转账及电子支付等,用在司法服务上却仅仅只是看看法院的微信、微博和官方网站等,和法官也不能实时沟通,功能薄弱,离当事人、社会公众的期望值存在较大的差距。除此之外,当事人、社会公众最为期待的几项信息化服务,如远程网上立案,远程开庭、宣判,采用支付宝等多渠道缴纳诉讼费用,电子送达等,有些是因为技术难度难以实现,有些是因为审判流程上存在认证问题。这些问题,一方面需要在发展中逐步解决,不能脱离实际一蹴而就;另一方面,虽然信息化建设一大目的是满足群众的司法需求,但也并不能一味迎合群众需求而上马大跃进式的信息化建设,而要综合财政支持、人员素质和当前科技发展水平量力而行。

2. 法院干警自身素质与法院信息化发展需求之间的矛盾

不可否认,当前自上而下全面铺开的信息化建设,确实有一些应用是曲高和寡,不接地气的。从调查结果上看,虽然基层法庭干警多数认可信息化建设的必要性,也愿意克服自身困难去使用,但法庭干警中经常使用这些信息化设备的尚属少数,很多信息化设备及应用利用率并不高,使用这些设备和应用,更多的是为了完成绩效上的任务或是服务于新闻宣传。在实地走访的时候,调查组甚至发现部分法院连 POS 机都没有配备,不得不说这些法院在司法便民利民方面,还有很多需要加强的地方。事业成败,关键在人。法院干警队伍的建设不仅是个人司法能力、修养、道德的建设,而且信息化的思维建设和技能培训同样也要跟上,使信息化应用与法庭干警的工作深入结合,让信息化应用成为法院干警从事审判工作时不可缺少的一部分,只有这样才能使信息化建设起到更好的成效,更好地满足群众需求。

四、人民法庭信息化的问题探析

鉴于本课题以人民法庭作为研究对象,人民法院在信息化建设中存在的一些共性问题,如顶层设计、职能部门责任划分,考核、激励和责任追究保障机制,以及内部审判管理、司法资源配置、司法能力建设等制度设计因素,本课题在此不作讨论。本课题严格按照最高人民法院、广西壮族自治区高级人民法院等顶层设计的要求,重点分析人民法庭信息化建设存在的一些特性问题。

(一)存在问题

1. 各地人民法庭信息化建设发展不平衡

课题组以广西南宁、河池、柳州、钦州、北海等地区人民法庭为对象,调取的相关研究数据显示，人民法庭信息化建设在各地区推进的深度、广度、内容各异，各地发展不平衡比较明显。总体而言，人民法庭信息化建设的设备、设施相对来说还不够完善，在一定程度上制约了法庭信息化建设的发展。通过实地座谈发现，平原地区如北海、钦州等地区因交通便利，该地区的法院干警及群众表示“到法院开展各项诉讼活动十分方便”，认为“开展法庭的信息化建设，只会造成资源的浪费”。例如，在合浦法院座谈时，干警谈到：因为合浦地处平原，交通比较便利，法庭干警一般回到县区或市区居住，相关诉讼文书是拿回院部盖章的，群众立案也是在院诉讼服务大厅进行，法庭没有专门的立案窗口；而如柳州融水、融安及三江等山区法庭因交通闭塞，该地区的法院干警及群众则表示，人民法庭信息化建设十分有必要，可以为群众提供更便捷的司法服务，远程立案、远程开庭等能够有效减少在途劳累。因此，发展较早较快的人民法庭已经在法院工作中应用上了远程立案、庭审辅助等许多科技含量更高的管理系统，而有的法庭则才刚刚组建起内部的局域网，信息化还处于起步阶段。

2. 人民法庭从立案到结案各阶段信息化水平有待提高

(1)在法庭诉讼服务中心的建设上：从表 18 中可以看出，部分法庭根本不具备立案功能，更不用说其他的诉讼服务了，而诉讼服务中心的相关信息化功能更是无从谈起。

表 18　广西部分地区人民法庭诉讼服务中心建设情况

信息化建设内容	南宁金陵法庭	河池凤城法庭	柳州融水法庭	钦州陆屋法庭	北海星岛湖法庭
设有立案窗口	有	无	有	有	无
POS 机缴费或其他网上缴费功能	有	无	有	无	无
电子触摸屏案件查询功能	有	无	有	有	有
网上立案功能	无	无	有	无	无
12368 热线功能	有	无	无	无	无
无线端口使用功能	有	无	有	无	无

(2)在案件进入审判过程中：目前，被调查的人民法庭向当事人推送审判流程信息的方式大多还停留在电话告知、邮政送达等传统方式上。在文书的送达环节，尚未使用电子送达；对开庭时间的公告，法庭干警一般采取电话告知案件当事人，或者利用司法公开三大平台及户外电子公告栏向社会公众公告开庭时间。但调查显示，部分法庭没有设置户外电子公告栏，司法公开三大平台网站上的开庭公告信息录入也

不够全面，仍有遗漏。就科技法庭建设而言，各地人民法庭也根据各地实际，将科技法庭建成标准的高清科技法庭、简易科技法庭等不同等级，虽然都可实现同步录音录像，但大多法庭建成的均为简易科技法庭，设备比较简陋，摄像头安装不能实现多角度拍摄，庭审画面清晰度相对比较模糊。值得一提的是，在调查组实地走访的基层法院中，都配备了移动便携式一案一刻录设备，广西部分地区人民法庭审判阶段的信息化建设情况见表19。

表19 广西部分地区人民法庭审判阶段的信息化建设情况

信息化建设内容	南宁金陵法庭	河池凤城法庭	柳州融水法庭	钦州陆屋法庭	北海星岛湖法庭
是否全部建成科技法庭（简易）	是	是	是	是	是
是否全部建成标准高清科技法庭	否	否	否	否	否
是否配备移动便携式一案一刻录	是	是	是	是	是
是否使用过电子送达	是	否	是	是	否
是否设置户外公告栏	是	否	是	否	否

（3）在案件的判决和判后答疑环节：一方面，法庭电子签章启用率过低，在实地走访的人民法庭中，只有南宁金陵法庭使用了电子签章系统；另一方面，人民法庭在搭建与人民群众的司法沟通自有新媒体平台上还比较薄弱，人民法庭基本上没有独立的网站、QQ、微信、微博等新媒体平台，均以法庭所在的基层法院所建设的新媒体平台为依托。一般情况下，法官个人的微信号、QQ号等也不对当事人开放。广西部分地区人民法庭新媒体沟通平台及电子签章使用情况见表20。

表20 广西部分地区人民法庭新媒体沟通平台及电子签章启用情况

信息化建设内容	南宁金陵法庭	河池凤城法庭	柳州融水法庭	钦州陆屋法庭	北海星岛湖法庭
是否启用电子签章	是	否	否	否	否
是否设有法庭微博、微信等客户端口	否	否	是	是	否
法官微信号、QQ号是否对当事人开放	否	否	否	否	否

部分法院把信息化建设作为考核的硬性指标,只是将基础设施建起来,用与不用就是另外一回事了;有的法院并未将信息化应用的功能全部充分利用起来;有的法院信息化应用只停留在表面,缺乏对信息数据的深层次的挖掘与应用,案件信息是日积月累越来越多,但都被存储到硬盘中搁置起来了。现在部分法庭还是纸质信息和电子信息并行运转,案件信息的录入增加了法官及其他工作人员的工作量,“两条腿”走路致使信息化应用的热情被抵消和丧失,使得信息化的优势作用一时难以显现。正如之前的实证分析所述,无论是律师、案件当事人及社会公众还法庭干警对信息化设备和工具的使用率均不高。

(4)就法院内部而言,在法院(法庭)干警开展网上立案、运用科技法庭、使用POS机、操作审判流程信息公开功能、使用微信(QQ)进行相关工作、使用电子签章系统的比例,其中,经常使用的比例为10.43%~37.42%,偶尔使用的比例为15.34%~35.58%,还有26.99%~49.08%的干警表示自己从未使用过部分信息化的相关设备,甚至有11.66%~23.93%的干警表示自己并不了解电子签章系统功能及审判流程信息公开功能。

就法院外部而言,法庭信息化建设虽有一定的成效,搭建了网上立案服务,开发了电子触摸屏查询系统、通过司法公开三大平台建设网站公布案件相关信息,但由于律师、案件当事人及社会公众对其的目的、意义及功能了解不够,在司法活动中往往容易忽略这些司法便民新功能,在司法实践中,依旧沿用传统的方式进行立案、咨询、申诉。虽然建立了相关便民查询服务,但律师、当事人对其的使用率比较低,甚至部分人表示并不了解设备相关情况。自广西推行电子触摸屏后,当事人和律师可以凭密码在触摸屏进行相关查询,但许多律师及当事人并未使用过电子触摸屏,电子触摸屏的使用率非常低。自广西开通阳光司法网后,当事人可以在网上预约立案,但部分当事人及律师表示,网上预约立案并不实用,比较烦琐,而且就算在网上成功预立案后,还是要按照程序在7天之内到法庭窗口立案。这样一来,之前的预立案程序显得多此一举,浪费了时间和资源。从三大平台网站的点击量来看,访问量查询量并不高,特别是在一些偏远地区的访问量查询量非常低,网站的点击量也仅为几百次,鲜有当事人登录网站查询案件流程信息。就电子签章系统来讲,广西地区人民法庭曾启用过电子签章系统,经过一段时间的推广和使用,最终因系统建设的不足,无法真正满足司法实践,导致最终停用。

3. 硬件、网络等基础设施面临各类应用快速发展带来的挑战

(1)移动网络终端在网上办案、办公系统中的运用尚未形成规模。人民法庭的特

点之一就是巡回办案、移动办案、深入田间地头办案。在广西，人民法庭大多地处偏远山区，单纯的办案办公信息电子化已经不能够满足法庭的工作需求，信息化终端的相对固定、不易移动性和互联网的固定接入等问题严重制约了信息化的发展建设的具体要求和信息化应用的发展方向。

（2）应用系统（软件）整合力度和业务支持能力亟待加强。众多应用系统亟须进行功能综合和信息集成以支持融合共享。由于目前还缺乏全面统一的规划，信息化应用开发标准不统一，使得各个法院之间或者法院内各个信息化应用之间，可能相互无法实现数据的传递和共享，就像是形成了许多独立的、封闭的“信息孤岛”，目前这种现象在法院信息化建设中还尤为突出。例如，最高人民法院要求上报的司法统计数据，从技术角度来讲完全可以由地方各级法院所使用的《法院综合信息管理系统》中的案件数据自动生成。但实际上，这两种软件所采用的数据结构和标准不一致，同时又缺乏数据接口将两个软件连接起来进行数据的传输，加之可能在录入过程中不那么准确和及时，导致已有的数据无法使用，需要对数据进行二次人工的统计和录入，造成了不必要的浪费。

其主要表现为：一是法院内部工作平台与外部服务应用之间尚未实现协同，诉讼服务缺乏统一入口和服务整合，诉讼服务各类参与人“一站式”支持能力尚有欠缺。由于时代信息化的发展，各种智能手机、平板电脑以及3G、4G网络的快速普及，人们的操作习惯和使用偏好正从原来固定的台式机、笔记本慢慢迁移到更加便携、更加灵活的智能终端。然而，iPhone/iPad/Android智能手机或平板电脑本身的局限性，使得这些使用非Windows操作系统以及其使用的非IE内核的浏览器的智能终端无法直接使用办公办案系统所有的功能。二是人民法庭网上办案系统服务法官辅助办案能力仍很欠缺，没有为破解基层法院案多人少局面提供有力支撑。审判执行应用在“可用”基础上距“易用”尤其是“好用”还有很大差距，部分应用系统在一定程度上加重了法官负担，数据集中和统计完整性、准确性和及时性还不能满足广大法院干警要求。三是人民法庭与本院、上级法院之间、与跨辖区法院、人民法庭同相关政法部门之间业务协作支持能力不足。

4. 法院在让民众认识、理解和认同人民法庭的信息化建设上还需进一步努力

虽然，为方便群众诉求，人民法庭信息化建设不断在改进发展，但在司法实践中，信息化建设收获的社会效果并不尽如人意，与人民群众的司法期待还有一定的现实差距。

（1）从民众对人民法庭信息化建在司法为民服务的渴求上分析：在信息飞速发展

的时代，无论是当事人还是社会公众尤其是山区群众都渴求更便捷的司法服务，如通过网络进行立案、缴费、开庭、送达、互动等。

(2)从当下人民法庭信息化建设的运用现状分析:虽然部分人民法庭已搭建起网上立案、远程视频开庭等平台，但真正使用此平台开展诉讼服务的比例较低，平台未得到常态化的使用，这使得信息化建设投入的人力、物力与实际的效果形成反差，也进一步印证了法庭信息化建设现状与人民群众的期待有一定差距的问题。

在人民法庭信息化建设中，出现了信息化相关设备使用率低，而当事人和社会公众对信息化建设的渴求和期待却十分高，看似矛盾的对立关系。究其原因，虽有律师、案件当事人及社会公众并不了解相关设备功能的因素，但法庭信息化建设相关设备存在一定的不足和漏洞，实用性不强，而导致法庭干警甚至律师、案件当事人及社会公众不愿意使用此项功能也是一个不可忽视的因素。

(3)从当事人、社会公众对人民法庭信息化建设的各项服务措施评价结果分析，表示比较满意或满意的均占到50%以上，但依然有多数案件当事人表示自己不了解、未接触过法院信息化建设的相关服务，也有少部分当事人及社会公众对其做出不满意或不太满意的评价。部分当事人及社会公众表示，法庭信息化建设的相关设备华而不实，未能真正发挥其应有的价值。当事人及社会公众渴望人民法庭信息化建设能进一步强化其运用水平，为群众提供更便捷的司法服务。

5. 信息资源集中管理(数据集中)与服务存在诸多薄弱环节

由于全区各院数据集中范围参差不齐，司法审判信息资源库尚未汇集司法政务、司法研究、信息化管理数据以及司法审判相关的外部数据;已集中案件数据质量仍需着力提高;上下级法院之间、法院和其他单位之间、不同网络之间的数据共享交换体系尚未全面建立;大数据分析智能化水平不高，尚不能为群众诉讼、公众普法，司法资源调配、社会管理和公共服务提供全方位、高水平的智能分析服务。司法大数据分析运用能力不强，全区各地法院的数据集中管理平台的运行管理能力不足，数据质量不不高。

一是案件信息录入滞后。在司法实践中，法官除忙于办案外，往往还需要应对各种非审事务(如会议、活动等)，所以其本人很难完成案件信息录入工作，而由书记员等司法辅助人员负责录入。然而，司法辅助人员本就承担了烦琐的工作任务，很难保证案件信息录入的及时和同步。例如，一些法院的法律文书制作的时间是在送达后的几天才录入的。同时，由于信息录入项目多且量大，后期补录会增加错漏率，比如立案时间、结案时间等必填信息不准确，案件笔录等基本信息不全面等。

二是推送或利用难易程度不同。在各类信息中，立案、开庭等主要由系统自动提取的信息能够比较容易及时地获得，而裁判文书、诉讼资料和主要证据、视频信息等需要进行编辑、校对，因此在这些信息的推送或利用上较困难。

三是上下级法院之间、法院和其他单位之间、不同网络之间的数据共享交换体系尚未全面建立，"数据孤岛"现象仍较为突出。

6. 人民法庭安防监控和网络安全保障系统建设相对滞后问题更加凸显

习近平总书记指出：没有信息安全就没有国家安全，法院信息化建设不讲信息安全必然导致信息化走进"死胡同"。安全与效率天生是一对冤家，随着法院信息系统数量的成倍增加，业务依赖性增强，系统复杂度提高，信息系统运行已由单一系统运行转变为集成系统的一体化运行，确保系统正常运转，防止信息数据被故意或偶然的非授权访问、更改、破坏，或者信息数据被非法辨认、控制面临严峻挑战。

在调查走访中我们发现，一方面，人民法庭的摄像头设置不多，尚未达到全方位法庭监控的标准，外来人员较容易入侵人民法庭的内网系统，进而达到入侵全县、全市、全区乃至全国法院的内网系统；另一方面，法庭的防雷系统不健全，尤其在边远山区的人民法庭，一旦遭遇雷击，整个法庭网络将中断，修复网络所花费的时间更长（与院机关相比）。

存储审判信息的数据是法院的战略资源，也是国家的战略资源，审判信息资源绝不能被人为破坏或恣意传播，更不能因技术原因造成数据丢失。以数据备份为例，有的法庭数据备份还采用刻录光盘等方式，内外网移动介质混用比较普遍，为病毒木马程序进入业务内网打开方便之门，法院信息安全隐患极大。信息安全保障体系机制亟待与时俱进，各类业务应用还缺乏统一身份认证机制；运维保障组织机构和服务模式还不完善，尚未形成对信息系统的统一管控能力，数据运维和安全运维仍未全面开展。

（二）原因分析

导致人民法庭信息建设出现问题的原因是多方面的，法院自身内部的观念和意识的差异、信息化相关项目实用性不强、当事人及社会公众对信息化建设相关项目的功能和使用途径不了解等问题都制约了人民法庭信息化建设的发展。归纳起来，课题组认为导致当前人民法庭信息化建设存在问题的原因有以下几点：

1. 思想观念因素

（1）法院领导对信息化认识不足。人民法院信息化立足于审判业务、审判管理、司法政务管理、司法人事管理，表现出很强的司法性。法院信息化本质上是一项司法改革工程。法院信息化从单机应用到局域网再到广域网,从文字处理到数据应用再到信息资源开发,常态化应用的科技含量越来越高。这对信息化基础设施、人才队伍、组织管理、经费保障都提出了更高的要求。同时,信息化应用涉及法院的方方面面,如果没有强有力的组织领导,领导带头在网上办案、办公形成示范效应,法院的信息化应用便难以推进。但当下一些领导存在只需懂法就足以胜任法院工作的思想观念偏见,认为法院信息化建设花钱多,实际中提升司法效率有限;有的认为不搞信息化照样能在规定时间内把案子办好;有的法院认为拥有电脑、建立一个信息系统或网站就进入了信息化,对法院信息化的认识存在严重误区。法院信息化工作被边缘化,这种主观认知、观念偏差阻碍科学技术与法院工作结合的不利因素,使法院信息化缺乏最大推动力。

(2)法庭人员的信息化思维不强。法官的信息化思维,一方面是源于信息化对工作、生活的介入,使得案件"涉网"大量增加,而这些案件,要求法官需要具备一定的信息化知识,并善于运用信息化思维在事实认定、证据采信、性质判定以及责任分担等诸方面加以研判;另一方面,提高审判效率,保证审判质量、提升司法能力、促进司法资源效用的最大化需要借助信息技术,但法院干警传统行为方式向信息化方式的转变却面临一个艰难的选择,如有的法官习惯于用笔写文书,而有的文书长达好几百页纸,这种方式时间耗费大,也不利于修改;有的法官信息化意识不强,没有意识到电子送达、远程庭审等科技推动力。

受法庭工作模式的影响。目前,我国各地人民法庭一般受理法庭所在地乡镇、农村及附近乡镇、农村的各类民商事案件,但随着社会的发展,案件类型不断增多,部分法院开始探索新型的法庭办案机制。部分法院按照案件类型的划分,设置家事法庭、小额速裁法庭等专业法庭,法院受理的案件不再按照地域进行划分,原有的按辖区划分的法庭干警也被分散到各各新型的专业法庭之中;部分法院则构建了"庭、站、所、点、员"联动办案的"五位一体"工作模式,改变了法庭干警到原来法庭建设所在地的办公地点固定办公的工作方式。新型工作模式运行后,人民群众到定点式法庭立案、开庭的数量逐渐减少,因此,定点式法庭的地位和功能被不断弱化,定点式法庭的信息化建设也在一定程度上受到了削弱。

在调查中,我们发现部分法院表示法庭硬件设施的建设已经不是大问题,法庭信息化之所以运用效果不佳问题出在没有熟练的人员进行实际操作和管理方面。正如前面实证调查分析的,七成以上的法院(法庭)干警也表示了自己在信息化运用过程中存在一定的困难。随着案多人少的矛盾日益突出,部分干警认为预立案材料的审核、审判流程公开信息的录入等信息化建设项目增加了自己的工作量,给工作带来了额外的负担,从内心上比较排斥和抵触信息化建设。从调研的数据中显示了信息化受益者对信息化建设的态度,数据显示对信息化建设相关设备使用越熟悉,越是能亲身体验到信息化建设给自身带来好处的群体,就越支持法庭信息化建设。

(3)法庭缺乏专门的信息技术人员。法院信息化是一项系统工程,需要从信息化技术、法律知识、法院工作、审判程序、审判需求等方面理解。虽然法院领导层有的呈现积极心态,但当下法院既懂法律又懂信息技术的复合型人才非常稀缺,更何况是安排在人民法庭。前文所述随着民事、刑事乃至行政案件"涉网"大量增加,法官需要具备一定的信息化知识。同理,信息技术人员也必须具备法律知识,承担起协助法官将信息技术运用于司法实践的任务。虽然各级法院配备了一定数量的信息技术人员,但这些信息技术人员掌握的专业技术领域不同,专业技能水平参差不齐,大多数信息技术人员对法律专业业务不精通甚至不熟悉。基层法院受编制等各种原因影响,所配置的专业技术人员数量有限,基本只能满足信息化运维任务,掌握的信息技术知识博而不精、具有广而不专,具有综合性素养的专业技术人员就更显得极其匮乏。以《人民法院信息化建设五年发展规划》为例,该规划是近年来首个具有"小立法"性质的规范性文件,各级法院都需要结合司法业务和信息技术要求进行细化和量化,包括规划当地法院的信息化建设,而这些仅凭信息技术人员是很难推进的。由于信息技术人员能力、水平受限,导致了信息化在人民法院推广运用中遭遇了不少难题。

(4)诉讼参与人在司法活动中信息化运用有限。审判具有被动性和消极性,法院受理案件奉行不告不理的原则。案件和争议的存在是审判权行使的前提条件,没有争议,审判权不能主动行使。对进入人民法庭的案件,其当事人大多来自乡村,尽管当事人可以选择网上立案,但大多还是选择传统立案方式。而按照信息化的要求,当事人选择传统方式进行诉讼显然不利于法庭利用信息技术提高效率。当前诉讼参与人主要还只能从法院门户网站获取司法信息,诉讼活动全过程运用信息化手段有限,如网上立案、网络缴纳诉讼费、电子证据交换、电子数据签名等还处于摸索阶段,这些能提高司法效率的重要方式还没有真正的到来。国外如美国的系统(即案件管理和电子档案系统)可以接收由执业律师向法院提交的电子法律文件,律师将编辑的格式法律文件通过系统提交到法院,法院收到后确认,诉讼其他各方也将收到对方提交的电子法律文件。通过这样的系统节省了大量时间、人力和交通成本,并利于保存。

2. 物质技术因素

(1)物质保障不足。信息化建设需要资金与技术的支持。法院经费除最高人民法院由中央统一划拨外,目前地方各级人民法院主要是由地方各级政府供给,其次是诉讼费的财政返还和上级的补助。各地经济发展水平不一样,法院经费保障的"地方化",造成了各地法院信息化建设经费的差异化,经济发达地区的法院就可能相对充裕一些,而经济落后地区的法院就可能相对紧张一些。人民法庭作为基层法院的派出机构,是没有自己独立的经费预算的,一切的预算均从所在基层法院支出。众所周知,信息化建设和运维需要大量的资金支持,如何从资金上予以保障就成为制约信息化建设的重要问题。此外,受机构和编制的限制,许多法院还没有成立专门的信息化机构,配备必要的技术人员。开发商限于对法院工作了解程度不够可能导致开发的应用与法院实际工作契合度不高,这就需要法院拥有专门的机构和专业化的技术队伍进行信息化建设的规划与指导。

(2)人才培养不足。一些法院信息化建设人才匮乏,不能适应法院信息化、大数据时代的要求。普遍存在的现象是,信息技术人员不懂司法业务,司法人员不懂信息技术,业务需求与系统研发之间容易出现脱节,研发出来的系统、软件与司法业务的契合度低,修改难度大,实际使用中易发生问题,不能很好地满足法院业务的需要。

(3)重复建设、资源浪费。信息化建设是系统性的工程,需要科学统一的规划。这是关乎信息化建设有序发展的全局性问题。信息化建设如果缺乏统一的规划,各地法院在自行开发建设过程中所采用的标准就可能不一致,也就无法保证联网之后各自开发的信息化应用之间能够相互兼容,更无从谈起今后对信息资源的整合,势必会造成不必要的浪费。例如,一些条件较好的中级人民法院很早就与所辖基层人民法院开通了视频会议,但当高级人民法院要与中级人民法院开通视频会议时,因为所采用的视频会议终端品牌不同,数据标准不一致而无法兼容,中级人民法院只能另行购买价格不菲的视频会议终端,才能保证与上级法院的联通。统筹规划、整合发展已经成为法院信息化建设的大势所趋,最高人民法院越来越注重信息化标准规范建设,各高级人民法院对辖区内法院信息化应用的开发管理也越来越规范。

3. 立法因素

法律滞后制约人民法庭信息化的司法运用。根据2012年8月31日第十一届全国人民代表大会常务委员会第二十八次会议《关于修改〈中华人民共和国民事诉讼法〉的决定》,《民事诉讼法》进行了第二次修正,修正后的《民事诉讼法》增加了第87条"经受送达人同意,人民法院可以采用传真、电子邮件等能够确认其收悉的方式送达诉讼文书,但判决书、裁定书、调解书除外"之规定,正式将这种高效的送达方式作为法律明文规定的送达方式之一,标志着我国法院在很多领域正在愈加清晰地偏向效率价值的实现。尽管如此,法律对电子送达如何确认等并没有具体可操作性的规定,而应用信息技术"确认收悉"既需要有一定的专业水平,又需要留痕佐证。而如何留痕佐证才能达到当事人认可的范围有时难以界定,给司法实践增加了一定的难度。

法院信息化应用所带来的最大变化就是案件信息传递媒介的改变,由传统的纸张和文字,转变成为数字化信息,并通过对数字化信息进行处理加以应用。由此而产生的最突出的问题是:信息化在法院审判执行工作中的应用是否具备有效的法律依据呢?比如,电子签章的使用就带来了对电子签章法律效力的一些质疑,又如在传统的文书需要院长、庭长签发的前提下,地处山区的人民法庭办案人员是无法使用移动电子签章在现场签发文书的;法律文书的电子送达、证据的电子交换以及电子卷宗的出现就与书面原则出现了冲突与协调的问题;采取远程审判的模式对案件开庭审理,就会对直接原则和公开原则产生挑战。随着法院信息化的逐步深入,将使现有法律规定,尤其是诉讼法的有关规定,与科学技术在审判执行业务应用中的冲突更加突出。这就需要为信息化手段在诉讼中的应用找寻到更多的法律依据。《刑事诉讼法》修订后,最高人民法院在其司法解释中明确规定减刑、假释案件的审理,未成年被害人和证人作证,以及对被告人进行讯问、宣判,允许采用视频方式进行,这就是一种法律上的进步。

4.宣传普及因素

一方面,当事人和社会公众都希望能够加快人民法庭信息化建设的步伐,为人民群众提供更加高效、便捷的司法服务;另一方面,当事人和社会公众对法庭信息化建设的部分项目却置若罔闻,不了解其使用功能,使建设与收效没有形成良性循环。从法庭队伍分析,目前在案多人少的大环境下,法庭队伍人员配备依旧紧缺,法庭干警受传统办案经验和意识的制约,仍然有一部分人未能真正理解法庭信息化建设的意义和目的,对信息化建设还抱有消极情绪,怕麻烦,主动向当事人及社会公众介绍推荐信息化建设的相关设备使用功能的力度还不够;而从当事人和社会公众对法庭信息化建设关注的主动性分析,部分当事人和社会公众并不了解法庭信息化建设,对信息化建设的相关项目也不清楚,部分当事人和社会公众从未接触过网上立案、远程开庭、手机缴费等便民诉讼服务,而且当事人和社会公众对法庭信息化建设关注的主动性也较低。值得一提的是,在新媒体迅猛发展的今天,法院运用微博、微信、APP加强法制宣传的能力还有待进一步提高,通过网络与群众沟通对话的能力不足。这说明法庭信息化建设要进一步深化发展,必须要从宣传普及上下工夫,让当事人和社会公众包括法庭干警在内的相关人员真正感受到信息化建设给诉讼实践带来的便捷,从而进一步推进信息化建设的发展。

五、人民法庭信息化建设的构建及完善

（一）指导思想和发展思路

1. 指导思想

信息化建设是一场深刻的自我革命。人民法庭的信息化建设要贯彻落实“创新、协调、绿色、开放、共享”的发展理念，紧紧围绕全面依法治国战略部署，以促进审判体系和审判能力现代化为目标，按照最高人民法院、广西壮族自治区高级人民法院等顶层设计的统一安排和部署，坚持“一盘棋”思想，坚持以人民群众特别是山区群众的需求为向导，结合司法责任制、终身负责制等司法改革的要求，服务人民群众、服务审判执行、服务司法管理，重点在移动办公、智能办案、五位一体司法公开上下工夫，打造简便实用、移动互联共享、信息安全的智慧法庭3.0版标准体系。

2. 实施“1333”总体发展思路

实施“1333”总体思路，推进人民法庭信息化建设转型升级。

（1）围绕“一个目标”

以促进审判体系和审判能力现代化为目标，建成智慧法庭3.0版标准体系，形成支持法庭移动办案、智能办公以及全流程审判要素依法公开，面向法官、诉讼参与人、社会公众尤其是山区民众和政务部门提供全方位智能服务的智慧法庭。

（2）坚持“三个服务”

人民法庭作为基层人民法院的派出机构，是我国司法系统的重要组成部分，有其特殊的原则，而且在不同的历史时期，赋予了不同的含义。

在以陕甘宁边区为代表的革命根据地处于特殊的战争环境下，经济文化的发展落后，生产力不发达。人们对诉讼的了解还停留在旧社会的衙门模式。为适应战争时期需要，我党领导的革命根据地和解放区制定和颁布的有关司法工作的法规、条例中就强调要简化诉讼程序，方便群众诉讼。起诉可以口头起诉，也可以书面起诉，主要体现了司法便利化的思想。在根据地时期表现为以“马锡五审判”为代表的审判方式。深入实地，调查研究，解决纠纷；依靠群众，坚持原则，调解处理纠纷；不拘形式，程序简便，便利人民诉讼。根据地时期的司法模式及马锡五审判方式极大地方便了广大人民群众，出现了日后被学者称为大众司法或人民司法的新形式，也是两便原则的雏形。

最高人民法院在2005年制定的《关于全面加强人民法庭工作的决定》中提出了

坚持“便于当事人诉讼，便于人民法院依法独立、公正和高效行使审判权”的新两便原则。便于群众诉讼即便民原则依然是两便原则的核心，同时司法公正是两便原则的灵魂。课题组认为，在信息化技术时代下，要充分贯彻落实人民法庭的“两便”原则，就是要始终以满足司法需求、服务群众为信息化建设的根本出发点，并与坚持服务群众和服务审判、服务司法管理相统一。

一是坚持服务人民群众。以“移动互联网 + 共享数据大集中成果”为遵循，通过司法公开、诉讼服务、法制宣传、监督建议等信息化渠道，为广大人民群众尤其是山区民众主动提供“司法公开日常化、诉讼服务一体化、法制宣传多样化”的司法服务，不断满足人民群众日益增长的多元司法需求。

二是坚持服务审判。以提升审判质效、保障公正司法为目的，通过审判业务、审判管理和审判支持等信息化建设，为广大法庭干警提供“使用便捷化、业务协同化、服务智能化”的审判执行应用，促进提升审判和审判支持服务的能力。

三是坚持服务司法管理。以“共享大数据集中成果”理念为指导，积极将信息化运用拓展到行政事务、档案管理、人事管理和后勤装备等管理领域，为领导及内外部管理部门提供“数据集中化、流程可视化、管理精细化”的辅助管理手段，切实提高司法决策和管理科学化水平。

(3) 着力“三个方面”

结合人民法庭的基本特征，特别是广西人民法庭地处边远山区，少数民族较多等特点，课题组认为应该在如下三个方面着力构建智慧法庭 3.0 版标准体系。

一是移动办案。在立案阶段，移动立案与便民立案相结合，搭建定期巡回立案，微信、APP 立案；积极开展电子送达，引入移动便携式科技法庭一案一刻录、移动打印机，采用证据扫描、记录等同步录入院内办公系统，以及判决书同步录入院内办公系统等。以期实现移动立案、审判、判决等一体式诉讼服务，形成法庭固定和移动网络相结合、支持法庭干警和社会公众尤其是山区民众随时随地接入的“网络法庭”。

二是智能办公。依托共享大数据集中成果，打造智能化的网上办案、办公，不断提升审判效率；全面推进人民法庭的科技法庭建设，依托科技法庭进行庭审视频直播、远程审判、调解、接访等。形成国家司法审判信息资源库案件数据、电子档案、司法解释等覆盖至人民法庭，具有信息共享、业务协同和按需服务能力的“智能法庭”。

三是五位一体的司法公开体系。构建微博、微信、网站、APP 以及短信公开平台“五位一体”的司法公开平台，使得社会公众尤其是山区民众能够随时随地查询到案件审判信息以及法院的重大活动等，形成司法公开和诉讼服务全面覆盖人民法庭和人民群众，开放、动态、透明、便民的“阳光法庭”。

（4）突出“三大特征”

结合人民法庭的特点，课题组认为人民法庭信息化建设的应突出如下“三大特征”。

简便实用。信息化建设呈现出来的应用界面和操作程序，应当是务实、简便的，特别要强调“用户体验”。针对不同领域、不同地区、不同群体的特点，深入研判审判工作发展趋势，加快建设和完善诉讼服务、律师服务、12368 热线等平台，完善网上立案工作机制，做好裁判文书上网工作，将案件的审判流程信息、人民法院的工作情况和公共信息等及时公开，为当事人提供形式多样、方便快捷的诉讼服务，改变“看上去很美，用起来很难”的状况。

移动互联共享。人民法庭信息化建设要以“天平工程”为引领，坚持全国法院“一盘棋”思想，依托现有的人民法院数据集中管理平台，促进人民法庭信息化与法院业务的深度融合，实现全国法院司法信息资源的统一管理和信息共享，构建全面覆盖、互联互通、资源共享的法院信息化工作网络。同时，充分运用移动互联技术，积极拓展面向公众的移动应用，随时随地为当事人、律师和社会公众尤其是山区民众提供司法公开的诉讼服务。推进巡回审判、网上立案、电子签章或电子送达、人民法庭专网接入等移动应用，按照信息安全要求稳步推进办公办案等移动终端应用，最大限度为法庭干警办公办案提供便利。

信息安全。网络无边界，运行有规律，互联共享与信息安全并不矛盾。既要强调司法公开，又要牢固树立安全意识，切实做好保密工作，从技术上设置科学有效的管理层次和权限领域，健全法院信息安全保障体系。重视网络安全和网络保密工作，健全法庭信息安全监管框架，协助建立国家信息安全审查制度，落实国家信息安全等级保护和保密管理分级保护制度。根据法律规定和审判、执行工作特点，界定好公开与不公开、依职权公开与依申请公开、对公众公开与对当事人公开的范围，避免选择性公开或以保密为借口，简单地设置障碍。

（二）构建智慧法庭 3.0 版标准体系

将现代信息技术与人民法庭工作有机结合在一起，建设与自身发展相适应的信息化工程，构建合理的人民法庭信息化体系，成为各地法院正在积极探索和研究的问题。“智慧法庭”这一概念是总结全区法庭基本特点，以实现移动办案、智能办公和五位一体司法公开为主要内容，推进人民法庭信息化建设与实际审判工作的深度融合，实现立案、送达、庭审、结案、回访及其他诉讼服务等方面的变革，有力推动了人民法庭各项工作上档升级。本部分将以融水县人民法院汪洞人民法庭的信息化建设为模本,对智慧法庭的 3.0 版标准体系、构建及完善对策等进行阐述。

1. 移动办案

(1)立案:借鉴四川省成都市青白江区人民法院的经验做法,并结合当地实际,采取移动立案与指尖微信立案相结合的方式,融水县人民法院汪洞人民法庭系统整合线上网络资源,通过"网店"式服务方便群众诉讼,开通了 12368 语音服务平台,并整合 APP 手机客户端、微信等新媒介,让群众直接在网上提交起诉状,实现了指尖立案。

一是开通 12368 语音服务平台,电话预约上门立案。对于老、弱、病、残等行动不便的特殊当事人,可以通过 12368 语音服务平台先行申请,预约节假日、上门立案或者办理其他诉讼事务等事项,待立案法官了解案件情况及当事人的诉讼请求后,根据案件性质告知当事人立案应准备的材料,指导当事人做好立案的准备,即可按照约定时间上门立案。在上门立案时,立案法官携带可移动 POS 机、便携式打印机、手机等,一站式完成立案的缴费、诉状打印、证据拍照传输等工作,为当事人节约了诉讼成本。

二是设立微信公众号"融水法院汪洞法庭",推行指尖微信立案。该微信平台分别设置了"诉讼服务""司法公开""了解法庭"三大栏目,其中包括"民事立案""案件查询""审判流程查询""工作动态"等 15 个子栏目。需要立案的当事人关注该微信,并进入"诉讼服务"大栏目,再点击进入"民事立案"子栏目,并进入民事诉讼立案界面。在逐项填写用户名、身份证号、联系电话和邮箱等信息后,点击"新建案件",便可正式进入民事案件的立案程序。在了解了民事立案系统使用须知后,当事人逐项填写案件的基本信息,上传诉讼状、委托手续、证据等申请执行材料的电子文档。上传完毕后,提交立案申请。该人民法庭负责立案的法官在当事人提交申请的第一时间,对申请人填写的信息、上传的电子文档进行审核,并及时告知当事人受理结果;对未通过审核的案件做出详细说明,告知当事人注意事项以及需要补充的其他材料。案件获得受理后,该人民法庭负责立案的法官会在当日内将该案件的案号、承办法官姓名及联系方式,通过网络告知当事人。当事人需在 7 日内,将案件的相关原件材料,通过邮寄等方式递交主办法官,案件即可顺利进入诉讼程序。

三是建立专门的电子送达平台,保障传输环境安全。首先,为了确保电子送达的公信力和电子送达环境安全,人民法院应该拥有官方的电子数据发送平台,人民法院的主体身份应在名称中得到体现,数据发送平台的名称和地址应该通过公告的形式向外界予以公布。其次,出于保障网络安全的考虑,法院也应当聘用专业的网络管理人员来维护法院网络的正常运行。并且法院在建立自有网站时也应该使其具备一些安全保障功能,特别是法院的专属邮箱也要使用数据加密、数字签名等技术,确保法院在使用电子邮件发送司法文书时整个过程是安全可靠的。

四是建立统一的电子档案系统,固化电子送达的内容。首先,为保证人民法院电子送达程序的公正性和客观性,法院以电子数据传输方式向外界送达的诉讼文书一经发送,非经正当法律程序不得任意修改和删除。其次,建立统一的电子数据档案室,及时保存法院向当事人送达材料的内容、状态和结果,以反映法院对送达工作的执行状况。最后,在法院装订卷宗时应当有相应的材料反映电子送达的状况。

(2)庭审:"箱式法庭"便携巡回审判、手机 APP 客户端预约调解

一是按照最高人民法院的要求,人民法院审案要求每案必录,而作为最前沿的人民法庭,由于条件限制,汪洞人民法庭巡回审判的案件往往无法做到每案必录。为此,融水县人民法院与技术公司自主研发了"便携式数字法庭系统",所有设备都可以装进一个箱子内。箱子内装有一个特制的具有刻录光盘等功能的笔记本电脑以及 3 个录像镜头,只要手机有信号能上网,即可进行远程开庭,也可同步进行高质量的录音录像,庭审结束后光盘当即刻录完成。实现了对庭审音、图、像的实时同步采集存储刻录,并具备远程传输、庭外旁听、司法监督、庭审观摩等功能。当事人对法庭笔录有异议的,可以当场视频回放、核对补正,促进庭审更加规范,确保案件审判质量。

二是汪洞人民法庭开通了"诉讼服务通"客户端,当事人直接在手机上安装 APP 客户端,就可以预约办理诉讼调解和案件查询等业务。"诉讼服务通"拥有"诉讼服务""非诉服务""诉调对接""法治宣传"4 大服务板块,其中,当事人在案件审理的过程中,有意向与对方和解的,可以在"诉调对接"板块直接提交调解申请,预约调解时间,还可直接与主办法官进行在线语言沟通,有助于矛盾纠纷的快速化解。特别值得一提的是,在"诉调对接"板块增添了双向语音互动功能,更加有利于矛盾双方的沟通交流,促成矛盾的及时化解。

(3)结案:互联网 + 电子签章

随着案件的逐年增加,汪洞人民法庭本着让"当事人少跑一次腿,少等一分钟,少费一份心"的宗旨,开通了电子签章系统,充分运用现代化技术打造"互联网 + 电子签章"便民诉讼服务平台。同时契合司法责任制这个核心和关键,深入推进司法体制改革。遵循司法亲历性和权责一致性规律,突出并尊重法官主体地位,真正让法官及其办案团队依法独立履职。裁判文书签署机制是审判权力运行中的一个关键环节。即

独任法官审理案件形成的裁判文书,由独任法官直接签署;合议庭审理案件形成的裁判文书,由承办法官、合议庭其他成员、审判长依次签署;审判长作为承办法官的,由审判长最后签署。审判组织的法官依次签署完毕后,裁判文书即可印发。除审判委员会讨论决定的案件以外,院长、副院长、庭长对其未直接参加审理案件的裁判文书不再进行审核签发。在人民法庭,大多案件的审理均为独任审判,司法改革的这一规定,为人民法庭互联网+电子签章的实行,提供了强有力的制度保障。推行电子签章之后,独任法官审理案件的,可以直接使用电子签章,就地签发案件;合议庭审理案件形成的裁判文书也不再由不直接参加审理案件的院长、副院长和庭长签发,而是由合议庭成员轮流签发。

具体流程为:①独任法官将法律文书拟稿后,可以直接从系统中提交盖章员加盖电子公章。②合议庭审理案件的,承办人将法律文书拟稿后,通过审批管理系统提交其他合议庭成员签发,审批通过的文书可以直接从系统中提交盖章员加盖电子公章。在审判管理办公室设专人负责电子签章,通过系统对签章人员进行身份认证,确保签章就是处理案件,专章专用;对于签章完成的法律文书,审判人员可以直接当庭打印并送达。

人民法庭推行“互联网+电子签章”系统后,大大缩短了法律文书的流转流程,由原来签发、印制、盖章来回需要一天时间缩短为几分钟,解决了人民法庭到院机关盖章往返周期长,消耗人力、物力的问题,有效地提高了案件的办理,尤其是诉讼保全案件、调解、撤诉、案件文书制作送达的效率,也减少了当事人往返于法庭的诉累。同时,经过电子签章的法律文书打印后左上角附有二维码,当事人通过扫描二维码可以获取案件的案号、当事人、承办部门、承办人及所处流程信息,既实现了法律文书的防伪功能,提高了法律文书的可信度和权威性,也进一步扩宽了司法公开的渠道,体现了司法工作的公开和公正性。

2. 智能办公

(1)建成贴近式、集成化、多样性的一站式综合性诉讼服务大厅

近年来,融水县人民法院始终坚持司法为民的工作理念,把公正、高效、便利的司法保障和司法服务下沉到法庭,着力打造功能全、质量高、群众满意的诉讼服务平台,把人民法庭诉讼服务中心建设成密切联系群众,真诚服务群众的窗口、桥梁和纽带。经过持久不懈的努力,汪洞人民法庭诉讼服务中心正式建成并投入使用,使“一站式”、高效率的诉讼服务惠及基层人民群众。汪洞人民法庭诉讼服务中心充分结合该庭的实际情况,在空间布局上,划分为诉讼引导区、材料收转区、立案登记区、便民服

务区、自助查询区、法律宣传区、接待咨询区 7 个区域，功能齐全、分区合理，最大限度地方便了群众诉讼。诉讼服务中心配备了各种便民设施，如饮水器具、休息座椅、笔墨纸张、老花镜、急救箱、储物柜以及诉讼指南、文书样式等诉讼指引资料。大厅的电子显示屏滚动播放开庭公告、法庭动态、审判流程、诉讼须知等服务信息。为规范工作秩序，提高工作质量和效率，法庭诉讼服务中心建立了服务承诺、文明接待、优先类事项快速办理、一次性告知等规章制度。开辟了“绿色通道”，对一些老年人、残疾人、病患者等不方便参加诉讼的特殊群体和外地当事人，开展预约立案和上门立案服务，确保困难群众打得起官司。

（2）投入使用高清科技法庭，实现庭审同步录音录像

为进一步提高司法审判活动的公开性和透明性，规范庭审活动，实现庭审同步录音录像，融水县人民法院投资 40 余万元在汪洞人民法庭建成数字高清科技法庭并正式投入使用。新建的科技法庭主要包括庭审直播、证据展示、庭审记录、庭审点播等系统。法庭内根据功能需求设有电脑、液晶电视、实物展台、投影仪、打印机和摄像探头等设备、可以通过语言优先激励切换至声源录播的画面、证据展示系统通过实物展台，将纸质、电子文件等各种证据材料进行展示，方便当事人和旁听群众观看；同时，庭审记录系统可将庭审的视频、音频及举证过程和庭审笔录完整记录下来，并可直接刻录出 DVD 光盘，使得审判过程有据可查。

（3）实现掌上移动办公

近年来，融水法院创新工作思路，将手机移动办公作为提高人民法庭工作效率的重中之重予以推行，并率先在汪洞人民法庭实现了手机移动办公。“手机移动办公”是继电脑无纸化办公、互联网远程化办公之后的新一代办公模式。手机办公，也称“移动办公”，是一种利用手机实现法院办公信息化的全新方式，是移动通信、PC 电脑与互联网三者融合的最新信息化成果。汪洞人民法庭所推行的手机移动办公采用先进的 GPRS 无线通信技术，实现手机平台与法院内部信息网无缝连接。在手机平台上轻松实现 OA 办公系统、内部邮箱、流程办理、法院新闻、手机短信、考勤等板块在内的一整套移动办公服务，可以通过手机了解所关心的信息、审批所有待审批的内容。无论使用者身在何处，都可以随时随地通过手机来实现移动办公，极大提高了办公效率，也避免了法庭干警因长期在外巡回办案而导致案件超审限的问题。手机移动办公具备了和电脑一样的办公功能，而且它还摆脱了必须在固定场所固定设备上进行办公的限制，为办公提供了极大便利，同样也为人民法庭的信息化建设提供了全新的思路和方向。手机办公平台不仅使得办公变得随心、轻松，而且能够借助手机通

信的便利性能高效迅捷地开展工作，对于突发性事件的处理、应急性事件的处理也具有极为重要的意义。

(4)四级联网视频系统开通使用

融水县人民法院汪洞人民法庭开通与最高人民法院、自治区高级人民法院、市中级人民法院、县人民法院同步的基层法庭视频会议系统。该视频会议系统利用专网平台，安装视频服务器、视频软件、视频终端设备，实现县院与基层人民法庭的视、音频互动，通过现已建成的法院三级视频会议系统同步开会。该系统集视频系统、数据系统、语音系统为一体，可以实现各级法院之间的远程视频会议、远程质证、远程开庭、远程调解、远程接访、远程培训；可以实现法院之间的审判信息快速传输和交换，以及行政办公信息的网络上报、接收和汇总。同时可以实现全县法院语音、数据的网络链接，进一步方便了内部沟通，实现了资源共享。该系统除召开各种视频会议外，还可组织远程教育培训、远程提讯、远程质证、远程开庭、远程调解，以及庭审案件等，大大提高了工作效率，节约了司法成本；实现了以前不能实施的现代化办公办案方式，有效提高了审判工作效率。

3.五位一体的司法公开体系

人民法庭要依托所在基层法院的新媒体建设，创新法院宣传新模式，依托信息化建设，着力打造五位一体的全媒体传播平台体系。人民法庭所在的基层法院要整合网络视频直播、网络图文直播、微博直播、法官在线等方面的工作，建成官方网站、官方微博、官方微信、APP客户端和司法公开短信平台五位一体的全媒体传播平台体系，通过文字、图片、视频、音频等全媒体手段及时发布法院信息。

(1)人民法庭以微博、微信为重点，培育自有新媒体。注重议题设置和主动引导。在增强文字发布频率的基础上，在栏目设置和主题策划上下工夫，注重原创内容的宣传，及时了解公众关切，为公众提供包括立案开庭查询、庭审直播、裁判文书等司法信息。对重大专题策划和亮点微信素材，人民法庭还应积极与知名法律公众号，如人民法院报官方微信“中国法治”、最高人民法院新闻局“舆论热点”、知名法律号“法务之家”“法律小常识”以及多个兄弟单位官方微信合作，相互转载推广，发挥集聚效应。

(2)把握规律，强化运用，不断提高全媒体平台体系的传播力。打造四级法院整体联动微博直播的新模式。融水县人民法院与最高人民法院、广西壮族自治区高级人民法院、中级法院联合开展“高法微博走基层”活动。直播方式立体、多样。主要采取新媒体工作组现场跟随直播，最高人民法院远程直播的方式，用文字、图片、视频对基层人民法院和人民法官的工作状态进行报道，截取法官们在不同地点的工作片段，再辅以对法院工作人员、当事人等的现场采访,让广大群众能直观了解基层法庭的工作状态,便于倾听老百姓对法官办案质量的评价,树立对法官公正司法的印象。

(3)加强合作,依托科技法庭,开辟微博、微信、手机媒体、短信等多层次的司法公开平台。例如,在新浪官网、法院官方微信、微博、户外 LED 显示屏以及手机 APP 上进行视频庭审直播。依托所在基层法院开辟司法公开短信平台,主动推送案件流程信息、法院重大活动等政务类和审务类信息。

(4)以全媒体传播平台体系为载体,注重分析研判,强化舆情引导能力。针对网络舆情应对特点,建立高效的联络方式,提高处置效率。在完善舆情报送联动机制方面,除按要求报送外,同时借助手机短信推送平台同步推送,提高信息报送效率。

(三)完善智慧法庭3.0版的对策研究

鉴于本课题以人民法庭作为研究对象,对人民法院信息化建设待完善的一些共性问题,如顶层设计、大数据集中管理、机制建设等本课题不再涉及,仅就人民法庭信息化建设一些特有或突出的问题进行完善和研究。

1. 加强领导,高位推进,狠抓利用

在现有条件下,法院领导对人民法庭信息化的重视、支持和参与程度,常常决定着法庭信息化能否深入持久。各地人民法院应将基层人民法庭信息化建设纳入工作日程,加强领导,明确责任,院领导不仅要参与决策的制定,还要参与具体措施的落实,更要参与到具体的运行操作中,稳步推进法庭信息化建设和应用工作。一是加强决策领导。要建立人民法庭信息化建设工作领导小组,并将该项工作作为一把手工程由院长亲自抓。二是加强具体领导。在院长主抓的同时,由一名较精通信息化工作的院领导具体分管,这样既加强了领导,又提高了协调沟通能力,能够促使人民法庭信息化建设的各项工作得以有效推进。同时,由于部分法庭干警在工作习惯、技术掌握、资金投入和效果评估等诸多方面对信息化建设存在认识误区,信息化推行之初,阻力会较大。建议可以采取高位推进、以用促建的办法,主要领导亲自动员、亲自培训、亲自应用、亲自督战,班子成员和部门负责人层层带动,技术部门有条不紊地具体实施。久而久之,人民法庭干警运用信息化的自觉性会逐渐增强,氛围会逐渐浓厚,成效会逐渐显现,信息化建设从有设备到有利用、有效果,也为后续不断升级以覆盖更多的工作范围奠定扎实的基础。

2. 加强宣传,提高山区群众对信息化的认识程度和接受能力

广西大多数人民法庭地处偏僻,案件辖区经济发展水平相对县城较为落后,交通极为不便,人民群众文化程度偏低,法律意识较为淡薄,因此,要想让地处偏远的山区

群众认识并接受人民法庭的信息化工作，就必须加大宣传，从思想发动入手，加强引导，打牢群众基础，充分发挥人民群众的参与热情，关键要把政策讲清楚，把道理讲明白，把好事办公正，用政策去引导，用制度来规范。把动员宣传发动群众、培养新型农民放在突出位置，充分调动群众参与的积极性和主动性。

3. 要加大经费投入

加快人民法庭信息化建设既是推进人民法庭现代化建设的需求，也是进一步转变工作方式，提高工作效率的手段。当前，法院信息化建设正处在国家信息化建设整体推进的重大战略机遇期，得到了各级财政的有力支持。因此，应建立人民法庭信息化建设经费保障落实机制，切实做好人民法庭信息化建设的经费预算，将法庭信息化建设经费纳入法院工作经费的财政预算之中，作为信息化建设专项经费予以优先保障。加强对人民法庭经费保障制度落实的督促和监管。由中级人民法院、县财政局等相关部门牵头，监督人民法庭改革经费落实情况，确保人民法庭改革经费及时到位。

4. 加强培训指导，确保熟练运用

信息科学技术是当今现代化最显著的标志和最先进生产力的代表，对社会的发展产生了广泛深刻的影响。充分利用现代信息技术，努力提高办公、办案效率，已成为基层人民法庭工作发展和融入社会的客观趋势。思路决定出路，观念改变命运。要不断加强信息化宣传，通过各种方法提高法庭干警对信息化建设必要性、必然性的认识，解决干警思想误区，清除思想障碍，引导干警积极投身信息化建设。必须把信息化教育培训纳入干警培训计划，有针对性地强化对年龄较大干警基本信息化操作技能的培训，采取集中学习培训与个人自主学习相结合，让法庭干警充分掌握相关信息化知识，补强信息化建设短板，逐步杜绝“不会用”问题。同时，要结合人民法庭各类便民系统应用的特点，有针对性地对不同应用管理层次的管理和技术人员开展培训，逐步形成一支高素质的人民法庭信息管理和技术队伍。重点培养既懂法律又懂网络和管理的复合型人才，从而确保人民法庭信息化的可持续发展。

5. 构建人民法庭信息化应用成效评估和改进机制，确保深度运用

要果断推进网上文件流转、会议通知、材料转接等办公系统和审判流程管理、电子签章、电子卷宗等办案系统运用，并建立案卷网上调阅、案件网上评查等机制，倒逼干警提升自身信息化技能。同时加大对科技法庭使用、网上立案、裁判文书上网、电子签章使用等项目进行考核。在年初制定岗责中，人民法院应将考核任务细分到人民法庭，对人民法庭的信息化运用情况进行定期考核。加强督察检查。落实主体责

任,人民法庭要对照岗责和职责清单,进行督察检查,定期对人民法庭的案件进行抽查,对未按照要求使用信息化的对照岗责予以扣分,及时通报,并同步计入该人民法庭的部门绩效。另外,应将信息化应用纳入法庭干警的绩效考核范围,并建立相应的激励机制,依托奖优罚劣解决“不愿用”问题,切实打牢信息化建设应用基础。

6. 加强网络安全建设和安防监控体系

网络安全关系到人民法庭网络系统能否正常运行,各类数据信息是否安全可靠,在信息化建设中具有十分重要的地位。其中系统安全的重要性应该放在首位,在高度信息化的社会中,一旦系统出现安全问题,其损失是难以估量的、灾难性的。加强网络安全建设就是为了防止发生未经授权的用户擅自访问、破坏篡改和恶意窃取数据信息的行为,确保系统设备和应用软件保持良好的运行态势。如何保证网络安全,特别是业务数据的安全就成为信息安全的重点。要严格按照网络建设的要求,严格实行内外网物理隔离,安装防火墙、杀毒软件等防护措施,加强数据信息的及时备份,建立比较完善的网络安全管理机制。同时加强安防监控建设,法庭内外合理设置监控摄像头,实现实时调取,自由切换,组成严密的安防监控体系,实现对人民法庭的公共区域及关键区域的完整覆盖。

7. 建立完善智慧法庭信息化配套制度

智慧法庭信息化的顺利推进必须有完善的配套制度,使每个环节都用制度来涵盖和规范,变静态的管理为动态的流程管理,从各方面不断完善措施形成工作合力,进而推动信息化的有序运行。建立配套制度是有效的保障,也是加强规范化管理的基础性工作。这一套制度应该分别针对人民法庭信息化工作的各个方面,包括电子送达制度、电子签章管理及使用制度、人民法庭信息化运用考核制度等。

结　语

回顾广西人民法庭建设之路,信息化建设和应用虽取得了一些成绩,但距离上级法院的要求和外省先进法院的差距还很大,离打造真正的智慧法庭 3.0 版标准体系还有一定差距。通过分析存在的问题和原因,并结合广西特点,课题组提出的构建智慧法庭 3.0 版标准体系,在贯彻落实最高人民法院、广西壮族自治区高级人民法院统一部署,亦即顶层设计的大框架下,构建符合广西特色,并在广西具有一定普适性的人民法庭信息化 3.0 版体系。

2016 年以来,融水苗族自治县人民法院在最高人民法院加快建设“智慧法院”的大工作格局下,结合自身建设能力,投入 100 万元资金,以最偏远的汪洞人民法庭为试点,全力打造“智慧法庭”。2016 年 12 月 8 日,融水苗族自治县人民法庭就此召开了“智慧法庭”上线新闻发布会。这是本调研课题的直接转化成果,是从理论到实践的一个质的飞跃。

当然,本课题提出的智慧法庭 3.0 版标准体系,是一个不断完善和发展的体系,仅仅为全区法庭信息化建设提供一个参考模板。相信通过融水汪洞法庭的实践,将更好地指导我们完善广西智慧法庭 3.0 版标准体系,不断探索和研究基层法院信息化建设,为人民群众的诉讼活动提供更为便捷的条件,提供更为优质高效的服务,更好地实现人民法院司法为民、公正司法的庄严承诺。

人民陪审员制度改革研究

——以广西人民陪审员制度改革试点为依据

广西壮族自治区高级人民法院政治部课题组*

引　言

近年来,广西壮族自治区法院认真贯彻落实《全国人民代表大会常务委员会关于完善人民陪审员制度的决定》《最高人民法院关于人民陪审员管理办法(试行)》的规定,积极开展人民陪审工作,在弘扬司法民主、促进司法公正、强化司法监督等方面取得了一定成效。上述《决定》实施10年来,一大批通民情、品行好、作风正、有威望的人民陪审员,以强烈的使命感和社会责任感,认真负责地投入工作,参与审理了大量案件。实践证明,人民陪审员制度的有效推行,增进了人民群众对法院工作的理解和支持,密切了司法工作与人民群众的联系,促进了司法民主、司法公开、司法公正。

但实践中仍存在一些亟须解决的难题,如广西个别法院对人民陪审员制度的地位和作用认识还不到位,存在矮化、跑偏的现象,如“陪而不审”“审而不议”“陪审专业户”“驻庭陪审”等问题较为突出,一些法院只是把人民陪审员作为解决案多人少矛盾的人力对待。此外,人民陪审员制度本身也存在一些需要改进和完善的地方,如陪审员的广泛性和代表性不足、陪审案件范围不够明确、陪审履职积极性不高、随机抽选流于形式、履职保障机制不完善等。针对上述问题,2015年4月全国人民代表

---

* 课题主持人:莫锦荣,广西壮族自治区高级人民法院党组成员、政治部主任;课题组成员:陈顺光、陆德胸、李凤军、李敏、陈荣、潘玮璘。

大会常务委员会决定授权最高人民法院开展人民陪审员制度改革试点工作。经最高人民法院指定,广西崇左市中级人民法院、大新县、上思县、桂林市七星区、百色市右江区法院5个法院为试点法院。

本课题组试图从人民陪审员制度改革试点地区的实践入手,以破解广西人民陪审员制度中普遍存在的"陪而不审"的困境,解决人民陪审员广泛性和代表性、随机性不足问题,探索适合广西基层法院的人民陪审员选任、参审改革、履职保障等制度,为立法机关和其他法院提供参考。

一、人民陪审员制的理论基础

(一)人民陪审员制的变迁历程

1. 人民陪审员制的奠基时期

我国古代法律中虽然对于重罪的犯人,设有"三刺""三讯"之法,但在强大的中央集权的封建专制政权的影响下,并没有形成独立而鲜明的陪审制度。直至清末修律时,沈家本于1906年主持编成《大清刑事民事诉讼法》,借鉴西方的经验规定了陪审制度,但该法遭到各省督抚的抵制遂被搁置。1927年,武汉国民政府进行司法制度改革,提出建立参审制和陪审制的方案,并制定了《参审陪审条例》计32条,但未实施。[1]

新中国的人民陪审制度,实际上来源于革命战争时期根据地的有关法律规定。1932年,在借鉴苏联审判经验的基础上,中华苏维埃中央执行委员会颁布了《裁判部暂行组织及裁判条例》,规定了陪审员参加审判的制度。其中第13、14、15、19条规定陪审员由职工工会、雇农工会及其他群众团体选举产生,每审判一次得调换2人。无选举权者和未满16岁的人不得当选为陪审员。主审与陪审员在决定判决时,以多数意见为准。由此可见,在当时陪审员与审判员共同审判案件,享有同等的权利。这为中华人民共和国成立后我国人民陪审员制度的立法和实践奠定了牢固的思想基础。[2]

---

〔1〕 参见张晋藩:《中国法制史》,群众出版社1982年版,第341页、第418页。

〔2〕 参见中国社会科学院法学研究所民法研究室民诉组、北京政法学院诉讼法教研室民诉组合编:《民事诉讼法参考资料》(第1辑),法律出版社1981年版,第157~158页。

2. 人民陪审员制的确立与发展时期

1949 年 9 月,中国人民政治协商会议通过的起临时宪法作用的《共同纲领》第 75 条中明确规定:"人民法院审判案件依照法律实行人民陪审制度。"这意味着人民陪审制度已作为一项法律制度被确定下来。随后,在 1951 年中央人民政府通过的《人民法院暂行组织条例》第 6 条规定:"为便于人民参与审判,人民法院应视案件性质,有协助调查、参与审理和提出意见之权。"1954 年,我国第一部宪法中也明确规定了人民陪审制度,同年颁布的《人民法院组织法》进一步将宪法的原则规定具体化。[3] 1956 年,司法部经国务院批准发布了"关于人民陪审员的名额任期和产生方式的指示",有力地推动了陪审制在各地的贯彻与执行。1963 年,最高人民法院发布了"关于结合基层普选选举人民陪审员的通知",要求在基层人民法院实行人民陪审员制度,人民陪审员的任期一般为两年,而在中级和高级人民法院则采取临时邀请人民陪审员的方法。

3. 人民陪审员制的萎缩时期

在"文化大革命"时期,人民陪审员制和整个司法制度一样基本上被废除。虽然那一特殊时期的"法院"在所谓的"审判"中,也请一些甚至很多群众参加,但那种做法与陪审制度绝难同日而语。[4] "文化大革命"结束之后,我国开始恢复和重建司法制度,包括人民陪审员制。但因改革开放,国情发生较大变化,在司法实践中,陪审制度却一直处于低谷状态。1982 年 3 月 8 日,第五届全国人民代表大会常务委员会公布的《中华人民共和国民事诉讼法(试行)》"基本原则"中已没有人民陪审员陪审制度的内容。人民陪审员制仅作为一种可供选择的审判组织形式出现,而不再是一项基本制度。此后,1982 年公布施行的《中华人民共和国宪法》为了与民事诉讼法保持一致,也就删除了"人民法院审判案件,依照法律的规定实行群众代表陪审的制度"的内容。根本法和基本法的修改导致了随后的一系列法律的修改。1983 年的《人民法院组织法》、1990 年的《行政诉讼法》、1991 年的《民事诉讼法》以及 1996 年的《刑事诉讼法》都将原来关于第一审应当实行陪审制的规定修改为"由审判员组成合议庭或者审判员和人民陪审员组成合议庭进行。"[5]

---

[3] 主要表现在规定适用人民陪审的案件范围、人民陪审员的任职资格及其产生方式、人民陪审员的诉讼地位及其权利义务,以及对人民陪审员执行职务的物质保障四个方面。

[4] 参见何家弘:《陪审制度纵横谈》,载《法学家》1999 年第 3 期。

[5] 参见吴明童:《我国人民陪审员陪审制度删除揭秘》,载《依法治国、司法公正——诉讼法理论与实践》(1999 年卷·上海),上海社会科学院出版社 1999 年版,第 1057 ~ 1060 页。

4. 人民陪审员制的恢复时期

1998年,时任全国人大常委会委员长李鹏在全国人大召开的一次会议上发表讲话,提出“要实行人民陪审员制度,这也是促进司法公正的重要制度。”1999年,时任最高人民法院院长肖扬在召开的人民陪审员工作会议上又强调说:“全国各级法院的审判人员,特别是各级领导,一定要充分认识坚持和完善人民陪审员制度的重要意义。”随后,全国地方各级人民法院在总结经验教训的同时进行积极的探索和大胆的尝试,纷纷制定符合地方要求的人民陪审员条例。最高人民法院在吸收地方条例的基础上,于1999年7月印发的《关于〈人民法庭若干问题的规定〉的通知》,2001年4月颁布的《关于审理未成年人刑事案件的若干规定》,2002年8月颁布的《人民法院合议庭工作的若干规定》,以及2003年12月发布的《关于落实23项司法为民具体措施的指导意见》,都对陪审制度的有关事项作出了规定,这些规定对进一步恢复与发展人民陪审员制度,解决实践中的问题具有重大作用。

5. 人民陪审员制的全面发展时期

近年来,我国的人民陪审员制已逐步摆脱“无法可依”的局面。全国人大常委会于2004年8月28日通过了《关于完善人民陪审员制度的决定》(以下简称《决定》)。为了配合《决定》的实施。10年以来,最高人民法院单独或联合司法部、财政部等部门先后颁布系列规范性文件,就人民陪审员的选任、培训、考核工作、经费保障等管理问题制定实施意见,并将完善陪审制问题列入人民法院“二五”“三五”改革纲要,多方动员部署落实,鼓励地方法院改革创新。2013年,最高人民法院提出陪审员数量“倍增”计划:要在二至三年内将全国法院系统内的人民陪审员数量翻一番,即从目前的8.7万名增至20万名左右;同年9月,决定在北京等10个省市19个法院开展人民陪审员倍增计划试点。

在最高人民法院的推动下,各地法院不断推出陪审制改革的新举措。具体的代表性举措有:(1)“海选”加随机抽取式。例如,2007年南京市原下关区法院的探索性改革。[6]

---

[6] 原下关区法院的“海选”采取“个人报名、法院选取、人大任命”方式。2007年向下关法院报名的申请者超300人,下关法院挑选20名陪审员最终再报人大任命。具体案件陪审员通过随机摇号产生参加合议庭。该法院成立专门的陪审员管理机构“马兰工作室”,对陪审员进行日常管理,包括摇号抽取陪审员,通知联络陪审员,落实陪审工作具体事宜,配合法院组织陪审员参加培训,年末统计陪审数据等。工作室由一位名叫马兰(退休人员)的陪审员担任管理人。她每天到工作室上班,由法院给予一定的经济补贴。

(2)陪审团(评议团)式。例如,河南省法院的人民陪审团改革。[7] (3)"1+N"式。例如,南京市鼓楼区法院的做法。[8] 另外,陪审实务中出现一个新动态,即陪审员工作范围的拓展。各地法院利用陪审员参与专业审理、调解、执行、法律宣传、心理咨询、信访接待等工作。

6. 变迁中的反思

纵观人民陪审员制的变迁发展史,在革命战争年代和20世纪50年代人民司法改革过程中,其曾经在体现司法民主方面发挥过重要作用。当时的司法民主是新民主主义及人民民主的一部分,体现的是"人民当家作主"的政权理念。在司法领域,人民陪审员制被视为人民执掌审判权、人民意志决定裁判结论的民主标志。人民陪审员制的目的是通过陪审员监督司法人员,保证司法队伍纯洁,与党中央在思想上保持一致,从而保证审判工作在政治上的正确性,让司法成为人民民主专政的重要工具。这个目的与"群众路线"工作方式联系在一起,逐步塑造了大众化的司法模式。在那个以政治意识形态为社会控制的主要机制的历史时期,判断是非对错的标准和话语权掌握在陪审员手中。人民陪审员制赢得了高度正当性,陪审员地位崇高。但是从司法结构的角度看,人民陪审员制并没有真正融入司法制度,因为它在本质上属于用政治立场和意识形态来判断的政治活动,与"用法律来判断"的司法活动格格不入,是一种在司法制度之上的监督机制。[9] 但在市场经济引发社会结构转型后,社会控制机制也随之变化,政治意识形态在解决纠纷、社会整合方面的作用减弱,法律与司法在社会控制方面被寄予高度的期待,催生了以审判专业化和法官职业化为目标的审判方式改革。《决定》将陪审制定性为司法制度,意味着它作为纯粹的政治制度的历

---

〔7〕 河南省对陪审团的改革要点包括:每个基层法院配备不低于500人的人民陪审团成员名单库;放宽陪审员选任条件,23岁至70岁的未受过刑事处罚的人员都可以成为陪审团成员;符合条件的人可以通过特邀、自我报名和乡镇政府、街道办事处推荐3个渠道进入陪审团成员库;在合议庭认为所审案件需要适用陪审团方式审理的,应书面申请;法院决定拟邀请人民陪审团参加案件庭审的,应当书面征询公诉机关意见,然后由法院在成员库中直接选取或随机抽取20~30人,询问是否能够参加,审查是否有应当回避的情形,最终确定7~13人组成陪审团参与庭审;陪审团可以就事实认定和法律适用进行讨论,但并不直接对事实或刑事责任做出判断,其意见是法院裁判的参考。

〔8〕 南京市鼓楼区法院刚开始试点的一种做法:合议庭由2名法官和1名陪审员组成,另外根据案件需要选取多名(N)陪审员参与庭审。这N名陪审员在开庭时有专门席位,在听取当事人陈述、质证、辩论后开会评议,评议结果由正式参加合议庭的陪审员带入合议庭,占合议庭的一票。

〔9〕 参见吴英姿:《人民陪审制改革向何处去?——司法目的论视域下中国陪审制功能定位与改革前瞻》,载《苏州大学学报》(法学版)2014年第3期。

史至此终结。此时,程序规范化和审判知识与技能的专业化让人民陪审员制无法发挥作用,陪审员的知识技能遁入冷宫。[10] 人民陪审员制的正当性遭遇前所未有的挑战。

因此,可以说人民陪审员制作为一项域外“舶来品”,在与中国传统的法律文化整合过程中几经风雨。中国因缺乏应有的当事人主义诉讼模式的文化底蕴,使得在追求民主激情支配下引进了人民陪审员制之后,不可避免地出现“异体排斥”现象。法律是特定民族的历史、文化、社会的价值与一般意识形态与观念的集中体现。任何两个国家的法律制度都不可能完全一样,法律是一种文化的表现形式,如果不经过某种本土化的过程,它便不可能轻易地从一种文化移植到另一种文化。[11] 但是我们也必须看到,在外域法律文化的影响下,中国传统法律文化所发生的嬗变。司法民主意识的深入,普通公民作为社会主体意识的增强,使得他们要求以一种积极而有效的方式接近司法、参与司法进而决策司法;司法公正及程序内在价值的呼声高涨,普通民众要求以人们看得见的方式实现正义,通过建立社会监督与司法内在监督机制之间的平衡来冲击司法活动中的“官本位”思想,对可能受到不公正司法待遇的当事人提供充分而有效的保障。如此种种司法参与权观念的转变,使得人民陪审员制在中国的法律制度中得以保留,并在司法实践中不断发展完善。虽然在具体制度的设计与实践过程中还存在缺陷与不足,但是历经风雨,人民陪审员制仍然得以保留就充分地证明了这一制度存在的合理性和必然性。

因此,我国有学者明确表态:我们不能将人民陪审员制在实践中的问题统统归咎于对制度的选择,该制度在确保司法公正,促进司法民主,弥补法官乃至法律不足方面具有突出作用。尤其在现阶段反对司法腐败,提倡司法为民的呼声下,人民陪审员制作为与生俱来就代表司法民主的一种司法制度,在我国的坚持和完善的意义更加重大。现在所关注的焦点不再是“存”与“废”问题,而是如何使其在司法改革大潮中不断完善,让司法民主得以彰显的问题。[12]

(二)中美陪审制的比较与借鉴

1. 域外陪审制的基本情况

陪审制度发源于英国,但当今将陪审制度继承且发扬得最完善的是美国的司法

---

〔10〕 参见胡凌:《人民陪审员制度的多面向解释》,载苏力主编:《法律和社会科学》(第2卷),法律出版社2007年版,第103~127页。

〔11〕 参见林顿·戈登·奥萨魁:《比较法律传统》,中国政法大学出版社1993年版,第6页、第7页。

〔12〕 参见吴明潼、段莉琼:《人民陪审制的理念与发展》,载《中国司法》2004年第8期。

制度。理论上一般将各国陪审制度分为三个类型：一是欧陆（包括英美）陪审模式（continental jury model），即陪审团成员完全由普通公民组成，典型的如美国、英国、加拿大及我国香港特区；二是法庭合作模式（collaborative court model /lay judge model），即合议庭由法官与普通公民担任的陪审员或平民裁判员组成，典型的如日本、德国、意大利、澳大利亚及我国大陆；三是纯粹裁判员模式（pure lay judge mode），即普通公民经一定程序暂时地被任命为裁判员，直接对案件予以审理并裁判，这主要存在于英美国家的乡镇中经选举产生的治安官制度（magistrate）。[13]

英美的陪审团制度完全由普通公民组成。陪审团可以直接或依据法官的指示（judge's instruction），独立地对事实问题（sole judge of fact）[14]予以裁决（give a verdict according to conscience）。[15] 如今陪审团制度最为典型的美国，其自英属殖民时代就沿用英国的陪审制度，美国建国后逐渐通过第五、六、七次宪法修正案，[16]在刑事与民事案件的审判中正式确立这一制度。但是直至今日，只有按照1791年以前的标准属于普通法上的诉讼案件，才可以当然地获得陪审审理的权利，而对于当时应属于衡平法上的诉讼案件，当事人仍没有获得陪审审理的权利。但是，根据联邦民事诉讼规则，法院可以根据自身的裁量决定使用陪审团审理。此外，与刑事陪审不同的是，美国联邦宪法并未规定各州法院必须在民事案件中接受陪审审理的请求；但实际上除了科罗拉多州外，其余49个州的宪法也都保障了民事陪审的权利，但在科罗拉

---

〔13〕 See Valerie Hans, "Jury Systems Around the World", 4 *Ann. Rev. L. &SOC. SCI.* 275, 278 (2008); John Jackson & Nikolay Kovalev, "Lay Adjudication and Human Rights in Europe", 13 *COLUM. J. EUR. L.* 83, 94 (2006).

〔14〕 实际上美国也存在一些例外，如印第安纳州、马里兰州和佐治亚州等州的法律规定了适用法律和事实两者都由陪审团决定。但即便如此，上述州的法院判例仍对该规定进行了限制性解释，并不允许陪审团随意地脱离法官的指示而进行法律判断。

〔15〕 *The essence of a jury is a group of citizens deliberating together, free from outside influences, to determine guilt or liability.* See Jane E. Dudzinski, Justification for Juries, 4 *Univ. of Illinois Law Rev.* 1615, 1616 (2013).

〔16〕 See U. S. CONST. amend. V ("No person shall be held to answer for a capital, or otherwise infamous crime, unless on a presentment or indictment of a Grand Jury ..."); U. S. CONST. amend. Ⅵ ("In all criminal prosecutions, the accused shall enjoy the right to a speedy and public trial, by an impartial jury of the State and district wherein the crime shall have been committed ..."); U. S. CONST. amend. Ⅶ ("In Suits at common law, where the value in controversy shall exceed twenty dollars, the right of trial by jury shall be preserved, and no fact tried by a jury, shall be otherwise reexamined in any Court of the United States, than according to the rules of the common law.").

多州,虽然没有宪法明文保障,但也存在民事案件的陪审审理。

陪审团制度根本的制度目的在于制衡政府的公权力(a check against overreaching by the government)。[17] 因此,尽管绝大多数的民事纠纷案件在诉前和解或调解就已得到解决,且在"法官审判"(bench trial)[18]与"简易审判"(summary judgment)[19]中也无须陪审团的参与,但在标志性的重大案件中,经由"同侪之审判"(trial by one's peers)的程序正义仍然起着关键性的作用。

法官与陪审团的分工泾渭分明,前者主要审理法律问题,后者主要对事实问题进行判断。虽然划分法律问题与事实问题的方法与理论极为复杂且充满争议,[20]但无论如何,法官拥有做出这一划分的权力与职责。这意味着法官仍是案件审理的主导者,一方面,其更需要将法理论证的争议焦点尽可能地划归于"法律问题",以便依自

---

〔17〕 See Duncan v. Louisiana, 391 U. S. 145, 156 (1968) ("Those who wrote our constitutions knew from history and experience that it was necessary to protect against unfounded criminal charges brought to eliminate enemies and against judges too responsive to the voice of higher authority ... Providing an accused with the right to be tried by a jury of his peers gave him an inestimable safeguard against the corrupt or overzealous prosecutor and against the compliant, biased, or eccentric judge.").

〔18〕 正如在联邦法院的民事案件中,必须有一方以上的当事人提出要求方可进行陪审审理(jury trial)。而这种要求也必须在最后的答辩文书受送达后14日内以书面形式向对方送达,此后也应当及时向法院提出,否则视为放弃接受陪审审理的权利。这种情况下,将进行由法官审理(bench trial)。See Federal Rules of Civil Procedures, Title VI. Trials, Rule 38. Right to a Jury Trial; Demand: (a) Right Preserved. The right of trial by jury as declared by the Seventh Amendment to the Constitution—or as provided by a federal statute—is preserved to the parties inviolate. (b) Demand. On any issue triable of right by a jury, a party may demand a jury trial by: (1) serving the other parties with a written demand—which may be included in a pleading—no later than 14 days after the last pleading directed to the issue is served; and (2) filing the demand in accordance with Rule 5(d). (c) Specifying Issues. In its demand, a party may specify the issues that it wishes to have tried by a jury; otherwise, it is considered to have demanded a jury trial on all the issues so triable. If the party has demanded a jury trial on only some issues, any other party may—within 14 days after being served with the demand or within a shorter time ordered by the court—serve a demand for a jury trial on any other or all factual issues triable by jury.

〔19〕 在当事人一致认为对于重要事实不存在争议的情况下,或一方对于重要的事实问题(material factual issues)具有完全压倒性的证据优势的情况下,法官也可以根据当事人的申请,而不再进行实时审理,而直接以 Summary Judgement 的形式终止一审程序。See *Federal Rules of Civil Procedures*, Title Ⅶ. Judgment, Rule 56. Summary Judgment.

〔20〕 See Zipursky, Goldberg, Sebok, *Tort Law: Responsibilities and Redress*, 3d ed., Wolters Kluwer, 2012, p. 290.

身的法律专业知识进行系统论证;另一方面,其还应对照法律制度的构成要件,将案件中的争议性事实问题进行归纳梳理,明确需要陪审团以“是否”形式回答的各项事实问题。这种“问题导向”的归纳整理主要以“指示”(instruction)的方式呈现给陪审团,以引导陪审团的具体裁决内容,让其依据自身的生活经验与正义感去判断。一般原则上,陪审团只需要告知:原告胜诉或被告胜诉,或者在原告胜诉时告知赔偿金额等结论,而并不需要说明导致该结论的理由,即所谓一般评决(general verdict);但法院也可以要求陪审团就个别争议点分别做出答复,即所谓个别裁决(special verdict);但无论采取何种形式,法官都要对相关问题予以一定的解释与指导。[21]

2. 中美陪审制度的异同比较

中美两国陪审制度可以说分别代表着当代世界存在的公民参与司法的两种不同范式,即陪审制度和参审制度。目前,在全面推开人民陪审员制度改革的大背景之下,选择中美两国陪审制度比较这一角度,目的在于通过对中美两国陪审制度的比较,提炼出在域外陪审制当中可资借鉴的比较优势。

(1)历史渊源比较

陪审制度最早起源于公元前6世纪至公元前5世纪的雅典。现代意义上的陪审制度始于英国,1066年诺曼底人威廉一世征服英国后,把法兰克人的陪审制度引入了英国。随着英国殖民地的扩张,陪审制度传入美国,在战争时期,陪审团在美国人心目中的价值大为提升,因为其被用来作为对抗王室专制的堡垒。在殖民者看来,陪审团是控制法官自由裁量权并抑制其可能的专断倾向的手段。因此,所有早期的殖民地均热诚地拥护陪审制度,“陪审团审判可能是唯一被美国早期的各州宪法所普遍接受的权利”。[22] 美国宪法的最初草案并没有对民事陪审做出专门规定,但全美对此反应极为强烈。负责起草美国宪法的联邦主义者,迫于压力而对剔除民事陪审的权利做出辩护。最终,达成的妥协是:在民事诉讼中陪审团审判的权利不写入美国宪法中,而是写入美国宪法的第七修正案。他们认为无论是刑事诉讼还是民事诉讼,陪审

---

〔21〕 The court must give the instructions and explanations necessary to enable the jury to make its findings on each submitted issue, or to render a general verdict and answer the questions in writing, and must direct the jury to do both. See *Federal Rules of Civil Procedures*, Title Ⅵ. Trials, Rule 49. Special Verdict; General Verdict and Questions.

〔22〕 See Leonard W, Levy, Legacy of suppression, Freedom of Speech And Press in Early American History, Belknap Press of Harvard University Press, 1960, p. 281.

团对于抑制司法权力和过于热情的立法者均十分重要。[23] 这一规定,将陪审团审判作为当事人的一项宪法权利加以确立。联邦民事诉讼规则38 (a)据此而规定:“美国宪法第七修正案赋予当事人的陪审团审判的权利或美国其他制定法赋予当事人的陪审团审判的权利神圣不可侵犯。”[24]

我国近代的陪审制度最早出现在清末。在清末沈家本编订的《大清刑事民事诉讼法》中,陪审理念得到体现。人民陪审员制度最早始于革命根据地时期。新中国成立后,人民陪审员制度被作为一项重要的法律制度确定下来。“文化大革命”时期,我国的司法制度遭到严重的践踏,人民陪审员制度也被彻底破坏。20 世纪 90 年代以来,全国法院普遍开展了审判方式改革,人民陪审员制度的改革也是其中的一项重要内容。其中最具代表性的是2004 年 8 月 28 日,在第十届全国人大常委会第十一次会议上通过的《关于完善人民陪审员制度的决定》(以下简称《决定》)。10 多年来,最高人民法院会同司法部、财政部制定了一系列文件,涉及人民陪审员的选任、培训、考核、管理和保障等各个方面。

从历史发展的过程可以看出,美国的陪审制度经过长期的历史演进,形成了普遍的陪审理念和共同意识,这种理念是建立在认可陪审制度在历史中的作用的基础上;中国的陪审制度恰恰缺乏这种一脉相承的制度演进过程,造成了陪审理念和共同意识的缺乏。另外,美国的陪审制度经过长期的历史演进,形成了一系列与陪审制度相关的配套制度,使陪审制度趋向完善。如对抗式庭审制度、陪审员的产生制度等,这些制度是在长时间的不断积累经验的基础上形成的,它们的存在保障了陪审制度的有效实施。

(2)制度基础比较

我国法律关于人民陪审员制度的规定具有原则性、形式性、抽象性的特点。人民陪审员制度既没有宪法依据,也没有一部《人民陪审员法》及其他相同配套规则来规范其具体运作,其法律基础主要是《人民法院组织法》和《刑事诉讼法》中的相关规定。在我国,人民陪审员制并不是审理案件的基本原则和必经程序,但是仍然作为一项司法制度被法律认可。2005 年 5 月 1 日正式实施的《决定》使人民陪审员制的操作有了较为具体的法律依据。

美国陪审制度的法律基础就扎实深厚多了。首先体现在宪法的规定, 如前文所

---

〔23〕 See Stephan Landsman, *The Civil Jury in America*, 62 Law & Cont Emp Probs. 285 (Spring 1999).

〔24〕 See 1996 *Civil Procedure Supplement*, West Publishing Co. , St. Paul, Minn. , 1996, p. 122.

述，接受陪审团审判是美国公民的一项宪法性权利,《美国宪法》第 3 条、第 6 条修正案、第 7 条修正案都为陪审制度提供了宪法依据。除此之外,《美国联邦刑事诉讼规则》《美国律师协会陪审团标准》《联邦陪审团选拔法》等法律规定也为陪审制度提供了法律的依据，这些都是美国陪审制度存在的法律基础。

(3)基本功能比较

美国陪审制概括起来有三项基本功能:一是,保障公民自由的功能。陪审制度通过人民分享司法审判权,以权力制约权力,保障公民自由。同时,美国也认为陪审制度保障公民自由不仅通过权力制约权力来实现,而且陪审团审理是公民的权利,通过权利制约权力来实现。陪审制度是公民宪法上的一项权利,因此,公民可以援引宪法上的权利要求陪审团审理,排除职业法官的独断,从而以权利制约职业法官的权力,保障公民的自由与民主。二是,提升审判公信力功能。因为美国的陪审团成员是随机在公民中选择出来的非法律专业人士,因此陪审团的审判具有人民性,陪审团审判相对于完全的专业法官审判在民众中有更强的公信力,可以促进公众对司法程序的信心。陪审团制度使人民成为审判者之一,也只有人民的审判才会得到人民的信任。三是,促进立法的修改完善。在美国,陪审团制度除司法功能外,还有造法功能。英美两国都承认陪审团容易被当事人的辞藻所打动,有时做出不顾法律的裁判。美国学者对此的解释是,既然陪审团做出不顾法律的裁判,该查究的是法律是否需要修改,该怀疑的是法律是否公正。陪审团有时就是正规的法律批评者和间接的法律改革者。

我国的人民陪审员制度从形式上来看似乎也具备上文所述的美国陪审制度的种种功能。但在我国司法实践中,人民陪审员制度在遏制司法腐败、制约权力滥用方面所起的作用不是特别明显,同时人民陪审员与职业法官共同行使审判权在保障司法公正、实现司法民主中的作用也发挥的甚微。中国陪审员由于和审判员具有同等的权力,既包括事实审又包括法律审,但实践中,陪审员的法律素养普遍较低,不能进行独立的思考、形成自己的观点,容易追随审判员的观点。在法庭审理过程中,由于审判长由职业法官担任,而法庭审理又是在其指挥下进行的,因此,陪审员作为合议庭的成员,主要职责是被动地“听”,[25]陪审员不能把社会的道德、习惯、经验、伦理渗透到案件中去,不能发挥其作用。而美国的陪审员只凭生活经验、道德、伦理对事实做判断,未超出普通公民的能力范围,从而能够对案件产生实际的影响。从比较中可以

---

〔25〕 参见王敏远:《中国陪审制度及其完善》,载《法学研究》1999 年第 4 期。

看出，中国的陪审制度没有发挥其弥补法治和法律形式合理化缺陷的功能。

(4)具体内容比较

一是，陪审制的适用范围不同。我国法律规定的人民陪审员制度的适用范围较广，各类诉讼均可适用，而在实践中适用的较少；而美国对陪审制范围法律规定的较小，而在实践中适用的却很多。二是，我国人民陪审员制度和美国陪审制度表现形式不同。美国的陪审制度属于陪审制，而我国的人民陪审员制度属于参审制。陪审制与参审制的主要不同在于陪审员与法官有明确的职责分工，陪审员主要负责认定事实，而参审制中参审员与法官无明确分工，其与法官共同认定事实与适用法律。三是，陪审制度的保障措施不同。在美国司法实践中，为了保障陪审制度顺畅稳定地运作，已经形成一系列成熟的规定严格控制陪审制度运作的各个环节。例如，在陪审团遴选的过程中，男女平等原则、种族平等原则、有因回避和无因回避的规定保障了陪审团的社会代表性和公正性。除了这些有关陪审制度操作的规定以外，美国采取陪审制度也是由美国"当事人主义"的诉讼模式决定的。[26] 我国人民陪审员制度在这方面相比就较为不足，其没有系统配套的规定来规范陪审的运作，陪审的作用显得相当薄弱。[27]

3. 美国陪审制度的启发

(1)陪审员资格应体现普遍性。人民是国家的主人，国家权力来自人民。普通民众对授出的权力，有理由加以监督，尤其是关涉自己财产、自由甚至生命的审判权时更是如此。有些学者、实务工作者以许多陪审员缺乏法律常识为由，不赞成陪审员参加审判或提倡专家型陪审员。这种认识上的定位值得商榷。因为从世界陪审制度的发展来看，吸收不熟悉法律的当地居民担任陪审员是最基本的设计。有种观点认为，"某种程度上对法律的无知在刑事审判中被看作是一种美德"。陪审团成员对法律的无知更接近日常生活，使之更容易发现事实真相。这样一种反常思维也许是对陪审员非专业法官身份的有力肯定。因此，陪审员的选任应体现普遍性，职业化或"半职业化"陪审员的主张不可取。陪审制度的本质应是国家通过让普通公民参加审判，使其凭借自身朴素的善恶感、是非感对案件做出判断，扩大司法民主，监督司法机关的审判活动，使法律适用最大限度地接近人民。

(2)陪审员的选任与职责必须法制化。陪审员的素质是制约陪审效果的重要因

---

〔26〕 参见王利明：《司法制度研究》，法律出版社2001年版，第144页。

〔27〕 参见刘燕：《中美陪审制的比较及对我国人民陪审制的完善》，载《理论导刊》2007年第4期。

素,尽快制定专门规定人民陪审员产生的法律制度,是完善现行人民陪审员制度的基础。我国目前立法对人民陪审员的产生及适用操作的程序保障机制基本上处于缺失状态,在司法实践中暴露出一系列问题,如陪审员执行职务的程序不规范,权利与义务无保障,陪审员成了“陪衬”,从而背离了设立陪审制度的初衷,严重影响了陪审的质量和社会效应。有鉴于此,应借鉴美国完善的陪审制度法律体系,一方面完善陪审员的资格条件和选任程序,另一方面规范人民陪审员的权限与责任,使人民陪审员的选任与职责制度化、法律化。

(3)陪审制设置应与陪审员的能力相适应。在不同历史时期内,陪审团的职能存在较大的差异,最早的陪审团扮演的是证人角色,陪审员从了解案件事实的人中间产生,此时的陪审团又称为“知情陪审团”;爱德华一世时期陪审团开始同时具有证人和裁判者的职能;14 世纪司法职能逐渐占据主导地位,进入 15 世纪后陪审团就只剩下裁判这一单一职能了。从陪审制产生到现在为止,不论陪审团的职能有怎样的变化,陪审团的作用都被限制在事实认定领域,陪审团在任何时候都不能对法律的选择发表意见,法律的选择和适用属于法官的职权范围。[28]

当今英美陪审团的职能被概括为三个方面:①决定案件事实;②根据法官在陪审团指示中对法律后果的归纳,评价案件事实;③以判决的形式提交其评议和思考的结果。[29] 之所以仅赋予陪审团认定事实的权利,就是因为制度设计者在设计陪审制时坚信法官并不比陪审员有更高的认定事实的能力,12 名陪审员根据自己的生活经验并通过他们之间的相互协商,做出的事实认定结论比单个的法官更准确。[30] 因此,应适当借鉴英美法系的做法,由陪审员对案件的事实部分做出认定,由法官完成法律适用的问题,陪审员只是有限地分享审判权,以一般民众的是非观和认知水平对证据的真实性和案件事实的认定加以判断和权衡,确认其真伪和可信度。因为法律事实

---

〔28〕 See M. Hale, *The History and Analysis of the Common Law of England*, New York: The Foundation Press. 1713, pp. 260 - 261.

〔29〕 See Jack H. Friedenthal, Mary Kay, Kane Arthur, R. Miller, *Civil Procedure*, West publishing Co., 1996, pp. 478, 523 - 524.

〔30〕 Story 教授在 1833 年对美国宪法关于陪审制的规定进行评论时说:“12 名来自社区的普通民众包括受过教育的人、没有受过教育的人;包括商人、工人、农民、小业主,他们坐在一起、相互协商,把他们在各自生活中获得的经验运用到事实的证明过程,并得出一致的结论。因此,我们推断 12 个人比单个的人有更多的普通生活经验,并因此与单个法官相比,他们根据可采信的证据能够得出更加睿智、科学的结论。”See Story, “Commentaries on the Constitution”, 4 *Harv. L. Rev.* 249, (1883).

源于生活的真实,对其进行判断无须过多的专业知识,在这一范围内设定陪审权符合陪审权的性质,也有利于陪审权的充分行使。从形式上看陪审员的权力范围缩小了,但是事实是审判的基础,实质上将陪审员的权力落到了实处。

(4)改变陪审员的选任方法和任期。虽然我国法律规定,人民陪审员由公民选举或由基层人民代表大会推举产生,但在实践中陪审员的选任有的是单位推荐,有的是法院直接聘任,这削弱了陪审员选任的民主性。因此,在这方面可以借鉴美国的做法,每个地区可依据当地的选民名单,制定一份陪审员名单,当法院需要陪审员时,可由书记员从陪审员名单中抽取。同时还必须设立陪审员预选审核程序,赋予控、辩双方对某一候选陪审员有理由的申请回避的权利,以保证法庭审判中每一位陪审员的公正无偏。另外,我国的陪审员任期为 2 年,可以连选。这种制度也存在一定的缺陷,因此要改变陪审员的任期,不能实行长期一贯制陪审员制度,做到一案一选,一案一任,杜绝"陪审专业户"的现象。

(三)人民陪审员制度的价值基础

人民陪审员制度是社会主义民主政治的主要内容。在全面依法治国的新时期,完善和发展人民陪审员制度,意义十分重大。一是,完善人民陪审员制度有利于扩大司法民主。担任人民陪审员是人民群众参与司法、监督司法的重要途径。通过改革不断完善人民群众对审判工作的知情权、参与权、表达权、监督权,更好地体现人民当家作主。二是,完善人民陪审员制度有利于促进司法公正。通过不断完善人民陪审员制度,有助于深化司法公开,让人民群众更广泛地参与、监督审判工作;有助于架起人民法院和人民群众的沟通桥梁,让司法更加切近人民群众,提升司法公信力;有助于形成法官和人民陪审员的优势互补,共同致力于查清案件事实,实现公正司法。三是,完善人民陪审员制度有利于推进法治建设。人民群众是依法治国的基本力量。人民陪审员制度开创了一条人民群众参与审判工作的重要途径,广大人民陪审员通过参与案件审判,利用自身优势开展法治宣传,有利于弘扬社会主义核心价值观和法治精神,有利于促进全民守法,营造依法治国的浓厚氛围。

此外,在陪审制度的问卷调查中也发现,关于陪审制的作用问题"让裁判体现民意"和"监督法官行使审判权"是被选中率最高的两项。如果在政治意义上理解"监督",陪审员监督法官的能力确是有限的,但司法程序中的监督是通过程序保障和约束审判权来实现的,即保障程序主体充分发表意见,并对法官裁判发生实质影响。在这层意义上,"监督审判权"与"让裁判体现民意"是一个意思。让裁判体现民意是实现司法公正的重要保障。虽然不同时代、不同社会乃至不同阶层的人们评价司法公正的标准是不一样的,但是“裁判是否获得社会公众的支持与认同”却是判断司法公正亘古不变的标准。从某种意义上而言,司法公正与司法权威的形成必须有理性公众的依赖与推动。陪审制的作用是让民意有序地进入司法,让法官在写裁判理由时顾及社会评价。这在为司法争取社会认同方面发挥着不可替代的作用。因此,“让裁判体现民意”不仅契合促进司法公正的宏观目标,而且具有社会之于陪审制的公共目的之期待,可以作为陪审制的目的。

但民意的空泛性很容易引发质疑:谁以及怎么样来识别民意?法官也会质疑,参与个案审判的陪审员不过一两个,即便用陪审团的形式也不过十几个,怎么保证他们能够代表民意?再有,缺乏法律专业技术的陪审员参与合议庭与专业法官拥有平等的表决票,会不会导致非专业的意见决定裁判结论?其实,在一个社会价值多元的现代社会中,所谓社会共识的“民意”是很难发现也难以稳定地存在的。当代中国社会正处于转型时期,社会失范、核心价值缺失已成为时代问题,有时法律的正当性基础都受到公众质疑,关于司法公正的价值判断常常难以形成价值共识。因此,试图事先确定一个所谓民意作为司法公正的标准的设想不过是一种“乌托邦”。正因如此,司法过程特别需要加强与社会的沟通,以求在社会经验与法官判断、社会朴素正义感与法律之间找到重叠共识。而日常生活经验、社会朴素正义感正是任何一个心智正常的普通人都会有的东西。这就是陪审制能够带给司法的“民意”。

有人用医生来比喻法官,认为非专业的陪审员与司法专业化发展趋势相悖。实际上法官与医生的专业性有明显不同。因为法律与社会规范在根本上是相通的,特别是关于罪与非罪、禁止与不禁止等大是大非的问题上,法律与社会朴素正义观是一致的。[31] 所以,陪审制的价值就在于不断地将法官对法律的理解置于社会正义感面前,究问其正当性与合理性。两大法系的陪审制各有其传统和特色,但用日常经验和社会正义观来影响司法裁判是二者的共同点。以经验论为哲学观念和思维方式的英美国家,倚重普通多数人经验的可靠性,把由普通人组成的陪审团审判作为正当程序的重要环节,并在刑事审判中把事实问题交由陪审团进行判断。以唯理论为指导的大陆法系国家,则用陪审制带入社会朴素正义观念,拉近法律与社会的距离,防止法律职业家的自我封闭、脱离社会。可见,陪审制的价值无外乎“日常经验”与“朴素正义观”两个方面,这正是我们可以借鉴也应当借鉴的。

---

〔31〕 参见吴英姿:《人民陪审制改革向何处去?——司法目的论视域下中国陪审制功能定位与改革前瞻》,载《苏州大学学报》(法学版)2014 年第 3 期。

二、全区人民陪审员制度存在的主要问题

(一)人民陪审员制度适用情况不均衡

人民陪审员制度的工作成效与各级法院的重视程度息息相关,各级法院陪审情况出现了差距较大、不均衡的现象。根据 2010 年陪审率指标,全区平均陪审率为 48.33%,许多基层法院案件陪审率甚至达不到 30%,明显偏低。虽然近年来各地区之间的差距有所缓解,但是陪审率不平衡、人民陪审员制度实践效果各地不一的情况没有改变。

究其原因,很重要的一个方面就是人民陪审制仅作为一种可供选择的审判组织形式出现,而不再是一项基本制度。从 1982 年到 1996 年,我国民事、行政、刑事三大诉讼法相继修改,都将原来关于第一审应当实行陪审制的规定修改为“由审判员组成合议庭或者审判员和人民陪审员组成合议庭进行”。既然陪审员不具备法律专业素质,法官自己也往往具有足够的社会阅历来认定案件事实问题,因此,在绝大多数案件中法官完全足够胜任法律适用与事实判断方面的工作,人民陪审员有时被视为一种“多余”或“累赘”。据此,在可选择的余地内,法院排除人民陪审员制的适用似乎也无可厚非。

(二)人民陪审员职责与其能力不相符

在广西的司法实践中,许多陪审员很难与审判员同等行使审判权,使得缺乏独立权又不懂法的陪审员在合议庭中往往处于被动地位,一切唯法官是从。除了涉及专利、医疗、建筑等专业领域的案件外,广西一些法院邀请陪审员参与的案件大多是没有技术含量、没有合议必要,在某些法官看来没有必要浪费时间和精力的案件,使用陪审制或者是解决合议庭人手不足问题,或者纯粹是敷衍考核。一些法官对待陪审员态度傲慢,开庭前见面不打招呼,庭后不依法进行合议,让书记员拿张空白笔录纸让陪审员签名了事。这种现象在陪审率成为考核指标后更加普遍。法院对待陪审制的态度严重损伤了陪审员的积极性,同时也加重了目前“陪而不审”“审而不议”的不正常现象。

究其原因,人民陪审员和专业法官之间的专业素质距离,从根本上制约了陪审制所追求的价值目标的实现。如前文所述,在根据地时期以及中华人民共和国成立后

相当长的历史时期,社会生活关系的简单化、立法的大众化以及司法的非职业化倾向,[32]使得专门从事审判的法官和人民陪审员在事实认定和法律适用的能力方面并无多大的差异。在今天保障人民陪审员和法官同质化的条件已不复存在,社会关系越来越复杂,社会分工越来越细。与这种状况相适应,各种专业化的立法大量涌现,立法机关面临的主要工作也是对不断出现的新型的社会关系,以及传统社会生活关系中出现的新态势做出回应。这样人民陪审员仅仅依靠其对生活习惯和朴素的社会正义的理解即可以正确适用法律的条件已经不具备。[33]

2001 年 6 月 30 日第九届全国人民代表大会常务委员会第二十二次会议通过了《关于修改〈中华人民共和国检察官法〉的决定》和《关于修改〈中华人民共和国法官法〉的决定》,在新中国历史上第一次确立了统一司法考试制度,标志着中国的法官专业化的良好开端。统一司法考试制度的建立也进一步加大了人民陪审员与职业法官之间专业素质方面的不平衡。虽然上述《决定》提高人民陪审员素质的努力能够一定程度上缓解法官与陪审员之间素质的不平衡,但不能从根本上解决陪审员素质低下的问题。问题的根源在于,人民陪审员在法律专业知识与审判技巧方面无法与职业法官相提并论。法官的地位和责任决定了法官必须要有娴熟的法学理论知识、丰富渊博的社会综合知识、敏捷的思维反应能力和语言表达能力。陪审制度目的的实现却需要大量的不具有法律专业知识的群众参加审判,这些人员相比法官的专业水准是相去甚远的,显然不符合法律职业法官的要求。

(三)人民陪审员积极性不足

目前的广西人民陪审员对参审积极性不高,对自身价值也产生认同危机。在某些法官看来没有必要浪费时间和精力的案件,使用陪审制或者是解决合议庭人手不足问题,或者纯粹是敷衍考核。这种态度在陪审率成为考核指标后更加普遍。法院对待陪审制的态度严重损伤了陪审员的积极性,“陪而不审”“审而不议”的现象较为普遍。加上一些法院为追求陪审率,频繁要求陪审员参审,或多或少影响了其本职工作,这也是部分陪审员多次拒绝参审的原因。于是陪审任务逐渐集中到个别陪审积

---

〔32〕 司法的非职业化延续至改革开放以后的相当长的一段历史时期。1983 年 6 月原最高人民法院院长江华在考察了四川、云南的司法情况后,向中央领导所写的报告中忧虑地描述了四川的情况:“全省法院干部中,政法院系的大专毕业生仅 498 人,占 4.6%,而小学以下程度的占 15%,其中还有相当数量的是文盲和半文盲。”参见贺卫方:《司法的理念和制度》,中国政法大学出版社 1998 年版,第 20 页。

〔33〕 参见贺卫方、马怀德、何兵:《司法改革的路径:司法的职业化与司法的民主化》,载《中国政法大学法学院“民主建设与法治”新年论坛之三》2004 年 12 月。

极分子身上,这也是催生所谓“陪审专业户”的原因之一。

究其原因,首先,市场经济条件下,现有制度对于人民陪审员的履职保障程度严重不足。一方面,最高人民法院颁布的《关于人民陪审员管理办法(试行)》对人民陪审员因参加审判活动、培训支出的公共交通、就餐等费用及补助只做了原则规定,并未明确具体标准和程序,因此广西各地用于人民陪审员履行职务的培训、补助等经费落实情况不一,未能实现专款专用;另一方面,人们对经济利益的关注远多于对一般政治活动的关注,作为陪审员参与案件的审理与这种价值追求发生冲突。在我国现阶段以经济建设为中心的转型期内,市场经济的冲击使得人们的价值观发生了很大的变化,人们不是以某种政治积极性参与审理,而更注重对经济利益的追求。目前人民法院一般情况下仅对人民陪审员支出的交通、就餐等费用给予补助,参与陪审所能保障的经济利益显然不能满足这种要求。

其次,作为人民陪审员参加案件的审理,也不能为公民带来政治上的利益。无论从《决定》本身,还是从人民陪审制的实际运作来看,普通公民作为陪审员参与案件的审理并不能为其带来任何政治利益。人民陪审员也不能作为一种政治身份,得到其他社会成员的尊重。当然《决定》有对工作成绩显著、突出的人民陪审员予以奖励的内容,且不说这种表彰和奖励能否对人民陪审员的生活产生影响,《决定》设置的表彰和奖励是在参与审判工作后做出,对普通民众充任人民陪审员的积极性的调动,能否及于诉讼程序开始时,却是个疑问。

最后,中国传统文化也在一定程度上制约公民参与审判的积极性。中庸应当是中国传统文化的重要特征之一,其体现于对人们生活的指导方面就是所谓的事不关己,高高挂起。社会上屡见不鲜的“看客”现象和一般人具有的围观心理,莫不与这种文化相联系。在人民陪审员和双方当事人均来自同一社区的情况下,以中庸为重要内容的传统文化的负面影响更大。

(四)人民陪审员选任程序不合理

根据最高人民法院2013年“倍增计划”要求,各法院要加强人民陪审员的选任工作,扩大人民陪审员规模,两年内实现人民陪审员数量翻一番的基本目标。然而,在实施过程中,最高人民法院的人民陪审员遴选标准显得偏高偏严。原因在于,基层法院的人民陪审员所参与审理的往往是农村中的婚姻家庭、土地承包流转、人身损害等纠纷及简单的邻里纠纷,人民陪审员主要发挥的是做基层工作的能力,而不是法律专业能力;因此,对于年龄、学历、职业等条件规定的过严,不利于基层法院多层次选任人民陪审员工作;有时选任门槛过高还导致了人民陪审员选任数量不足的问题。同时,目前的选任工作程序公开度不够,公众知晓度也偏低,候选人的积极性较差、参审意愿较低。

（五）人民陪审员培训力度不够

参审率、参审质量和参审独立性的提高,依赖于人民陪审员的自身素质,而学习培训是提高人民陪审员自身素质的基础。由于大多数人民陪审员没有相关工作经验,不了解开庭程序,法律知识掌握不足,因此必须经过培训才能上岗。然而,各地在实践的过程中,往往对陪审员培训的重要性认识不够,总认为培训是“软任务”,可搞可不搞。再加上财力有限,培训工作更是举步维艰。一部分中级人民法院也因为条件限制、没有常设专门的法官培训机构,一些法院在人手不足的情况下,不可能给陪审员配备专门的培训员。缺乏相应的制度和措施保证培训的实施,造成培训和实际需要相脱节,从而导致人民陪审员参审不足、质量不高和独立性不强的现实问题。

三、改革试点的基本情况

根据中央和全国人大常委会关于人民陪审员制度改革的部署和全国人民陪审员制度改革试点工作部署动员会的有关精神,崇左市中级人民法院、桂林市七星区人民法院、百色市右江区人民法院、大新县人民法院、上思县人民法院作为试点法院,认真贯彻落实最高人民法院、司法部下发的人民陪审员制度改革试点方案和实施办法,立足边疆民族地区实际,勇于创新、积极实践,深入开展人民陪审员制度改革试点工作。

（一）改革试点以前的相关工作情况

1. 全区改革试点前我国人民陪审制基本情况

2004 年 8 月,全国人大常委会通过《关于完善人民陪审制度的决定》,标志着人民陪审员工作进入一个新的发展时期。10 年来,最高人民法院会同司法部、财政部制定一系列文件,涉及人民陪审员的选任、培训。考核、管理和保障等各个方面。2013 年 5 月,最高人民法院提出两年内实现人民陪审员数量翻一番的“倍增计划”。到 2014 年年底,全国人民陪审员共 20.95 万人,增加 12.5 万人,增幅为 146.5%,提前完成“倍增计划”,有效缓解了基层法院人民陪审员不足问题。2014 年人民陪审员共参审案件 219.6 万件,占一审普通程序案件的 78.2%,人民陪审员作用得到有效发挥。2013 年 10 月最高人民法院向第十二届全国人大常委会第五次会议报告了人民陪审员工作情况,根据会议审议意见,有针对性地采取措施,进一步促进了人民陪审员工作的发展。2013 年 11 月,经中央同意,最高人民法院在 19 个中级、基层法院开展了人民陪审员制度改革首批试点工作,为深化这项改革积累了经验。2015 年 4 月

1 日，习近平总书记主持召开中央全面深化改革领导小组第十一次会议，审议通过了《人民陪审员制度改革试点方案》，并就推进这项改革发表重要讲话。孟建柱同志多次听取最高人民法院关于人民陪审员制度改革的汇报，并做出重要批示，提出明确要求。同年 4 月 24 日，第十二届全国人大常委会第十四次会议作出《关于授权在部分地区开展人民陪审员制度改革试点工作的决定》，授权在 10 个省(区、市)选择 50 个法院开展试点。

2. 人民陪审员的倍增计划

全区法院按照最高人民法院的要求，结合本地实际，主动协调沟通，制订并积极落实"倍增计划"：一是自治区高级人民法院、各中级人民法院根据各基层法院案件总数、法官人数、辖区人口等因素，指导基层法院结合审判实际制订倍增计划，明确各法院负责倍增计划的责任部门，确定拟倍增目标人数，划定拟倍增人员范围。同时，规范陪审员资格的选任程序。二是对已任命的人民陪审员和不同行业候选人员分类建立个人档案，将每名陪审员的专业特长、关联案件类型、陪审业绩等信息全部录入电子档案人才库中。三是增选人民陪审员时优先考虑任用人才库内有丰富的基层工作经验、熟知社情民意的人员，确保更多的优秀人才选任到人民陪审员队伍中来。截至 2015 年 12 月底，全区法院人民陪审员共 6173 人，完成了"倍增计划"。

3. 人民陪审员的"随机抽取"制度

全区基层法院进一步落实陪审员参审案件"分类随机抽取"的新方法，确立了"集中管理，分散使用"的管理模式。分别按照辖区、专业、职业等标准，将人民陪审员划分为不同的类别进行分组，由各审判庭从相对应的小组中随机抽取人民陪审员参加审判活动，更好地利用了陪审员的专业知识与法官法律知识进行互补，提升了司法的社会公信力。

4. 人民陪审员的培训计划

全区法院一贯重视对人民陪审员的岗前培训和日常培训。一是规范培训计划。将对人民陪审员的培训纳入培训的总体规划中去，定期组织人民陪审员参加视频培训，由法院院领导、庭领导和业务骨干授课。二是丰富培训内容。在强化法律知识培训的同时，加强对审判程序、职业技能、陪审职责的专项培训。积极组织人民陪审员参加"法官论坛"等培训活动，共同学习新出台的重要法律法规和案件的审判技能。三是创新培训方法。根据"集中授课为主、实践观摩为辅"的工作思路，以《人民陪审员基础教程》和《人民陪审员工作手册》为教材，开展专项培训、庭审观摩、庭后点评、旁听案件、案例剖析等多种形式的培训活动，有效提高了陪审员参与庭审能力。四是完善奖惩激励机制。为每名人民陪审员建立基础档案、绩效档案和廉政档案，全面记载个人履历、审核任命、履职范围、学习培训、领取补助、开庭次数、审案质量、廉政表现等情况。年终考核时，由政工部门将以上档案进行汇总打分，作为考核的主要依据，保证了考核的公平公正。2014 年、2015 年共对 251 名参审工作成绩显著的优秀人民陪审员进行表彰，对充分调动工作积极性起到了良好的促进作用。

（二）改革试点的工作情况

1. 试点启动

按照 2015 年 4 月 28 日召开的全国人民陪审员制度改革试点工作部署动员会和同年 5 月 7 日召开的全区人民陪审员制度改革试点工作部署动员会议要求，全区 5 个改革试点地区召开了工作部署动员会，传达了会议精神，并启动了人民陪审员制度改革试点工作。崇左市、崇左市大新县、百色市右江区、防城港市上思县成立了以政法委书记任组长，法院院长、司法局局长任副组长的人民陪审员制度改革试点工作领导小组，同时也在法院成立了人民陪审员管理办公室；桂林市七星区成立以区委常委、政法委书记任组长，区人大副主任、区政府副区长、区法院院长担任副组长，区司法局分管领导为成员的领导小组，并在区法院设立了领导小组办公室；上思县法院专门成立了人民陪审员制度改革工作课题组，由院长任负责人，抽调 6 名理论基础好、业务能力强的青年法官，专门研究人民陪审员制度改革试点工作。

2. 制订方案与制度建设

自治区高级人民法院和司法厅制定了《广西壮族自治区人民陪审员制度改革试点工作实施方案》。各试点法院依据该实施方案并结合自身工作实际，崇左市中级人民法院与司法局颁布了《崇左市人民陪审员制度改革试点工作实施方案》、大新县法院与司法局颁布了《大新县人民陪审员制度改革试点工作实施方案》、百色市右江区人民法院与司法局颁布了《百色市右江区人民陪审员制度改革试点工作实施方案》、桂林市七星区人民法院与司法局颁布了《桂林市七星区人民陪审员制度改革试点工作实施方案》、上思县人民法院与司法局颁布了《上思县人民陪审员制度改革试点工作实施方案》。

此外，各个试点法院还在工作实施方案的基础上，根据各自实际需求，制度了不少细化规则。例如，崇左市制定了《崇左市人民陪审员经费管理办法》《崇左市中级人民法院人民陪审员执行职务补助规定》《崇左市人民陪审员制度改革试点工作分组安排及工作职责》《崇左市人民陪审员制度改革试点工作选任工作规程》《关于崇左市中级人民法院新任人民陪审员岗前业务知识培训方案》；大新县人民法院、司法局联合制定了《大新县人民陪审员制度改革试点工作选任工作规程方案》《人民陪审员参加审判活动的规定》;百色市右江区编制了《人民陪审员宣传手册》;桂林市七星区制定了《桂林市七星区人民陪审员工作管理办法》;上思县人民法院制定了《上思县人民法院人民陪审员参与合议工作细则》《上思县人民法院人民陪审员参与审判工作实施细则》和《上思县人民法院人民陪审员随机抽选参审规则》。

3. 任命人民陪审员

与以往选任的人民陪审员相比,此次新任命的陪审员在年龄、身份等方面结构更合理,具体见表 1。

表 1 新任命的人民陪审员结构统计表

试点单位名称	新任命人民陪审员									
	总数	性别		学历		年龄			身份	
		男	女	高中以下	大专以上	40 岁以下	40 ~ 50 岁	50 岁以上	农业	非农业
崇左市	150	112	38	70	80	47	58	45	74	76
桂林市七星区	44	19	25	10	34	16	24	4	0	44
上思县	115	95	20	60	55	46	36	33	87	28
百色市右江区	133	102	31	59	74	42	52	39	60	73
大新县	81	65	16	38	43	20	21	40	56	25
合计	523	393	130	237	286	171	191	161	277	246

(三)改革试点的主要举措

1. 明确人民陪审制的适用范围

在司法实践中,某些案件的社会影响较大,来自方方面面的干扰往往较大,可能面临的社会质疑也较多,由随机产生的人民陪审员参与庭审,既能够体现审判的公开、公平、公正,也有助于抵御外界干扰,提升裁判的社会认同度。因此,广西壮族自治区高级人民法院在最高人民法院与司法部发布的《人民陪审员制度改革试点方案》(法〔2015〕100 号)的基础上,明确将范围增加到"涉及征地拆迁、环境保护、食品药品安全的重大案件";各试点法院又在广西壮族自治区高级人民法院制定的《广西壮族自治区人民陪审员制度改革试点工作方案》(桂高法〔2015〕205 号)的基础上,明确规定"因涉及个人隐私、商业秘密或者其他原因,当事人申请不适用人民陪审制审理的,人民法院可以决定不适用人民陪审制审理"。据此,广西试点法院关于人民陪审员制的适用范围及人民陪审员的履职范围详述如下:

(1)法院原则上应主动适用的类型

第一,可能判处10年以上有期徒刑、无期徒刑的刑事案件;

第二,涉及征地拆迁、环境保护、食品药品安全的重大案件;

第三,新闻媒体高度关注和可能引起群体性事件、引发越级上访的案件;

第四,涉及群体利益、社会公共利益、人民群众广泛关注或者其他社会影响较大的刑事、行政、民事案件。

上述所列案件中,因涉及个人隐私、商业秘密或者其他原因,当事人申请不适用人民陪审制审理的,人民法院可以决定不适用人民陪审制审理。

人民陪审员还可以参加诉前联调、立案调解、执行工作和涉诉信访化解工作、判后答疑等工作,延伸人民陪审员工作范围,构建起人民陪审员从诉前调解,到诉中全程审理、调解,到判后答疑、督促参与执行"一陪到底"的工作机制。

(2)当事人申请适用的类型

第一审刑事案件被告人、民事案件当事人、有独立请求权的第三人和行政案件原告有权申请人民陪审员参加合议庭审判。人民法院接到申请后,经审查决定适用人民陪审制审理案件。

2. 明确陪审员的参审程序

(1)法官在开庭前通知人民陪审员提前阅卷,召开庭前会议,告知相关权利义务并强调审判纪律,引导人民陪审员认真阅览案件材料,围绕案件事实部分进行讨论。庭审前,审判长或案件承办法官将案件的事实争议焦点一一列出,以便人民陪审员能够尽快熟悉和把握案情。

试点法院实行的具体程序为:承办法官在开庭前3天,将相关权利和义务告知人民陪审员并告知其阅卷;承办法官在开庭前1天,将当事人诉辩主张和证据目录告知人民陪审员;承办法官在开庭前1天,归纳并介绍案件事实方面的争议焦点以及需要通过庭审查明的重点问题,必要时可以用书面方式列出案件事实方面的问题清单,对于涉及多起事实的案件可采用表格形式。

(2)在法庭调查阶段,人民陪审员应围绕审判长或案件承办法官庭审前列出的争议焦点对当事人就案件事实方面进行适当发问。

(3)在调解阶段,人民陪审员应配合审判长,积极做好双方当事人的思想疏导工作,大胆提出调解建议,促使双方当事人自愿达成调解协议。[34]

(4)在合议庭案件评议阶段,人民陪审员应当全程参与合议庭评议,并就案件事实认定问题独立发表意见并进行表决。人民陪审员不再对法律适用问题发表意见,其与法官共同对案件事实认定负责。由人民陪审员先对案件事实进行判断认定,发表对案件事实的看法,同时表达出面对同类事情时一般民众的看法,从而使法官能够认识和了解到法与理的区别。审判长也应对与事实认定有关的证据资格、证据规则、诉讼程序等问题及注意事项进行必要的说明,但不得妨碍陪审员对案件事实的独立判断。

大部分情况下人民陪审员与法官在事实认定、证据运用方面不存在分歧。如果出现分歧,在充分尊重人民陪审员意见的基础上,对人民陪审员的不同意见从法律规定和立法精神方面进行解答释惑或通过案例进行解答,如果仍然存在分歧,则应当按多数人意见对案件事实做出认定,但是少数人意见应当写入笔录。如果法官与人民陪审员的意见存在重大分歧,且认为人民陪审员多数意见对事实的认定违反了证据规则,可能导致适用法律错误或者造成错案的,可以将案件提交院长决定是否由审判委员会讨论。提交审判委员会讨论决定的案件,审判委员会的决定理由应当在裁判文书中写明。

(5)就签署机制而言,人民陪审员应当认真阅读评议笔录,确认无误后签名。人民陪审员应当审核裁判文书文稿中的事实认定结论部分并签名。人民陪审员参加合议庭审理案件的,应当作为合议庭成员在裁判文书上署名。

3. 人民陪审员负担"事实审"职责

人民陪审员在案件评议过程中,应独立就案件事实认定问题发表意见,不对法律适用问题发表意见。人民陪审员和法官共同对案件事实认定负责,如果意见分歧,应当按多数人意见对案件事实做出认定,但是少数人意见应当写入笔录。

百色市右江区人民法院在人民陪审员制度改革试点工作中,不断探索人民陪审员参与"事实审"的问题,在广西率先出台了《右江区法院关于常见刑事案件事实认定与法律适用问题的指导意见》(以下简称《指导意见》)及刑事、民事、行政《常见案例事实认定审理清单》(以下简称《事实清单》)。该院结合审判实际,对常见的刑事、

---

〔34〕 例如,上思县人民法院推行"一村一法官一人民陪审员"工作机制,增设驻村法官、人民陪审员工作室示范点,指派法官和人民陪审员到各行政村、社区担任联系村法官、人民陪审员,通过灵活简便的方式调解各类纠纷。2015年11月至2016年3月,人民陪审员参与诉前调解44件,调解成功28件,充分发挥了人民陪审员既是陪审员,又是调解员和宣传员的作用。

民事、行政案件类型进行归纳，经过审委会讨论，出台了《指导意见》和《事实清单》，对上述案件35种常见类型的常见争议事实节点逐项列举，由人民陪审员在庭审时参照、认证，以形成科学的认证逻辑，避免随意感性认证，并将《指导意见》和《事实清单》印发成册，发放给每一位人民陪审员，并组织开展相关培训。指导文件出台后，该院人民陪审员所参审的案件，都能参照《指导意见》和《事实清单》对事实问题发表意见和进行表决。有了《指导意见》和《事实清单》的指引，人民陪审员对事实的认定变得更加精准，有效解决了“陪而不审”“审而不议”的问题，陪审质量得到了显著提高。

案件评议过程中，就是否属于事实认定问题存在分歧的，由合议庭法官决定。但在司法实践中这一界限很难严格划定，人民陪审员在合议庭评议中，往往凭印象和经验对案件事实进行判断和认定，在认定事实中，又往往发表案件处理意见。从目前选任的人民陪审员来看，提供了足以让人民陪审员发挥独立判断的环境，但过于专业化的案件，如骗取出口退税之类的案件，由于人民陪审员缺乏专业的知识水平和法律知识，其做出的判断很有可能主观性较强，人民陪审员的独立判断能力仍有欠缺。

4. 探索大合议庭陪审模式

由于中级人民法院受理的一审普通程序案件大多案情重大、社会关注度较高，故中级人民法院可采用大陪审合议庭模式审理案件，尤其是“2 +3”的模式（由2名法官与3名陪审员组成大合议庭）。例如，崇左市中级人民法院采用“2 +3”的模式占到了全部人民陪审员参审案件的66.7%；而基层法院案件类型相对比较简单，故一般采用“1 +2”模式（由1名法官与2名陪审员组成合议庭）。但无论是中级法院还是基层法院，对于涉及群众利益、社会公共利益、人民群众广泛关注或者其他社会影响较大的第一审重大民事、行政、刑事案件，涉及征地拆迁、环境保护、食品药品安全的案件，新闻媒体高度关注和可能引起群体性事件、引发越级上访的案件，都可以有条件地试行“2 +3”或“3 +4”大陪审合议庭模式。

例如，崇左市中级人民法院及大新县人民法院大胆探索“1 + n”“n + n”的合议庭模式，截至2016年10月，人民陪审员共参加案件审理551件949人次，均收到了较好的法律效果和社会效果。2015年11月11日，一起“民告官”案件首次采用“3 +4”合议庭模式，经过庭前会议的充分准备，庭审过程中人民陪审员不再是“沉默的陪衬”，就案件事实部分积极提问，将民间智慧融入司法审判活动中，取得了较好的法律效果和社会效果。庭审当天吸引了中国新闻网、中国法院网、《广西法治日报》、广西电视台等多家媒体进行报道，其中广西电视台于11月14日播出了“大陪审制”的专题报道。2016年4月21日，崇左市中级人民法院采用“2 +3”的合议庭组成形式，选用3

名人民陪审员参与调解4起涉案标的共为5.08亿元的系列金融借款纠纷案件。通过主审法官和人民陪审员坚持不懈的调解和不辞辛苦地上门送法,以真诚热心的态度打动了双方当事人,最终促成案件双方当事人达成一致意见,当即签订调解协议并握手言和。这也成为崇左市中级人民法院人民陪审员参与调解的标的额最大的一起系列案件。2016年3月9日崇左市中级人民法院组织调解的两起政府不履行行政复议法定职责的行政案件,3位人民陪审员积极配合主办法官做各方当事人的工作,调解当事人的矛盾,最终促使被告宁明县政府撤销其行政行为,而原告诉讼目的达到也提出撤诉,案件得以撤诉结案,实现案结事了。

此外,作为基层法院的大新县人民法院,也积极探索"2+3""2+5"的大合议庭审理模式。2015年8月25日,在一起相邻通行纠纷案件中,采用"2+3"大陪审制,由2名法官与3名人民陪审员组成合议庭,深入恩城乡恩城社区巡回审判,在庭审案件过程中审判长积极引导人民陪审员发问,充分尊重人民陪审员合议意见,取得了良好的庭审效果,获得群众"点赞"支持。2015年12月8日,在一起故意伤害案件中,采用"2+5"大陪审制,在开庭前合议庭召开了庭前会议,就案件的回避、管辖异议、出庭证人名单、非法证据排除等程序性问题进行了摸底和详细的讨论,为该案的顺利审理打下基础。又如,2015年12月23日,上思县人民法院"3名法官+4名陪审员"的大陪审合议庭首度在一起公开审理的"民告官"的行政案件中亮相。当地媒体加大了宣传报道,其中新浪网、今日头条等媒体还刊登了题为《"3+4"大陪审合议庭首度亮相》的专题报道,人民陪审员的参审情况取得了良好的宣传效果。

5.完善选任条件与选任方式

(1)在选任条件上,进行"一升一降"的改革。试点法院将人民陪审员的任职年龄从年满23周岁提高到28岁,把人民陪审员的学历要求从一般大专以上降低到一般高中以上,且农村地区和贫困偏远地区德高望重者不受此限。提高任职年龄的原因在于,人民陪审员来自群众、代表群众,要发挥他们通民情、知民意的优势,因此他们应具备一定的社会阅历和生活经验,以便陪审员与职业法官形成思维和知识上的优势互补,更加有效地查清案件事实、化解矛盾纠纷、推动服判息诉;降低学历要求的目的在于,可以让更多的基层群众有资格担任人民陪审员,有效缓解农村地区和欠发达地区因学历门槛要求高导致人民陪审员选任数量不足的问题。

(2)在选任方式上,实行"三个随机"。即将过去个人申请和单位推荐的方式,变为从符合条件的当地选民或当地常住居民名单中随机抽选人民陪审员,提请同级人大常委会任命;人民法院审理案件需要人民陪审员参加时,通过随机抽选的方式确定参与案件审理的人民陪审员。

具体就第一层次的“随机抽选”,各试点地区结合当地实际和工作需要,凸显特性。例如,崇左市结合人民调解员来自群众,身处基层一线,多为村委干部,熟悉社情民意,且长期从事矛盾纠纷调解工作,具备较好的法律素质,群众工作经验丰富,在基层群众中具有较高威望,能够更好地发挥人民陪审员在诉讼调解、案件公正审理中的积极作用等因素,将人民陪审员随机抽选分为两部分:70%的人民陪审员从崇左市常住居民名单中随机抽选产生,30%从全市人民调解员队伍中随机抽选产生。

就第二层次的抽选而言,试点法院除《最高人民法院、司法部人民陪审员制度改革试点工作实施办法》规定的资格审查环节外,还增加了向纪委、检察院、卫计局、法院、候选人本人等核实的5项审查内容;大新县对全部陪审员名单进行编号,采取“随机摇号+特殊陪审”的陪审模式,由人民陪审员办公室根据业务庭的申请采取“滚球”随机抽取方式选定人民陪审员参加案件审理;上思县针对全县“三大纠纷”、劳动争议纠纷、医疗纠纷案件逐年增多的情况,采取全面随机抽选和相对随机抽选相结合的方式,在全县林业系统、国土局、住建局、劳动仲裁部门及医疗系统中随机抽选出15名专业人员作为人民陪审员,其余在全县范围内随机抽选;桂林市七星区人民法院与区司法局一起深入村、居委、社区、单位等对候选人进行审核把关,建立人民陪审员候选人名册表(信息库),确保人民陪审员选任过程公开透明。

就第三层次的抽选而言,各试点法院的人民陪审员办公室应当在开庭前5天从人民陪审员名册中随机抽选确定参与合议庭审理案件的人民陪审员并通知主办法官。在随机选定陪审员的同时,还需从人民陪审员名册中另行随机抽选选定人民陪审员的2倍作为候补人民陪审员,并确定递补顺序。参与合议庭审理案件的陪审员因特殊情况不能出庭时,从候补人民陪审员中依递补顺序递补出庭。

6. 加强人民陪审员履职保障

各试点地区在落实经费保障的基础上,都对人民陪审员履行职务给予了50~100元/件或50~100元/天的补助。崇左市制定的《崇左市人民陪审员经费管理办法》和《崇左市中级人民法院人民陪审员执行职务补助规定》对人民陪审员履行职务过程中的各项开支,包括交通补助费、培训费、资料费、人民陪审员参审补助费和其他费用等进行了明确的规定;上思县、桂林市七星区为每位人民陪审员在任期内购买了人身意外伤害保险;大新县人民陪审员出差或下乡按县法院办案人员出差补助标准给予补助,并制作人民陪审员工作牌,陪审员凭牌进入法院,不受登记检查,其车辆可停放法院停车场,为人民陪审员履职提供保障;桂林市七星区人民法院为人民陪审员统一定制并配发了专属徽章,并要求人民陪审员开庭时佩戴。

7. 调控人均陪审案件量

为完善人民陪审员参审机制,解决"陪审专业户""驻庭陪审"等不良问题,广西壮族自治区高级人民法院结合广西法院工作实际,确定每个人民陪审员每年参审案件数量上限为40件,各试点法院可以根据本单位的法官员额及案件数量,确定适合本地实际的参审案件数量上限数。崇左市中级人民法院规定每人每年参审案件数量不得高于15件,并明确人民陪审员各个参审环节的职责,实现人民陪审员参审案件全程记录。桂林市七星区人民法院设定每人每年参审案件数量不得高于30件。上思县人民法院每人每年参审案件数量不得高于12件。百色市右江区人民法院每人每年参审案件数量不得高于40件。大新县人民法院每人每年参审案件数量不得高于20件。一年内参审案件数量达到上限数的人民陪审员,不再列入当年人民陪审员随机抽选名单。

8. 建立退出机制

此次改革坚持权利义务相统一原则,保障公民陪审权利,明确公民陪审义务。公民经正当程序选任为人民陪审员的,无正当理由不得拒绝履行陪审职责,就此试点法院都明确了相应的惩戒机制。但同时,试点法院也建立了人民陪审员的豁免机制,即因年龄、疾病、职业、生活等导致履行人民陪审员职责存在明显困难的可以免除其陪审义务。具体情形为:因年龄、疾病、职业、生活等原因难以履行人民陪审员职责,向人民法院申请辞去人民陪审员职务的;被依法剥夺选举权和被选举权的;因犯罪受到刑事处罚、被开除公职或者被纳入失信被执行人名单的;以及其他不宜担任人民陪审员的情形。同时规定,人民陪审员被免除职务的,法院应当将免职决定通知被免职者所在单位及本人,同时向社会公告。

在广西的试点实践中,截至2016年10月,大新县法院已有5名人民陪审员因违纪问题被提请免去人民陪审员职务;崇左市中级人民法院目前有2名违纪、1名职务调动不宜再担任人民陪审员职务的人民陪审员,准备提请崇左市人大常委会免去其职务。

9. 建立奖惩机制

试点法院通过完善人民陪审员的管理体制,建立了适当的陪审员奖惩机制。一方面,试点法院需会同同级司法局对人民陪审员进行考核,考核结果作为对陪审员进行表彰的依据。人民陪审员年度考核被确定为优秀等次的,或者在审判工作中有显著或者其他突出事迹的,可由法院会同同级司法局给予表彰奖励。所谓在审判工作中有显著或者其他突出事迹的，是指诸如对审判工作提出改革建议被采纳，效果显著的；对陪审的案件提出司法建议，被有关部门采纳的；在陪审工作中，积极发挥主观能动性作用，维护社会稳定，事迹突出的；对陪审案件进行回访，化解息访工作有成效的。

另一方面，人民陪审员的惩戒机制也得到了完善。在特定的情形下，法院应会同同级司法局查证属实的，除按程序免除其人民陪审员职务外，还应在辖区范围内公开通报或纳入个人诚信系统不良记录等措施进行惩戒；构成犯罪的，依法移送有关部门追究刑事责任。具体适用情形是：在人民陪审员资格审查中提供虚假材料的；一年内无正当理由拒绝履行陪审员职责达 3 次的；泄露国家秘密和审判工作秘密的；利用陪审员职务便利索取或者收受贿赂的；充当诉讼掮客，为当事人介绍律师和评估、鉴定等中介机构的；滥用职权、徇私舞弊的；有其他损害陪审公信或司法公正行为的。

10. 加强履职培训

为确保新任命人民陪审员的业务能力能够满足陪审需要，一方面，各改革试点根据各地情况对新任命人民陪审员开展了不同方式的岗前培训。其中，崇左市、上思县各 1 次，桂林市七星区 2 次，大新县 3 次，百色市右江区 8 次。新任人民陪审员集中培训，侧重对基本法律知识、陪审制度、诉讼程序、职业道德、司法礼仪、审判纪律、调解方式等方面的培训，以提高人民陪审员履职能力和职业素养。另一方面，要求各基层法院组织人民陪审员观摩庭审，强化人民陪审员的程序意识、证据意识和责任意识。

11. 加强对人民陪审员制度的宣传

为营造支持改革推进试点工作的良好氛围，各试点单位在推进工作中，充分利用宣传车、宣传栏、报纸、电视、互联网、微博、微信等多种宣传平台，加大试点改革工作的宣传力度。如崇左市通过与崇左电视台合作制作播放人民陪审员制度改革试点工作宣传片、开展全市两级法院专题宣传周和宣传日活动、依托中国移动和中国电信通讯网络平台向市人大代表以及崇左市移动客户发送宣传短信、编发微信、微博消息等方式加强改革试点工作宣传；大新县人民法院将警车“改装”为流动宣传车，抽调 3 名干警随车宣传，分别在县城德天广场、人口密集的主要街道等场所向群众宣传，并在德天广场、法院大门的 LED 电子显示以及大新县电视台滚动播放《人民陪审员制度改革宣传片》；百色市右江区、防城港市上思县专门成立宣传工作小组，分别深入边远山区开展人民陪审员工作宣传活动；桂林市七星区借助网络平台，创建“七星法院人民陪审员之家”的微信群和 QQ 群，每天在群里及时发布开庭信息、会议通知、业务知识，互动交流参审心得，定期更新人民陪审员制度相关知识或解答人民陪审员提出的问题，加强法官与人民陪审员、人民陪审员相互之间的沟通交流。

12. 加强各部门间的协调配合

广西壮族自治区高级人民法院通过联合司法厅召开广西人民陪审员制度改革试点工作部署会，转发了最高人民法院、司法部《人民陪审员制度改革试点方案》及《人民陪审员制度改革试点工作实施办法》，印发了《广西人民陪审员制度改革试点工作方案》。区党委政法委通过召开广西人民陪审员制度改革试点工作推进协调会，组织了区人大常委会、高级人民法院、公安厅、财政厅、司法厅及试点地区党委政法委的相关领导参加会议，明确了各相关责任部门职责分工，强化协调配合，形成工作合力。

5 个试点法院也不断加强与相关单位的协调合作，集思广益，形成合力。崇左市中级人民法院多次与崇左市委政法委、市人大、市司法局、市公安局、市人社局等相关部门以座谈会、联席会等形式，对试点工作进行探讨交流。百色市右江区人民法院也通过召开“试点工作联席会”形式，邀请当地司法局、公安局、财政局、民政局、各社区及人民陪审员代表参加，以加强与当地司法局、公安局配合做好人民陪审员随机抽选和资格审查工作。崇左市中级人民法院联合市司法局、市公安局等相关单位共同组成了改革试点工作综合协调组、选任工作组、教育培训组、宣传材料组、后勤保障组 5 个工作小组，并制定了《崇左市人民陪审员制度改革试点工作分组安排及工作职责》，明确了分工。百色市右江区人民法院联合右江区司法局组成 10 个工作小组，配合负责人民陪审员的随机抽选和资格审查工作。

四、改革试点工作的总结与反思

（一）改革试点的初步成效

实践证明，人民陪审员制度改革是落实党的十八届三中、四中、五中全会精神的重要举措，不仅仅是一项具体司法措施的完善，更是人民当家作主，管理国家社会事务的重要实现形式，让普通群众都有机会参与到国家治理活动中来，对广大群众来说是前所未有的，也是社会治理模式的实践探索，具有重大而深远的意义。通过改革，群众得以有序地参与司法、监督司法，这充分体现了司法人民性，极大推动了司法公开，改革初步得到了社会各界的一致好评，取得了较好的成效。

1. 优化了陪审员人员结构

通过改革，进一步突出了人民陪审员的广泛性、代表性和专业性，人民陪审员队伍在年龄、文化、身份结构方面更加合理。5 个试点法院严格落实试点方案关于“提高”人民陪审员任职年龄和“降低”人民陪审员文化程度的要求，在农村地区和贫困偏远地区适当放宽学历要求，让一些学历不高、公道正派、德高望重的群众可以进入人民陪审员队伍。与以往选任的人民陪审员相比，此次新选任的523名人民陪审员整体结构有了很大改善，年轻化、基层化、代表性、广泛性更加凸显，符合改革的目标要求。改革试点后，崇左法院少数民族比例增长2.1倍，高中及以下学历人员比例增长4倍。

2. 提高了陪审员履职保障

通过加强人民陪审员的履职保障，还可以提高人民陪审员的尊荣感和积极性。各试点地区人民陪审员制度改革启动以后，当地党委、政府都给予了高度重视，追加财政经费，确保了改革工作的顺利推进。同时，各试点地区通过制定人民陪审员补助的相关规定，为人民陪审员购买人身保险等措施，在制度上和待遇上保障了人民陪审员的参审积极性，提升了尊荣感，在一定程度上改善了人民陪审员陪而不审的现象。

3. 加强了陪审培训的针对性

进一步提升了人民陪审员的履职能力。加强了新任人民陪审员对基本法律知识、陪审制度、诉讼程序、法官职业道德、司法礼仪、审判纪律、调解方式等方面的培训，百色市右江区还专门开设了“三语教学培训”，邀请精通“壮语、汉语、粤语”的专家、法官为人民陪审员授课，提高了人民陪审员运用本地通俗语言说法、说理、释法的能力。为人民陪审员购买法律书籍，订阅报刊，邀请人民陪审员到庭现场观摩学习，提高了人民陪审员履职能力和职业素养。

4. 促进了司法公开与司法公信

人民陪审员参与陪审的案件具有“三高一低”和“两好”的特点，即陪审率高，调解率高，双方当事人满意率高，发回重审率低，法律效果和社会效果好。人民陪审员来自群众，参与审理案件既能够发挥其群众工作优势，同时也为法官开阔视野，开拓思路，促进公正司法，让公平正义更接地气，增进社会理解和认同，有力促进司法公信力提升。桂林市七星区人民法院随机抽选人民陪审员参与合议庭，成功调解了原告广西中微子电脑有限责任公司、广西中微子电脑有限责任公司桂林分公司诉被告叶某峰等劳动争议案。上思县法院强化人民陪审员案件调解，对于化解基层“乡邻”“山林”等案件纠纷产生了很好的效果。

（二）改革试点的经验总结

1. 注重运用类型化方法

这次人民陪审员改革从扩大司法民主、让群众更多参与司法的角度，对人民陪审员的“广泛性”提出了更高要求。试点法院在严格执行随机抽选确定初选人员规定的基础上，充分考虑当地民族构成、性别比例、行业分布等因素，大胆探索多种初选人员产生方式，建立分类随机抽选机制。比如，崇左市中级人民法院根据公安户籍登记中记载的公民职业信息，将初选人员分为农业户口、非农业户口、教师和干部职工 4 大类，并根据人口和职业构成，分别按照农业户口和非农业户口各占 30%、教师和干部职工各占 20% 的比例分配，更好体现了多元性和代表性。

此外，为了把试点方案中“农村地区和贫困偏远地区公道正派、德高望重者不受学历限制”这一规定落到实处，各试点法院确定了一定比例的人民陪审员从司法行政机关人民调解员信息库中随机抽选产生，主要是考虑人民调解员来自群众，大多是基层村干部、族老等，熟悉社情民意，群众工作经验丰富，公道正派，综合素质较高，在群众中具有较高威望，把这些人选任为人民陪审员，可以更好地发挥他们化解矛盾纠纷的积极作用。根据审理案件的需要，试点法院还注意选任一些具有医学、财会等专门知识的专业人员担任人民陪审员，发挥其在审理专业性较强的案件中的专业知识特长，如上思县人民法院针对辖区土地山林水利、劳动争议、医疗纠纷案件逐年增多的情况，从全县林业系统、国土局、住建局、劳动仲裁部门及医疗系统人员中相对随机抽选出 15 人作为人民陪审员候选人。

2. 注重审判实践中的规律与思路

这次改革的一大亮点就在于，明确将人民陪审员的职责限定于“事实判断”，建立起与其能力与优势相匹配的陪审员参审制。但我们也应认识到，即使英美法的陪审团制度自始就仅赋予陪审员“事实审”的职责，但无论在理论还是实践上，如何就一个案件区分出“事实问题”（matter of fact）和“法律问题”（matter of law），就此而生的学说百家争鸣，相互间的争议经久不息。例如，对“因果关系”的判断，其到底是一种客观关联性，还是一种经由法律规范目的划定的特定保护范围？因此，在英美法系中，区分“法律审”和“事实审”的决定权交予法官，这种判断具有高度的专业技术性；但即使陪审团制度历经上千年的实践与积累，在区分方法和技巧上仍未完全清晰，模糊与争议的地方仍然存在。例如，在一些个案中，法官为了就某些关键性的问题予以亲自判断，而不交予对结论具有较大不确定性的陪审团，而刻意把一些模棱两可的问题明确划归为法律问题。[35]

因此，如何在我国法律体系中构建区分“事实审”与“法律审”的方法与理论，关

〔35〕 See Zipursky, Goldberg, Sebok, *Tort Law: Responsibilities and Redress*, 3d ed., Wolters Kluwer, 2012, p. 325.

系到整个人民陪审制试点改革是否能够成功、是否能够取得良好效果。经过一年半的改革试点，目前我们的试点法院依据司法审判规律，基本厘清了解决区分问题的思路，归纳起来主要有两个层次：一是，以法律制度的构成要件为基本切入点。在确定特定的法律关系或适用特定的法律规范时，应首先明确该法律关系或规范本身的法定构成要件，在具体分析各个要件中的构成要素，整理出事实判断的要点。二是，通过司法实践的积累，将一些抽象的构成要件具体化和类型化，将立法规定的法律规范细化为更具体的适用规则。

例如，广西百色市右江区人民法院就遵循上述思路，结合审判实际，对常见的刑事、民事、行政案件类型进行归纳，出台了相关指导意见及事实认定审理清单，对常见类型的常见争议事实节点逐项列举，由人民陪审员在庭审时参照、认证，以形成科学的认证逻辑，避免随意感性认证。

3. 注重选任工作规程中体现科学规范

广西法院在试点实践中，进一步明确了随机抽选的 8 项操作规程，即确定随机抽选比例、第一次随机抽选、征询意见、资格审核、二次随机抽选、建立数据库、任前公示和提请任命。

其中，尤为注重以下关键环节：一是逐一征询候选人意见。在该环节中，共排除了 1250 名外出务工人员和 322 名因健康问题、工作繁忙以及偏远乡村交通不便等原因拒绝担任人民陪审员的候选人。二是完善资格审查程序和内容。创新增加 5 项审查内容，即与纪委核实是否有违纪违规行为的投诉和举报；与检察院核实是否存在违法行为的投诉和举报；与卫计委（局）核实是否存在违反国家计划生育政策的行为；与辖区法院核实是不是未结诉讼案件的当事人、是不是失信被执行人；与候选人本人核实公安局的户籍登记信息是否正确。三是建立信息数据库。建立人民陪审员候选人信息库。在候选人信息库的基础上建立人民陪审员信息库，并导入人民陪审员管理系统，实现全程动态信息化管理。

4. 注重运用比例原则

试点法院针对常住居民中外出务工人员比重大、人民调解员主要为当地居民的情况，采取两次随机抽选、先后选出人民陪审员候选人和人民陪审员的办法，对从常住居民和人民调解员中抽选人民陪审员的比例做了合理规定：对常住居民随机抽选比例确定为 1∶8，即需要在常住居民中抽选一名人民陪审员的，先通过首次抽选在常住居民中选出 8 人作为候选人，然后在这 8 人中再抽选 1 人作为人民陪审员，依此类推；人民调解员随机抽选比例为 1∶2。该院按照这一抽选比例随机抽选确定人民陪审员候选人350人,其中常住居民260人,人民调解员90人,大大提高效率。

(三)改革试点存在的问题和困难

人民陪审员制度改革试点工作虽然取得了阶段性成效,但仍处于不断探索创新、逐步完善的过程中,还面临不少问题和困难,主要表现在以下几方面:

1. 人民陪审员的作用未能切实发挥

人民陪审员的数量得到倍增,但是如何将这些人民陪审员真正用起来,仍是广西在试点实践中面临的一大难题。随机抽取的人民陪审员来自各行各业,素质参差不齐。虽然也以各种形式对人民陪审员进行了培训,但效果并不是立竿见影,参审能力的欠缺使得部分陪审员在庭上不敢独立发表意见,对法官存在趋同心理。

一方面,人民陪审员的参审意识不够,多数人民陪审员都有自己的本职工作,时间、精力有限,有些人民陪审员被抽选为合议庭成员后,参审的积极性不高,以工作忙、抽不出时间等理由推诿,不愿参加陪审工作;另一方面,在法院"案多人少"矛盾突出、工作量较大的情况下,个别法官认为随机抽选费时、费力,选出的人民陪审员不如原来的驻庭人民陪审员"好用",抵触、排斥随机抽选或对选任的人民陪审员态度冷淡,个别法院甚至仍存在"驻庭陪审"的现象。目前,各地试点工作正在有序推进,但各地工作推进水平不平衡,个别法院在选任、参审、保障方面落后于试点法院平均水平,推进力度有待提升。

2. 全面实行随机抽选难度较大

这一问题在选任工作中较为突出,主要表现在:一是候选人信息来源不畅,抽选成本过高。由于试点法院与公安机关信息数据库不对接,公安机关提供的常住人口信息往往是户籍常住,并非实际居住,候选人信息缺失、滞后情况严重,给法院抽选工作带来很大困难。一些法院甚至采用手工录入方式采集人口信息,抽选效率低下,选任成本过高。二是群众参审热情有待提升。从目前试点情况看,候选人不愿担任人民陪审员的比例和人民陪审员临时不出庭的比例较高,不仅加大了法院选任工作量,而且给法院审判工作带来不便。三是改革试点全面试行完全随机、全面海选的选任方式,专业人民陪审员不足的问题较为普遍。在审理专业性较强的案件中很难发挥专业人民陪审员的积极作用。部分地区人民陪审员参审困难,特别是山区县,由于地域面积大、人口流动小等因素,完全落实随机抽选给人民陪审员参审造成困难,容易导致案件审理延迟。

3. 人民陪审员展职保障机制有待完善

首先,试点法院目前没有实行单独财政预算,没有建立正常的经费调整机制;如果在全区范围内全面推开人民陪审员制度改革工作，在经费较为紧张的地区，人民陪审员经费保障问题可能会较为突出。其次，人民陪审员的工陪矛盾较为明显。一些单位认为人民陪审员是“帮法院打工”，影响本职工作，采取扣除工资、不准假等方式，不支持所属人员参审，人民陪审员因工作原因不能参审的比例较高。再次，目前试点改革仍缺乏人民陪审员个人信息及人身安全保障机制。从试点情况看，仅有个别试点法院建立了人民陪审员信息安全等保护机制，人民陪审员在参审过程中遇到个人信息泄露以及人身、财产损害时，缺乏相应的救济保障措施。最后，由于一审案件管辖权调整等因素，中级人民法院适用陪审制度审理的案件数量下降，中级人民法院选任的部分人民陪审员在任期内无法参加案件审理，且中级人民法院选任的人民陪审员与辖区内基层法院选任的人民陪审员交叉重叠现象较为突出。此外，人民陪审员参审范围、大合议庭陪审模式的人员结构、评议规则等问题尚需进一步规范，有待进一步加强。改革试点后，人民陪审员数量比较多，人员来自各行各业，覆盖面广，法院和人民陪审员无行政、组织隶属关系，把这支队伍用好、管好，是一项艰巨的任务。

4. 区分“事实审”和“法律审”仍存难度

《人民陪审员制度改革试点方案》虽然明确了人民陪审员应就案件事实认定问题独立发表意见并进行表决，但对于案件审理过程中，哪些属于“事实问题”范围，哪些属于“法律问题”范围，未进行明确。改革之前，我国从未区分过事实审和法律审，这方面的规则和经验处于空白。实际上，事实问题与法律问题也并非泾渭分明。一些试点法院虽然出台了《案件事实认定与法律适用问题的指导意见》及《案件事实认定审理清单》，但也只是涵盖了刑事、民事和行政案件常见的30多种案件类型，对于未提及的案件类型，陪审员在参审时对事实认定仍缺乏参考标准；即便是对于这些常见案件类型，庭审时明确要求人民陪审员对照《案件事实认定审理清单》所列举的问题进行发问，仍有部分人民陪审员表示不适应、不敢发言，人民陪审员“陪而不审、审而不议”的问题未能得到真正解决。

5. 人民陪审员管理仍存困境

管理困境主要在于，人民陪审员的日常管理和考核主要由法院负责，其他机关的作用得不到切实发挥。例如，人民陪审员的选任涉及户籍部门、司法行政机关及人大机关；人民陪审员的动态管理需要依靠各级人民政府，与司法行政部门构建信息共享平台；特别是人民陪审员的培训，需要司法行政机关的积极参与，甚至是主导。但实际操作中，很多工作都是由法院单独的力量实施，相关部门配合不到位，难以形成改革的合力，导致法院负担过重。

五、进一步完善人民陪审员制度的建议

当前,人民陪审员制度改革试点工作仍处于不断探索、逐步完善的过程。还面临试点工作推进不平衡、全面实行随机抽选难度较大、缺乏区分事实审和法律审的有效机制、人民陪审员履职保障机制有待完善等问题和困难。为此,本课题组结合我国国情及广西改革试点实践,提出以下几条制度完善路径,以期为解决广西人民陪审员制度改革试点中所面临的问题提供有益思路。

(一)陪审员选任工作的完善

一是,畅通人民陪审员信息来源渠道。要真正建立起准确的、有针对性的人民陪审员名册,并随时掌握与更新名册中各个陪审员的动态情况,广西法院应进一步加强与公安部门的协调联动,与公安机关共同研究人民陪审员信息和公安机关人口信息系统对接问题,打破数据部门化藩篱,增进部门间信息共享。

二是,加强人民陪审员选任工作的信息化建设。要有序、有效地管理好整个人民陪审员队伍,不仅是一项制度建设的工作,更重要的是急需信息化技术的支持。广西法院应根据人民陪审员随机抽选系统上线运行情况,及时解决系统运行中出现的问题,逐步完善人民陪审员随机抽选系统的自动屏蔽、错时参审、均衡参审、短信提醒、自动确认等功能,并逐步在全区范围内推广适用。

三是,探索随机抽选新模式。我国人民陪审员制度实质上属于参审制,虽然其与英美的陪审团制度有较大差别,但前者使公民参与司法、监督司法的制度目的,实质上与后者制衡公权、彰显民权的价值取向[36]异曲同工。基于这种制度理念,英美陪审团在制度设计上赋予了法官、原被告双方等当事人极大的选择陪审员或重组陪审团的权利。因此,我国在进行人民陪审员制度改革时,所谓的"随机抽选",也应针对个案案情加入充足的分类、排除及协商机制。据此,广西法院应结合试点实际,一方

〔36〕 See Duncan v. Louisiana, 391 U. S. 145, 156 (1968) ("Those who wrote our constitutions knew from history and experience that it was necessary to protect against unfounded criminal charges brought to eliminate enemies and against judges too responsive to the voice of higher authority . . . Providing an accused with the right to be tried by a jury of his peers gave him an inestimable safeguard against the corrupt or overzealous prosecutor and against the compliant, biased, or eccentric judge." 我们宪法的起草者基于历史与经验深知陪审制的必要性,其能够保护公民免受意在消灭敌人的无妄之灾以及赋予公民对抗某些过于听命于上级政府的法官;给予被控者以同侪之陪审团的审判就是为其提供了一个能够对抗腐败或狂热公诉人以及对抗乖戾、偏见或古怪法官的强大卫士。——笔者译)

面，根据人口数量、地区分布、行业结构等因素，探索建立分类随机抽选、专家陪审等相对灵活的随机抽选方式，发挥专业人员在事实认定方面的积极作用；另一方面，探索建立群众自愿与随机抽选相结合的选任方式，变“全面”海选为“适度”海选，充分满足社会公众的参审需要，进一步提升抽选效率和选任效果。

（二）陪审员参审机制的健全

一是，进一步明确人民陪审员参审案件范围。目前，从最高人民法院与司法部发布的《人民陪审员制度改革试点方案》（法〔2015〕100 号）到广西壮族自治区高级人民法院制定的《广西壮族自治区人民陪审员制度改革试点工作方案》（桂高法〔2015〕205 号），再到各个试点法院制定的《改革试点工作实施方案》，都在不断明确陪审员参审案件的范围。因此，我们应结合改革试点的实践经验，从多角度进一步地细化人民陪审员的参审案件范围，如明确在一些事实较为清楚、刑事速裁程序案件、被告人认罪认罚以及轻微刑事案件中，不再适用陪审制度。此外，还可以为人民陪审员参审案件范围这一问题专门出台细则。

二是，规范大合议陪审模式适用范围和人员结构。进一步明确人民陪审员与审判员的组成模式，制定大合议庭陪审案件评议规则，切实保障人民陪审员各项参审权利。例如，区分归类中级人民法院与基层人民法院之间不同的组合模式，即一般由中级人民法院采“2 +3”的模式（由 2 名法官与 3 名陪审员组成大合议庭），而基层人民法院则主要采用“1 +2”模式（由 1 名法官与 2 名陪审员组成合议庭）；进一步明确不同案件类型对应的陪审团组合模式，即无论是中级人民法院还是基层人民法院，对于涉及群众利益、社会公共利益、人民群众广泛关注或者其他社会影响较大的第一审重大民事、行政、刑事案件，涉及征地拆迁、环境保护、食品药品安全的案件，新闻媒体高度关注和可能引起群体性事件、引发越级上访的案件，都可以有条件地采用“2 +3”或“3 +4”大陪审合议庭模式。

三是，强化法官对陪审员事实认定的指引责任。一方面，要进一步厘清区分法律问题与事实问题的基本思路：一是要以法律制度的构成要件为基本切入点，即在确定特定的法律关系或适用特定的法律规范时，应首先明确该法律关系或规范本身的法定构成要件，在具体分析各个要件中的构成要素，整理出事实判断的要点；二是要通过司法实践的积累，结合审判实际，对常见的刑事、民事、行政案件进行归纳，将一些抽象的构成要件具体化和类型化，将立法规定的法律规范细化为更具体的适用规则。另一方面，要进一步明确规定法官对陪审员事实认定的指引责任是法官的审判职责。总结相同类型案件事实问题的共性和特点，通过将法官在实践中常见的指引用语进行归纳总结，提炼出常用的一般性指引模板或范例，并就此出台专门的规范指引细则，以进一步规范和统一法官在个案中对于个案的事实问题的说明、归纳及指引，为人民陪审员认定案件事实提供必要的指引和帮助。

（三）陪审员履职保障的加强

一是，探索建立人民陪审员经费保障和人身安全保障机制。确定人民陪审员参审最低补助标准，切实落实误工补贴、交通补助和表彰奖励政策。进一步落实试点方案规定，建立人民陪审员个人信息、履职人身安全保障制度，引导好、发挥好、保障好人民陪审员的履职积极性。

二是，建立符合陪审制度特点的长效培训机制。根据人民陪审员参审职权变化，以发挥人民陪审员自身特点为目标，以提升人民陪审员对事实问题的判断能力为主线，进一步优化人民陪审员培训内容，丰富培训形式，创新培训方法，特别是要加大对证据规则、证据证明力、举证责任、程序规则、司法礼仪、行为规范等的培训力度。

三是，完善人民陪审员退出惩戒制度。首先，明确人民陪审员队伍的主管部门，即明确由司法行政机关负责抽选、人大任命管理、法院使用；其次，应制定人民陪审员权利义务清单，进一步细化人民陪审员职责豁免、退出条件，完善人民陪审员惩戒标准；最后，探索人民陪审员惩戒制度与个人诚信系统不良记录对接，理顺人民陪审员惩戒制度与司法责任制度的关系，维护人民陪审制度的权威性。

四是，进一步加大宣传力度。一方面，在社会公众范围内，应从法律、制度层面上进一步明确公民参与陪审的权利义务，以提高公民的陪审意识，让公众意识到一经选任为人民陪审员的，无正当理由拒绝履行陪审职责的行为可能会遭受惩戒；另一方面，在法院内部，应加大对陪审工作重要性的宣传力度，增强法官对改革工作的认同感；并会同人大、司法行政机关，推动制定人民陪审员奖励表彰规定，对优秀人民陪审员、人民陪审员参审典型案例进行宣传，让广大人民群众知晓人民陪审员工作“选什么”“怎么选”“做什么”“怎么做”。还可以进一步会同司法行政机关，制作统一的人民陪审员徽章、纪念牌、工作证件等，进一步激发人民陪审员的参审热情，营造全社会积极参审、有序参审的良好氛围。

关于指导性案例在审判实践中适用情况的调研

南宁市良庆区人民法院课题组*

前　言

指导性案例是由最高人民法院确定并发布的、对全国法院审判、执行工作具有指导作用的案例,它是我国推进司法改革进程中,为规范司法裁判、统一法律适用,实现司法公正的一项重要举措。法律的生命在于适用,案例指导制度是借鉴两大法系经验的成果,在我国长期的成文法传统之下,此种制度如何具体适用有诸多问题需要研究。

(一)研究的背景与意义

1. 研究背景

案例指导制度是一个中国特色的用语,它是为了区别于判例法语境下的判例而采用的一个概念。判例法与成文法虽然各有利弊,但从法律发展的趋势而言,两者是相互补充、有机协调、相辅相成的。我国结合现行立法体制和司法制度的性质和特点,吸收了判例法的优点,建立了以案释法的案例指导制度。

用案例来指导审判实践并不是最近几年才形成的,最高人民法院一直重视案例指导工作。20 世纪 80 年代初期,最高人民法院发布了有关刑事方面的案例,开启了用案例解释法律的尝试。1985 年《最高人民法院公报》开始刊登具有指导意义的案例。《最高人民法院公报》案例、《人民法院案例选》以及《中国审判案例要览》等,对于人民法院的司法

---

* 课题主持人:韦良,南宁市良庆区人民法院院长;课题组成员:韦肖依、冯雪萍、曾明慧。

审判工作都起到了不同程度的指导作用。但是,指导性案例尚未形成为一项有效的制度。

直到2005年,最高人民法院发布了《人民法院第二个五年改革纲要(2004~2008)》,其中提出,“建立和完善案例指导制度”“重视指导性案例在统一法律适用标准”等方面的作用,才第一次正式将“指导性案例”与“案例指导制度”作为司法改革的重要任务提出来。2005年8月起,最高人民法院与最高人民检察院联合编写《中国审判指导丛书》(分刑事行政卷和民事卷)。这实际上是最高人民法院发布《人民法院第二个五年改革纲要》提出有关案例指导制度的改革意见后所做出的一次尝试。2010年11月26日,最高人民法院发布《关于案例指导工作的规定》(以下简称《规定》)正式落实这项重要任务,并形成了以指导性案例为统领、其他案例为基础的案例指导体系,案例指导工作呈现出规范化、制度化发展的良好开局。《规定》的出台不仅解决了长期以来围绕在中国司法制度中要不要案例指导制度的争论,而且对指导性案例的效力、制定程序等问题,都做出了基本的规范。2011年12月20日,最高人民法院依照上述规定公开发布第一批指导性案例,标志着中国案例指导制度结出新硕果,逐步成为看得见的公正参照系。随后在2015年6月2日又出台了《〈最高人民法院关于案例指导工作的规定〉实施细则》(以下简称《实施细则》)。该《实施细则》可视为对实施案例指导制度实施以来理论界与实务界的争议所做出的回应,它进一步明确了指导性案例的标准、推荐主体和程序以及如何适用指导性案例等方面的内容。截至2016年12月,最高人民法院相继发布了14批69件指导性案例。这些指导性案例从类型上看,几乎涵盖了除宪法以外的所有部门法,来源于基层法院到最高人民法院的一审、二审、再审生效判决,其中既有实体问题,也有程序问题。可以说,是在有限的数量内,尽可能地实现了最大的包容性。

中国特色的案例指导制度,与西方国家的判例制度相比,具有独特的功能。从法律适用来看,案例指导制度对于保障裁判的统一、规范法官自由裁量、保障法律的准确适用等方面都具有十分重要的意义。

在当前我国已经进入大规模立法时代的大背景下,出于法律稳定性的考虑,单一制定法体系无法及时回应社会生活和民众需求,从而增加了社会有效治理的难度。而灵活、具体的指导性案例可以增强我国法律调整机制的全面性与适应性,为解决当前转型时期层出不穷的新类型司法问题提供快速反应的经验,促成法律体系自身和谐及法律体系与社会生活的和谐。

2. 研究意义

当前司法改革提出的完善案例指导的要求，为案例指导的发展提供了更为有利的宏观条件和政策性基础。党的十八届四中全会通过的《中共中央关于全面推进依法治国若干重大问题的决定》提出，要"加强和规范司法解释和案例指导，统一法律适用标准"，这对中国案例指导制度具有极为重要的历史意义。之后，在2015年9月16日第二次全国法院案例指导工作会议上，最高人民法院常务副院长沈德咏指出，要推动案例指导工作朝着制度化、规范化和常态化发展。在已经基本搭建起指导性案例框架性结构的基础上，如何更好地规范指导性案例在审判实践中的适用是一个亟待解决的问题。深入研究指导性案例在审判实践中的适用情况，研究各级法院的法官适用指导性案例的方法，有助于我们总结经验，进一步发挥指导性案例的实效并提高案例指导工作规范化的水平。因此本课题试图通过实践总结和实证研究的方式，着力解决指导性案例在审判实践中凸显的问题，以期为案例指导制度在个案解释法律和统一法律适用标准方面发挥更重要的作用提供有益的尝试与思考。

（二）研究的过程与方法

1. 调研过程

2015年9月，南宁市良庆区人民法院中标高级人民法院2015年度调研课题，由韦良院长担任课题负责人，组织调研室和一线法官等精干力量组成课题组，开展了深入细致的调查研究，集中力量对课题进行攻坚。课题组围绕指导性案例适用这一调研主题，以科学、稳妥的学术态度逐步推进本课题的各项调研工作。

第一阶段：开展资料文献搜集和前期调研工作。这是2015年下半年的主要任务。一方面，根据本课题的调研对象和调研内容设计问卷并进行发放工作。由于指导性案例主要适用于中、基层法院，因此我们调研的对象主要是来自广西区内的中、基层法院的业务庭室法官；分阶段、分区域开展对一线审判人员的访谈工作。另一方面，在中国裁判文书网上收集案例判决书文本，进行广泛的阅读整理，并选取典型个案进行深入研究。此外通过各种途径收集文献资料，做好理论学习铺垫。

第二阶段：问卷调查和实地访谈的数据整理和归纳。回收了342份问卷，整理访谈记录，运用问卷星和SPSS数据分析软件处理获取的数据和资料。对通过多种途径获取的信息进行全面分析汇总后初步确定于2016年年初形成前期调查成果。

第三阶段：反复研究完善，拟定调研大纲。初步确定本课题的基本思路、框架，形成书面的调研报告写作大纲草稿，在送呈院党组、中院研究室等征集意见后，结合各方提出的建议和意见，对调研报告大纲反复进行修改完善，进一步明确写作方向，确定最终的写作大纲,同时课题组成员详细分配撰写任务。

第四阶段:全力撰写调研报告。以前期调查成果为基础,按照调研报告写作大纲确定的方向和重点,严密组织、分工合作,全面投入调研报告的创作工作,于2016年8月完成了调研报告初稿。之后在专家评审的指导下,数易其稿,并于2016年12月完成终稿,字数约2.5万字。

2. 调研方法

根据调研的预设目标,结合本课题的性质特征,从理论上来讲,我们采用了结构分析、价值功能分析与规范研究、实证研究、比较研究相结合的方法。在具体调研方法上,我们采取了实地调查与访谈、普遍性与抽样调查、一般性调查与典型调查、定性分析与定量分析相结合的方法。

(1)实证分析方法。从裁判文书的角度出发,课题组针对最高人民法院公布的14批69个指导性案例,收集并筛选出广西2011~2016年被应用于审判实践的指导性案例和援引指导性案例的应用案例,进行统计分析,掌握指导性案例司法适用的特点和规律。此外,从主体角度出发,兼顾深度与广度,通过召开座谈会、制作发放调查问卷,深度访谈等方式,了解广西各级法院尤其是中、基层法院适用指导性案例的基本情况、存在问题及解决对策,向一线审判人员了解他们对指导性案例的认知程度、应用指导性案例的具体情况,与法官共同探讨、交流对完善指导性案例运行机制的反馈建议和制度愿景。通过上述工作获取了大量的第一手资料,为调研报告的顺利完成打下坚实的基础。

(2)比较研究方法。横向对比分析指导性案例与应用案例在案由分类、地域分布、法院级别、审理程序、裁判年份等方面的共同点与差异,以及对比区内各法院适用指导性案件的不同情况,借鉴其他法院较好应用指导性案例的成熟做法与经验;同时,纵向考察近5年以来指导性案例在司法适用上的变化规律和发展态势。

(3)数据分析方法。课题组运用描述性分析等统计学方法和相关的统计软件,对收集得来的统计样本和调研数据进行整合与分析,将指导性案例的适用现状、运行成效,予以量化统计并以图表等直观形式呈现出来。

(4)文献分析法。课题组通过网络、图书馆广泛收集指导性案例司法适用的文献资料并进行研读、整理与分析,获取课题研究所需理论知识、把握案例指导制度的研究动态,为分析问题、解决问题提供理论支持。同时,课题组广泛收集了最高人民法院关于指导性案例的相关文件、讲话稿、会议纪要、经验材料、规章制度以及相关工作报告等大量官方文件资料,了解最高人民法院在指导性案例方面的政策和态度。

一、指导性案例在审判实践中适用的实证考察

（一）应用现状：基于裁判文书的实证分析

裁判文书是指导性案例的主要载体和文本基础。因此，考察指导性案例的适用情况，从裁判文书入手十分必要。如果在审判过程中诉讼参与人提出应参照某个指导性案例，或法官在判决说理部分引用并参照指导性案例，将会在裁判文书上有所体现。基于此思路，笔者以广西三级法院为范围，通过查询中国裁判文书网，共收集到21份裁判文书符合课题研究要求。[1] 广西法院指导性案例参照适用对照表见表1。

表1　广西法院指导性案例参照适用对照表

指导性案例	裁判要点	应用案例
1号：上海中原物业顾问有限公司诉陶德华居间合同纠纷案	房屋买卖居间合同中跳单违约的认定，关键是看买方是否利用了中介公司提供的房源信息、机会等条件	（2016）桂0305民初245号 （2015）青民二初字第2236号 （2013）梧民一终字第179号
6号：泽富、何伯琼、何熠诉四川省成都市金堂工商行政管理局行政处罚案	行政机关做出没收较大数额涉案财产的行政处罚决定时，未告知当事人有要求举行听证的权利或者未依法举行听证的，应认定该行政处罚违反法定程序	（2015）百中行终字第26号
8号：林方清诉常熟市凯莱实业有限公司、戴小明公司解散纠纷案	判断“公司经营管理是否发生严重困难”应从公司组织机构的运行状态（如股东会机制长期失灵，无法就公司经营管理进行决策等）进行综合分析。不应片面理解为公司资金缺乏、严重亏损等经营性困难	（2015）玉中民二终字第46号 （2014）百中民二终字第734号 （2011）凭民初字第339号 （2013）桂民二终字第19号 （2013）桂民二终字第4号
13号：王召成等非法买卖、储存危险物质案	1. 氰化纳属于刑法第一百二十五条第二款规定的“毒害性”物质 2.“非法买卖”毒害性物质客观上并不需要兼有买进和卖出的行为	（2013）照刑初字第77号 （2013）天刑初字第119号

[1] 由于隐形援引指导性案例的应用案件收集难度较大，故而只选取明示援引的裁判文书。在检索关键词的选择上，并不局限于“指导性案例”或“指导案例”（以此避免将实质上引用了指导性案例但形式上并未出现“指导性案例”或“指导案例”字样的裁判文书排除在外），而是以指导性案例的裁判要点或裁判理由中的关键词进行搜索。比如，1号指导性案例以“居间合同”“跳单”“中介公司”“房源信息”作为关键词进行搜索。

续表

指导性案例	裁判要点	应用案例
15 号:徐工集团工程机械股份有限公司诉成都川交工贸有限责任公司等买卖合同纠纷案	关联公司的人员、业务、财务等方面交叉或混同,导致各自财产无法区分,丧失独立人格的,构成人格混同;严重损害债权人利益的,关联公司相互之间对外部债务承担连带责任	(2015)北京初字第 1043 号 (2015)钦北民初字第 400 号 (2015)北民初字第 1594 号 (2014)江民一初字第 2107 号
24 号:荣宝英诉王阳、永诚财产保险股份有限公司江阴支公司机动车交通事故责任纠纷案	交通事故的受害人没有过错,其体质状况对损害后果的影响不属于可以减轻侵权人责任的法定情形	(2016)桂 11 民终 231 号 (2015)南市民一终字第 831 号 (2015)藤民初字第 1042 号 (2015)横民一初字第 1476 号 (2014)万民初字第 692 号 (2014)荔民初字第 55 号

经过统计分析,课题组发现区内指导性案例的适用呈现以下特征。

1. 总体适用“微量化”

相对于每个指导性案例所涉及的审判领域内的裁判文书总数,适用指导性案例的裁判文书占比非常低。当然,从裁判文书中并不能全面总结整个审判实践中指导性案例的适用情况,毕竟参照了指导性案例却并未在裁判文书中体现的情况不在少数,但是极低的适用率还是在一定程度上能够反映出指导性案例在审判实践中“遇冷”的现状。

2. 案例应用“集中化”

当前发布的 69 个指导性案例中只有 6 个在广西法院的审判实践中得到了应用,其中 24 号、8 号、15 号、1 号指导性案例被较多提及,且均为 24 号案例（第六批案例）之前发布的案例,呈现较为集中的特征,而其他指导性案例被提及次数较少,多数案例未被裁判文书提及。

3. 适用案件类型“单一化”

在 21 件样本案件中,民商事案件 18 件,占比 80% 以上,见图 1。案由主要集中在合同纠纷、交通事故责任纠纷和公司解散纠纷等比较常见的领域;刑事案件、行政案件各占不到 10%,与最高人民法院发布的指导性案例中刑事、行政类共占比 40% 的比例相差较大,可见刑事、行政类指导性案件受到的关注与应用较少。

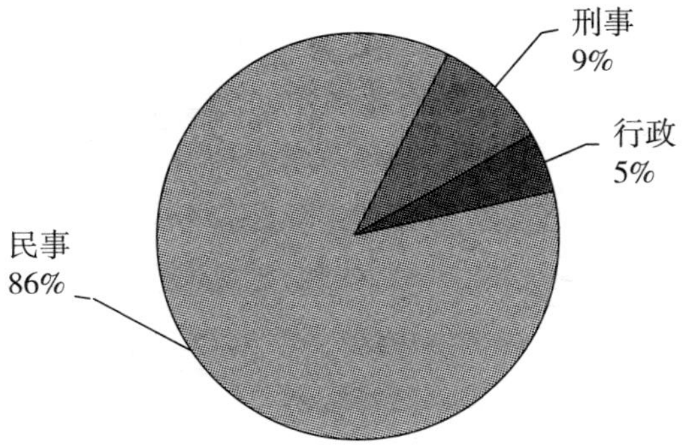

图 1　应用指导性案例的案件类型

4. 适用分布“差异化”

分布“差异化”即审级分布、时间分布、地域分布呈现较大差异性。从时间上看，自 2013 年才开始在审判实践中参照适用指导性案例，之后呈增长的趋势，并在 2015 年达到一个小高峰，应用指导性案件的案件数量见图 2。

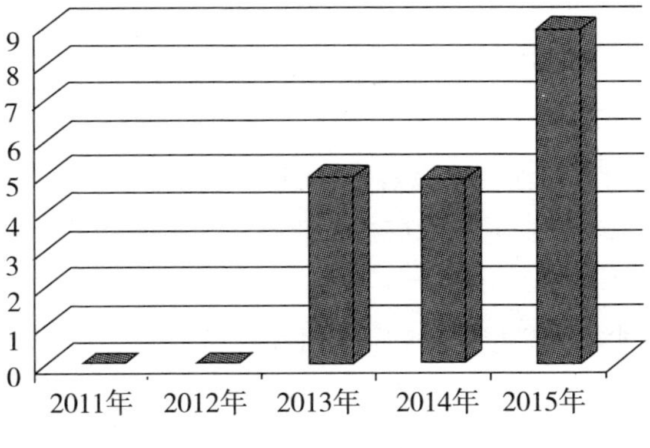

图 2　应用指导性案例的案件数量

从地域分布来看，南宁市法院适用指导性案例的次数最多，达到 4 次；其次是梧州、玉林各 3 次；桂林、百色、崇左、贺州各 2 次；钦州 1 次。柳州、河池等 5 个市的法院目前尚未出现明确参照适用指导性案例的案件，应用指导性案例的区域分布见表 2。

表 2 应用指导性案例的区域分布

地区	审级	次数
	高院法院	2
南宁	中级法院	1
	基层法院	3
梧州	中级法院	1
	基层法院	2
玉林	中级法院	1
	基层法院	2
贺州	中级法院	1
	基层法院	1
百色	中级法院	2
桂林	基层法院	2
崇左	基层法院	2
钦州	基层法院	1

从审级来看,出自高级法院、中级法院 、基层法院的裁判文书分别占比 9. 52% 、28. 57% 、61. 91% ,中级法院、基层法院成为指导性案例应用的"主力军"。

5. 应用方式"隐形化"

适用指导性案例的方式主要有明示援引和隐形援引。大多数裁判文书中没有明确提到"指导性案例",但是引述了其裁判理由,只有 1 份裁判文书中引述了指导性案例的编号。[2]

(二)认知与习惯:基于问卷调查和访谈的实证考察

问卷调查在广西三级法院展开,主要通过内网邮箱的方式发放。调查对象为各院审判部门的法官,以便调查结果能更好地反映出审判实践中法官对指导性案例的看法与态度,调研共回收有效调查问卷 342 份。

1. 对指导性案例的认知状况

(1)对指导性案例的熟悉程度。调查显示,有 70% 以上的法官表示学习过指导

〔2〕 (2014)荔民初字第 55 号判决书。

性案例，对其有一定程度的了解。然而，不容忽视的是仍有将近30%的法官仅仅听说，却没看过或学习过指导性案例。而对于与指导性案例息息相关的，用以规范和促进案例指导工作的《规定》及《实施细则》，有一半的法官表示仅仅听说，但没学习过；甚至有18.18%的法官没有听说过这个规定。法官对指导性案例的熟悉程度见图3。

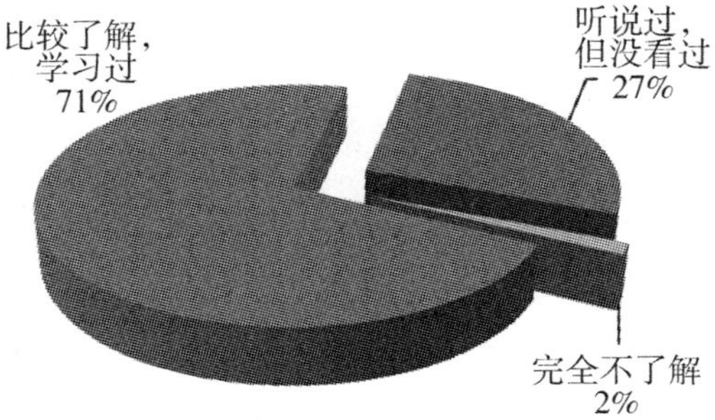

图3　法官对指导性案例的熟悉程度

（2）获知指导性案例的途径。法官学习和了解指导性案例的渠道比较多样化，网络搜索或者北大法宝数据库等电子资源、《人民法院报》或案例汇编丛书等纸质资料、上级法院下发的文件或案例是主要的获取指导性案例的途径。在大数据时代背景下，也有不少法官是通过新媒体平台了解到指导性案例的，法官获知指导性案例的渠道见图4。

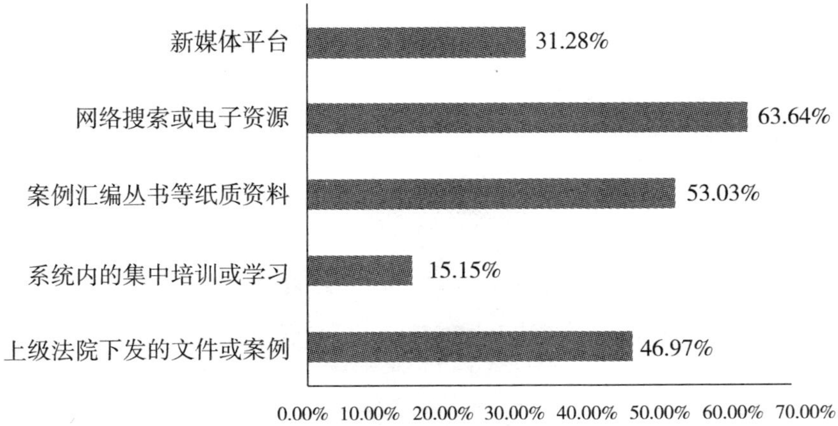

图4　法官获知指导性案例的渠道

（3）指导性案例的效力和定位。在对指导性案例与最高人民法院公报案例以及其他典型案例是否存在适用上的区别这个问题上，分歧较大。认为“没有区别”的和认为"指导性案例的效力与地位要高于其他案例"的几乎各占一半。此外,在待办案件与指导性案例相类似的情况下,72.73%的法官认为应该参照适用指导性案例,但有27.27%的法官认为"可以参照,也可以不参照",即认为其并不具有约束力,而仅仅只是可有可无的参考。比如,H市中级人民法院某法官认为"指导性案例在法理上讲只具有参考价值,没有法律上的约束性,它提供的是法律理解的角度、纬度"则代表了一部分法官对指导性案例效力与定位的看法。

(4)指导性案例的功能。多数法官(占68.49%)认为指导性案例是对法律法规和司法解释的细化和补充,有填补法律空白的作用,也有部分法官认为是对法律法规和司法解释的重申和强调(占17.27%)或者是带有一定的政策性的回应公众关注热点的一种方式(占14.24%),法官对指导性案例功能的认识见表3。

表3 法官对指导性案例功能的认识

功能	百分比
是对法律法规和司法解释的细化和补充	68.49%
是对法律法规和司法解释的重申和强调	17.27%
带有一定的政策性,回应公众热点问题的一种方式	14.24%

(5)指导性案例的实施效果。有78.79%的法官认为当前指导性案例对于统一法律适用、减少"同案不同判"有一定的效果,而有15.15%的法官则认为当前指导性案例对于审判实践作用不大,还没有发挥其应有的制度功能,有"束之高阁"之嫌,法官对指导性案例实施效果的看法见图5。

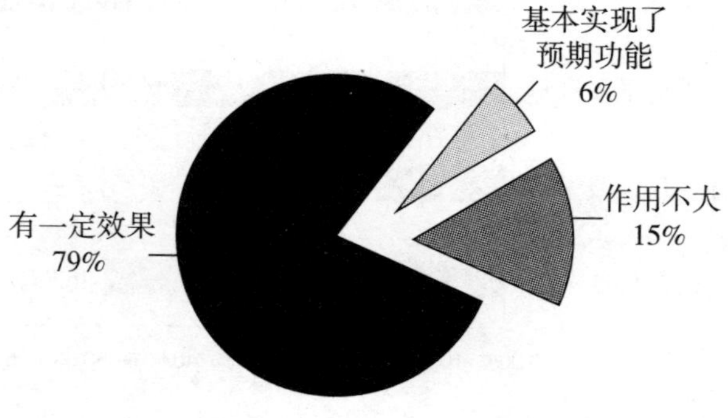

图5 法官对指导性案例实施效果的看法

2. 参照适用指导性案例的习惯

(1)指导性案例的适用情况。根据前文对裁判文书的分析可得知,指导性案例的显性适用并不突出,但这并不表示指导性案例仅在那21个案件中得到应用。通过调查发现,指导性案例在审判实践中还是得到了一定程度的适用。有47.7%的法官表示曾在审判实践中适用过指导性案例。之所以与通过裁判文书的方式收集到的数据有比较大的差异,主要在于绝大多数法官并未在裁判文书中明确参照适用指导性案例(占44.67%)。因此对于指导性案例的适用情况,除了根据裁判文书进行判断,更多的要结合问卷、访谈等形式以获取更为准确的数据。

此外,曾经查阅过指导性案例,但最终因基本案情和法律适用与待决案件不相类似而没有参照适用的占20.61%;虽然没有参照过指导性案例,但是参照过其他典型案例的占22.67%;没有参照过任何案例的占9.02%,法官是否参照适用指导性案例的调查见图6。

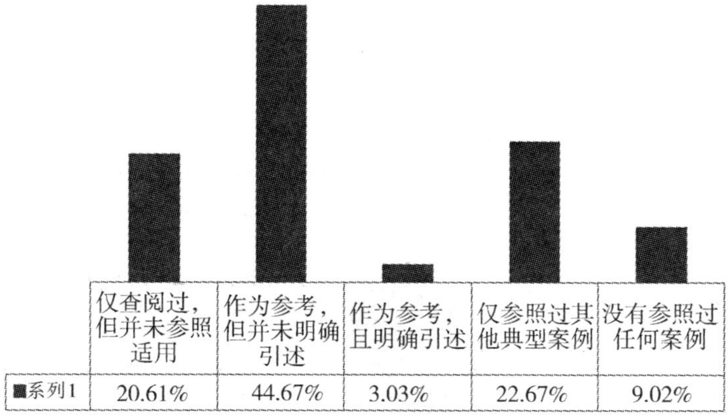

图6 法官是否参照适用指导性案例的调查

(2)指导性案例的参照方式。在参考方式的选择上,大多数法官倾向于在形成合议意见及向审委会汇报中(占78.79%)或在判后答疑、调解(占33.33%)等环节参考适用指导性案例,而对于是否应该直接在裁判文书中援引,持肯定意见的法官不足20%。而且,这部分法官对于在裁判文书中如何引用指导性案例,也有不同看法。多数法官认为应该在裁判说理部分作为"裁判理由"引用案例较为合适,也有的法官认为应该作为"裁判依据"进行引用。法官对指导性案例参考方式的选择见图7。

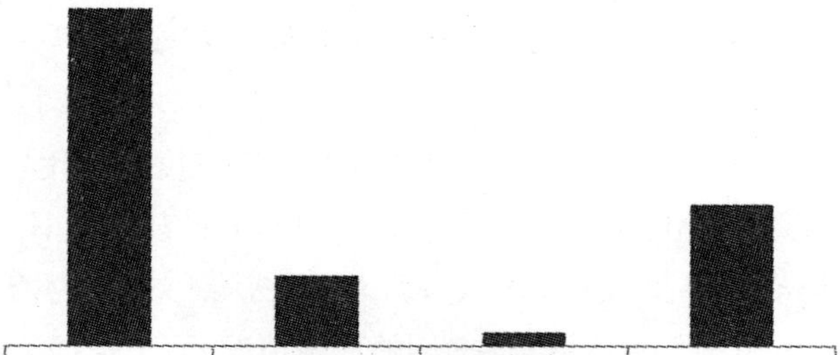

	合议或向审委会汇报中参考	作为裁判理由在裁判文书中援引	作为裁判依据在裁判文书中援引	判后释疑、调解等环节
■系列1	78.79%	16.67%	3.03%	33.33%

图 7 法官对指导性案例参考方式的选择

(3)指导性案例的被动回应。有 28.79% 的法官表示在审判实践中曾经遇到过当事人或者诉讼代理人引述指导性案例支持诉辩意见，而 24.24% 的法官则反映诉讼参与人存在错误引述“指导性案例”的情况，也就是将其他典型案例或者其他法院的生效判决混淆成指导性案例而请求法院予以参照适用。[3] 那么对于诉讼参与人引述指导性案例支持诉辩意见的，法官是否会作出回应？调查显示，有 28.79% 的法官表示会予以回应，15.15% 则不一定会回应，而选择不会回应，但会查阅相关案例的占一半以上(56.06%)。关于法官是否会被动回应的调研见图 8。

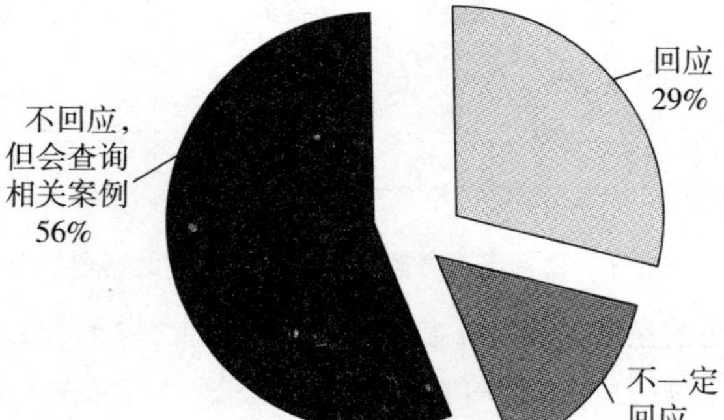

图 8 关于法官是否会被动回应的调研

〔3〕 这在裁判文书中亦有体现。在中国裁判文书网中以“指导性案例”作为关键词在广西法院范围内进行搜索，共有 6 篇裁判文书，其中 4 篇中的诉讼参与人将其他案例混淆成指导性案例。

二、当前指导性案例在审判实践中存在的问题

从总体上看，当前指导性案例对审判实践起到了一定的指导作用，在一定程度上统一了法律适用，减少了“同案不同判”。但是其实践效果远低于制度初创时部分研究者的乐观预估和制度制定者的愿景。

（一）对审判实践的指导作用比较有限

1. 认识上：指导性案例尚未在中、基层法院中得到广泛普及

目前，仍有相当一部分法官没看过或学习过指导性案例，对于规范指导性案例适用的《规定》及其《实施细则》，也有很多法官不了解。这反映出指导性案例在法官中的普及率并不高，法官对指导性案例的认知和了解程度还不够。指导性案例得到适用的最基本的前提条件就是，法官比较熟悉案例，在办理待决案件时，才能初步判断待决案件与指导性案件存在相似性的可能，或者有意识地去寻找类似的指导性案件，以便进一步地进行识别和参照。如果在基本认知和熟悉程度上不达标，将会影响指导性案例的参照适用。

2. 适用上：实践中仅有少数案件适用了指导性案例

（1）法官对于适用指导性案例不积极

尽管问卷调查显示，实践中法官适用指导性案例的比例要高于裁判文书中所反映的情况，但是从整体上看，指导性案例的适用率仍然整体偏低。与学术界的热烈讨论和广泛关注相比，法官在指导性案例的适用上则显得没有那么积极。

（2）案例的援引不均衡

一是被援引的指导性案例数量较少，仅仅集中在几个特定的案例。从广西的情况看，只有 6 个案例得到了应用，[4] 相比 69 个指导性案例的总数，实在是显得有些少。而且 6 个案例中应用的频率也相差较大，24 号指导性案例被应用了 5 次，6 号指导性案例只被应用了 1 次。二是被援引的指导性案例和应用案例大多集中在传统民商事领域，专业类新案件，比如知识产权（包括不正当竞争）、国家赔偿则鲜有应用。

（二）在审判实践中尚未实现规范化运作

1. 适用案例的随意性较大

法官对“应该参照”的理解存在较大分歧，有的认为“应该”代表着“必须”，而有

---

〔4〕 全国的情况自然会比广西好一些，但也仅有 20 个案例被应用了而已，有一半以上的指导性案例“无人问津”。

的则认为“应该”意味着没有强制力，将它理解为“可以参照”，法官对此没有形成统一的认识和做法，常常出现“可参考也可不参考”的现象。对诉讼参与人提出应当适用指导性案例的诉求，法官往往不回应或者不一定回应。可见在实践中指导性案例的适用具有较强的随意性。

2. 参照方式不规范，以隐形适用为主

在参照内容上，有的援引归纳的裁判要点，有的重点援引判决理由，还有的两者都未引述，只能从裁判结果中反映出其参考了指导性案例的精神；在参照的表达位置上，在裁判理由和裁判依据的部分引述的皆有之；在援引方式上，有的带编号引述，有的笼统表示为指导性案例，而大多数情况下，法官不在裁判文书中明确表明援引了指导性案例，即形式上不出现“指导性案例”的字眼，但在实质上适用了指导性案例，呈现出隐形适用为主的特点。而上述这些问题，其实在《实施细则》中均有规定（见表4），但实践应用中据此遵照适用的，大约只占一半。

表4 《实施细则》关于参照适用指导性案例的规定

项目	内容	依据
参照对象	裁判要点	第9条
参照的表达位置	裁判理由部分	第10条
参照的程序要求	1. 应引述案件编号及裁判要点 2. 不应作为裁判依据引用	第10条 第11条

3. 对裁判要点的适用及案件相似性判断不统一

关于裁判要点的适用，以及相似案件的判断和识别标准，各地法官均有不同做法。有的法官认为，在审案件“基本案情”“争议焦点”和“法律适用”三个方面同时与指导性案例类似时，才属于“应当参照”范围的“类似案件”，而且应该严格遵守指导性案例所提炼的裁判要点；而反对者则认为，如果3个“类似”必须同时具备，可能会将应当参照案件的量缩减到很小，抑制了指导性案例的作用发挥，故建议只要“在审案件的争议焦点与指导性案例的裁判要点高度相关的”，就属于“类似案件”，而且在裁判要点的参照适用上，灵活地做出一定扩展性理解。比如，24号指导性案例的裁判要点为“交通事故的受害人没有过错，其体质状况对损害后果的影响不属于可以减轻侵权人责任的法定情形”，在审判实践中该裁判要点就被法官适当地延伸到其他侵权类或合同纠纷案件(如“医疗损害责任纠纷”[5]“财产损害赔偿纠纷”“财产保险合同纠纷”和“运输合同纠纷”等),而不仅仅局限在裁判要点中提炼的“交通事故”这个限定语里。那么这样适当扩展裁判要点的做法是否可行?延伸的界限在哪里?需要进一步的明确和统一。

三、指导性案例在适用中存在问题的原因分析

(一)立法与制度层面

1. 案例指导制度在中国司法体系中的定位

我国的指导性案例必须经一定程序由最高人民法院确认并正式颁布,这说明案例指导制度以最高司法机关集中统一管理为特征,具有较为明显的行政控制色彩。从指导性案例的遴选、制作过程来看,仍然类似于立法。因为案例经过人工的选择公布才能发生指导效力,并不是一种像判例法一样自发形成的法律规则,而是一种采用立法方式提供法律规则的路径。因此,指导性案例经常被拿来与司法解释做比较。从党的十八届四中全会所提出的“加强和规范司法解释和案例指导”可以看出,案例指导与司法解释同样具有统一司法适用、确保“同案同判”的功能。但两者在我国的司法体系中是否处于并列的位置,则众说纷纭。有学者认为,就其推出以来的实际运行效果而言,所谓的“指导性案例”不过是在最高人民法院现有的司法解释体系中增加一种效力相对模糊且效力较低的、以“案例”形式呈现出来的“指导细则”而已。[6]这其实反映了指导性案例的尴尬处境,虽然被赋予了以个案解释法律的独特价值,但不可否认,对于指导性案例而言,也许更多人关注的仅是提炼出来的类似司法解释的“裁判要点”,而不是案例本身。定位的不清以及行政化的运作机制难以充分发挥指导性案例那种通过个案裁判来创制法律规则、促进法律生长的强大生命力。

2. 指导性案例的效力不明确

指导性案例的效力问题是案例指导制度的基础之一,主要是指指导性案例对各级法院在今后审理类似案件时具有怎样的影响力和拘束力,归根结底就是如何理解“应该参照适用”的问题。该问题自案例指导制度建立以来就一直未得到明确,直接影响了指导性案例在审判实践中的广泛适用。

---

[5] (2015)来民三终字第77号丁正鸿与来宾市妇幼保健院医疗损害责任纠纷。

[6] 雷晶等:《案例指导意欲何为?——新法学读书沙龙第七期“案例指导制度讨论纪要”》,载舒国滢主编:《法学方法论论丛》(第一卷),中国法制出版社2012年版,第307~311页。

指导性案例效力的矛盾或者困惑之处在于，一方面，它具有权威性。由于我国制定法体系下缺乏适用案例的共识，需要制度加强权威，因此最高人民法院限定了其发布主体的唯一性和权威性，也采用了严格的制作程序和程序安排，和司法解释一样需要报请最高人民法院审判委员会通过，并且在《规定》中明确指出各级法院应该参照适用指导性案例，试图以此通过制度上的规定将它"拔高"，使其与非指导性案例区分开来，具备一定约束力。另一方面，它不具备强制力。囿于我国现行的立法体制和司法体制的性质和特点，不能将它列为正式的法律渊源，无法明确地予以制度授权。没有正式的法律效力，不能直接作为裁判依据，那么指导性案例的真实效力是什么，其实并不明朗。

关于指导性案例的效力，目前主要有事实拘束力说、行政拘束力说、规范拘束力说三种观点。事实拘束力占据主流，认为指导性案例不属于正式的法律渊源，不能作为后案法官处理类似案件的裁判依据，不具有规范拘束力，但指导性案例的拘束力是内在的、事实上的作用，后案法官应当参照指导性案例进行判决并在判决说理部分引用指导性案例以达到增强说理性和说服力的目的；若无正当理由拒不参照的，将构成当事人上诉、申诉的理由，上级法院也可据此撤销判决。行政拘束力说认为，指导性案例的生成机制并非依靠审级控制的司法权运作，而是最高人民法院根据其作为最终上级法院的地位而进行行政权运作的结果，其所具有的是一种行政上的拘束力。〔7〕规范拘束力说则将指导性案例视为最高人民法院通过个案进行法律解释的产物，其具有间接的授权依据，已然成为司法裁判中附属的制度性权威并具有弱于制定法和司法解释的规范拘束力，可以作为法官处理类似案件的裁判依据。〔8〕

效力的模糊，带来的直接后果就是，法官据此认为他们可以选择性地参考，不适用指导性案例并不会带来什么严重后果，它仅仅是作为法官裁判的参照工具存在。而且上级法院以及领导对于是否应该参照适用指导性案例没有形成共识，这将难以激发法官学习和适用的动力。因此，才有了法官在审判实践中对于指导性案例"可参考也可不参考"的主观认识，比起不依法办案来说，不参考指导性案例所付出的成本和引发的风险要小得多。

---

〔7〕 参见孙国祥：《从柔性参考到刚性参考的嬗变——以"两高"指导性案例拘束力的规定为视角》，载《南京大学学报》（哲学·人文科学·社会科学）2012 年第 3 期。

〔8〕 参见雷磊：《指导性案例的法源性地位再反思》，载《中国法学》2015 年第 1 期。

（二）案例层面

1. 案例数量未规模化

虽然最高人民法院每年都会发布新的指导性案例（见图9），但是目前累计发布的69个案例，相比起各级法院年办案数量以及待解决的海量问题而言，总基数很小，难以形成规模效应，还远远无法满足基层审判实践的需求。

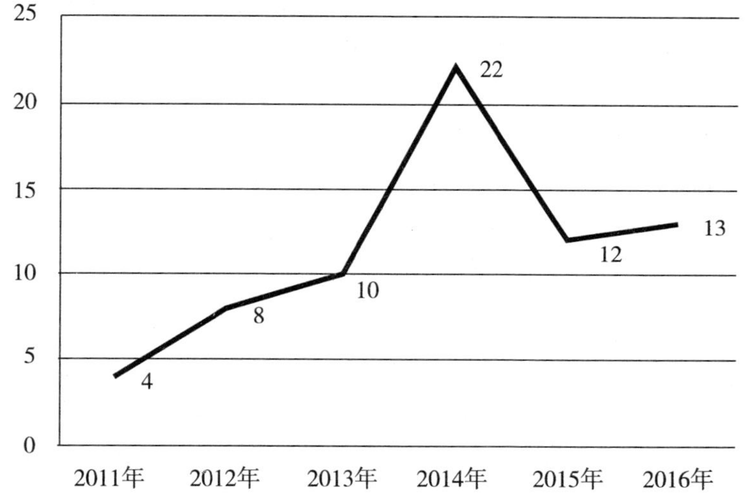

图9　指导性案例的发布情况统计

考虑到这一制度尚处于初级阶段，其发展需要一个循序渐进的过程，但结合图表我们仍可以发现，最高人民法院在指导性案例的数量发展上仍较为保守，走的是“求稳求准”“由少到多”的策略。这种策略确实在把关和保障指导性案例的质量，减少争议上有所用处，但过于保守的不利后果就是指导性案例数量过少，法官在处理案件的过程中很难找到相类似的指导性案例加以参考，长此以往指导性案例就不会成为法官的首要参考对象，这将难以有效地培养法官遵循指导性案例的意识，也不利于案例指导充分发挥效用。

指导性案例数量不足还受到一个重要因素的影响，即指导性案例的来源——备选参考性案例。基层法院报送推荐的积极性不高，选择余地过窄；裁判质量过低，虽然选送案件具有典型性，但是其裁判过程、裁判文书不具有参考性或者指导性；案件虽然典型但是比较敏感等，会导致可供挑选的备选指导性案例数量和质量的欠缺，最终影响了指导性案例的整体规模。

2. 裁判要点的指导性不强

有相当部分的案例是对现有法律和司法解释的重申或是回应社会热点问题，没有贡献新的裁判规则。法官在审判实践中自然会优先运用法律和司法解释，没有必要参照指导性案例。比如，3号指导性案例（潘玉梅、陈宁受贿案）中所列明的4个裁判要点在最高人民法院、最高人民检察院《关于办理受贿刑事案件适用法律若干问题的意见》（2007年7月8日发布）第1、3条和第9条中也有同样的表述。显然，上述裁判要点不但没有超越既有的司法解释内容，甚至连对既有解释的深入阐释都谈不上，因此该案例并不具有对法的新阐释或法的续造的功能，更多的是表达一种政治正确的观点，也是对当时腐败犯罪高发态势的一种回应与预防，政策性意味较强。

实践中，填补法律空白、对法律和司法解释进行延伸和补充、解决法律适用等方面的指导性案例被应用得更为频繁。比如，8号指导性案例是对《公司法》第183条"公司经营管理发生严重困难"的深入阐释：判断"公司经营管理是否发生严重困难"，应从公司组织机构的运行状态进行综合分析。公司虽处于盈利状态，但其股东会机制长期失灵，内部管理有严重障碍，已陷入僵局状态，可以认定为公司经营管理发生严重困难；又如，15号指导性案例是对《公司法》第20条第3款"公司股东滥用公司法人独立地位和股东有限责任，逃避债务，严重损害公司债权人利益的，应当对公司债务承担连带责任"规定的延伸。该法条规定的是股东与公司发生人格混同的后果，而裁判要点则拓宽了其适用对象的范围，延伸到"关联公司之间发生人格混同"。

3. 案例结构不合理

最高人民法院目前所颁布的指导性案例中，传统民商事案件数量较少，目前一半左右的指导性案例是最高人民法院和高级人民法院审理终结的，以重大疑难、专业新型案件居多（见表5）。而大部分法院是中、基层法院，大多数法官主要审理的还是传统民商事案件，但是目前关于传统民商事的案例数量较少，不能很好地满足基层司法需求，影响了指导性案例的总体应用。

表5 最高人民法院发布的指导性案例的类型

专业类新案件		传统民商事案件	
知识产权	10件	合同〔9〕	5件
海商	2件	侵权	2件

〔9〕 目前所涉及的合同类别是：买卖合同、居间合同、金融借款合同、电信服务合同。

续表

专业类新案件		传统民商事案件	
国家赔偿	4 件	劳动争议	1 件
行政诉讼	11 件	婚姻	0 件
公司类案件	4 件	继承	1 件
合计	31 件	合计	9 件

（三）法官（使用者）层面

1. 法官受到成文法传统下裁判思维和习惯的束缚

首先，成文法体系下，法官的唯法条论的思维模式根深蒂固，缺少案例适用意识，对指导性案例存在一定程度的抗拒或者轻视心理，没有主动学习和参照适用指导性案例的习惯，重点都放在法律条文的研读上。其次，囿于制定法传统下的法律推理思维，部分法官不知道如何参照适用案例。大陆法系的法官普遍习惯于大前提（制定法规则）→小前提（案件事实）→裁判结论的“三段论”式演绎推理模式，而案例适用思维与传统裁判思维之间存在较大差异，参照案例需要运用更多的类比推理和归纳推理技巧。

2. 法官对于相似案例识别技术的运用不熟练

（1）法官对区分技术运用不熟练

《规定》中指出，最高人民法院发布的指导性案例，各级人民法院审判类似案例时应当参照。关键的问题在于如何判定“类似案件”。在适用案例过程中，法官必定要把指导性案例和当前审理案件进行比较，为论证指导性案例对当前案件具有约束力或适用，法官应当证明两者的相似性；反之则需要证明其差异点。这一区别技术是指导性案例适用的前提，但是目前法院及法官恰恰没有对于区别技术给予过多关注。在不熟悉相似识别技术的情况下，法官对于适用指导性案例会产生“畏难心理”，不懂怎么适用，最后就会演变成不愿意适用。而且，对于区分技术的不自信，会导致一些明明可以适用指导性案例的案件，因为担心在判断相似性这一问题上出差错，而宁愿不适用的情形。

（2）缺乏统一的相似性判断和识别技术

实践中，法官在判断待决案件与指导性案例相似性的问题上各有自己的标准和主张。根源在于缺乏一个统一可行的相似性判断和识别技术（规则）。因此“不确定办理的案件与指导性案例是否具有相似性”成为司法适用中的难点，也是阻碍法官适用指导性案例的一大障碍。在将待决案件与指导性案例进行比对时,法官往往会发现个案中蕴含大量事实,很难区分实质事实与非实质事实、必要事实与非必要事实,难以判断争议焦点、法律关系是否类似,对基准案例的查找、推理方法的运用、类推风险的防范等还需要进一步的统一。

(四)配套机制层面

1. 缺乏统一便捷的查阅、检索渠道

56.06% 的受访法官认为指导性案例"查阅不方便,缺乏快速有效的检索渠道",在办案时限紧张的压力下,检索的难度让法官适用指导性案例的积极性大打折扣。经过课题组调研,目前指导性案例的查阅检索主要渠道如下:

(1)最高人民法院网站、《人民法院报》等官方渠道

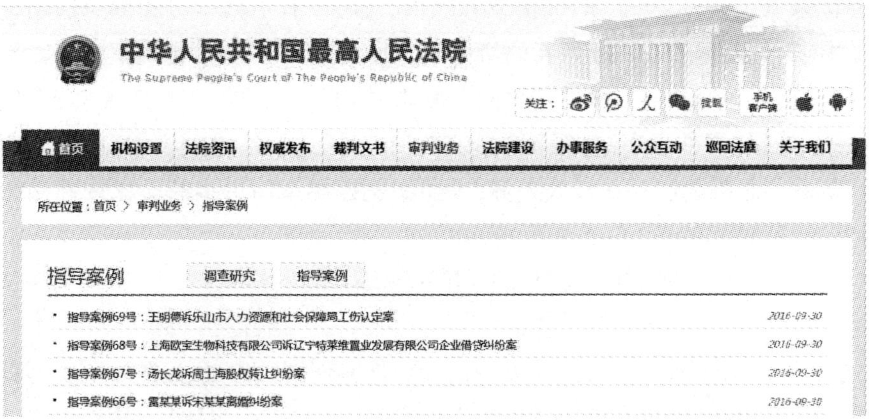

最高人民法院网站在"审判业务"一栏有指导性案例的汇编,但是存在更新不及时的情况。而且该网站只能进行标题检索,无法进行全文搜索。[10] 法官依然难以便捷地通过关键字找到与办理案件相类似的指导性案例。《人民法院报》在更新上很及时,基本上在发布的第二天在该报上就能看到刊载的指导性案例,但是也同样存在检索难度大的问题,《人民法院报》的电子报纸也仅提供标题搜索而已,无法具体到某个案例。

(2)案例汇编丛书

目前比较权威的案例汇编丛书是最高人民法院案例指导工作办公室发布的唯一

---

〔10〕 新改版的中国法院网虽然有全文搜索功能,但笔者以指导性案例内容中的关键字进行搜索时,也无法得出准确的结果。

公开连续出版物《中国案例指导》,该丛书是重要的案例指导工作平台和交流载体。纸质资料的优点在于详细、深入,适合深度研读,但不适宜进行类似案件的检索,无法快速而精准地帮助法官找到匹配的案件。而且书籍出版的速度远远跟不上案例发布的速度,往往需要每年更换一本,成本较高。此外,在调研中,课题组收到不少法官反馈,部分基层法院对案例相关的专业用书的重视度不够,发到一线法官的专业案例书籍比较少,多是可有可无的非业务用书。

(3)北大法宝电子数据库

该数据库无论是法律法规还是案例的检索都已比较成熟,更新也很及时,是目前唯一可以全文搜索指导性案例的知名平台。但是只支持标题的免费检索,想要全文搜索需要购买服务。

可见,当前检索的渠道虽然比较多样化,但是各有优劣,缺乏一个权威性的、统一的可以快速有效地查阅和检索全部指导性案例的平台和电子数据库供各地法院的法官使用。

2. 自上而下推进的力度和纵深不够,缺乏持久动力

虽然指导性案例来源于基层法院自下而上层报的案例,但是案例指导制度的推进与运行是由最高人民法院自上而下进行的。结合调查统计的结果来看,法院内推行的力度与学术界热火朝天的讨论形成较大反差,指导性案例在基层法院的推进上比较乏力,力度和深度都有所欠缺。

推进和宣传不足所带来的影响也是不容忽视的。目前仍有部分法官不了解或没看过指导性案例,在不知道有哪些指导性案例以及案例内容是什么的情况下,又何谈落实和应用? 对于《实施细则》的规定不了解,研究不透也是审判实践中援引方式混乱,隐形援引为主的一个原因。在获知指导性案例的5种途径中,系统内组织的集中培训和学习所占的比例是最低的(仅15.15%),许多法官是通过自主学习才掌握了指导性案例。最高人民法院在案例指导制度上给予了相当高的关注度,如领导发表讲话〔11〕、发表相关论文、机关刊物组织专题研讨、举办相关学术会议、〔12〕招标相关课

〔11〕 如2015年9月16日在南昌召开的全国法院案例指导工作会议上,周强院长对此发表了重要讲话,要求全国各级人民法院要切实加强和规范案例指导,不断完善案例指导工作机制,使指导性案例成为公正司法的重要参照,有效促进严格公正司法。

〔12〕 甚至不乏国际性的合作交流研讨,如2015年4月24~26日在杭州举行的行政指导性案例中美研讨会,就是旨在借鉴美国行政指导案例制度的经验,推进我国行政指导性案例制度在理论和实务层面的发展。

题、发布相关规章制度等，在学术界引发了广泛的关注。然而，指导性案例在基层的普及率还有待提高，目前还未深入基层的每一位法官。此外，缺乏保障性机制也是导致指导性案例在基层法院难以广泛适用的重要原因。

四、完善指导性案例运行机制的思考与建议

（一）逐步明确定位，强化指导性案例的效力

指导性案例实际作用的发挥取决于其效力。指导性案例的效力和定位得不到明确，在适用上始终是越不去的障碍。因此完善指导性案例的运行机制，必须破除这一难题，从“柔性参考”过渡到“刚性参照”。

1. 大陆法系判例制度的借鉴

从不同法系的发展情况看，大陆法系和英美法系呈现逐渐融合的趋势，大陆法系国家也存在判例制度，并在司法实践中发挥了重要作用。例如，《德国联邦宪法法院法》第31条第1款规定，联邦宪法法院的裁判对于联邦和各州的宪法机关以及所有法院和机关均有拘束力。《日本判例法所构成法》明确规定，下级法院必须遵循法院的判例，如果判决与最高人民法院判例相反，当事人可以上告或者抗告。案例指导制度虽然借鉴了英美法系的判例法规则，但它并不是判例法，不是法官造法，而是法官释法。因此，赋予指导性案例以约束力并不违背我国宪政国情，而是案例指导制度发展的必然趋势。

2. 逐步明确定位，强化指导性案例的效力

参照指导性判例做出裁判，实质上是要实现同案同判，保障最终裁判结果具有可预测性。当前首要解决的是，如果在案件事实具有与指导性案例相类似的情况下，法官应当参照而不予参照，应当承担什么后果，当事人是否可以此为由提起上诉或再审，上级法院能否因此而对下级法院的判决进行改判。

课题组认为，我国指导性案例发挥作用的机制应主要体现在如下两个方面。

一是诉讼机制的内在作用。上级法院通过诉讼程序纠正下级法院的做法，应当是发挥指导性案例拘束力的一个重要途径。对相似案件，如果下级法院的法官没有参照指导性案例审判，比如在证据标准、事实认定、法律适用以及裁量标准等方面与指导性案例不同，上级法院可进行改判或者发回重审，以此带动基层法院关注和应用指导性案例。

二是指导性案例自身的说服力。指导性案例通常都是通过严格的遴选机制而筛选出来的公正的、已生效的判决，其所确定的法律适用规则，经过最高人民法院的程

序确认和实践的检验,具有当然的内容正确性。因此,法官可以直接援引作为判案的理由,也可以在诉讼调解过程中,以指导性案例来进行说理。如果法官在类似案件中,拒绝参照指导性案例进行裁判,法官应当充分解释说明其不予采纳指导性案例的理由,其采用新的立场又是出于何种法律和事理的考量。要求法官进行履行说明义务,也是发挥指导性案例拘束力的体现。

(二)指导性案例质量与数量的双重提升

1. 建立常态化发布机制,逐步增加发布数量

案例指导制度是否能够发挥作用,实现其应有的功能与价值,其提供的案例数量是决定性因素之一。只有量化的规模才可能制度性地发挥影响,因为数量决定了其影响的广度和深度,指导性案例数量过少对审判工作的指导意义将受到极大影响。因此,指导性案例要想充分发挥作用,应该建立常态化的发布机制,增加足够数量的案例,形成规模效应,以规模促影响。一方面,定期(如每季度、每半年)发布案例,形成一项长期稳定的工作机制;另一方面,扩展案例来源,除了通过遴选各地法院层报的备选指导性案例,还可以加大从公报案例、典型案例等其他案例中筛选的力度,在进行清理编纂后,直接转化为指导性案例,从而便捷地实现案件的增量。

2. 提升指导性案例内容上的指导作用

(1)选编规则供给能力强的案例

在案例的选编上应把握以下两项原则:一是注重突出案例的针对性,确保案例的及时实用;二是注重突出案例的普适性,确保案例的参阅价值。

基于上述两项原则,指导性案例的选编上应更注重填补法律空白,而不是重申强调现有的法律和司法解释,不能过于强调政策性目的,而牺牲掉其实质的指导作用。当法律或司法解释未规定,或仅有原则规定或规定有多重理解时,大多数法官才会选择参照适用案例。指导性案例本就是为了弥补我国制定法法律体系的结构性缺陷而产生的,因此补充法律漏洞型、法律解释型、疑难复杂型的案例由于具有很强的规则供给功能而更受法官欢迎,应当增加这类案例的数量,通过对疑难案件或者类案法律适用中的矛盾含糊、抽象笼统之处进行具体细微的阐释,从而使得指导性案例能得到更为充分的应用。

而对于公众广泛关注或者需要实现一般预防功能、表明最高人民法院基本立场和公共政策,但是并不存在法律适用上的疑难问题的案件,可以通过类型化的年度典型案例(比如,2015 年中国法院十大知识产权案件、2016 年环境保护行政案件十大案例等)来分担其政策性目的,以此避免对指导性案例"指导作用"的弱化。正如胡云

腾大法官所说,回应公共议题不应成为指导性案例的基本功能。“案例、典型案例、指导性案例是有区别的范畴。其传播方式、转播载体、传播时效、受众范围也相应地有所区别。案例或典型案例及其相关信息的传播效果并不等同于指导性案例及其相关信息的传播效果,司法机关应当以恰当方式回应或参与公共议题 。”〔13〕

(2)增强案例的论证和说理质量

指导性案例可以通过案例本身的高质量,以及对法律适用进行令人信服的阐释获得各级法院的尊重和事实上的拘束力。在编纂指导性案例的过程中,应当重视案例的说理论证过程,要体现出对法律规定、法律原则和精神的深刻理解和阐述。

(3)增附判决文书和理解适用说明

指导性案例的体例格式主要包括裁判要点、关键词、基本案情、裁判理由等。相比判决文书,指导性案例进行了一定程度的简化处理,简洁明了以便于阅读。但是这种方式可能不得不省略很多事实细节和裁判者认为不重要的证据,而不利于法官准确、完整地理解案例并参照适用。为了弥补指导性案例对相关案情介绍过于简明扼要可能忽略关键细节的弊端,建议同步公布指导性案例的裁判文书和适用说明。添加裁判文书有助于使用者完整把握全案案情和法官的裁判思路,弥补裁判要点抽象化的不足,也能增强案例本身的说服力。适用说明应指出支撑该案例裁判要点的要件事实、关键词理解、推理逻辑、应用范围、例外情形等内容,方便法官准确掌握案例精髓、减少应用偏差。为避免歧义,应当特别注明仅指导性案例主文具有参照援引效力,裁判文书和适用说明仅有指引作用。

3. 调整结构,增加传统民商事领域的案例数量

适用指导性案例的主体大多数是中、基层法院的法官,考虑到他们实际的办案需求,应当适当增加传统民商事法律的案例数量,扩大案例的应用范围。

(三)实行常态化的教育培训模式,培养法官的类推思维和司法技能

1. 实行常态化的教育培训模式

案例适用是一种实践理性,指导性案例应用的效果,很大程度上取决于法官的能力和水平。案例运用技术应当成为法官必备的司法技能。然而,现实的情况是,关于案例的培训虽然也有不少,但是缺乏专门针对指导性案例的培训。指导性案例在适用上虽然与其他典型案例有一定的相似性,但还是具有其独有的特点。最高人民法院每年都会出台一批或几批指导性案例,如不定期举办系统培训,但部分法官可能不

〔13〕 胡云腾等:《关于案例指导工作的规定的理解与适用》,载《人民司法》2011 年第 3 期。

会主动学习或不能准确掌握案例。因此最高人民法院以及高级人民法院应实行常态化的教育培训模式，对各级法院法官开展案例指导方面的集中培训，通过讲解指导性案例的内容、背景、应用要点、援引方式，教会法官如何查找指导性案例，如何就指导性案例与待审案件进行比对，如何正确适用指导性案例的裁判要点，如何在裁判文书中援引指导性案例等，以提高办案法官的案例运用技能，有意识地培养法官转变成文法的固有思维，帮助其接纳和理解指导性案例，从而形成适用指导性案例的良好氛围和广泛基础。

2. 培养类推思维，学习相似性识别技术

寻找、确定所需要的指导性案例是一个理性的思维过程。从案例指导制度未来发展的需求看，法官应该养成适用指导性案例乃至其他典型裁判的思维，学习案例参照技术。只有熟练掌握并灵活运用案例指导制度相关的各项司法技术，这一制度才可能焕发长久的生命力，因此案例指导制度的推行并不仅仅取决于其本身的制度性规定，同时也取决于法官整体素质的提高。

关于案件相似性判断标准，不仅法官没有形成统一意见和做法，学术界也众说纷纭。例如，王利明教授认为，判断相似性的标准是案件关键事实相似、争议点相似、法律关系相似、争议法律问题相似；〔14〕而张骐教授认为判断类似案件首先要确定案件争议问题是否类似，关键是要确定先例的判决理由及关键事实。〔15〕课题组认为，可以采用本土化的案例适用路径——“要件五步法”。

(1)基准案例的检索

即依据案由、法律关系、争议焦点等内容对指导性案例进行检索，对指导性案例和待决案例进行初步的形式上的比较。我国法官大多习惯从案由入手寻找指导性案例，而目前一些指导性案例的裁判要点脱离裁判理由，成为识别与适用的障碍。因此检索时，不应将关键词局限于案由，而要注重挖掘案件的关键事实。

(2)类比推理和相似性识别技术的运用

以类比推理为基础、通过对比案件相似性而发现和适用指导性案例是基本的方法。类比推理可以借鉴美国哈佛大学法学院的孙斯坦教授提出的五步法，〔16〕即①先例 A 有 X、Y、Z 等特征；②待决案件 B 有 X、Y、M 等特征，或者 X、Y、Z、M 等特征；

〔14〕 参见王利明：《我国案例指导制度若干问题研究》，载《法学》2012 年第 1 期。

〔15〕 参见张骐：《论寻找指导性案例的方法——以审判经验为基础》，载《中外法学》2009 年第 3 期。

〔16〕 参见［美］凯斯 · R. 孙斯坦：《法律推理与政治冲突》，金朝武、胡爱平、高建勋译，法律出版社 2004 年版，第 120 页。

③A是以特定方式进行法律上处理的；④在探究 A、B 之间关系过程中发现能解释为何对 A 作此种处理的原则；⑤基于 B 与 A 的相似性，推出 B 亦应予以同样处理。进行类比推理要尽量多地列举符合条件的相似性特征，而且相似点要远远多于差异点。

此外，对于相似性判断标准，结合审判实践的具体情况，课题组认为应该将着眼点放在“争议焦点”和“关键事实”上。由于案情的复杂性与多样性，对基本案情的比较往往是一件事倍功半的事情，很难确定一个具有可操作性的确定基本案情的标准，对于日常需要处理很多案件的法官来说，对“争议焦点”和“关键事实”的比较则更具可操作性。

(3)综合情势的权衡

在完成上述步骤后，基本可判断两个案件在实质事实上是否具备了一致性。然而，为了确保案件裁判结果兼备形式公正和实质公正，还需要结合其他情势进行效果层面的综合衡量，如价值权衡、政策权衡、利益权衡等。价值权衡是指在适用案例时应切实考虑到社会价值的变化，如注重效率优先还是公平优先；政策权衡是指要考虑我国的所有制政策、土地政策、金融政策、税收政策等的变化；以及司法政策的变化；利益权衡是指应注重各种利益的平衡，妥善保障不同主体的利益形态、利益趋向、利益追求。

(4)排除规则的检验

运用排除规则进行检验，是为了保证案例适用最终不出差错。在我国可以排除适用指导性案例之情形包括：指导性案例与最新法律法规、司法解释不一致；为新的指导性案例所取代；指导性案例之间存在冲突；指导性案例已过时，不再适应于社会的实际需要或者其适用的法律依据有误等。

(5)适用结论的导入

最后一个步骤，发现适用不存在任何问题，即可将指导性案例的结论导入待决案件中，完成参照适用的全部步骤，并形成最终裁判。指导性案例适用“五步法”导向图见图 10。

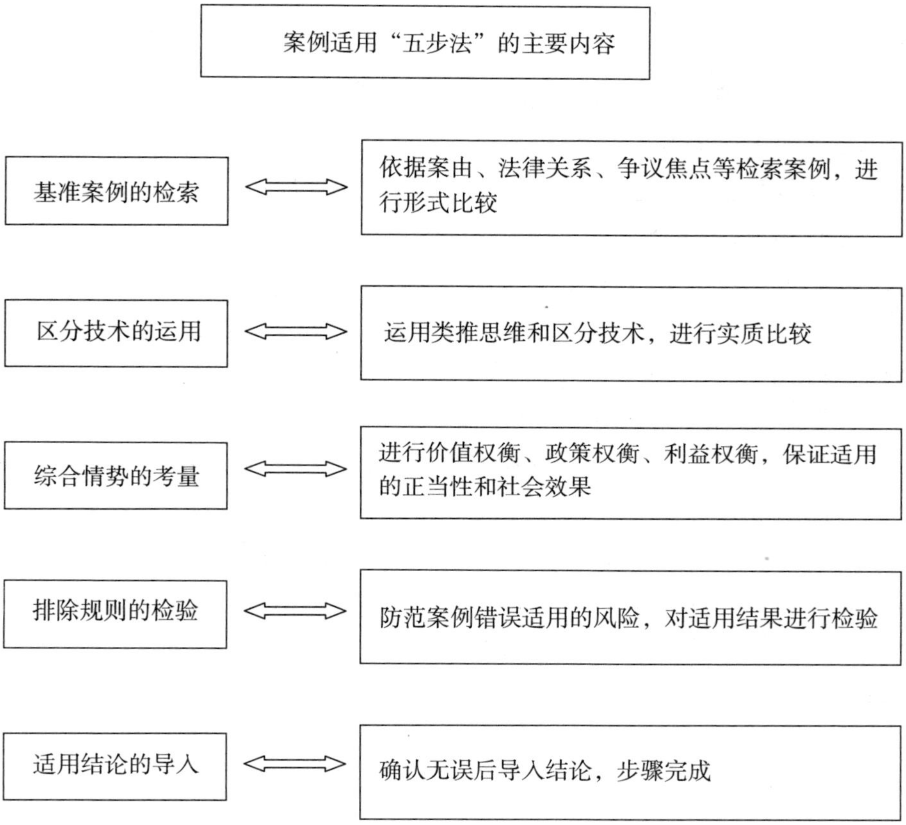

图10　指导性案例适用“五步法”导向图

（四）完善指导性案例的配套机制

1.尽快搭建统一便捷的案例检索平台

建立一个全国性的体系统一、编排合理、查阅方便的案例电子数据库对案例指导制度真正发挥作用至关重要。尤其随着指导性案例数量的增多，查找合适案例的难度会越来越大，在案例检索上耗费大量时间，会影响办法官参阅指导性案例的积极性。调查中，有80.3%的法官呼吁建立统一、便捷的检索渠道，足见法官对于这样一个平台的需求。

（1）扩充案例库的案例类型。不仅要收录指导性案例，还需要将各种类型的典型案例，如最高人民法院公报案例等统一纳入其中，形成一个完整的案例检索体系。既可增加案例体量，最大限度地满足审判实践需求，又便于在法律适用过程中发现各类法律适用不统一现象，为最高人民法院统一相同或者相似案件的审理思路、裁判理念价值取向等提供契机。

(2)优化案例的检索手段。在搜索的方式上应尽可能地方便、快捷,并允许进行全文搜索。设置以关键词、案由、法律关系、案件审结法院等多种方式进行搜索的途径,实现检索手段的互联互通,减少检索成本,提高检索效率;还可以通过开发同案、类案、关联案等智能识别、提醒模块,为法官利用案例库确保法律适用统一提供技术便利。此外,实现案例数据库与裁判文书网的无缝衔接,在查阅指导性案例时,可以便捷地链接到该案例的裁判文书。

(3)改革案例的编辑体例。目前指导性案例的标题由当事人和案由构成,法官很难通过标题发现某一指导性案例的法律价值,无法及时查询到自己所需要的案例。因此可以将指导性案例的标题结构改为以裁判要点提炼出来的短句作为主标题,以当事人和案由作为副标题,以便于后来法官可以直接从主标题查找指导性案例。

2. 加强宣传和推进力度

作为一种自上而下实施的机制,案例指导的良好运行在很大程度上要依赖于最高人民法院和上级法院的关注和重视,并以制度化的形式传递到基层法院,形成持久的推动力,以克服地方司法机关推动力不足及适用指导性案例难的问题。

指导性案例的发布除了向社会公开之外,在内部传达上建议在公文系统中以发文的形式公布,并且以常态化形式固定下来,通过赋予其一定的权威性和制度性,可以引起法官的关注和重视。此外,还可以经常性举办法院系统内部以及与学者、律师的讨论会、座谈会,通过不同层级、不同领域的交流,发挥对指导性案例的深入宣传作用。

3. 建立激励机制

建立和完善案例指导制度不能仅仅依靠最高人民法院,还必须充分发挥各级法院和法官的积极性、主动性和创造性。因此,需要建立有效的激励机制,促使法官愿意积极地运用指导性案例。可以通过案件评查、优秀司法文书评选、个人绩效考核等激励机制鼓励法官主动援引、明示援引指导性案例,这既能有效地改善案例的应用效果,也有助于提升法官的司法技巧和文书说理能力。

(1)促进适用的激励机制。每年的优秀裁判文书评选中可以预留出一定名额给适用指导性案例起到较好法律效果和社会效果的案件。

(2)促进案例编写的激励机制。课题组发现,自案例指导制度出台以来,广西还没有案例可以入选。原因是多方面的,其一是较之发达的东部地区,广西司法实践中涌现的典型案例、新类型案例、疑难案例比较少,可供报送的案例来源不多;其二是备选指导性案例的编写质量上还有待提高，一些本可以成为备选案例的案件，由于裁判文书的说理不充分、不到位而落选。然而，即便有这些方面的原因，对比年度案例、审判案例要览等其他典型报送、入选的情况，指导性案例入选的概率太小。撰写指导性案例虽然在绩效考评中有所体现，而且也制订了奖励计划，但是由于入选机会不大，实际上并没有得到落实。应参照调研论文工作的模式，对于经高级人民法院审委会审核最终报送最高人民法院的备选指导性案例，应在公文系统内予以公示或通报表扬，落实奖励，同时将案例集结出版，既可供下级法院参考，起到普及、宣传指导性案例的作用，也可增加法官撰写案例的积极性和成就感，为今后指导性案例的选编提供源源不断的备选案例。

4. 建立保障、监督机制

（1）保障机制。为了鼓励并保护法官适用指导性案例，需要在制度上落实司法责任制，保证法官的独立审判权，解除法官在使用指导性案例上的后顾之忧，消除层层领导审核制下对于指导性案例适用的障碍。

（2）监督机制。在法院系统内定期进行的裁判文书评查、案件评查中增加专门针对指导性案例的要求，兼顾实体监督和程序监督。案情相类似，应当参照适用指导性案例而未参照的，予以纠正，但同时也允许法官在适用时根据当下案件的特殊性做出遵照（参照）、区别、推翻（反对）的决定。诉讼参与人提出应参照适用指导性案例的，监督法官是否在裁判文书中充分回应；参照适用指导性案例的，监督援引方式是否正确。在当前深化司法公开，大力推行裁判文书上网的背景下，明示援引案例是法官与律师、学者围绕指导性案例进行对话、讨论的前提，是取得法律共同体共识的必要条件，也是提高司法透明度、增强裁判说服力的关键。因此，尤其要注意监督法官在裁判文书中明示适用指导性案例，无论是支持、反对还是区别适用指导性案例，都应当在裁判文书中予以恰当地引用，包括提及案号、案名。

5. 建立反馈、融通机制

未来应当重点考虑平衡最高人民法院的“制度建构”和地方法院、专家学者共同参与的“自发秩序形成”之间的关系，将两种进路进行有效整合。作为指导性案例的唯一发布主体，最高人民法院自然而然处于一种高高在上的“垄断”地位，通过自上而下的制度构建或者顶层设计，规划、设计、推动案例指导制度的发展。而建构主义并不是万能的，不可能闭门造车就能够设计出完美无缺的案例指导制度，必须要建立一个畅通的自下而上以及由外到内的融通、反馈机制。

（1）建立最高人民法院与各级法院、法官之间的反馈机制。加强对基层法院以及法官的调研，注意收集上级法院在监督、指导下级法院适用指导性案例以及法官适用指导性案例的过程中发现的问题，并建立一个便于各级法院以及法官反馈意见和建议的机制，以便能及时根据审判实践中的新情况，就每个案例的适用情况、实践反映及时进行评估，从而对指导性案例的选编做出相应的调整，实现指导性案例与现实需求的动态协调。

(2)建立最高人民法院和其他社会参与主体之间的融通机制。充分重视和肯定专家、学者、律师团体等其他社会力量在参与指导性案例生成方面的作用和影响，对于学术研究中反复讨论甚至已有定论的热点、疑难案件，适当注意吸收其结论，承认非正式主体发现、提炼指导性案例的能力和正当性，从而形成案例指导制度建设的合力。

结 语

指导性案例虽然是一种非正式的法律渊源，但是案例指导制度却是现代中国法律体系的一个必不可少的组成部分。它是在结合本土经验和借鉴普通法系先例制度、大陆法系判例制度的基础上创立的中国特色司法制度，它的起源与样态既有中国传统，也确实带有一定的外源性。实践表明，案例指导制度在建设法治中国的进程中具有较大的积极意义和较强的生命力，虽然目前还尚未对审判实践发挥出其真正的价值和功能，但对于兼具中国传统和外国经验的制度创新也要给予足够的重视和宽容，允许其存在一定时期的成长发展过程。为了案例指导制度的充分发展与完善，我们需要有一种发展的眼光和一种更开阔的视角，并且需要采取一些制度性的措施鼓励法官适用指导性案例，呵护法官适用指导性案例的积极性。只有这样，我国的案例指导制度才会在全面推进依法治国的大趋势下不断健康发展。

审判权与执行权分离改革研究

——以民事执行权法院配置模式为中心

南宁市中级人民法院研究室课题组*

前　言

(一)研究背景

“执行难”[1]问题是我国社会中存在的一个重要问题,关系到司法公正,关系到人民群众对党和国家的信任,关系到国家改革、发展、稳定的大局。造成“执行难”的原因固然是多方面的,但民事执行权配置[2]

---

* 课题主持人:许威,南宁市中级人民法院研究室副主任;课题组成员:刘助建、欧云略、郑肖肖、尹振中。

[1] “我们讲的执行难,是指被执行人有可供执行的财产,因客观阻碍和主观限制而不能执行的情况。对于被执行人确无财产可供执行的,就全国而言,大约占执行案件的30%。这类案件为执行标的自始不能执行,这种执行不能,不属于执行难研究的范围。”“执行难’主要表现为‘四难”:一是被执行人难寻;二是执行财产难寻;三是协助执行难求;四是被执行财产难动。参见葛行军:《民事强制执行实务专题讲解》,中国法制出版社2007年版,第456页、第469页。

[2] 所谓民事执行权的配置,是指民事执行权在不同机关、不同人员之间有计划地分派与布置。包括两个层面:一是从国家权力分工的角度,将民事执行权交由一定的机关行使;二是从民事执行权构成的角度,将不同内容的民事执行权分配给不同的机构或人员行使。在我国,人们一般将第一个层面的分派与布置称为民事执行权的配置,如有人认为:“民事执行权的配置,即民事执行权由哪个或者哪些国家机关来行使。具体来说,民事执行权是由人民法院行使,还是由其他机关行使,抑或由人民法院与其他机关共同行使。”而将第二个层面的分派与布置称为民事执行权的分离或者民事执行

不科学、不合理是重要原因。民事执行权的配置是民事执行活动得以顺利、有效开展的基础、前提与“上游”机制。党的十八届四中全会提出“全面推进依法治国建设”的目标,特别是对于执行工作来讲,十八届四中全会明确提出了推动实行审判权和执行权相分离的体制改革试点,这对执行工作提出了新的更高的要求。[3] 为贯彻党的十八届四中全会精神,最高人民法院制定《人民法院第四个五年改革纲要(2014～2018)》,提出应遵循加强顶层设计,鼓励地方探索实践的原则,及时总结试点经验,推动制度创新,深化执行体制改革,推动实行审判权和执行权相分离的体制改革试点。此外,长期以来,我国法学理论界对民事执行权配置问题一直争论不休,没能形成共识。[4] 但是以往研究成果的思路基本上要么试图在界定民事执行权性质基础上,直接得出我国审判权与民事执行权分离模式,要么是直接考察域外审判权与民事执行权分离模式的实践类型进而讨论我国该如何选择审判权与民事执行权分离模式。前者忽视了民事执行权定位与性质的不同维度,出现了逻辑上的混乱;后者忽视了理论上的支撑,这两种研究思路缺乏完整性。此外,实践中一些法院也开展了审执分离体制改革方面的探索,有必要对这些探索进行总结,以利“审执分离”改革的前行。

(二)研究意义

本课题的研究主要在于其应用价值。通过对本课题的研究,进一步加强和改进各级法院,特别是中、基层法院的执行工作,增强各级法院应对审判权与执行权分离改革的信心和能力,切实解决当前人民群众反映强烈的“执行难”问题。同时,形成既有理论价值,又“接地气”、能够反映人民法院司法实践的研究成果,供决策者和执行

权的再分配。也有人将民事执行权的构成要素在不同级别以及同一级别不同机构或人员之间的分配称为民事执行权的配置。文中取最广泛意义上的民事执行权配置概念。相关的文章参见童兆洪:《民事执行权的配置》,载《法律适用》2003年第12期;高执办:《论执行机构内部的分权与制约》,载《人民司法》2001年第6期;王建军:《论民事执行权的再分配——兼谈执行体制改革》,载 http://wenku.baidu.com/view/88ff7b80bceb19e8b8f6ba2a.html,最后访问时间:2012年6月17日;童兆洪:《民事执行权的配置与运行设计》,载《浙江社会科学》2002年第9期。

〔3〕 党的十八届四中全会通过的《中共中央关于全面推进依法治国若干重大问题的决定》明确指出:“要完善司法体制,优化司法职权配置,推动实行审判权和执行权相分离的体制改革试点。”

〔4〕 主要有三种观点:一是“彻底外分”,就是将整个执行工作从法院分立出去,交给其他的司法或者行政部门负责。二是“深化内分”,认为推动审执分离的工作重点是在法院内部将审判和执行做进一步彻底的分离,如将执行裁决权和执行实施权分别由不同机构行使。三是“深化内分、适当外分”,就是在深化内分的同时,将执行工作的一部分交由法院以外的其他部门来行使。参见江必新、刘贵祥:《审判权与执行权相分离的最优模式》,载《法制日报》2016年2月3日,第12版。

者参考。

(三)研究状况

由于就世界范围而言,民事执行理论研究与民事审判相比,起步较晚,虽然我国的审判权与执行权分离研究也起步较晚,但经过理论界和实务界的不断努力,目前已经具有一定的深度和广度。但是,现有的研究成果还远不能满足审判权与执行权分离改革的需要,仍然存在较大的提升空间,需要进一步完善。具体表现在以下方面:

(1)研究视野有局限性。从已有的研究成果看,研究的视角多从执行权性质出发,讨论执行权是司法权、行政权或复合性权力,进而得出审判权与执行权应该内分或外分。事实上关键在于是否与自己的国情相适应,所以研究的视角应抛开执行权性质的讨论,而注重研究目前执行权配置在法院是否与我国国情相适应。因此,已有的研究在视野上具有一定的局限性。

(2)研究的实践性不足。已有研究成果偏重于执行权性质的理论探讨,对于我国司法的现状关注不足,尤其缺乏对基层法院和一线法官的实证调查研究。总而言之,已有的研究成果还远未能满足解决当前社会各界反映强烈的"执行难"问题,也无法应对目前司法改革的需要。

(3)研究的系统性不足。从整体上看,在审判权与执行权分离研究方面,专著很少,论文也不多,已有学者的研究触及了审判权与执行权分离问题的相关侧面,鲜有从宏观、中观、微观的层面进行研究,许多研究成果只是对前人经验和学说的重复,没有系统性的研究审判权与执行权的关系,还需进一步系统化。

(4)缺乏完善的解决方案。我国是一个幅员辽阔的大国,司法系统庞大而复杂。因此,对审判权与执行权分离的研究应该重点考虑审判权与执行权分离改革对中、基层法院的影响和中、基层法院应当如何结合各地实际情况进行应对的问题。已有的研究成果虽然百家争鸣、百花齐放,但是专门针对中、基层法院的研究成果和解决方案还比较少,需要进一步加强。

(四)总体问题和预期目标

1. 总体问题

本课题的总体问题是:审判权与执行权分离改革研究,包括审判权与执行权分离的依据及如何分离两个主要方面。

2. 预期目标

本课题的预期目标如下:

(1)学术理论方面

弥补当前我国各级法院特别是中、基层法院对于审判权与执行权分离改革的影响和应对措施缺乏系统性、完整性和前瞻性研究的缺憾，在司法改革的大背景下进一步提升和完善我国各级法院解决“执行难”的司法能力。

(2)司法实践方面

通过明晰执行权与审判权分离的何种模式与中国国情相适应，进一步完善审判权与执行权分离中观配置的权力边界、具体组织构建，以及审判权与执行权分离微观配置的人员定位，从而提升法院的执行工作运行效率，确保审判权与执行权衔接有序，依法保障当事人的权利。

(3)文献资料发现利用方面

已有一些的研究成果缺乏对基层法院和一线法官的实证调查研究，具有一定的局限性。本课题研究在文献资料的发现和利用方面，拟增强对法院已有信息化成果的引用和运用，并通过调查问卷的形式对一线法官和其他法律职业者进行实证调研，从而增强研究成果的参考价值和说服力。

(4)制度产品方面

本课题拟对有关法律条文提出修改建议和说明，提出具有可操作性的对策和建议，尽量减少条文的模糊性，使得审判权与执行权分离改革更“接地气”。

(五)研究思路和研究方法

1.研究思路

由于审执分离改革研究的范围比较大，经过讨论，课题组将研究范围限定在民事执行权法院配置模式，题目定为《审判权与执行权分离改革研究——以民事执行权法院配置模式为中心》。

本课题遵循从理论到实践的总体研究思路。首先，从社会学及法学两个方面来探讨民事执行权法院配置模式的理论基础。一是从社会学角度——结构功能主义出发，将民事执行权分别置于行政机关和法院两个不同的子系统中，分别考察对这两个系统基本功能及对国家权力格局的影响；二是从民事执行权的性质及权力配置模式出发，论述民事执行权法院配置模式的合理性。其次，通过将民事执行权配置在行政机关和人民法院之间进行考量，讨论民事执行权法院配置模式的现实基础。再次，考察域内外“审执分离”体制改革模式，为下一步提出对策打下基础。复次，探讨民事执行权法院配置模式存在的问题。最后，提出对策。这也是本课题的落脚点和现实价值所在。上述研究思路的依据有以下几个：

（1）对审判权与执行权分离有关进行理论梳理，有利于在理论上厘清审判权与执行权之间的关系。

（2）在研究内容上，采用理论与实践相结合以及宏观、中观、微观相结合的研究路径，力图从多维度的视角反映研究对象，从而确保研究内容的完整性和系统性。

（3）在研究落脚点上，着重于提出具体的、可操作的解决方案，核心是提出我国审判权与执行权分离的模式与反思对策。

2. 研究方法、研究手段和技术路线

（1）研究方法

本课题拟采用理论研究法、实证研究法、历史研究法、比较研究法和经验分析法等主要研究方法。

第一，理论研究法。主要是归纳和梳理域内外有关审判权与执行权分离的理论与学说，并根据我国的国情和司法实践进行建构和完善，从而夯实理论基础，更好地指导审判权与执行权分离改革。第二，实证研究法。对一些审判权与执行权分离改革试点法院和部分法律职业者工作进行调查研究，查找问题，总结经验。在具体研究中，拟采用数据分析法和访谈法。第三，历史研究法。采用历史研究的方法有助于深入了解审判权与执行权分离的形成过程，探索其中的规律，了解其中有价值的信息，做到以史为鉴。第四，比较研究法。通过重点比较审判权与执行权的区别与联系，以及域内外审判权与执行权分离的实践状况，找准切入点，找出模式选择与完善对策。第五，经验分析法。通过总结一些审判权与执行权分离改革试点法院工作的成功经验和失败教训，进一步完善审判权与执行权分离改革。

（2）研究手段

本课题主要拟采用以下四个方面的研究手段。

第一，文献搜集。本课题将通过网络、图书馆、法院档案室等方式，收集审判权与执行权分离方面的文献，包括有关的法院工作报告、经验材料、规章制度等。第二，实地调研。选取一些审判权与执行权分离改革试点法院进行实地考察，通过召开座谈会、现场参观、操作体验等方式，对审判权与执行权分离实践情况深入开展实地调研，了解基本情况、成功经验及存在的问题。第三，设计、发放调查问卷。合理地划分调查对象（对调查对象进行细致分类），根据不同对象科学设计问卷问题，并尽可能保证样本数量和覆盖范围，使之具有代表性。第四，统计分析。从实地调研和调查问卷获取数据后，对各类数据进行汇总、整理、归类，研究分析数据。

(3)技术路线

在技术路线方面,本课题拟主要通过“四步走”的方式,即理论澄清、分析评估、提出对策和成果转化。第一步,理论澄清。通过归纳和梳理有关审判权与执行权分离的理论,夯实理论的基础,明确审判权与执行权分离改革的重要意义。第二步,分析评估。通过评估执行权配置在法院及其他机关的利弊,得出执行权配置在法院的合理性。第三步,提出对策。第四步,成果转化。本课题拟在课题研究成果的基础上,给有关立法部门和上级法院提出建议。

(六)重点、难点问题

1. 重点问题

一是审判权与执行权分离模式的选择,即执行权配置在法院还是其他机关。原因是:

第一,从理论上讲,由于民事执行权的性质在我国理论界存在争议,导致有些人主张应把民事执行权分离出法院,配置在其他机关,比如行政机关;第二,从实践上讲,由于目前我国仍然存在“执行难”,一些人也以这个理由主张把民事执行权分离出法院。因此审判权与执行权分离模式的选择,既是本课题的最终落脚点,也是本课题最具有现实价值的部分。不解决这个关键问题,课题研究的意义就会大打折扣。因此,如何克服和减少阻力,争取党委、政府、一线法官和社会各界的支持,推进审判权与执行权分离改革不断前进,是一个亟待解决的问题。

二是如何推进审判权与执行权在法院内部进行深度分离。原因是:

第一,从理论成果层面上讲,目前现有的理论成果的论述重点放在了民事执行权性质的探讨上,对于如何推进审判权与执行权在法院内部进行深度分离的研究较弱。第二,从实践层面上讲,如何推进审判权与执行权在法院内部进行深度分离,不仅仅是社会各界,而且也是中央及法院系统关注的焦点问题之一。

2. 难点问题

本课题的难点问题是:如何系统论证民事执行权配置在法院的合理性。原因是:

要把审判权与执行权分离放到一个全面的司法环境中,系统地考量对之有着重要影响的诸多因素,衡量各个因素对其影响的程度,从而论述民事执行权配置在法院的合理性,才能为下一步反思目前民事执行权配置在法院的缺陷,并提出完善对策。这一过程强调的是摆脱立足于法院自身利益的狭隘视野,而是从法院在整个社会治理中角色定位的视角,从法院追求的终极目标的角度看待审判权与执行权分离改革的动机——国家权力如何分配才能更好地实现其价值,特别是民事执行权分配到法院后,法院如何以经济有效的方式,实现回应社会需求的社会治理功能。本课题将更多地体现一种实用主义的色彩,即以对实效的严肃关切为导向的进路,立足现有条件和手段,提出新的实践的可能性。在理论观点上,本课题尝试在论述民事执行权配置在法院的合理性方面,提出区别于过去理论的观点,即随着司法改革重在发现实现突破的前提下,我们应该看到改革去除司法行政化的决心,因此,携带了行政性因素的民事执行权,在配置时,更需要注入新的理念。由于课题组理论与实践的局限性,可能在系统化考虑问题时存在不足。

一、民事执行权与审判权分离的必然性和基本原则

(一)民事执行权与审判权分离的必然性

1. 市场经济发展的必然趋势

在新中国成立之初至党的十一届三中全会试行全面改革开放之前,由于市场经济贫乏,人民权利意识缺失,通过审判解决纠纷并非常态。法院基本上有能力既对纠纷做出审判,又可以腾出精力做好执行工作。审判权和执行权显得并不那么重要。但是随着改革开放的进行,特别是全面加入世界贸易组织以来,我国市场经济得到突飞猛进的发展,各种社会矛盾交织,加上群众权利意识的觉醒,法制意识的增强,各种社会矛盾涌入法院。审判权与执行权的分离势在必行。

2. 世界各国司法制度的通例

比较各国和各地区对执行机关的设置制度,不论是执行机关具备司法性质的,还是具有行政性质的,其总的原则是将执行机关和审判机关进行了严格的划分。[5] 因为一切权利都有被滥用的可能,审判机关和执机关的分离是分权制衡体制下执行权配置的基本原则,“二者的分离可以有效地防止权利被滥用,避免利益纠葛,[6] 预防腐败的发生”。

3. 深度完善执行权运行机制的必然要求

从国内形势看,我国正处于社会主义初级阶段,全面建成小康社会进入决定性阶段,改革进入攻坚期和深水区,国际形势复杂多变;改革发展稳定任务之重前所未有、矛盾风险挑战之多前所未有。要统筹国内国际两个大局,必须更好发挥法治的引领

---

〔5〕 参见常怡:《比较民事诉讼法》,中国政法大学出版社 2002 年版,第 753 页。

〔6〕 何勤华:《审判权和执行权分离可避免利益纠葛防止腐败》,载《上海法制报》2014 年 10 月 28 日,第 A04 版。

和规范作用。执行工作是社会正义最后一道防线的最后一道关口,执行权运行的好坏,直接影响到司法权威。审执分离改革不能只停留于表面,而是要革除影响执行工作、制约执行能力的深层次问题。

4. 提升司法整体水平的重要内容

从我国执行工作现状看,近年来,全国法院从上至下以执行工作的"一性两化"为导向,全面推进执行工作改革,多措并举,执行工作取得突破性进展,全社会的法治观念、诚信观念有明显增强。但与党和国家事业发展的要求相比,同人民群众的期待相比,执行工作的现状还不尽如人意。怠于执行、执行程序不规范、执行工作不透明等问题较为突出,人民群众对执行难问题仍反映强烈。社会舆论对执行工作的片面评价,影响到司法的公信力。将审执分离改革放入司法改革的大局中,解决执行权运行机制和管理体制中制约执行权发展的问题根源,才能提升司法的整体水平。

5. 促进执行工作机制现代化的客观需要

当今社会信息化迅猛发展,传统的执行模式已经不能适应当前执行工作的需要。审执分离改革确定科学合理的执行管理体制和规范高效的执行权运行机制,就相当于舟之舵,方向准了,才能保障执行之舟基本安全航行;在此基础之上,再拉动执行信息化这个引擎,执行工作的现代化才能沿着健康的发展轨道行进,才能适应社会的高速发展。因此,审执分离改革是执行工作现代化的客观需要。

6. 推进执行工作专业化的必由之路

司法体制改革的目标是建立公正、高效、权威的社会主义司法制度。审执分离改革是司法改革的重要内容之一,不能脱离司法体制改革的目标。司法改革要将审判事务专业化、精细化,同时也要推进执行工作的专业化。法院的审判案件主要分为民事、刑事与行政三大类,民事案件的专业化已成常态,如劳动争议法庭、知识产权法庭、环保法庭等专业法庭相继成立,这都是审判专业化的发展。而执行工作专业化发展相对滞后。审执分离改革将执行实施权从执行裁决权中完全剥离出来,就是使执行工作也步入专业化和精细化的发展轨道。

7. 对人民群众期待的最好回应

司法是社会公平正义的最后一道防线,而执行工作是最后一道防线的最后一个关口。执行难问题,影响了司法公信力。只有提高生效法律文书的兑现率,才能更好维护人民的利益、维护法治的权威。为了让人民群众在每一个司法案件中感受到公平正义,审执分离改革是必由之路。

由此可见,审执分离改革是执行权发展的必然,只有对审执分离改革有了思想上的认同，才能不局限于执行权的权力本位之争论，从依法治国的高度，在司法改革的大局中去探索和完善具有中国特色的执行制度。

（二）民事执行权与审判权分离的基本原则

审执分离改革是司法改革的一项重要内容，司法改革的基本原则应该运用于审执分离改革。

1. 坚持党的领导原则

党的决策代表人民的意愿，人民法院作为当前执行权的行使主体，处于改革的风口浪尖，在审执分离改革中权力分配的格局问题上，我们应当服从党的决策，党代表人民总览全局，在审执分离改革中做出的决定，是经过科学论证和充分实践得出的正确结论。执行权无论由谁行使，权力的行使者都有责任和义务将党和人民赋予的权力行使好。这是任何一个司法机关和任何一名司法工作者应有的基本态度。

2. 尊重司法规律原则

审执分离改革的核心问题在于执行权运行机制和执行管理制度的完善。改革中应当从执行权的基本属性、基本内容入手，从长期以来在执行实践中积累和掌握的执行规律入手，严格遵循审判权和执行权的运行规律，既彰显审判权的独立性、中立性、程序性和终局性特征，又突出执行权的“一性两化”即强制性、规范化和信息化。

3. 从实际出发的原则

审执分离改革，一方面要学习借鉴国外执行工作的有益经验；另一方面要立足中国国情，注重民生司法，体现中国特色社会主义法治的特点和我国执行工作自身的特点。

4. 以问题为导向原则

只有坚持问题导向，才能确保审执分离改革的针对性。审执分离改革要找准执行中的根本问题，解决深层次问题。当前执行工作的核心问题是执行权运行机制和管理体制的完善。以执行实践中的具体问题为导向，深入分析问题的根源，寻找解决问题的正确路径，才是审执分离改革的重点。

5. 统筹兼顾的原则

将审执分离改革与其他司法改革举措统筹规划，注重系统性、整体性和协同性：审执分离的改革是司法体制改革中的一个局部，是与法官员额制改革、司法责任改革并推的一项司法改革举措。所以我们不能只见树木不见森林，要从司法体制改革的整体出发，将审执分离与法官员额、与司法责任联系在一起，通盘考虑、并驾齐驱。只有这样，改革才具有前瞻性。

二、民事执行权法院配置模式的理论基础

在理论上，关于审执分离模式主要存在三种不同主张，大致可以归为彻底外分说、深化内分说、适当外分说，[7]在这三种模式中，课题组比较赞同第二种观点即深化内分说。虽然从执行工作的专业化，增强执行力度及司法去行政化以及避免利益纠葛、防止腐败的角度来看，适当外分及彻底外分说有着其积极作用，但是，这些模式主张执行工作完全脱离法院违背执行权运转的基本规律，而且从域外经验来看，将执行从法院彻底分离出去，交给行政机关负责，效果不是很理想；相反，审执分离在法院内部进一步细分，更加具备可操作性和实效性。当然，至于如何在内部对审判权和执行权进行合理配置，应该重点考虑包括如何避免人为地分割审判权、如何厘清执行管理体制及如何处理上下级法院在执行问题上的关系等问题。

（一）社会学理论角度：结构功能主义的衡量

结构功能主义认为，人类社会是一个具有组织或结构化手段的平衡状态系统，在该系统中各组成部分以有序的方式相互联系，并对整个系统发挥功能或施加影响，任何部分的变化都会影响整个系统并最终形成新的平衡系统。该理论的核心问题是部分对整体在目标功能实现中的作用和意义。[8] 依据该理论，我们可以将民事执行权

---

〔7〕 关于彻底外分说、深化内分说、适当外分说等主张主要参见孙宏艳：《审判权与执行权分离的模式选择》，载《法制日报》2014年12月10日；汤维建：《关于破解"执行难"的理性反思——以执行体制的独立化构建为中》，载《学习与探索》2007年第5期；何勤华：《审判权和执行权分离可避免利益纠葛防止腐败》，载《上海法制报》2014年10月28日，第A04版；李明霞、万学忠：《建议执行工作交给司法部门》，载《法制日报》2003年3月16日；贺卫方：《司法的理念和制度》，中国政法大学出版社1998年版，第264页；纪振永：《也论民事执行权的性质及其配置》，载《洛阳大学学报》2006年第9期；江必新主编：《比较强制执行法》，中国法制出版社2014年版，第134页、第202页；王建军：《论民事执行权的再分配兼谈执行体制改革》，载 www. lawtime. cn/info/minshi/mssslunwen/2011072 438595. html，最后访问时间：2016年12月1日。

〔8〕 结构功能主义是西方社会学的一个重要理论流派，它始于孔德、斯宾塞，基于美国社会学家帕森斯（Talcott Parsons）的努力而在20世纪40年代成为宏伟的巨型理论体系，帕森斯试图划分出某个系统基本的功能结构，这些功能对于一个打算存在下来的社会来说，是必须承担的功能。著名的A－G－I－L功能模式就是这种理论的代表。在这种学术流派中，除了帕森斯构建的抽象理论框架，还有同时期的学者默顿（R. Merton）在具体案例分析层面的诠释。他曾运用结构功能主义学说的理论框架，具体分析了科学界的"优先发现权"对真理探索的功能。参见[美] R. K. 默顿：《科学社会学》，鲁旭东、林聚任译，商务印书馆2003年版，第四部分；于海：《西方社会思想史》，复旦大学出版社1993年版，第384～387页。

分别置于行政机关和法院两个不同的子系统中，分别考察对两个系统基本功能的影响，并分析对国家权力格局的影响，从而获得民事执行权法院配置模式的合理性。

1. 民事执行权配置在法院的功能考察

民事执行权配置在法院对法院这个系统而言有何影响——正功能抑或反功能?〔9〕从法院系统存在的价值角度看，该问题取决于社会对法院系统功能的期待，这种期待恰好是法院系统目的的写照。从应然的角度看，法院系统的目的(对整个社会而言是功能)是维护一个不断变化发展并处于平衡状态的社会秩序，是给社会提供最后一道有效公正的权威防线，这道防线不仅仅是一种观念上的秩序，还应包含观念上秩序的实现。换句话说，社会需要公正的裁判与高效的执行。社会需要公正的裁判的原因在于获得国家强制力的保障，否则即使是最公正的裁判也难以使社会认同并使法院获得权威。因此，民事执行权对法院系统的意义重大，将民事执行权配置在法院与法院实现自身的目的并不矛盾，相反具有促进功能——正功能。正功能的大小取决于民事执行权的运作效能，当前的"执行难"问题仅仅导致正功能的降低，而不是使正功能变成反功能，因为虽然当前部分案件依然存在"执行难"问题，但这只是局部问题，总的来说法院还是能够肩负起实现公正裁判的功能。

2. 民事执行权配置在行政机关的功能考察

从理论及国外的实践来说，民事执行权也是可以配置在行政机关的，〔10〕但问题的关键在于配置在行政机关的民事执行权能否提供更大的正功能。

民事执行权分为执行实施权与执行审查权。假如仅仅将执行实施权配置在行政机关，由于行政机关偏重效率的本性，再加上其强大的社会渗透性，民事执行权在行政机关这个外部环境的适应过程中，其单纯的执行实施权效率极有可能大于在司法机关的执行效率，这也是主张将民事执行权配置在行政机关的最主要理由。但是如果仅仅将民事执行权中的执行实施权配置到行政机关，由于执行实施权与执行审查权很难在时间上和空间上绝对地区分开来，两者在运行中会相互交织地发生，即使是

〔9〕 正功能或反功能是结构功能主义理论使用的概念。

〔10〕 相关的论文参见吴玲:《民事执行主体研究》，载《当代法学》2002 年第 11 期；李修源:《司法公正理念及其现代化》，人民法院出版社 2002 年版；李明霞、万学忠:《建议执行工作交司法行政部门负责》，载《法制日报》2003 年 3 月 16 日；邢克波:《试论"审执分家"的必要性》，载《当代法学》2001 年第 6 期；刘叶静:《执行体制改革刍议》，载《法学杂志》2000 年第 1 期。

最具体的执行实施权的运行也伴随着法律与事实的判断,[11]同时社会矫正行为也必然发生更大的空间转移,效率降低的代价也就在所难免。

假如将民事执行权包括执行实施权与执行审查权一并配置在行政机关,由于与执行实施权重视效率相比,执行审查权更注重公正,执行审查权在行政机关不可能获得更大的公正性。因为我国现阶段的依法治国还是一个进行时,在短时期内政府尚没有完全养成依法行政习惯。[12] 另外,在理论上法官只服从法律,而行政人员在一定程度上还要服从于上级,同时追求公正与合法性是法院的理念与传统,而当前行政机关与之相对较弱,对追求效率的行政机关系统来说,法院系统追求的公正性是其无法比拟的,[13]尽管目前民事执行权运行的公正与效率尚不能让社会完全满意,但这仅仅是期望与现状之间的相对差距。依照结构功能主义中的外部适应理论,[14]为适应这种外部环境,行政机关环境下民事执行权运行的公正性向低端迁移的可能性大

[11] 例如,假如某个司法判决确定甲乙之间的买卖合同无效,要求甲承担返还从乙处购买的电脑的义务。这个司法判决仍然构成一个法律规则,即"只要是甲从乙处购买的电脑就应当返还给乙","只要是甲从乙处购买的电脑"是规则的行为模式部分,"应当返还给乙"是规则的法律后果部分。因此对该规则的执行仍然必须经过类似一般意义上司法裁判的法律适用过程,伴随着事实与法律的判断,这与一般意义上的司法裁判具有异曲同工之妙。在执行之前,首先必须确认执行的对象是"甲从乙处购买的电脑",其中"是不是电脑"的判断构成事实判断,而"是不是从乙处购买"则是一个事实的法律属性的判断。而且法律属性的判断不可避免地包含适用中的法律解释。

[12] 参见童兆洪:《改革语境中的民事执行权配置理论》,载《法制与社会发展(双月刊)》2005 年第 2 期。

[13] 这一点从两者从事法律职业人员的数量、专业素质及其在系统内的地位就可以看出。

[14] 结构功能主义的代表帕森斯试图划分出某个系统基本的功能结构,这些功能对于一个打算存在下来的社会来说,是必须承担的功能。著名的 A-G-I-L 功能模式就是这种理论的代表。适应功能(A)是指社会系统对它周围环境的适应。它主要包括两个方面,即一种系统对环境固有的"现实需求"的顺应并因此而变迁,以及在追求自身目标时对系统外部环境的主动改造。目标达成功能(G)涉及的是内在的行为满足,它是系统存在的目的和任务,是一系列准备活动的顶峰阶段,适应性活动的过程是它的手段。整合功能(I)涉及在系统成员整体中明确的关系系列,由于他们的存在,致使作为一个单一实体的边界维持特性得以保持和加强,也就是使成员对系统有适当情感依附,这是系统团结与合作的基础。潜在的模式维持功能(L)是指一旦系统得到更新,在成员交往中断的期间内,仍存在成员对被维持的、系统的动机与文化的模式的义务,因为系统的运作中断是必不可少的。参见于海:《西方社会思想史》,复旦大学出版社 1993 年版,第 384~387 页。

于法院环境。[15] 因此，现阶段的我国，将民事执行权移除法院而配置在行政机关的后果最有可能的结果是造成公正性的下滑，进而影响司法权威，降低司法在社会公众心中的地位，阻碍社会主义法治进程。

3. 国家权力格局维度的考量

依照结构功能主义，可以把我国国家权力格局看作一个处于平衡状态的系统。在我国宪法制度下，在该系统中，法院作为司法机关独立于行政机关，在行使民事执行权时，应具有超脱性。但是实际上在我国现有的国家权力格局下，相对于司法权而言，行政权明显处于强势地位。原因有二：一是因为历史传统的影响和计划经济时代遗留下的习惯思维，再加上我国市场经济还不发达以及市民社会尚未形成的现实，所以行政权力十分强大；二是由于行政部门掌握丰富的国家资源并拥有对资源的极大配置权，而法院行使权力所必需的许多资源都需要行政部门的配置与支持。因此，行政部门可以利用其优势地位干预和影响司法，而司法权对行政权的制约却十分有限。[16] 因而"强化司法部门的权限、提高法官的威信以及在此基础上树立组织上和职能上的完全的司法独立，这对于一个行政权占优势的国家来说尤其必要"。[17]

因此，在我国行政权相对于司法权而言处于明显强势的背景下，如果将民事执行权划归行政部门行使，必然会导致"强者更强，弱者更弱"的局面，司法权对行政权的制约和监督功能将更加弱化，不利于我国国家权力结构系统的平衡。

（二）法学理论角度：民事执行权准确定位为司法权

我国审执分离改革应采用何种模式，是彻底的外分模式，由法院以外的其他国家机关行使民事执行权，还是深化的内分模式，依然由法院行使民事执行权？这是民事执行权宏观配置问题。要回答好这个问题，在逻辑前提上应该首先研究如何定位民事执行权，[18] 即民事执行权是立法权、司法权还是行政权。通过准确定位民事执行

〔15〕 所以英国对行使法律适用权的行政官员采用类似于法院的制度进行管理，以保证其独立与专业水准。这些行政官员被称为行政法官，具有类似于法官的独立性，英国的行政裁判所虽然属于国家行政机器，但它们还是具有法院的特性。参见[英]威廉·韦德：《行政法》，徐炳等译，中国大百科全书出版社1997年版，第23章。

〔16〕 例如，行政诉讼制度只限于对行政机关的具体行政行为的合法性进行审查，而不能审查抽象行政行为的合法性。

〔17〕 Oppler. *Legal Reform in Occupied Japan: A Participant Looks Back*, op. cit. supra note 26, p. 87.

〔18〕 民事执行权的定位是指民事执行权在国家权力体系中的地位，即民事执行权在国家权力体系中所处的位置。民事执行权定位问题，有的学者著文时以执行程序的性质、执行行为的性质或执行工作的性质定位等形式表现出来。参见童兆洪：《民事执行权研究》，法律出版社2004年版，第45页。

权,从而解决民事执行权的合理行使机关。

目前因为民事执行权自身比较复杂,并且在国内外立法实践中对该问题也没有专门的规定,所以理论界及实务界对民事执行权定位问题争议比较大,主要有以下几种主流观点:(1)司法权说,包括传统的司法权说〔19〕和修正的司法权说;〔20〕(2)行政权说,包括传统的行政权说〔21〕和修正的行政权说;〔22〕(3)独立权说。〔23〕 目前,不同的观点还在继续争论之中。本文从司法权的概念出发,论证民事执行权在宏观层面应定位为司法权的合理性,以解决民事执行权法院配置模式的理论依据问题。

1. 司法权概念的开放性结构

英国学者詹宁斯认为,"要准确地界定'司法权'是什么,从来都不十分容易"。〔24〕 近代所谓的司法权,通常外延上专指审判权。众所周知,孟德斯鸠的"三权分立"学说构建了西方国家权力的基本框架:根据西方国家权力对社会秩序形成不同的功能和作用,分为立法权、行政权和司法权,立法权在于担负创制社会秩序职能,行政权在于担负直接实现社会秩序职能,而司法权在于担负矫正社会秩序职能。19 世纪以来,随着社会经济的发展,现实层面的 3 种权力出于各自功能完善的需要,发生了系统性的相互渗透,比如行政裁决、行政复议、法官造法、美国的"行政法官"制度,传统理论上边界分明的立法权、行政权、司法权三权在当代西方各国国家机关配置中

〔19〕 该说认为,民事执行行为由法院实施,尤其是民事执行程序又作为民事诉讼法的组成部分,因此民事执行行为是一种司法行为,故民事执行权为司法权。这种观点是我国法学教科书的通说,这里的司法权实际上指审判权。

〔20〕 参见江伟、赵秀举:《论执行行为的性质与执行机构的设置》,载陈光中主编:《依法治国,司法公正——诉讼法理论与实践》(1999 年卷),上海社会科学出版社 2000 年版,第 530 ~ 534 页。

〔21〕 参见贺卫方:《司法的理念与制度》,中国政法大学出版社 1998 年版,第 264 页;谭世贵主编:《中国司法改革研究》,法律出版社 2000 年版,第 294 页。

〔22〕 参见高洪宾:《执行权性质与执行改革》,载张启楣主编:《执行改革理论与实证》,人民法院出版社 2002 年版,第 101 ~ 103 页。

〔23〕 参见谭秋贵:《民事执行原理研究》,中国法制出版社 2001 年版,第 43 页;高执办:《论执行局设置的理论基础》,载《人民司法》2001 年第 2 期;严仁群:《民事执行体制设计的理论基础——执行程序中权力的性质、分配与控制》,载《法学评论》2003 年第 5 期;蒋惠玲:《法院司法行政体制改革》,载《人民司法》1998 年第 8 期;常怡、崔婕:《民事强制执行立法研究》,载田平安主编:《民事诉讼程序改革热点问题研究》,中国检察出版社 2001 年版,第 526 页。

〔24〕 [英]W. Ivor. 詹宁斯:《法与宪法》,龚祥瑞、侯健译,生活 · 读书 · 新知三联书店 1997 年版,第 165 页。

已经趋于模糊,甚至有人认为表面化的"权力分立"观已经死亡。[25] 但是我们发现,尽管在国家机关的构建与权力运行中,某个国家机关可以行使两种不同的权力,同时履行着两种不同属性的职能,但是作为立法权、行政权、司法权三种权力概念本身的内涵仍是明确的,发生变化的可能仅仅是其外延。具体到司法权概念,只要某种国家权力制度的设置,是为了矫正社会秩序,实现错位权利与义务的回归,并具有司法权所独特的不可诉性,那么,无论这种矫正社会秩序的国家权力在表面特征上有何种差异,其实质上仍具有司法权的功能,可纳入司法权的权力体系之下。因此,随着社会不断地变化发展,司法权在保持内涵稳定的情况下,外延处于不断发展变化之中,呈现出一个以审判权为核心、结构开放的权力体系。

2. 民事执行权应定位为司法权

(1)司法权特殊地位的维护。在权利本位的法治社会中,司法权具有终局性。当公民的权利受到侵害时,司法权是最终和最权威的救济手段,它是保障权利和维护社会公平正义的最后一道防线。这已经成为我国理论界的普遍共识。民事执行权通过强制执行程序实现生效法律文书所确认的权利,在保障公民权利和维护社会公平与正义方面担负着不可替代的作用,它是最后一道防线的防线。如果将民事执行权排除在司法权之外,那么只能将它放在行政权的"疆域"之中,由此,意味着保障公民权利与维护社会公平正义的最后一道防线是行政权而非司法权。这样司法权作为最后一道防线的特殊地位将无法完全体现。因此,只有将民事执行权纳入司法权的"版图"之中,才能符合司法权的这一特殊地位。

(2)司法权基本功能的发挥。司法权的基本功能在于社会秩序的矫正,即矫正正义,复归民意,实现错位权利与权力的回归。这一功能的真正完全发挥,仅仅依靠审判权通过判决的形式来确认权利是远远不够的,还需要借助某种强制执行力通过强制执行程序来实现判决的内容。如果司法权中仅仅包含审判权而排除了民事执行权,不仅意味着司法权不能实现判决确认的权利,更重要的是也意味着可能削弱了司法权完整强化人们选择守法动机的基础。因此,如果司法权体系中排除了民事执行权这个重要成员,那么司法权的基本功能就会严重削弱。此外,司法权所具有的中立性和程序正当性等特点也容易使人们更容易接受司法权的强制。因此,司法权基本功能的正常发挥必须包括民事执行权。

---

〔25〕 参见[英]M. J. C. 维尔:《宪政与分权》,苏力译,生活·读书·新知三联书店 1997 年版,第 331 ~ 335 页。

(3)司法构成要素的符合。民事执行权是否为司法权可以从是否符合司法的构成要素进行判断。一般来说,司法的构成要素包括:两造当事人、居间者、法律规则、纠纷事实、交涉过程和决定。其中两造当事人、居间者构成“三边关系”是司法区别于立法、行政等活动的最为典型的特征。[26] 目前,理论界对于民事执行权分权构造提出的观点主要有两分论、三分论、四分论、五分论和六分论等,但不管哪种观点都包含执行实施权和执行裁决权,因此民事执行法律关系可以认为基本上包括执行裁决法律关系与执行实施法律关系。很显然,执行裁决法律关系符合司法的构成要素,因此需要分析的是执行实施法律是否符合司法的构成要素。从执行实施权运行来看,执行实施法律关系包含执行机关、申请执行人、被执行人三方之间两层法律关系,符合司法的构成要素。具体分析如下:第一,从执行机关与申请执行人关系看,民事执行程序的启动除刑事附带民事判决可以直接移送外,一般需要申请执行人的申请执行,具有司法的被动性和消极性的特点,而程序启动后执行机关必须依据法定职责按照法定程序进行执行行为,具有法定性的特点。由此,执行机关与申请执行人之间的法律关系是以申请人的申请执行权和执行机关实施执行行为的义务为内容,这种关系是一种公法关系,可以称为民事执行申请关系。第二,从执行机关与被执行人关系看,执行程序启动后,执行机关必须依照法定职责按照法定程序对被执行人进行包括查封、冻结、拍卖、变卖等一系列的强制执行行为,被执行人具有容忍和配合这些强制行为的义务,这种关系也是一种公法关系,可以称为民事执行强制关系。第三,从申请执行人和被执行人关系看,执行程序启动后,双方当事人之间是一种对抗关系。但在对抗过程中,双方当事人之间的合意可以影响执行程序的进程,如双方随时达成和解协议,变更执行依据的履行方式、数额等,也就是说,民事执行权的行使并不具有绝对的效力,在一定程度上受制于当事人的处分原则的制约。因此执行程序中,双方当事人之间是一种对抗的私法关系。

综上所述,民事执行权应定位为司法权。因此,根据权力配置模式的典型模式——机构对应模式,即立法权应配置在立法机关,行政权应配置在行政机关,司法权应配置在司法机关,可以将民事执行权配置在人民法院。

三、民事执行权法院配置模式的现实基础

由上述论述可知,从理论上讲,民事执行权定位为司法权,可以按照权力配置模

〔26〕 参见杨一平:《司法正义论》,法律出版社1999年版,第29页。

式配置在人民法院,具有理论的合理性。但是理论合理并不一定现实合理。由于在理论界,有学者特别是认为民事执行权是行政权的学者主张,民事执行权应该配置在行政机关,那么接下来,我们需要讨论的是这两种配置模式哪种符合我国的现实情况。一个制度最初可能源于某位天才创造或某种偶然事件,但不会因为一次的出现或存在而成为制度,先例仅仅是起点。[27] 只有当先例符合当时的社会现实,符合社会公众选择时,才有可能重现并成为制度。因此,一个制度能在现实社会中发生作用必然是社会公共选择的结果——具有现实的合理性,具有现实合理性的制度也许出现与制度构建者构建的所谓理性目标的偏差,这就需要对社会逐渐引导改造,使得社会公共选择能够与理性目标相一致,而不能强行构建与理性目标一致的制度,否则只会导致该制度名存实亡,社会最终很有可能选择符合社会公共选择的制度,学者们也可能为这种选择提供新的正当化理由,[28] 因为"事物的逻辑不等于逻辑的事物"。[29] 所以合理的制度不仅应当在理论上具有合理性,也应当在现实中符合社会当前的公共选择,建构合理的制度是一个寻找理论合理与现实合理交集的过程。

诚然,在我国现实社会中,"执行难"不但早已成为社会各界倍加关注的焦点,而且也是最令法院头疼的问题,已使我国各级法院尤其是基层法院不堪重负,不仅使法院陷入尴尬的窘境,而且严重削弱了法院的司法权威及司法公信力。因为虽然法官的判决本身可能是完全公正合理的,但是由于"执行难",当事人也往往对法院怨气冲天。因此认为应当将执行权配置在行政机关的呼声不断。但是从另外一个角度看,当事人对法院的怨气也正好说明社会大众已经树立了对法院公正与效率的期待心理,法院已经成为公平与正义最后的救济途径,这已经成为社会大众的集体心理。这

---

〔27〕 例如,美国的违宪审查制度源于党派之争,马伯里诉麦迪逊一案起初并不像后人理解的那样具有伟大的理论意义,甚至当时并不为人所关注。但正因为该案的判决为联邦最高法院增添了权威,符合当时的党派力量对比和社会的需要,因此该先例获得了再现的社会需求并因此形成制度,学者也因此为它寻找到了伟大的理论来匹配。参见苏力:《制度是如何形成的》,中山大学出版社 1999 年版,第 83 ~ 99 页。

〔28〕 例如,虽然《中华人民共和国行政诉讼法》规定行政诉讼不适用调解,但实际上当事人之间私下和解的比例居高不下,甚至通过撤诉变相地达到和解的效果,这是一个典型的社会公共选择与长远理性建构目标相冲突的例子。现实的需要催生了相应的理论,于是主张建立行政诉讼调解制度的理论的学者逐渐增加,相关观点参见高家伟:《中国行政诉讼调解制度的现状与课题》,载《河南省政法管理干部学院学报》2004 年第 1 期;何海波:《行政诉讼撤诉考》,载《中外法学》2001 年第 2 期;南博方:《行政诉讼中和解的法理》(下),杨建顺译,载《环球法律评论》2001 年冬季号。

〔29〕 《马克思恩格斯选集》(第 1 卷),人民出版社 1972 年版,第 116 页。

是建设一个法治国家弥足珍贵的社会资源。所以民事执行权配置在法院对社会大众期待的司法任务具有促进作用,也就是结构功能主义提出的正功能,尽管在当前这个功能由于“执行难”问题而出现了问题,但它仍然在提供正功能,只不过是“执行难”问题消减了这个正功能。目前的任务应当是怎样强化它,而非将民事执行权配置在行政机关。否则会遇到社会大众心理上的排斥,放弃司法最终性的信念,寻找司法救济的替代品。因为社会大众没有能力反对民事执行权的变迁,唯一的结果就是改变对司法系统地位的认识。除非民事执行权在配置行政机关后获得新生——法院的裁判被高效公正地执行(由前面论述可知,目前在我国这种情况发生的可能性很小),社会大众对司法最终性的期许才不会发生改变。

(一)配置在行政机关的弊

民事执行具有确定性、主动性、命令性、强制性等比较明显的行政权外观,因此有学者主张应定位为行政权,将其配置给行政机关,但以此为理由将民事执行权配置给行政机关,不符合我国国情。其理由如下:

1. 权力分配的严重失衡

一般来说,与司法权相比,各国行政权最强势,拥有全国的行政资源,最难制约;相反,各国权力配置比较弱的是司法权,最容易受到干扰,因此行使有效性必然降级。而我国也不例外。在我国,由于计划经济体制和历史传统的影响,行政权力十分强大。行政机关掌握并支配着庞大的国家资源,如果将民事执行权配置给行政机关,而忽视这方面因素的考量,势必导致国家权力配置的严重不平衡,带来国家治理的危机。

2. 司法权威的严重贬损

如果将民事执行权配置在执行机关,那么海事强制令、临时禁令、财产保全等诸如此类的司法强制将随之失去存在的理由,可能造成当事人权利的受损,增加执行不能风险,加剧执行难,这必将严重损害整个司法权威。

3. 执行效率的严重损害

执行权配置在行政机关并不必然会提高执行效率。如果将民事执行权配置在行政机关,对于当事人和利害关系人来说,民事执行中采取的控制性执行措施与处分性执行措施都属于具体行政行为,具有可诉性,应纳入司法审查的范围。虽然目前还不能估算将带来多少件行政诉讼案件,但是从2015年全国法院受理的467.3万件执行案件来看,[30]增幅肯定不会小,这将给法院的行政审判工作带来新的巨大压力。事

〔30〕《最高人民法院工作报告》(2016),法律出版社2016年版,第12页。

实上随着立案登记制度的实施,行政诉讼案件已经呈现爆炸式的增长,2015 年全国法院受理一审行政案件 24.1 万件,同比上升 59.2%。[31] 由此案多人少的矛盾也更加突出,效率也会低下。更为严重的问题是,由于行政机关与法院并无隶属关系,如果在执行案件与行政案件处理衔接过程中出现分歧或问题,极可能产生推诿现象,协调难度可能会增大,这必然影响执行效率的提高。[32] 越南在这方面改革的前车之鉴值得我们警醒。[33] 因此,这种制度安排永远可能收获的是"迟到的正义。"

4. 制度变革成本的巨大

习惯的力量比较巨大,它是一列飞驰的列车,惯性使人无法停止步伐冲向前方,一旦形成就很难改变。[34] 个人如此,社会如此,机构亦如此。在相当长一段时间,我国民事执行权一直配置在法院内,历史传统比较悠久。[35] 如果贸然将民事执行权配置在行政机关,推倒现在的民事执行权的配置模式,可能导致巨大的制度变革成本,比如人员转换及培训、法律的修改、行政诉讼案件的爆炸式增长等后果,这些是改革者必须考虑的问题。

(二)配置在人民法院的利

由前面论述可知,民事执行权定位为司法权,而人民法院是审判机关,因此将民事执行权配置在人民法院具有理论依据,但是这种配置模式是否具有现实的合理性有待进一步论证。下面具体论之。

1. 执行效率的提高

由于在我国的民事执行立法中,为了保护当事人或第三人的合法权益,建立了针对可能出现程序争议的执行异议、执行复议制度,以及针对可能出现实体争议的案外人异议、案外人异议之诉、分配异议之诉等救济程序,尤其是针对可能的实体争议而设计的案外人异议之诉、分配异议之诉应由人民法院受理,这些必然导致执行程序的

---

〔31〕《最高人民法院工作报告》(2016),法律出版社 2016 年版,第 6 页。

〔32〕参见葛行军:《民事强制执行实务专题讲解》,中国法制出版社 2007 年版,第 257 ~ 258 页。

〔33〕2002 年越南将执行权从法院分离出来交给行政机关行使,但越南司法代表访华团认为改革是失败的,因为改革后实际执结率从过去约 30% 下降至 10%。当然,越南改革问题不一定出在外分上,可能与配套措施跟进不及时有关,但越南的改革实践应引起我们的高度重视。参见邱丹、李昙静:《民事执行权的性质及权力分配》,载《人民司法(应用)》2015 年第 5 期。

〔34〕参见[美]霍吉:《习惯的力量》,吴溪译,当代中国出版社 2004 年版,第 10 页。

〔35〕参见许威:《理论与实践的契合:民事执行权法院配置模式的重新审视、实践检讨与完善》,载《建设公平正义社会与刑事法律适用问题研究——全国法院第 24 届学术讨论会获奖论文集》,第 469 页。

进行须以审判程序的完结为前提。在民事执行权配置在人民法院的模式下，如果在执行过程中出现程序或实体争议，执行机构可以方便地与审判机构进行及时协调沟通，予以解决，这必然会提高执行工作效率。

2. 司法权威的树立

法院的功能在于定分止争，实现当事人的合法权益，为社会的公平、正义提供最后一道防线，给社会树立一个权威的标准。民事执行权配置在人民法院，可以提高司法权威。[36] 据不完全统计，每年法院执行案件的80%为人民法院做出的判决。由于法院部门之间的协调便利及法院整体利益的考量，在立案或审判过程中，立案部门或审判部门的法官会根据当事人的申请或依职权，采取保全措施，或者在裁判过程中就会考虑以后的执行问题，并采取一些相应措施，这为以后的执行工作打下了基础，执行成功的可能性增加，必然会提高执行效率；反之，在民事执行权行政机关配置模式下，实践中可能出现协调不畅及机构利益至上的问题，不但对解决目前"执行难"问题无益，而且可能增加了"执行难"问题的因子，进而会影响司法权威的树立。

3. 司法协助的顺畅

在国际社会，大多数国家都建立了司法协助制度。国际司法协助的通行做法，一般是在法院之间进行。我国现行法律也规定，外国法院判决的执行由人民法院负责。如果我国保留民事执行权配置在人民法院的模式，不仅符合现行的法律规定，不用修改法律，而且也与国际司法协助接轨，有利于司法协助的舒畅；相反，如果我国采取民事执行权配置在行政机关模式的话，不仅与国际社会的通行做法不一致，而且可能给司法协助带来不便，会降低司法协助的效率。

4. 权力分配的均衡

在我国，由于种种原因，在国家权力中审判权的配置是一个比较的薄弱环节，相比审判权，行政权力比较强势，将民事执行权配置在人民法院，有利于国家权力配置的均衡，从而维护国家治理结构的稳定性。

综上所述，将民事执行权配置在人民法院最具合理性，走法院深化内分模式即利用人民法院目前的执行机构模式，实行彻底的分权运行、内部分离，应当是我国"审执分离"体制改革的最优方案。实际上，深化内分模式也是大陆法系其他国家和地区的"通用模式"，长期的实践已证明该模式运行良好，并无改变的必要。

---

〔36〕 参见童兆洪：《民事执行的法理思辨》，人民法院出版社2006年版，第25页。

四、我国民事执行权配置模式的问题与原因

目前中央提出“审执分离”体制改革，但顶层设计尚不明确。通过课题组的上述论证可知，我国应将民事执行权宏观配置给人民法院。民事执行权法院配置模式从一开始的“审执不分”，到“审执分立”，实质上是一个对执行权运行的监督与制约过程。虽然《最高人民法院关于执行权合理配置和科学运行的若干意见》（以下简称《若干意见》）对我国民事执行权法院配置模式进行了进一步的完善，但是也存在一些问题。

（一）权力方面

1. 权力划分标准不清晰

执行实施权和执行审查权划分标准不够清晰，影响了执行权的顺畅运行。在《若干意见》出台之前，为了对民事执行权进行必要的监督与制约，虽然许多法院已将民事执行权划分为执行实施权与执行审查权，但从实际情况看，由于对执行实施权与执行审查权各自内涵与外延认识不够一致，导致各地法院做法不一，使执行权的运行存在一定程度的混乱。而《若干意见》的出台则对执行实施权和执行审查权范围进行了第一次明确的规定，但遗憾的是该司法解释只是以列举的形式对两者的范围做出解释，[37]依然没有对执行实施权与执行审查权的划分标准做出明确的规定，对执行运行中的有些问题，如追加与变更执行主体是属于执行实施权的范围事项还是属于执行审查权的范围事项，依然无法进行有效的划分归类，这直接影响到执行权分权运行机制的建立，影响了执行权的有效运行。

2. 人民法庭“自审自执”

人民法庭“自审自执、审执不分”现象依然存在并得到合法化，影响了执行权的分权运行实效。在人民法院尤其是基层人民法院，长期以来案多人少的矛盾比较突出，导致在人民法庭存在“自审自执、审执不分”现象，遗憾的是这个现象得到了《若干意见》的肯定。[38] 而审执不分的模式弊端多多，在绩效考评机制下，由于审判法官过多

---

〔37〕《最高人民法院关于执行权合理配置和科学运行的若干意见》第 3 条规定，执行实施权的范围主要是财产调查、控制、处分、交付和分配以及罚款、拘留措施等实施事项；第 4 条规定，执行审查权的范围主要是审查和处理执行异议、复议、申诉以及决定执行管辖权的移转等审查事项。

〔38〕《最高人民法院关于执行权合理配置和科学运行的若干意见》第 10 条规定，人民法庭可根据执行局授权执行自审案件；第 11 条规定，人民法庭经授权执行自审案件，可由其自行办理立案登记手续，并纳入执行案件的统一管理。

地考虑执行问题而造成一些审判案件久拖不决，严重影响了审判效率。同时，由于一个案件的审判执行都由同一个部门负责，审理案件时是一个法官，执行案件时可能又是同一个法官，这往往会给当事人尤其是败诉一方当事人造成误解，进而产生抵触和对立情绪。如果生效判决执行不了，申请执行人会埋怨，而被申请人也抵触执行，影响执行权的有效运行，甚至造成廉洁问题的出现，严重损害了法院在人民群众中的形象。

（二）机构方面

执行局内部设置规定不科学。最高人民法院下发的《若干意见》明确了要在中级法院和基层法院的执行局内部设置执行审查、执行实施、申诉审查、综合管理机构，分别行使实施权、审查权、督办权和管理权，这标志着全国各地法院系统的执行权分权机制改革走向形式上的统一。执行审查权由法官行使，执行实施权由法官或者专门负责实施的人员行使。这种执行权的配置方式，比较适合在那些案件多、执行力量较充足的经济发达地区实行，并且在上述地区确实起到了提高执行效率的作用，但是在案件数量少、法官人员亦缺乏的经济欠发达地区的基层法院，执行局的法官人员甚至无法组成完整的合议庭，因此难以落实到位。

（三）职责方面

1. 机构职责配置混乱

为了解决在执行过程中出现的执行乱的现象，一部分法院探索对执行裁决权和执行实施权进行分离的改革模式，将执行案件中需要对当事人的实体权利进行裁决的执行裁决权从执行局分离出来，由业务审判庭进行审理。对执行异议裁定不服向上级法院复议的，由上级法院相应的民事业务审判庭办理。一些基层、中级法院还规定由审判监督庭负责办理执行程序中出现的执行异议、执行复议及执行监督等案件。经过一系列审判和执行分离制度的改革，将原来全部由执行局行使的执行权在业务审判庭与执行局之间进行再分配。但是这种改革模式，在实践中也出现了以下问题：一是影响案件的执行质量。我国没有独立的强制执行法，关于执行的程序和实体规定散见于《民事诉讼法》及各种司法解释及规定中，没有从事过执行工作的审判庭法官不熟悉执行业务，对执行需要适用的法律不熟悉，造成适用法律困难。二是影响案件的执行效率，审判庭在办理执行复议和执行异议案件的过程中，因对执行有关的法律不熟悉，在适用法律时要么向执行局征求意见，要么重新查找相关规定，严重拖延了案件的审理。三是没有实现执行裁决权和执行实施权的彻底分离，部分职能相互重叠，造成了司法资源的浪费。

2. 法院管辖权分配不合理

民事诉讼法规定，执行案件由第一审法院和主要财产所在地法院管辖，因为大量的民事案件均由基层法院管辖，结果是基层法院负责绝大部分案件的执行，基层法院多年来案多人少的矛盾未得到根本解决。随着经济繁荣，公民法律意识增强，法院的案件呈逐年增加的趋势，这个矛盾越来越尖锐，大多数执行案件又在基层法院执行，给基层法院的工作造成巨大压力。中级法院因为管辖的一审民事案件有限，结果就是案件数量与办案人员的数量明显不成比例。而高级法院则主要进行对辖区案件的统筹监督管理，基本不负责案件的执行，但其配备的人员数量充足，机构完备。中、高级法院执行人员的法律素质也比基层法院的执行人员要高，人员配备又齐全，划分有各个专门科室，分工合理，但案件又不多，造成资源浪费的情况极为严重。此外，由基层法院负责绝大多数案件的执行，容易造成地方保护主义，对法院执行工作形成阻碍。

（四）主体方面

1. 审查主体混乱

执行实施主体和执行审查主体形分实合，制约了监督功能的有效发挥。在《若干意见》出台之前，许多法院对执行局内部机构设置进行了改革，大部分法院在执行局内部设置了执行审查机构与执行实施机构。《若干意见》进一步明确了地方人民法院执行局应当按照分权运行机制设立和其他业务庭平行的执行实施和执行审查部门，分别行使执行实施权和执行审查权。但是由于法院特别是基层法院执行人员数量的限制，导致执行实施主体和执行审查主体在一定程度上存在交叉，两者之间“藕断丝连”，形分实合。尽管执行审查机构纠正了一定数量的执行错误，发挥了一些监督作用，但其执行审查权功能的步伐已不知不觉地从对执行实施进行监督制约滑向密切配合的沼泽，执行审查机构从执行实施机构的制约监督部门逐渐沦为执行实施机构的服务部门，制约了监督功能的有效发挥，导致民事执行权的实际运行偏离了执行分权的初衷。

2. 执行员有名无分

执行员尚处于“有名无分”的状态，影响了执行权的有序运行。目前，我国关于执行员的相关法律规定主要是：（1）《中华人民共和国人民法院组织法》第 40 条规定：“地方各级人民法院设执行员，办理民事案件判决和裁定的执行事项，办理刑事案件判决和裁定中关于财产部分的执行事项……”（2）《中华人民共和国民事诉讼法》第 228 条第 1 款规定：“执行工作由执行员进行。”（3）《中华人民共和国法官法》第 52 条第1款规定:“对人民法院的执行员,参照本法有关规定进行管理。”但这些法律对执行员问题规定得都比较粗放。虽然最高人民法院的司法解释在《关于适用〈中华人民共和国民事诉讼法〉的解释》和《关于人民法院执行工作若干问题的规定(试行)》中出现“执行员”的字眼,遗憾的是也只是执行程序上的规定,缺乏执行员任免条件、程序、职级、职责权限等方面的规定,导致现行执行员的任免程序较为混乱、执行员的职级等级无法确定、相关权益无法保障、执行员职责权限不明确,以及审判人员、执行员、书记员、司法警察在执行工作中分工不清等问题,使我国的执行员制度处于“有名无分”的境地,影响了执行工作的有序进行。

3. 审查效果不强

部分被执行人采用虚假诉讼、转移资产、设置权利负担等方法规避执行,手法不断翻新,需要审查人员准确识别,依法采取变更、追加被执行人在内的多种措施,但该权力的行使往往具有临时性特点,如果人员不固定,机构设置较为松散,则难以驾驭越发复杂的审查事项。

(五)流程方面

1. 执行救济存在漏洞

传统执行监督方式与新型执行救济方式并存且调整范围广泛、程序缺乏,造成了司法资源的浪费。《最高人民法院关于人民法院执行工作若干问题的规定(试行)》集中规定了传统意义上的执行监督方式,《民事诉讼法》,则确认了执行案件当事人、利害关系人或案外人所享有的执行异议、复议、案外人异议等多项权利,确立了新型执行救济方式,丰富了执行救济手段,促进了执行程序的规范与公正。但是传统执行监督方式与新型执行救济方式并存也造成了一定问题。由于传统执行监督方式的调整范围无所不包,涵盖非常广,且缺乏必要的程序,不少执行案件当事人、利害关系人或案外人在行使新型执行救济权利得不到满足时,首先考虑的不是尊重司法权威,而是选择上访甚至闹访缠访等方式不停要求启动传统执行监督方式,相关法院则不得不重复性地进行审查答复,从而造成了司法资源的浪费,影响了执行权的运行。

2. 执行流程管理不畅

为提高执行效率,各地法院不断强化执行流程管理,实行分段执行,但仔细分析后不难发现,该流程管理一般仅限于执行实施权,将财产调查、控制、处分、发放等行为分解,在各个环节设置时间节点,而对执行审查权,则作为特例处理,单独对待,未将其纳入流程管理之内,或者疏于采取管理措施。

五、我国法院审执分离模式的探索与改革

20 世纪 90 年代末以来，中央 11 号文的颁布给民事执行改革带来了巨大动力。[39] 特别是党的十八届四中全会发布《中共中央关于全面推进依法治国若干重大问题的决定》明确提出推动实行审判权和执行权相分离的体制改革试点，最高人民法院也发布《人民法院第四个五年改革纲要(2014～2018)》鼓励地方法院探索改革后，一些法院对民事执行体制进行了大胆的探索，形成了有益经验。[40]

(一)唐山法院审执分离体制改革试点情况

唐山市中级人民法院现有执行干警 233 人，占编制总数的 15.2%。经过不断的探索实践，唐山法院形成了“上统下分，裁执分离，人财物案统一管理”的“两分一统”垂直管理执行工作新模式。

1. 主要做法

河北唐山市中级人民法院审执分离体制改革的总体思路就是实行审判权与执行权在市中级法院深化“内分”，市中级法院执行局原执行一庭分离出执行局改为执行裁决庭，纳入审判机构序列，与其他民商事审判庭并行；在基层法院实行彻底“外分”，撤销基层法院执行局，执行实施机构、职能和人员与基层法院彻底分离；在基层法院设立执行裁决庭，纳入审判机构序列，基层法院从执行实施工作中解脱出来，专门从事审判工作。市中级人民法院打造跨行政区域的执行格局，市中级人民法院执行局

〔39〕 云南省是较早探索民事执行体制改革的省份，云南省高级人民法院于 1998 年 12 月建立省级法院辖区民事执行工作统一领导、统一指挥、统一协调的管理机制，这一探索在全国法院引起了较大反响。参见云南省高级人民法院:《关于执行工作改革的思路和主要做法》，载最高人民法院研究室编:《人民法院五年改革纲要》，人民法院出版社 2000 年版，第 330 页。

〔40〕 为贯彻党的十八届四中全会精神，最高人民法院制定《人民法院第四个五年改革纲要(2014～2018)》，提出应遵循加强顶层设计，鼓励地方探索实践的原则，及时总结试点经验，推动制度创新，深化执行体制改革，推动实行审判权和执行权相分离的体制改革试点。唐山法院、上海法院、北京法院、江苏法院、四川法院的审执分离体制改革的主要做法和成效来源于 2016 年 9 月 12 日全国法院审执分离体制改革试点工作经验交流会会议材料，分别为唐山中院院长李彦明《创建“两分一统”垂直管理模式强力破解执行难题》、上海市高级人民法院副院长盛勇强《遵循审执规律，推进审执分离体制改革——上海法院审执分离体制改革试点情况汇报》、北京市高级人民法院副院长安凤德《以信息化为支撑，探索团队化执行模式改革——在全国法院审执分离体制改革试点工作经验交流会上的发言》、江苏省高级人民法院副院长诸红军《推进执行体制改革为“基本解决执行难”注入持续动力》、四川省高级人民法院执行局局长赵勇《重构执行要素优化权力配置推动解决执行难》。

负责全市法院执行工作，对全市执行工作人、财、物、案统一管理；市中级人民法院执行局内部下设5个执行分局，执行分局下设县（市）区执行大队。每个执行分局管辖3个县（市）区基层法院执行大队的执行案件和执行力量。

（1）两次分离，打造执行实施新体制

现行执行体制不适应当前经济社会发展的需要，不利于司法资源的优化配置，形不成工作合力，是造成执行难的一个重要原因。为此，唐山市中级人民法院大胆尝试体制创新。

一是组建跨区执行分局，实现执行实施权与基层法院分离。

组建了5个跨行政区域的执行分局，作为市中级法院执行局的下设机构。同时撤销了基层法院执行局，将其改设为执行大队，从隶属关系上脱离基层法院。

每个执行分局下辖3个执行大队，统一管理本辖区执行工作，其主要职责是：部署、指挥集中执行和专项执行行动；负责队伍管理和业务考评；负责经费和装备管理；负责立案分案、信访督办、执行宣传，以及综合性事务工作。执行大队在执行分局的统一领导下，办理法律规定由基层法院管辖的执行实施案件。

撤销基层法院执行局，成立执行大队，组建跨区执行分局，将执行机构和职能从基层法院分离出来，上收到市中级法院执行局，实现了执行权与审判权的第一次分离。

二是设立执行裁决庭，实现执行裁判权与执行机构分离。

唐山市中级人民法院把市中级人民法院执行局原内设的执行一庭，改设为执行裁决庭，脱离执行局，纳入审判机构序列，负责审查处理执行行为异议和部分案外人异议案件，审理涉执诉讼一审、二审案件。执行局和执行裁决庭由不同的院领导分管。

在基层法院同时设立执行裁决庭，归属审判机构序列，负责审查处理部分案外人异议案件，审理涉执诉讼一审案件。

执行裁决庭设立后，唐山市中级人民法院调整完善了执行裁决和涉执诉讼案件办理机制，即执行实施部门负责告知当事人裁决案件的办理程序，接收、移送相关材料，送达执行裁决法律文书；院立案庭负责执行异议、复议、不予执行、涉执诉讼案件的登记立案；执行裁决庭负责审查并做出裁决。同时规定了几个部门的材料收转和办理期限。

两级法院设立执行裁决庭并脱离执行局，把执行裁判权分离出来，实现了执行权与审判权的第二次分离。

这两次分离,使审判权和执行权的配置更加合理,把执行权打造得更加单纯、更加专业,为执行权的规范、高效运行,提供了更加有力的体制保障。

(2)一统到底,构建执行垂管新格局

唐山市中级人民法院通过调整执行局内设机构和职能,上收人、财、物、案的管理权,做实做强执行指挥中心,真正实现了对执行工作的一统到底。

一是调整机构职能,形成一统框架。

唐山市中级人民法院进一步明确了执行局的职能定位,赋予执行局统一领导、指挥、管理、协调全市执行队伍、案件、经费和装备等职能。根据这一职能定位,唐山市中级人民法院报请编制部门,调整了执行局内设机构,将原综合处改设为执行指挥中心,负责统一立案分案、统一管理经费、装备和案款、统一部署全市集中执行和专项执行行动,统筹安排综合性事务;为加强对全市执行队伍的统一管理、考核和培训,执行局增设了政治处;为统一协调解决执行争议,督办、化解执行实施类申诉信访案件,查处违法违纪行为,把原执行二庭改为督导处;将原执行三庭改设为实施处,办理法律规定由市中级人民法院管辖的执行实施案件。执行局内设一个中心三个处室,职能定位清晰,分工明确具体,与执行分局和执行大队相互协调配合,形成了执行机构一统框架。

二是直管人财物案,打牢一统基础。

唐山市中级人民法院积极协调,主动推进,着力夯实一统基础。

统一管理执行人员。按照执行人员编制数不低于基层法院总编制数 15% 的比例,将基层法院符合条件的 172 名执行人员划转到市中级人民法院,由市中级人民法院统一平衡使用。2015 年 10 月,市政府又专门为执行局公开招录了一线在编执行人员 30 名,有效缓解了执行人员力量不足问题。

为打造一支专业化的执行队伍,唐山市中级人民法院制定实施了“一岗双责”、绩效考评、消极执行问责等管理规定,针对年内基本解决执行难任务目标,制定了专项考核办法和表彰奖励工作暂行规定。政治处在院政治部的指导下,负责队伍管理和考核,督导处在院纪检监察部门的指导下,负责专项督察和指导。一年多来,唐山市中级人民法院执行局对两个分局和 3 个大队给予单独记功奖励,对 5 名干警进行查处问责。通过加强统一管理,狠抓纪律作风建设,执行队伍的整体素质和能力得到显著提升。

统一管理经费装备。改革后,原基层法院执行局的办公用房、车辆等执行装备,由执行大队继续使用,后续的维护和设备更新,统一由市财政保障。从 2016 年 1 月 1

日起,执行分局和执行大队的人员工资和公用经费等,全部纳入了市级财政预算。执行指挥中心在院计财处的指导下,负责经费和装备保障工作,实行单独管理、分账列支,确保执行经费和装备急用先配,配强配优,足额保障。

统一管理执行案件。为破解执行分局和执行大队的执法主体资格问题,确保不因改革而增加当事人的诉累,唐山市中级人民法院采取统一提级、概括授权方式,实施了“一提、一指、一分”的办案机制。“一提”,是把法律规定由基层法院管辖的执行实施案件,统一提级至市中级人民法院,然后交由各执行分局办理,使用市中级人民法院案号、公章和文书;“一指”,是将执行分局在办理执行实施案件过程中发生的案外人异议及异议之诉等案件,由市中级人民法院指定基层法院管辖;“一分”,是把执行异议审查、不予执行审查等裁决案件,从执行局分离,交由执行裁决庭审理。执行局负责执行命令、决定和程序类事项的实施。在执行分局创设了执行委员会,负责研究解决疑难复杂案件,研讨总结执行工作中的经验。

三是做实指挥中心,助力一统到底。

唐山市中级人民法院按照设备一流、功能完善、有职有权的标准,在全省率先建成了独具特色的执行指挥中心。借力信息化手段搭建了智能化执行办案、网络化执行查控、实时化执行公开、规范化案款管理和可视化执行指挥五大平台。具备了远程指挥、案件协调、案件管理、决策分析、网络查控、信用惩戒、信访督办、案款监督八大功能。执行分局、执行大队分别设立指挥中心、指挥室。市局指挥中心与分局指挥中心、大队指挥室,以及车载和单兵设备之间,实现了实时视频语音通讯,形成了上下一体、内外联动、规范高效、反应快捷的 3 级指挥体系。实行全天候值班备勤,24 小时进行指挥调度。

唐山市中级人民法院指挥中心利用智能化办案平台和可视化指挥平台,实现了对执行行动的扁平化指挥。对案情疑难复杂、社会影响较大,需要集中力量攻坚或执行受阻需要力量支援的,市局指挥中心迅速调配各地执行力量和装备,全力增援,确保行动不受阻,人员不受困,执行有效果。在唐山市中级人民法院执行局的统一指挥下,各执行分局作为独立指挥单元,每月筛选适宜集中执行的典型案件,至少组织 3 次集中执行行动。每次行动干警不少于 20 人、警车不少于 6 辆,采取“狼群”战术,集中力量拘人、搜查、强迁,进行攻坚克难。2015 年 7 月至 2016 年 9 月 12 日,全市共组织集中执行行动 216 次,其中有三分之一是通过市局可视化指挥系统组织实施的。

(3)加强保障,完善配套运行机制

一是实施法官主导,建立团队化执行机制。

根据人员分类管理要求,结合执行队伍的实际和工作需要,实行了“1+N+1”团队化的执行工作机制,前面的“1”是指执行法官1名,“N”是指每个执行团队有法官助理、执行员、司法警察或协警人员至少4名,后面的“1”是指书记员1名。执行团队是执行实施工作的直接办案单位,执行法官是执行团队的主导,负责信息化系统的使用管控、团队内外的协调、案件的统筹办理以及团队建设和管理;负责决定采取财产调查、控制、处分、交付、分配、罚款、拘留等措施;负责签发裁定、命令、决定、通知等。法官助理、执行员或司法警察,根据法官的指令办理简易执行案件,负责执行实施及其他工作。书记员负责记录、录入案件相关信息,以及法官交办的事务性工作。“1+N+1”团队化执行工作机制,打破了一人一案一包到底的传统办案方式,提高了办案质效。

二是推进人员转警,建立执行警务保障机制。

唐山市中级人民法院将符合录警条件的122名执行员,在本人自愿的基础上,申报转为司法警察,占在编执行干警的52.4%。根据方案要求,按照“编队管理,派驻使用”的原则,将司法警察派驻到各执行实施部门,日常工作管理由执行局、执行分局负责,中级人民法院司法警察支队负责警务技能训练、体能达标考核。司法警察主要负责办理简易执行案件、送达法律文书、维护现场秩序、保障执行安全、看护责任财产、制止违法行为等。

三是实施二次分案,建立繁简分流执行机制。

针对执行案件难易程度,唐山市中级人民法院依托智能化办案平台和执行查控系统,创建了执行实施案件繁简分流办案机制。执行局和执行分局指挥中心设立了案管室,由两个或三个执行团队组成。执行案件立案后,首先全部分到案管室,由专门人员制作并集约送达执行程序类文书,统一进行集约查控;对集约查控到足额财产、被执行人主动履行以及申请悬赏执行、律师持令调查等简易案件或事项,由案管室法官或执行员径行办理,直至结案;对立案后30日内,经集约查控未发现足额财产、需要启动财产变现程序或有重大执行争议等复杂案件,通过智能化办案平台进行二次分案,交由各执行团队,重点负责搜查、强迁、变现、拘罚、移送追刑等工作。同时案管室对中止案件定期进行集中巡查,发现财产的按繁简分流机制办理。通过繁简分流,约40%的执行案件被消化在了案管室,基本实现了“简”出效率,“繁”出精品,有效避免了选择性执行和消极执行,提升了执行规范化水平。

四是加强内部协作,完善立审执配合机制。

唐山市中级人民法院制定实施了《关于在全市法院实行主动执行制度的规定》。

立案庭、审判庭在诉讼过程中主动向当事人送达《自动履行生效法律文书告知书》和《主动执行告知书》，引导当事人及时进行财产保全，尽可能及早查控财产。有执行内容的民事法律文书作出后，审判庭主动征求权利人是否授权法院主动执行，权利人同意的，审判庭在法律文书生效时，直接移送执行局执行；权利人不同意的，审判庭直接委托执行局送达法律文书，由执行局跟踪履行，主动查控义务人财产。

在诉讼之初，立案庭、审判庭要求当事人填写《诚信诉讼承诺书》，明确告知被执行人抗拒、规避执行的法律后果，让当事人承诺如不主动履行，就自愿承担法院采取的限制消费、滞外失信、媒体曝光等措施的不利后果。在一审判决后，审判部门向当事人送达《妨害执行制裁措施告知书》，告知不履行生效法律文书的后果。

通过加强立审执协作配合，义务人利用审执衔接空挡规避执行情形得到有效遏制，主动履行生效法律文书数量呈上升趋势。

五是强化外部合作，建立多元化联动机制。

联手公、检机关，“严打”涉执犯罪。加强与公安、检察机关的协作配合，创立了“双移送、双指令”办案机制，着力解决自诉案件程序启动难题。双移送，即执行局发现涉嫌“拒执罪”情形的，统一移送市公安局；公检机关认为不能追究刑事责任，或公安机关在收到移送案件一个月后未立案侦查的，执行局即移送市中级人民法院立案庭，按刑事自诉程序办理。双指令，即涉嫌“拒执罪”的，市公安局指令执行实施部门所在地的公安机关依法立案；公检机关认为不构成“拒执罪”的，市中级人民法院立案庭指令有管辖权的基层法院立案，按刑事自诉程序办理。

联手协作部门，严惩失信行为。为确保失信惩戒协作在唐山落地生根，唐山市中级人民法院组织召开了 44 家协作部门联席会议，建立健全了失信惩戒协作机制。为解决被执行车辆扣押难问题，唐山市中级人民法院与市公安交通警察支队加强协作，定期向交警指挥中心推送扣押车辆和欠债“老赖”信息，利用户外电子显示屏滚动播出；为拓展失信惩戒方式，在“老赖”工作和生活区域，张贴失信惩戒公告 4200 余份；与在唐商业银行加强合作，利用其营业网点的电子显示屏，曝光 2700 余条失信被执行人信息。被执行人迫于压力主动履行的案件数量逐步上升。

联手各类媒体，营造攻坚声势。自最高人民法院部署基本解决执行难工作以来，唐山市中级人民法院与各类媒体加强合作，着力宣传执行难的内涵以及解决执行不力案件和消化执行不能案件的思路、举措。截至 2016 年 9 月 12 日，全市法院悬挂宣传横幅 6700 余幅，在当地电视台滚动播放宣传标语 5200 余条，张贴敦促履行通告 30 000余份，在主流媒体和微信、微博等新型媒体刊播图文信息 15 000 余篇。与市、县电视台合作开设宣传专栏，实时报道攻坚克难举措和成效，邀请协作部门负责人接受电视访谈，专题讲解联合惩戒措施，定期曝光失信行为。

2. 主要成效

（1）统一指挥有力

通过改革，化分散为集中，执行资源整合更加有力，指挥协调更加顺畅，形成了强大的执行工作合力。单个基层法院执行力量不足、威慑力不强的问题，得到了有效改善。2015 年 7 月至 2016 年 9 月 12 日，执行案件结案率和到位率同比分别上升 27.6% 和 25.8%。市人大、市政协先后组织代表、委员专题视察执行工作，对唐山市中级人民法院在服务保障大局上积极主动作为，在司法体制改革上勇于创新担当的做法，给予高度评价。

（2）制约监督有序

执行裁决机构从执行局分离，划归审判序列，强化了横向监督；设立执行督导处，实现了由专门人员、专门部门负责督察和指导，强化了纵向监督。双重监督使执行行为更加规范，将大量执行信访引入了法制轨道。2015 年 7 月以来，执行信访总量同比下降了 24.7%，对执行人员违法违纪的投诉，同比下降了 22.3%，消极执行、选择性执行和乱执行行为大幅减少，群众满意度显著提升。

（3）抵御干扰有效

撤销基层法院执行局，执行实施权统一上收市中级人民法院，变“块管”为“条管”，有效削弱了外界干预。上下一体的垂直领导体制，让跨行政区域分案和集中执行行动更加有效，2016 年 6 月实行“繁简分流”以来，跨区分案率达到了 90% 以上。人情案、关系案明显减少，抗干预能力明显增强。

（4）外部联动有成

通过与公检机关联合开展“严打”行动，与 44 家协作部门联合开展惩戒行动，邀请人大代表、政协委员见证执行，媒体全程跟踪报道，实时公开执行信息，对“老赖”形成了强有力的震慑，收到了较好的法律效果和社会效果，彰显了司法权威。截至 2016 年 9 月 12 日，全市执行威慑环境基本形成，主动履行案件数量同比增长了 7.8%。

（二）上海法院审执分离体制改革试点情况

上海是中央确定的首批司法体制改革试点省市，该市法院以“实行审执分离”为重点，明确了试点先行、先易后难、分步实施、依法稳妥的工作思路，有重点、有步骤、有秩序地扎实推进，取得了阶段性成果。

1. 主要做法

（1）厘清权力性质，建立执行裁决权和实施权分权制约体制。一是制定了执行实施权和执行裁决权权力清单，上海法院对执行中涉及的权力做了梳理、分类，明确了61项执行实施权和47项执行裁决权。二是调整了执行实施权和执行裁决权的权力配置模式，将执行实施权配置给执行局行使，将执行裁决权、涉执行诉讼审判权和非诉行政执行审查权配置给执行裁判庭行使。经编制部门批准，至2016年8月底，全市三级法院均新设了单独建制的执行裁判庭。三是制定了《关于执行局与执行裁判庭工作衔接办法》，从工作机制上确保执行实施和执行裁判工作的有效衔接。

（2）科学配置执行局法官员额，推行以法官为主导的执行组办案模式。一是明确了法官是执行案件的办理主体，执行局保留法官员额，由入额法官负责和指挥执行组办案，确保执行案件的办案质量和效率。二是设定了执行法官员额比例，按1名入额法官+2到3名法官助理、书记员或执行司法警察组成1个执行组，年均办案600件计算，在全市法院执行局设置250个执行组，配置入额法官250名，占执行局在编人数的29.4%，确保执行队伍基本稳定。三是制定了《关于执行办案责任制的若干意见》，明确入额法官对执行组工作质效承担指挥责任，建立执行人员责任清单，明确执行人员在职责范围内对自己执行案件的质量终身负责。

（3）组建执行司法警察队伍，建立执行警务保障体制机制。一是改革执行警务保障体制，增设执行司法警察机构派驻执行局，强化执行警务保障工作。二是设定执行司法警察编制比例，全市确定执行司法警察编制130人，占司法警察总编制的16%。三是对部分未能入额的原执行实施人员，在考核的基础上，开展一次性转任司法警察工作，共转任司法警察64人。四是完善了执行警务保障机制，通过制定《关于执行警务保障工作若干问题的意见》《关于执行司法警察管理暂行办法》等明确了执行司法警察的管理模式，按照“统一管理，分级指挥”的原则，警政、警训、警衔管理由法警部门负责，日常考勤、考核由执行局负责，执行司法警察在执行法官的指挥下依法采取司法拘留、搜查、查封和扣押等强制执行措施。

2. 主要成效

（1）执行职权配置得到优化，执行质效进一步提升。一是权责明晰、权责统一的职权配置基本形成。改革后，执行实施权与执行裁决权分权制约、协调配合，执行局和执行裁判庭法官的为民意识、公正意识、效率意识进一步增强，执行实施主体和执行裁决主体“形分实合”，执行主体权责不明、权责不统一等问题正在得到解决。二是办案质效进一步提高。剔除无财产案件后，初执标的清偿率98.09%。先行试点法院执行裁判庭受理执行异议案件657件,复议发改率1.2%。

(2)工作责任制得到落实,工作责任心进一步加强。一是确立了执行工作责任制和业绩评价体系。制定《关于执行办案责任制的若干意见》《关于完善人民法院司法责任制的实施意见》,明晰执行实施工作和执行裁判工作各自工作责任和评价标准,科学合理、客观公正、符合规律的执行人员业绩评价体系及其应用机制基本形成,执行过错责任认定标准得到统一,责任追究机制得到完善。二是执行人员的责任心进一步加强。经过对试点法院审执分离体制改革以来结案的1000件执行实施案件的专项抽查,执行措施得当、程序到位、法律适用正确的分别占98.2%、96.6%、100%,案卷优良率98.6%,同比上升15.3%,消极执行、拖延执行、选择性执行和乱执行的不良现象基本得以消除,上海市执行案件信访案访比同比下降53%。

(3)执行实施权运行更加规范、高效、有力,推动了"执行难"的破解。一是建立了执行实施规范化标准体系。根据分权后执行实施权的运行规律,制定了一批执行管理、执行流程、执行行为等工作规范。二是执行案款集中清理工作成效显著。2016年年底,全市法院统一使用执行案款"E号通",通过"一案一人一账号"管理机制,实现了执行案款流转与发放全程公开、全程留痕、全程可视和全程监控。2016年7月底已经提前完成全部清理任务,其中2016年4月1日后清理发放执行案款35.3亿元,发还占比84.02%。三是提升了司法警察参与执行的威慑力。执行司法警察在强制执行中随案出警,司法警察的保障和威慑作用越来越明显。

(三)北京法院审执分离体制改革的主要情况

1. 主要做法

(1)执行模式改革的动因

一是审执分离改革要求探索建立更加高效的执行模式。审执分离改革在加强执行工作内部监督、促进执行规范化建设等方面具有重要意义,但毋庸讳言也会在一定程度上造成效率的损失。如果不能采取有效措施弥补效率的损失,将使改革遭受诸多质疑。因此,审执分离改革必然要求改变"一执一书"的传统执行模式,探索建立更加高效的新模式。而在信息化条件下组建执行团队,通过专业分工、团队协作,以进一步提高执行工作效率,是执行模式改革的必然选择。

二是法官员额制改革倒逼团队化执行模式的实行。法官员额制改革中,北京市三级法院高度重视执行队伍的稳定,努力为执行人员入额创造有利条件,在已完成的两批法官入额工作中,北京法院执行系统共有365名法官入额,约占政法编执行人员的41.3%,约占执行法官的65.1%。尽管如此,还有196名执行法官不能入额,大部分要转为法官助理。这样,原有的"一执一书"执行模式难以为继。而构建以法官为主导的团队化执行模式,可以有效化解员额制改革后"执行法官减少、执行案件增多"的矛盾和压力。

三是执行信息化建设为实行团队化执行模式提供了条件。近年来,北京法院执行信息化建设取得了重大突破,建成了供执行法官使用的执行办案平台、供管理者使用的执行管理平台、供当事人与社会公众使用的执行公开平台,实现了执行办案智能化、执行管理可视化、执行公开人文化。通过网络查控系统查到的财产数量大、地域广,原来的"一执一书"执行模式难以及时完成财产的控制工作,需要团队的集约化操作,实现规模效益,并减少执行人员的重复劳动。通过执行办案与指挥管理系统,将执行工作中的人、案、事等各种信息有效集成、共享,实现指挥管理的便捷化、高效化,解决了信息不全面、不对称的问题,使团队化执行模式的运行具备了必要条件。

在以上三个因素的推动下,北京法院2015年上半年开始进行了团队化执行模式改革的基础性调研,并鼓励各法院大胆创新、积极探索。杨万明院长到任北京市高级人民法院后,高度重视执行工作,提出要"在执行规范化上下工夫,在执行信息化上想办法,在执行改革上做文章"。在执行改革方面,特别提出要探索建立信息化条件下符合执行工作规律的团队化执行模式。北京市高级人民法院党组将"探索团队化执行模式"列入2016年全市法院重点工作,两次召开党组会研究改革方案,并在《工作纲要》中将其作为基本解决执行难的一项重要举措。目前,全市已有18家法院建立了107个执行团队。

(2)主要做法

在执行团队的人员构成、运行机制等方面,不同的法院结合各自实际采取了不同的做法,但总结起来,有以下几个共同的做法。

一是法官主导。带领团队的法官承办执行案件,并对办案质效负责。在团队中,法官行使执行裁定、决定和命令权,负责做出执行中的33项裁定、13项决定和12项命令,统筹安排团队成员分工,指挥、监督、管理具体办案工作,并对团队成员工作绩效的考评享有较高的权重。

二是分工协作。标准化的执行团队由1名法官+2名法官助理+2名书记员组成。各院根据法官员额配置、司法辅助人员组成以及案件特点等实际情况,调整团队中法官、法官助理和书记员的具体人数。制定各类人员的职责清单,做到职责明确,分工到人。根据各院实际情况,分别采取两级承办制、协同推进制等不同的运行机制。

三是流程标准化。梳理出提示提醒、审批管理、监督督促、程序控制、廉政风险防范、公开6类136个执行流程中的关键节点，植入执行办案与指挥管理系统中，构成标准化的办案流程和管理流程，使各个案件都必须按照标准化的流程进行办理和管理。对查封期限将至、案款超期未发等22项异常数据，由系统每天自动推送到执行指挥平台和院、局、庭长的管理平台，要求及时督办，每日清零。门头沟法院将执行过程划分为10大环节60个信息化流程节点，明确每个节点的工作要求和完成时限。

四是操作集约化。各院以信息化手段，集约化地完成财产查控、扣押、变现、文书制作及送达等执行事务性工作，为团队化执行提供后台支持和服务。朝阳法院开发执行办案辅助系统，将文书制作及送达等大部分事务性工作以标准化的方式集中完成，其执行一庭5名书记员组成的内勤团队承担了全庭执行案件(2016年1~7月收案7000余件)事务性工作的70%。西城法院在执行指挥中心设立执行综合事务中心，承担文书批量发送、财产集约查控、案款专人收发、未实结案件统一管理、执行信访日常接待等六项职能，帮助执行团队从事务性工作中解脱出来，将更多的时间和精力用于现场执行以及研究解决执行中的重大、疑难、复杂问题。

2. 主要成效

团队化执行模式推行以来，在提高工作质效、促进规范化建设、提升人民群众满意度等方面取得了初步成效。2016年1~7月，全市法院受理执行案件90 679件，办结59 330件，执行标的到位金额374.95亿元，同比分别上升9.8%、15.1%和238.7%；消极执行、选择性执行等问题得到较大缓解，执行规范化水平得到提升；涉执行信访案件数同比下降4.7%。

北京法院的经验告诉我们：一是需要深刻认识执行权的司法属性，按照执行工作的规律特点进行执行权的科学配置。二是需要明确团队成员的职责，充分调动各类人员的工作积极性，做到各尽其能，各得其所，取得“1+1>2”的整体效能。三是需要充分发挥信息化和执行指挥中心的功能作用。四是需要简化机构，减少层级，实现扁平化管理，提高执行工作的整体效率。

(四)江苏法院审执分离体制改革的主要情况

1. 主要做法

(1)深入调研，明确改革方向

江苏法院经过深入调研认为，只有推进执行体制改革，通过优化执行权配置，改善现有执行工作的组织形式和行为方式，解决目前执行工作中执行手段和资源的利用效率低以及权威性不足、强制性不足、规范性欠缺、监督不到位等问题，才能使“基本解决执行难”获得持续性的动力。为此,改革应坚持以下方向。

第一,改革的出发点和落脚点,是使执行体制更加适应执行工作的需要。执行工作追求的是当事人权利实现的最大化和执行效率的最大化,改革应强调符合这一执行工作的基本规律,致力于提高制度与需求的契合度。

第二,改革的着力点,是调整各级法院执行机构的职能定位。通过改革清晰划分四级法院在执行工作中不同的任务分工,使统一管理、统一指挥、统一协调的执行工作管理体制真正落实到位。执行机构设置和人员配备也需要根据各级法院职能的不同进行调整。基层法院主要负责办理执行实施案件,应重点加强执行警务保障以突出强制性,重点建设执行指挥中心以突出信息化;高、中级法院的主要职能转变为对下管理、指挥、协调、服务和监督。

第三,改革的推进方式,应注重与司法改革整体进度的协调性。审执分离体制改革,是司法体制改革的重要组成部分,但需要以司法人员分类管理改革、完善司法责任制改革和省以下地方法院人财物统一管理改革为基础,尽可能与各项改革同步,避免单兵突进。

(2)认真谋划,制订改革方案

江苏省高级人民法院《关于实行审判权与执行权相分离体制改革的实施方案》由省法院执行局主导起草,经征求省委组织部、省编办等单位以及省法院政治部、法警总队等部门意见后,经司改领导小组研究通过。主要改革措施包括以下内容。

第一,设立执行裁判庭,强化对执行实施行为的有效制约和监督。执行裁判庭分离出执行局,负责办理执行异议、复议、对除消极执行督办案件以外的执行监督案件、涉执行的诉讼案件、拒不执行生效裁判公诉及自诉刑事案件。

第二,加强统一管理,强化执行力量的高效利用。一是强化全省法院“三统一”的执行工作管理体制。使全省法院执行局在纵向上行使司法监督和行政管理双重职能,在横向上建立跨地区案件协调执行工作机制。二是调整并明确三级法院执行局的职能定位。高(中)级法院执行局主要职能调整为对辖区内法院人员、案件、装备的统一指挥、管理和调度,以及对下级法院的服务、监督和指导;执行实施案件指定到下级法院执行,其执行实施机构职能转变为提级办理下级法院存在消极执行、拖延执行、选择执行、乱执行情形的案件。三是全省法院执行指挥中心实体化运行。配备专职副主任和专职技术、查控、警务人员负责运行和维护,集中办理网络司法查控、执行线索举报电话接听、下达调度指令等工作事务。

第三,实行执行人员分类管理和加强执行警务保障,强化执行威慑力和专业性、规范性。一是执行局配备法官、法官助理、书记员、司法警察等人员。执行实施处（科）推行以法官为核心的团队协作办案模式，每个执行团队配备员额法官、法官助理、书记员和司法警察等人员，即“1＋×＋×＋×”模式。综合协调处实行合议制，根据审判业务庭同等要求配备人员。基层法院按不少于全体干警现有编制总数23%的比例配置在编执行人员。二是保障执行局法官员额。明确执行局员额法官岗位和数量按照“以案定岗”工作要求确定。在法官员额制改革中对执行部门原具备法官资格的人员与其他业务部门同等对待；在执行实施部门配备与其工作任务相适应的员额法官，确保执行实施中的查封、扣押、冻结、拍卖等需以裁定方式行使的职权由法官行使。三是执行实施人员根据自愿原则转任司法警察。坚持严格把握转警标准，着力建设有强大战斗力的执行法警队伍。要求转警人员应具有中央政法专项编制、公务员身份，入警培训和体能考核达标，有审判、执行工作经历的人员转警最大年龄为50周岁，其他人员为45周岁且具有本科以上学历。上述人员转警后编入司法警察执行支（大、中）队派驻执行局，警籍管理、警务训练由法警部门负责，日常工作管理、执行业务培训、考勤、考核等由执行局负责。同时明确提出，转警人员因工作调整不再从事执行工作或兼职非执行工作的，应当退出司法警察职务序列，防止转警工作变味成为单纯提高待遇。

2. 主要成效

目前，各项改革措施正在有序推进之中。部分改革措施已经先行落实，形成了“基本解决执行难”的战斗力。

（1）审执分离逐步到位

省编办已批准省法院设立执行裁判庭。执行裁判庭初期配备4名员额法官，不足人员将在第二批员额法官遴选中补充。目前全省已有近30个法院将执行裁判职能分离出执行局。2015年以来，全省执行异议、复议案件大幅增加，2015年新收执行异议案件5928件，同比上升79.47%；2016年1～8月已新收4779件。这在一定程度上表明审执分离改革，已促使执行当事人的救济渠道更加通畅。

（2）统一管理初显成效

一是三级法院执行局职能调整发挥出积极作用。第二季度以来，徐州、无锡、南京、宿迁、常州等市中级人民法院，先后成功组织开展多次全市范围的大型集中执行活动，执行力量统一调配、统一指挥的威力得到显现。网易直播平台对徐州两级法院一次集中执行活动进行24小时全程网络直播，围观网民多达664万人，网络舆论“一边倒”地给予正面评价。二是执行指挥中心实体化运行取得实效。三级法院执行指挥中心实现互联互通,专职运维,人员基本配备到位,24小时值班和备勤制度逐步落实,实现了对执行线索举报的快速反应和对被执行人及其财产的异地协控。各级执行指挥中心集中办理财产查控、司法网拍等事项。三是统一管理手段陆续落实。省法院先后下发《关于进一步加强和完善执行工作统一管理体制若干问题的意见》《关于规范高、中级人民法院对下一级人民法院执行局局长任命考察工作的规定》,明确规定了统一管理的程序和要求。

(3)稳妥推进法官员额制改革和警务保障机制建设

各级法院执行局按照"一正两副"要求已配齐领导职务,法官入额工作已全面推开,目前正在业绩考核、考评和推荐入额阶段。有转警意向人员经初步摸底达到1300余名,省法院将根据改革方案确定的转任范围、条件和步骤稳步推进转警工作。

(五)四川法院审执分离体制改革的主要情况

1. 主要做法

(1)明确契合四川实际的审执分离改革思路

认真落实最高人民法院关于成都市中级人民法院执行体制改革试点方案的批复要求,明确改革试点的"三个责任":省高级人民法院党组承担谋划部署、组织保障的领导责任,省高级人民法院政治部、执行局等承担精准指导、统筹协调的指导责任,成都市中级人民法院承担具体实施、提炼经验的主体责任。同时,根据四川法院点多面广、各地执行工作条件差异大的特殊省情,在川东、南、西、北分别确定达州、泸州、攀枝花、广元4地法院进行自主探索,运用改革性思维完善执行机制,努力走出一条符合四川实际的改革之路。

(2)构建"分权制衡、统一监管"的执行权力运行模式

一是推进执行裁决权二次分离。分出涉执行诉讼裁决权,将执行分配方案异议之诉、案外人异议之诉、代位权诉讼等案件交由民事审判部门负责,确保审判专业化水平。分出执行审查权,将执行异议复议、追加变更执行主体、不予执行、驳回执行申请等涉及当事人、利害关系人重大权益的判断问题交由执行裁决部门审查,避免执行局"既当运动员又当裁判员"。分出终本案件审批权,由审判监督部门审查批准案件终本,试行"终本八不准"制度,防止滥用终本程序。2016年1~8月,成都市中级人民法院执行裁决部门受理执行异议复议等案件1054件,同比增长75.7%,结案率达90.1%。

二是推进执行实施权二次分离。要求执行干警强化侦查思维,充分利用网络查控系统、网格协执员制度、发布悬赏公告、发放律师财产调查令等方式,确保执行局专

注于查人找财产。分出执行财产处分变现权,交由技术室实施,强化互联网思维,全面推行网络司法拍卖,财产处置"以网络拍卖为原则、以传统拍卖为例外",努力实现财产价值最大化。全省 174 家法院入驻淘宝网、京东网司法拍卖平台,拍卖成交率 76.7%,平均溢价率 18.6%。在泸州法院探索分离财产分配权,执行局控制或技术室变现财产之后,交由立案机构负责分配,强化权力制约,促进分配公正。

三是加强执行权力运行监督。依托网上办案系统,要求全部案卷材料随办案进程同步录入系统,明确各流程节点的办理期限、质量标准,自动甄别异常情况提示院庭长,实现对执行全过程的"静默式监管"。扎实开展"执行规范年""百日执行攻坚战"等活动,出台《四川法院消极执行责任追究暂行规定》,明确消极执行、选择执行、乱执行等 25 项具体情形,由纪检监察部门进行调查、认定、追责,强力整治久拖不执、久执不结等问题。

(3)构建"分类管理、统一调度"的执行力量配置模式

一是留足执行法官员额。针对执行工作中诸多事项需要行使司法判断权的客观实际,要求全省各地法院在法官员额制改革中为执行局保留适应工作需要的法官员额。先期开展司法体制改革试点的 11 个法院,以及 9 月 9 日印发的全省法院法官入额遴选方案,均对执行局原具备法官资格的人员做到了同等对待。其中,成都市中级人民法院在执行裁决权分离后,仍为执行局配备了 5 名入额法官。

二是强化执行警务保障。围绕树立执行权威,在成都法院探索构建以执行法官为审查主体、司法警察为实施主体的队伍配置模式,明确各类人员职责清单,依法突出执行强制性和威慑力。按照最高人民法院批复精神,稳妥推进符合条件的执行实施人员转任司法警察,加强执行队伍的"三化"建设。对成都两级法院执行干警基本情况、思想动态进行了 3 次调查摸底,组织召开思想动员和政策解读大会,加强与组织人事部门沟通衔接,转任方案正顺利实施。

三是改革执行机构设置。着眼解决执行力量分散、管理粗放等问题,探索打破行政区划限制,集约使用人力资源。在成都法院试行"市局、分局、大队"三级行权模式,执行分局与中级人民法院执行局内设处、执行大队与基层法院执行局实行"一套人马两块牌子",按照"市局管总、分局管案、大队管办"的原则,3 个执行分局下沉到基层办公、分片各管 7 个执行大队,突出执行分局的统筹协调职能,实现对全市执行人员、案件、事务的靠前精细管理。

(4)构建"管办分离、统一协调"的执行案件管理模式

一是实行统一查控分类。在成都法院探索建立执行案件统一管理指挥平台,辖

区内执行案件立案后,中级人民法院执行局10个工作日内向银行、房管、国土、工商、交管等部门统一提起查控,对有财产可供执行、有财产但无法执行及无财产可供执行案件实施分类管理。无财产可供执行案件纳入专门系统监测,定期轮查财产,依法退出执行程序。建立执行资产统一管理平台,逐案建立台账,实现对财产查询、控制、处置、分配全过程的实时监管。

二是注重案件繁简分流。统筹考虑案件类型、执行难度、便利执行等因素,对有财产可供执行案件细化分类,统一调度、中基层两级法院执行干警进行办理。在成都法院,按照"70%的骨干办40%的大要案,30%的人员办60%的简单案"原则,大、要案由执行局、执行分局调度执行人员负责办理,简单案件则由执行分局分派给执行大队直接办理。改革两个月以来,成都法院在执行案件增加11.2%的情况下,结案率上升7.2个百分点,达到53.1%。

三是推行分片集约办案。通过指定执行、提级执行、异地交叉执行、委托执行等方式,切实解决各地法院受案不均、拖延执行、推诿执行等问题。指导泸州法院打破案件管辖界限,将全市案件区分市内、市外省内、省外3个层次,将省外案件划分为华东、华南、黔贵渝等5大片区,整合市县两级法院执行力量,组成5个办案单元,由中级人民法院或区县法院领导带队分片包干攻坚。2016年1~8月,泸州法院执行质效明显提升,标的到位率达到63.1%。

2. 主要成效

经过积极探索,四川省执行改革取得积极成效,有力推动了攻克执行难进程。2016年1~8月,全省法院共受理执行案件18.2万件,同比增长37.2%,执结10.5万件,同比增长25.3%,执行标的到位率同比提升5.9个百分点,涉执信访案件明显下降,执行不廉案件大幅减少。

(六)武汉法院审执分离体制改革的主要情况

1. 主要做法

(1)准确定位执行机构的职能,保障审执分离

早在2008年,伴随着《民事诉讼法》的第一次修订颁行,武汉市中级人民法院为落实执行救济制度,治理"执行乱"、滥执行,对执行权进行了改革。将原来执行实施权与执行审查权混为一体的执行权进行分离,在执行局内部,另行建制执行裁判机构,专门审查执行异议、复议案件。2012年,《民事诉讼法》第二次修订后,武汉市中级人民法院再次在机构职能上明确定位,对执行局内设组织架构进行大刀阔斧地改革,实行"一局两庭"三足鼎立的模式,将执行实施、执行审查、综合协调等业务分由执

行实施庭、执行裁判庭、执行局行使。执行局指挥中心办公室内设信息综合室和信访督办室,统一指挥、统一协调和统一管理全市法院执行工作。执行实施庭主要办理本院受理执行案件的财产调查、控制、处置、交付和分配以及罚款、拘留措施等实施事项,以案件执行为第一要务。执行实施事项的处理采取审批制。执行裁判庭主要办理执行异议、执行复议、执行监督、执行协调、执行请示等裁判事项和案外人执行异议之诉、申请人执行异议之诉、分配方案异议之诉等专门诉讼案件的审判以及执行实施关键节点审查,以救济违法执行为第一要务。执行审查事项的处理采取合议制。武汉市中级人民法院在加强自身内设机构建设的同时,指导基层法院根据工作实际建立执行审查权和实施权相分离的运行机制,形成上下对口、统一规范、运行有序的执行机构新格局。

(2)借力信息科技优势,实现办案流程中的审执分离

根据全市法院执行工作特点,创新开发执行案件信息管理软件,将实施、裁判、信访、请示、监督等所有执行案件的全流程纳入信息化管理轨道,分别针对执行实施案件、执行裁判案件、执行信访案件制作执行案件流程管理“树状图”,进行单序列管理,还在拍卖变卖、以物抵债等关键环节开发了执行实施关键节点的监督审查流程分支,相关材料移交、意见审批均实现网上流转。执行实施权与执行审查权真正做到系统分流运行,监督制约有效衔接。

(3)明确执行实施法官、执行裁判法官与执行员的职责权限,深化审执分离

武汉市中级人民法院把法官员额、人员分类管理、司法责任制等试点工作与执行权运行机制改革有机结合起来,遵循执行工作规律和执行权兼具司法权和行政权的特征,借鉴国际通行做法,对执行权进行再分解,细化为命令权、行动权、裁判权,在执行实施部门保留适当的法官员额,任命相应数量的执行员,以团队模式整合办案力量,理顺执行权运行机制。

第一,执行实施权采取“执行法官 + 若干执行员”“命令 + 执行”的团队化运作模式。一个办案团队由 1 名执行法官 +4 名执行员 +4 名书记员组成,执行法官为入额法官执掌执行命令权,执行员以司法辅助人员身份遵照执行法官指令,专司行动权。在新模式下,执行法官签署各类执行决定、命令和裁定等法律文书,审查决定是否采取执行措施或采取何种措施;执行员配合拟定执行方案和提出动议,并实施经执行法官决定的具体执行行为;书记员负责录入案件信息,及时更新执行进展等公开推送信息以及编案、记录等工作。为明确执行法官与执行员的责任,武汉市中级人民法院出台《关于法官、法官助理办案过错责任的暂行规定》《关于执行员办案过错责任的暂

行规定》等配套规定，开出法官、执行员的“权力清单”“责任清单”和“负面清单”，着重明确执行法官和执行员的具体职责。如执行员的职责主要是：送达执行法律文书，调查核实被执行人财产，实施查封、扣押、冻结、扣划、搜查、腾退等强制执行措施，办理委托评估、拍卖等事项，实施执行裁定、执行指令、执行计划等执行决定，拟定分配方案，提请审批拘留、罚款事项，以及其他依法应由执行员执行的事项。同时，限定执行员不得行使下列执行审查权：作出审查当事人、案外人或利害关系人异议的裁定或决定，变更、追加被执行主体，中止、终结执行案件，组织执行听证，审查拘留、罚款、仲裁、公证等事项，以及其他涉及当事人权利义务的重要事项。

第二，执行裁判权实行“法官＋辅助人员＋书记员”的团队化运作模式。一个办案团队由3名法官＋1名法官助理＋2名书记员组成，团队运作模式和角色职责分工与其他审判庭办案团队一致。所有法律文书均由审判长审核，裁判签发，主审法官、合议庭在各自职权范围内对审理的执行裁判案件质量终身负责，真正做到“让审理者裁判，由裁判者负责”。鉴于执行权强调主动、追求效率与审判权居中、被动的不同特性，执行法官在办案过程中所处位置、所持观点、所取思维、所追求的目标与审判法官各有侧重。为此，武汉市中级人民法院选择学历素质高，业务精通，协调能力强，兼有审判、执行工作特长的复合型法官出任执行裁判庭法官，提升团队专业化办案水平。

第三，综合协调部门保留适当法官员额，专注业务指导。主要负责组织法官联席会，研究分析执行程序、执行规范、执行管理和执行工作中带有共性的各类疑难问题，出台各类指导性意见，统一执行尺度；适时组织大合议庭，吸收执行庭负责人、业务骨干等参与，对重大、疑难、复杂和新型执行案件“把关”。2016年以来，执行局根据最新司法解释和司法文件修订了《武汉法院执行实施、审查案件立案规定》《执行实施、执行审查案件流程管理规定》《执行实施关键节点审标准及审查流程规则》《涉执信访工作规程》《执行工作考核评估办法》《失信名单制度实施细则》等17项制度，从执行立案到结案，形成了一整套既符合执行工作规律又行之有效的管理机制。此外，还组织编写《常用执行文书、笔录制作规范》，明确了132种常用执行文书、笔录样式，纳入流程软件，网上自动生成，组织编写《执行疑难问题解答》，统一全市法院的执行尺度和标准。

第四，创新执行实施关键节点前置审查机制，探索审执分离。

2015年4月，武汉市中级人民法院在深入调研、充分论证的基础上，打破“一人包案到底”“一人说了算”的传统案件承办模式，出台配套规则和审查标准，推出执行实施关键节点前置审查工作机制。由执行裁判庭对执行实施关键节点的合法性、规范性提前介入审查。具体而言,就是执行实施人员在评估拍卖、以物抵债、参与分配、终本结案等关键节点启动执行行为前,须经执行裁判庭法官审查通过后方可付诸行动。前置审查机制中,执行审查权与执行实施权实现了彻底剥离,执行实施庭负责强力推进执行程序,裁判庭负责执行行为的监督审查。在两个部门对重大疑难案件的关键节点处理出现意见分歧时,由执行局组织协调。

2016 年年初,武汉市中级人民法院对该机制进行更新升级,扩大执行关键节点审查范围,增加审查事项,细化审查标准,完善审查流程,进一步强化执行实施权与执行审查权的分工协作、监督制约。如果发现执行行为程序不到位,执行裁判庭不仅做出继续往下一个环节推进的否定意见,还给出提示性整改意见。一年来,武汉市中级人民法院共审查执行实施节点 300 余件,节点审查否定率逐月降低,由最初的 22% 下降到目前的 5.7% 。

武汉市中级人民法院在深化审判权与执行权、执行实施权与执行审查权相分离改革的同时,避免走入审、执掣肘的误区,紧扣“公正与效率”主题,进一步理顺审执关系,坚持分而不“裂”、和而不同,形成有效的立案、审判、执行衔接机制,着力打造多方参与的“大执行格局”。立案阶段强化诉讼指导、法律释明、风险告知,对符合法定条件的案件依法及时采取诉前财产保全措施;审判阶段注重提高调解案件当庭履行率和自觉履行率,增强裁判文书说理性和可执行性;执行实施庭和执行裁判庭各守其责,做到分离而不对立,协作而不混同。

2. 主要成效

2015 年 1 ~ 8 月(司改前),武汉市中级人民法院执行实施案件共结案 298 件,执行标的额 37.95 亿元,月平均结案数 37 件,月执行标的额 4.698 亿元;执行新模式运行后(2015 年 9 ~ 12 月),武汉市中级人民法院共执结执行实施案件 863 件,执行标的额 82.16 亿元,月平均结案数 216 件,月执行标的额 20.54 亿元,月结案数较司改前增长 4.84 倍,月执行标的额较司改前增长 3.37 倍。2015 年 1 ~ 8 月,武汉市中级人民法院共审结执行裁判案件 199 件,月平均结案数 25 件;执行新模式运行后(即 2015 年 9 ~ 12 月),共审结执行审查案件 254 件,月平均结案数 64 件,月结案数较司改前增长 2.56 倍。在当前执行案件呈井喷式增长的态势下,形成执行结案数、裁判数和执行到位率明显上升,涉执信访率下降的良好态势。多年的历史积案在执行法官与执行员的通力配合下得以圆满化解。执行权的分解,使原先“一人包案到底”的旧模式被彻底改变,“消极执行”“乱执行”现象得到有效根治。目前,武汉市中级人民法院审、执全方位分离的新模式已全面运行,并取得初步成效。[41]

(七)广西法院审执分离体制改革的主要情况

1. 主要做法

2015年5月,最高人民法院批复广西实行审判权与执行权分离体制改革试点方案后,广西壮族自治区高级人民法院积极向自治区党委、政府汇报,争取获得支持。通过协调解决改革需要的机构调整和人员设置,自治区编委于2015年8月批复,确定广西壮族自治区高级人民法院审执分离机构和编制:一是确定广西壮族自治区高级人民法院设立独立的执行裁判庭,处理执行程序中需要裁决的实体争议。二是执行局由三庭一处调整为两庭一处,分别为执行一庭、执行二庭和综合管理处。执行一庭负责立案、信访、复议和发布执行命令和指令等工作;执行二庭负责执行实施、监督和请示案件办理等工作;综合管理处负责执行信息化建设及执行案件所需信息的网上查询工作。三是增设司法警察执行支队,派驻广西壮族自治区高级人民法院执行局行使执行实施权,建立警务化的执行实施队伍。自此,广西完成了高级人民法院一级的审执分离改革机构和人员调整。2015年11月初,为在全区全面推开审执分离改革,广西壮族自治区高级人民法院下发《广西法院实行审执分离体制改革试点方案》,要求各级法院比照区高级人民法院对机构和人员进行调整。目前已有钦州、玉林两家市中级人民法院和部分基层院获得当地编办批复进行机构调整,河池、贺州、崇左3家中级人民法院已经将机构调整上报编办,虽然尚未获得批复,但已经与当地的编办进行协调和沟通,其余各中级人民法院都已做好改革方案并积极推进,各中级人民法院都已预先做好机构和人员调整的方案,部分中级人民法院正在试运行中。

2. 主要成效

(1)依托执行指挥中心,提高执行成效。广西审执分离改革的基础是广西执行指挥中心与执行局两块牌子一套人马、相对独立的机构,因此,改革取得的成效离不开执行指挥中心。依托执行指挥中心,截至2016年4月13日,全区法院共向联动单位发送查询请求666万余条,收到反馈信息583万余条,其中银行存款信息5 097 333条、房产5718处,工商信息211 355条、车辆180 936辆,酒店住宿信息26 507条等,涉及被执行人231 499人,查询到资金579亿元,解决案件163 947件。在个案中,审

---

〔41〕 参见张城、喻英辉:《武汉中院"审执分离"新模式破解执行难》,载http://news.sina.com.cn/c/2016-01-15/doc-ifxnqriy2916569.shtml,最后访问时间:2016年12月1日。

执分离改革依托执行指挥中心，统一管理、统一调度、统一指挥，极大地提升了执行成效。[42]

（2）整合力量，形成强大的执行合力。广西审执分离改革常态化设置司法警察执行队伍，协助执行局执行，进一步探索完善执行、法警部门协作机制，如柳州市鱼峰区、柳北区、柳城县、柳江县等法院先后成立执行法警中队，专门负责协助执行法官办理执行案件，在机构人员上保证了执行局和法警的沟通配合，形成强大的执行合力。[43]

（3）相互监督，促进规范执行。一是以信息化手段进行监督。广西实行审执分离改革后，完善对立案、分案、财产查询、执行措施、执行款物支付、执行结案、案件归档等流程节点的管理，每个执行案件在综合管理处、执行一庭和执行二庭之间随着节点进行流转，案件不停留在某个部门或是某个执行法官手中，确保大家之间相互监督、相互督促。二是以制度进行规范。2015 年广西壮族自治区高级人民法院为了规范执行裁判、执行实施和执行监督各部门的工作职责，相继草拟和组织讨论通过《执行监督案件办理工作规范（试行）》《执行请示案件办理工作规范（试行）》《执行协调案件办理工作规范（试行）》《执行款管理办法（试行）》等执行规范性文件，防止各部门之间相互推卸责任或者是越权。

（4）审执分离，促进人员专业化发展。广西审执分离改革，根据各执行干警的长

〔42〕 2015 年 11 月 23 日，在柳城县人民法院执行的一个案件中，需要将争议的 255 亩林木林地交付给柳城县良社屯，但马鹿屯村民情绪很激动，矛盾非常尖锐。依托执行指挥中心，柳州市中级人民法院执行局协调联动部门，由公检法司、人大政协、新闻媒体、林业、消防、医护组成的 230 人执法队，组成专案执行指挥组、具体作业组、秩序维护组、消防抢险组、医疗救护组、综合协调组和宣传监督组。各个工作组处于执行指挥中心之下，相互配合，团结协作。通过单兵执行系统和车载对接系统联调，将执行现场情况第一时间反馈到柳城县人民法院指挥部和柳州市中级人民法院执行指挥中心，以便指挥部对执行现场出现的情况第一时间做出指令，确保整个执行行动的顺利进行。截至 23 日中午 13 时，该林木林地权属纠纷已全部化解完毕，共开挖出山林地界 1050 米，清除地面附着物 100 余方果树林木，全体村民服判息事，也恢复了正常的生产生活。

〔43〕 在 2015 年 11 月 16 日玉柴机器股份有限公司申请执行的一个案件中，区高级人民法院执行局和执行法警支队相互配合，统筹协调，调集玉林市中级人民法院、贵港市中级人民法院辖区范围内的法警协同执行一块土地，该地块上违章建筑了 30 多间简易水泥砖房子和建立了一个大型露天停车场，每天停放有几十辆机动车辆。自 2007 年 10 月以来，玉林市中级人民法院已多次发出公告并张贴，限令各占用户及租用户业主自公告之日起 7 日内自行拆迁违章建筑和清空停车场。但各占用户及租用户业主一直并未拆除违章建筑和清空停车场，当地 19 户村民对抗性很强烈，村民们均仍扬言与法院对抗到底。经过三级法院执行局、法警的多方沟通协调，形成了强大的协作合力，最终顺利执结了该案。

处分别调配于执行裁判庭和执行局，合理配置司法资源，方便了法官进行调研和做出理论研究成果。2015年广西对关于保证金账户执行、规避执行、在先查封法院与优先受偿权法院处分查封财产有关问题进行研究，形成《保证金账户执行若干问题解答》《在先查封法院与优先受偿权法院处分查封财产有关问题解答》《关于反规避执行的通知》等规定并下发全区，统一了全区的执法尺度。

（八）评价与借鉴

虽然各地法院结合自身推进执行改革各具特色，但其中也存在一些共同之处，这些共同之处值得我们借鉴。一是设立执行裁决庭，实现执行裁判权与执行机构分离。二是实施法官主导，建立团队化执行机制。三是推进人员转警，建立执行警务保障机制。四是加强内部协作，完善立审执配合机制。特别是各地均选择将执行裁判权的部分从原有的执行机构中分立出来，另行组成与其他业务部门并列的执行裁判庭，这也提示了审执行分离体制改革的大方向，同时也与域外实践中对民事执行权与执行裁判权进行分离的经验相一致。[44] 总的来说，唐山市中级人民法院的审执分离机制改革的模式走在了全国前列，可以说这种模式与十八届四中全会提出的审执分离改革目标是相一致的。唐山市中级人民法院近两年的改革实践表明，这种改革是有益的，取得了一定的成绩，特别是从体制上能够有所突破，并且针对排除地方保护方面取得了一定成功，值得我们借鉴。但这种模式与民事执行应迅速及时、执行案件应就近被执行人、就近被执行财产等原则不相符合，加大了执行工作成本，在一定程度上也降低了执行效率。此外，上述各地法院将专司执行实施的人员纳入司法警察序列，统一转为司法警察，司法警察作为人民法院一支准军事化力量，全面参与案件的执行，走“执警合一”的道路，既可以提高执行效率，将有限的法官资源从其并不适应的执行战线上抽出来，又能保障诉讼工作的顺利进行，使审判工作和执行工作并行不悖。

六、域外民事执行权配置模式的考察与借鉴

总的来看，世界各国执行立法形式尽管不尽统一，但在权力的配置和运行中，都无一例外地遵循审判权和执行权相分离的原则，只是在分离的方式和程度上有所差异，有的是法院体制外部分离，有的是法院体制内部分离，法院体制内部分离中有的

〔44〕 参见廖冰冰、刘蔚、许威等：《关于广西执行指挥中心运行与改革情况的调研报告》，广西壮族自治区高级人民法院2014年度重点调研课题。

是大分,有的是小分,这种分离形态的差异,恰恰是各国根据实际情况所采取的适合本国国情的特色路径。因此,这也启示我们,只要坚持审执分离的原则和理念,在分离的具体制度设计、分离的方式方法和程度上,可以大胆探索、小心求证,走出一条适合我国司法制度实践要求的路径,不断充实和完善执行指挥中心的功能,使之切实承载起执行实施机构的职责,截然区别于作为执行裁决机构的执行局,为构建执法严格、分工明确、衔接有序、运行顺畅、高效透明公正的具有中国特色的社会主义审执分离制度奠定良好的制度基础和现实基础。

(一)域外审执分离模式

课题组通过对域外20多个国家和地区审执分离模式的比较考察,归纳出域外审执分离主要有普通法院模式、混合模式、行政机关模式、专门法院模式四种模式〔45〕,见表1。

表1 域外民事执行权宏观配置模式

模式	类型	国家或地区	宏观配置的特点	法院在执行中的作用
普通法院模式	法官负责执行	意大利、西班牙、秘鲁、奥地利、葡萄牙、我国澳门特区、我国台湾地区	法院是民事执行唯一主体	执行事务由法官负责,法院执行官按法官和法院书记官指令执行
	执行官负责执行	澳大利亚		
混合模式		法国、德国、日本	执行机关既包括法院,也包括相对独立的执达员	法院负责执行中的裁判事项和某些复杂的执行实施事项
行政机关模式	行政机构负责执行	美国、英国、加拿大、俄罗斯、挪威、印度	由设立于法院之外、隶属行政或警察系统的行政官员负责执行实施事务	(1)法院书记官签发执行令状;(2)执行中的裁判事项由法官负责;执行结果向法官报告
专门法院模式		冰岛	专门法院是民事执行唯一主体	专门法院负责全部执行实施和执行裁判事务

〔45〕 参见廖冰冰、刘蔚、许威等:《关于广西执行指挥中心运行与改革情况的调研报告》,2014年广西壮族自治区高级人民法院重点招标课题。

（二）启示与借鉴

1. 注重对民事执行权与执行裁判权的分离

无论是英美法系国家，还是大陆法系国家，在对民事执行权进行配置时，都充分考虑到在执行程序中存在两种不同性质的权力。各国都遵守这样一个规律，民事执行裁判权由法官行使，民事执行实施权部分或全部由行政人员行使。在英美法系国家，完全将民事执行权从法院分离出来，由行政长官行使。而在大陆法系国家，虽然将执行中的纠纷交由法院执行法官解决，但具体的执行实施事项是由独立于法院的执行官来完成的。由此可见，无论是哪一个国家，在设立民事执行机构时，都充分考虑了不同的权力性质。

特别是法国执行法律制度及审执分离机制有其鲜明的特点，这与其法治发达程度、法律文化传统和社会诚信水平不无关系，同时，高水准、专业化的执达员和执行法官确保了外分式的审执分离模式的有效运作，非常值得学习与借鉴。一方面，法国执达员社会化的外分模式未必值得借鉴，但其高素质、专业化的专职执达员制度确是值得借鉴的样板。法国执达员虽然是自由职业者，但却是不折不扣的法律专家，执达员由于经过严格法律训练后还进行定期的职业培训，既兼有理论知识和实务经验，又受到严格的职业要求、规范约束，因此能有效地开展执行实施工作，并得到全社会的认可和尊重。以我国一贯以来的法律文化传统，自由职业者作为执达员的做法未必能可行，然而，培养专业化、高素质的执行员专职处理执行实施事项不仅是可行的，而且是迈向审执分离机制的必由之路。10 年之前，广西一些法院陆续开展的裁执分离改革但最终均悄无声息，原因就在于没有专门化的法律专业人才撑起执行实施的职责和重任，最终使得改革无法继续：执行法官不愿意被划分到执行实施组，因为同为法官却无权发号施令只能接受指令去办事，感觉被降格，和负责裁决的执行法官相比地位低人一等；而书记员、聘用人员和法警又缺乏相关的法律知识、资质和证件，无法单独开展执行实施工作。这种局面的结果是执行实施部门无人可配，裁执分离改革后续乏力、不了了之。

为避免重蹈覆辙，建议我国审执分离的改革应以人为本，把体制分离改革落实到人员定位改革的本源之上，参照医生护士的模式，为执行法官配备执行人员。在我国现有条件下，虽难以设置像法国执达员一样高标准的准入门槛、完备的后期培训机制和精细的追责制度，但应该依据我国国情设置最低的准入条件、执业标准和追责制度。如同常人不能任意充当护士一样，护士虽不必像医生一样具有艰深的医学知识和精湛的手术能力，但是护士也必须具有通常的医学知识，必须经过专业的护理实践锻炼，获得相应的资质后，才具有护士资格。类似地，执行人员虽不必像执行法官一样具有深厚的法学知识和丰富的裁判经验，但执行员也必须具备相应的法律知识，必须经过执行实施业务的专门锻炼，具备执行实施的专业技能并在执业中接受定期培训和测试，才能取得并保持执行员的资格。这是确保依法执行并取得社会公信的起码要求。所以，广西壮族自治区执行指挥中心未来的建设若要承载审执分离改革的重任，要发挥专门化的执行实施功能，就必须在目前的空白地带中探索出一条适合本土执行实施工作需要的执行员准入、培养和管理的新路径，就需要摸索出执行员、执行辅助人员、执行法官合理的搭配比例，就需要逐步建立起上述人员之间科学分工、分类考核的新机制。

另一方面，法国执行法官专门化的制度确保了审执能够彻底分离，保障了执行程序和审判程序之间的协调衔接。德国、日本、韩国都借鉴了法国执行法官制度，一切涉及观念性判断的执行争议，均由执行法官处理，实现了裁判权和执行权在运作中的彻底分离。在我国，执行实施权和执行审查权有一定程度的分类，但是还没有达到全部、彻底分离的程度。《最高人民法院关于执行权合理配置和科学运行的若干意见》对执行实施权和执行审查权做出了划分，执行实施权的范围主要是财产调查、控制、处分、交付和分配以及罚款、拘留措施等实施事项；执行实施权由执行员或者法官行使。执行审查权的范围主要是审查和处理执行异议、复议、申诉以及决定执行管辖权的移转等审查事项；执行审查权由法官行使。该划分是审执分离改革的初步探索，不论从主体权限和划分还是内容范围的划分，该划分体现出来的区分都是不完全的划分、不彻底的分离：就主体而言，执行法官和执行员其实都可以同时拥有执行实施权和审查权，执行法官既可以执行实施也可以执行裁判，执行员在执行实施中也可以做出观念性的判断和决定；就内容而言，执行法官的执行审查权范围过于褊狭，并没有囊括一切执行裁决的活动，执行法官负责执行审查的范围既不包括执行实施过程中需要观念判断和裁决的事项，也不包括各类执行异议之诉案件的审理裁决，这样很难对执行实施活动进行有效、及时的监督，就会出现执行员对执行实施过程中需要观念判断和裁决的事项做出决定，僭越执行实施权限范围的情况；另外，涉及执行的诉讼由非执行法官分散审理，容易因为执行法律和执行业务不熟的因素，导致审理效率不高，出现裁判结果与执行程序冲突的情况。此外，由于执行程序与审判程序分离，衔接有空隙，信息不对称，非执行法官处理涉及执行的诉讼也容易出现矛盾裁判。为避免上述情况，有必要借鉴法国执行法官专属审理一切涉及执行争议的做法，推动审执彻底分离，不论是执行程序中涉及观念性判断的争议，还是有关执行的一切实体争议，都应集中由执行法官审理，排除执行员和其他专业的法官的处理。而且，执行法官的权限应仅仅限于处理执行争议，而不再具体负责实施任何执行行为。

英美法系国家均属于判例法国家，在执行法律和执行程序方面没有统一的立法和规定，执行立法和程序都散见于各个层级零碎的规定甚至判例之中，为英美法系之外的国家理解其法律和制度带来了困难。但由于英美法系国家对审判权都具有非常明确的界定和定位，因此执行权不论是从法理上还是运作上都绝对不能与审判权相提并论，因而，在实践运作中，英美法系国家都具有审执分离的法律传统，而且其分散性的规定恰恰又具备了大陆法系统一性规定所不具备的优点：针对性很强、内容具体、容易操作，在不同的情形中，对适用何种法律、如何执行、该采取何种措施、如何推进程序都有细致而全面的规定，值得深入研究借鉴。

2. 注重法院对民事执行的主导和监督

虽然国外民事执行权由哪个部门来行使差异性很大，但都有一个共同点，都有利于案件的执行。在执行程序中存在民事执行行为和执行裁判行为，其中执行审判行为无论在哪个国家都是由法院行使，或者由法院监督行使，这是由执行审判行为的司法性质决定的。而民事执行权的行使在各国做法不一。有的在法院内部设立执行机构，有的则在法院以外设立执行机构，有的由行政机构行使，有的是成立专门机构行使。从世界各国来看，执行工作大多由法院负责，即便不完全由法院负责，也是部分由法院负责，或接受法院的监督和指导。[46] 不管何种模式，也不管是英美法系国家，还是大陆法系国家，民事执行始终由法院主导，始终离不开法院的监督与制约。

3. 注重对民事执行权的救济

民事执行是一个复杂的过程。在执行的过程中，往往会出现执行人员违反规定或消极执行、不执行的情况，这种情况在任何国家的执行程序中都可能出现，并会使当事人的合法权益受到侵害。因此，上述各个国家和地区在进行审执分离时，都充分考虑了以上情况，为此规定了严密有效的救济程序：一是精心设计了救济的程序；二是规定了多种执行救济种类；三是提供了充分的执行救济途径，这些规定有利于确保执行救济的公正和效率。

七、民事执行权法院配置模式的完善

通过考察民事执行权的定位与两种配置模式的比较，并结合我国一些法院“审执

〔46〕 参见江必新主编：《法院执行工作实务指南》，人民法院出版社2010年版，第1页。

分离”体制改革的经验，课题组认为，我国“审执分离”体制改革，基本方向应当是坚持人民法院民事执行权深化内分的模式，在人民法院设立民事执行机构和执行裁判庭，以彻底实现审判权与执行权的分离，以及执行实施权与执行审查权的分离。由于课题组实际经验的局限性，本文重点讨论中、基层法院审执行分离改革的模式。针对我国民事执行权法院配置模式存在的问题，课题组认为应从以下几个方面努力，以便构建更为科学的执行权运行机制，保障民事执行权的高效、有序进行。

（一）权力分离

根据现行法律和司法解释的规定，民事强制执行中的主要权力有 120 项，其中，执行实施权有 61 项，执行审查权有 50 项（包括执行异议、复议案件审查权 38 项，执行监督、请示、协调案件审查权 12 项），涉及执行诉讼审判权有 9 项。[47] 在民事执行权定位为司法权并配置在人民法院的前提下，要实现民事执行权的科学合理运行，一方面必须彻底地在人民法院内部实现审判权与执行权的分离，另一方面必须实现民事执行权自己的内部的分离，包括执行实施权与执行审查权的分离。因此，必须在明确执行裁决权、执行实施权、执行审查权的权力清单的前提下，实现三权分离。

1. 科学制定权力划分标准

在实践中，执行实施权与执行审查权分立后，各个法院对二者的范围界定都不相一致，存在较多的争议。《若干规定》出台后，依然没有对二者的划分标准做出明确规定。课题组认为，应主要根据执行实施权和执行审查权的性质来划分。一般情况下，凡属行政权力性质的权力均应由执行实施机构行使，属司法权性质的权力应由执行审查机构行使。但是由于执行权作为行政权和司法权的复合权利，在难以区分执行实施权和执行审查权的情况下，应根据执行工作性质和规律予以考量，贯彻公正优先、兼顾效率的原则进行划分。如在追加被执行主体，且需要同时查封其财产的紧急情况下，按部就班地交执行审查机构进行审查，则执行就会坐失良机。在这种情况下就应当突出效率，由执行机构先采取查封措施，裁定下达之后，当事人可以提出异议，再由执行审查机构审查。

2. 完善法庭“审执分离”

虽然“审执不分”的模式存在诸多弊端，但是在人民法庭机械地推行“审执完全分离”，人民法庭不负责执行的做法也是不可取的。因为后者可能导致人民法庭审判

〔47〕 参见最高人民法院审判委员会专职委员、第一巡回法庭庭长、执行局局长刘贵祥 2016 年 1 月 9 日在全国法院执行工作经验交流座谈会上的总结讲话。

不兼顾执行、增加当事人不便等不利后果的发生。同时由于由于执行局人员对乡镇地理位置、镇村组织人员以及当事人的基本情况不熟悉,执行局人员下乡执行仍然需先找法庭,法庭干警虽不承担执行工作,但仍然要花费大量时间精力配合执行局人员开展执行,增加了执行成本。因此课题组认为,应建立以“审执合一”为原则“审执分离”为例外的制度,即原则上人民法庭审结的案件,由人民法庭负责执行,但案件的执行异议等执行审查事项则由其他部门负责审查;重大疑难复杂、当事人不在本院辖区等基层人民法院认为不宜由人民法庭执行的案件,由基层人民法院执行机构执行。

3. 完善传统执行监督方式

为了提高执行监督的效率,保证执行权高效、顺畅运行,上级法院直接进行监督的事由应是不需要过多地对是非争议进行判断。因此,课题组认为传统执行监督方式的调整范围应包括以下事项:(1)执行立案,包括对执行管辖的监督、立案拖延等方面的监督;(2)消极执行;(3)发放执行款物;(4)委托执行;(5)受托执行;(6)拒绝纠正错误行为;(7)其他。对传统执行监督方式监督程序的完善应该做到:(1)监督案件单独立案;(2)合议庭可以调阅卷宗和听取汇报,必要时应通过相关当事人了解情况;(3)通过监督令发布命令的,下级法院必然按照监督令要求办理;(4)执行监督命令应该语言简洁,内容要求明确;(5)对于下级法院不按照监督令办理的,除对该下级法院通报批评外,要及时直接纠正下级法院错误,条件允许的,应及时提级执行或指定交叉执行;(6)监督法院要积极与申请执行人沟通,及时反映下发执行监督令情况以及进一步采取纠错措施情况。

(二)机构完善

1. 重定执行局名称

将现有执行局名称变更为“某某 (行政区划)执行局”,作为相对独立的二级法人机构归口法院管理,人、财、物相对独立。对辖区执行工作统一管理、统一指挥、统一调度。人民法院只对执行局的党务和人事直接管理,业务工作由上级执行局为主管理。上级执行裁决部门、申诉审查部门与下级执行裁决部门、申诉审查部门为业务指导关系,上级执行实施部门与下级执行实施部门为行政指挥关系。

2. 增设执行裁判庭

人民法院执行局外设执行裁判庭。执行裁判庭纳入法院审判机构序列,与所在法院的其他审判庭处于平行地位。执行裁决案件较少的基层法院可以在现有的审判庭内设立执行裁决合议庭,不单独设立专门的执行裁判庭。

3. 重构执行局内部机构

中、基层法院执行局的设置。(1)中级人民法院设立副院级的执行局,局长由院党组成员兼任。在执行局内部设立执行实施部门、执行审查部门和综合管理部门,其中执行实施部门可以设立执行一庭和执行二庭两个庭,执行一庭内部设立诉讼保全组、执行命令组、执行实施组,执行二庭内部设立执行命令组、执行实施组。(2)撤销基层人民法院执行局,设立中级法院执行分局。原则上基层人民法院不再负责执行实施工作,个别不具备设立执行分局条件的偏远地区,经高级人民法院批准可以保留基层法院执行局。

(三)职权明确

1. 人民法院执行局总体职权

人民法院执行局主要职权有执行实施权和执行审查权,对辖区执行工作统一领导、统一管理、统一指挥、统一调度。人民法院只对执行局的党务和人事直接管理,业务工作由上级执行局管理为主。

2. 人民法院执行局内设机构的职权

一是执行一庭职权:诉讼保全组负责诉前、诉讼保全;执行命令组负责做出执行命令、指令、裁定;执行实施组负责采取执行实施措施。

二是执行二庭职权:执行命令组负责做出非诉行政执行案件的执行命令、指令、裁定;执行实施组负责对非诉行政执行案件采取执行实施措施。

三是执行审查部门职权:执行异议、执行复议、执行信访、执行监督、执行请示等案件审查。

四是综合管理部门职权:负责执行局内部的综合事务,包括综合业务处理;信息化建设、运行、维护及软件开发;后勤保障;绩效考评与事务管理等工作。

五是执行分局权的职权:具有独立的执法权,有关执行文书盖执行分局印章,负责执行原由基层人民法院执行的执行实施案件。

3. 执行裁判庭职权

执行裁判庭负责审理执行程序衍生的案外人异议之诉、许可执行之诉、分配异议之诉等涉及执行的实体争议;审查申请司法确认调解协议案件,审查申请执行仲裁裁决、公正债权文书等非诉法律文书案件(涉外仲裁除外)。

4. 上下级法院执行局的职权关系

一是业务指导关系。上级法院执行裁判庭、执行审查部门与下级法院执行裁判庭、执行审查部门为业务指导关系。

二是垂直管理关系。上级法院执行局执行实施部门、中级人民法院执行局与下级法院执行局执行实施部门、执行分局为统一领导、统一指挥关系。中级人民法院执行局与执行分局也为统一领导、统一指挥关系。

5. 司法警察执行实施处职权

负责财产查封、扣押、冻结;执行实施;协调重大、复杂、疑难案件的执行;安保和警戒。

6. 同级法院立案部门职权

负责对执行案件统一登记立案,根据执行裁判、执行裁决、执行实施事项的划分,将案件分别分配给执行裁判庭和执行局。

(四)人员分类

我国法律目前对民事执行机构的人员组成规定得十分简略,[48]已经不符合时宜,因此在进行我国"审执分离"体制改革时,必须考虑人员配置问题。

1. 设置法官行使执行裁决权和执行审查权

一是在执行裁判庭设置法官行使执行裁决权,采取法官 + 法官助理 + 书记员的模式,负责对执行程序衍生出来的债务人异议之诉、第三人异议之诉、参与分配异议之诉等实体争议进行审理与裁判。

二是在执行审查部门设置法官行使执行审查权,采取法官 + 法官助理 + 书记员的模式,负责程序性事项的裁决,处理执行行为异议、复议、协调、请示等,并相应配备法官助理、书记员等。

2. 设置执行官和司法警察行使执行实施权

在执行实施部门包括执行一庭、执行二庭和执行分局,设置执行官、司法警察行使执行实施权,采取执行官 + 司法警察 + 书记员的模式。执行官配置在执行一庭和执行二庭的执行命令组,负责做出执行命令、指令、裁定;司法警察配置在执行一庭和执行二庭的执行实施组以及执行一庭的诉讼保全组,执行实施组根据执行命令组的命令、指令或裁定负责采取执行实施措施执行,诉讼保全组根据立案庭或审判庭的裁定采取保全措施。书记员负责协助执行官和司法警察做出法律文书、笔录、送达、整理案卷等事务。

---

〔48〕 现行法律和司法解释只规定,执行工作由执行员进行,必要时可由司法警察参加,执行员参照《法官法》的有关规定进行管理,对执行人员的身份地位、职权职责、选任标准、任免程序等均未做出明确规定。

3. 理顺执行法官与司法警察的关系

执行法官与司法警察各自履行自己职责，互不干涉。从工作流程看，当事人提出申请后，同级法院立案部门负责对执行案件统一登记立案，根据执行裁判、执行裁决、执行实施事项的划分，将案件分别分配给执行裁判庭和执行局。执行实施处认为符合执行条件的，安排司法警察发出执行命令、采取执行措施，开始执行。在执行过程中，如发生需要裁决执行行为程序性争议事项的，司法警察可通过执行实施处向执行局裁决部门请求做出指示或裁决；如果当事人、第三人形成实体性争议的，由司法警察通过执行实施处提交执行审判庭审理和裁判，或者由当事人、第三人直接向同级法院立案部门递交申请和材料要求审理和裁判。

4. 妥善处理现在岗执行人员的分流

在人民法院分设执行局和执行审判庭，分别行使民事执行权和执行审判权，原执行机构原有的人员亦应当按照其行使权力的性质分别划归相应部门，允许执行局具有审判职称的人员选择做法官、法官助理等走审判序列，可以选择去执行审判庭，也可以选择留在执行局，并经组织根据工作需要审核确定。留在执行局专司执行实施的人员纳入司法警察序列，统一转为司法警察。改革完成后，民事执行机构根据各岗位的性质依照不同的标准招录新的工作人员。

（五）流程清晰

从执行工作流程看，当事人提出申请后，同级法院立案部门负责对执行案件统一登记立案，将案件移送执行局相应的执行实施部门。执行实施部门执行命令组的执行官认为符合执行条件的，下达执行命令，执行实施组的司法警察根据执行命令采取执行措施，开始执行。在执行过程中，当事人或利害关系人提出执行异议的，由法院立案部门立案后，执行局执行审查部门进行审查并进行裁定；当事人不服裁定的，可以向上一级法院提出执行复议；如当事人、第三人形成实体性争议的，由法院立案部门立案后，执行裁决庭进行审理并进行裁定，当事人不服裁定的，可以向上一级法院上诉。此外，执行实施事项采用审批制，执行审查与执行裁决事项采取合议制。

结　语

在我国古代，民事执行权基本由行政机关行使，[49] 辛亥革命后民事执行权一直

〔49〕 参见孙加瑞：《强制执行实务研究》，法律出版社 1994 年版，第 39～40 页；张晋藩主编：《中国民事诉讼制度史》，巴蜀出版社 1999 年版，第 170 页；《明代律例汇编》，卷九《户律六 · 钱债》；《唐律 · 杂律 · 良人为奴婢质债》，载《唐明律合编》，法律出版社 1999 年版，第 684～685 页。

配置在法院。[50]在理论研究和实践探索过程中，关于民事执行权配置争论从来没有停止，应当说这些争论对于推动执行权优化配置进程有着积极的作用。通过以上的分析，我们可以得到以下结论：无论是从理论逻辑上推演，还是从现实情况考察，民事执行权法院配置模式不但在理论上具有合理性，而且具有现实的合理性——符合社会公共选择。《中共中央关于全面推进依法治国若干重大问题的决定》并没有在"审执分离"的具体方式或者模式问题上做出结论，更没有明确审执分离的模式只能是"执行机构脱离人民法院"的外分模式，那种认为该文件已将审执分离"定调"为"法院外分"模式的观点是没有依据的。但是内分模式在权力配置过程中也存在诸多问题，使民事执行权的运行出现了一些偏差，影响了民事执行权的有序高效顺畅运行。因此，我国审执分离模式的理性选择应是深化"法院内分"模式，必须针对这些问题采取一系列的措施以完善民事执行权法院配置模式，建立科学的执行权运行机制，确保实现民事执行的职能，满足社会大众对民事执行制度更高的公正和效率需求，提高执行的公信力。

---

〔50〕 参见郑兢毅编著：《强制执行法释义》，商务印书馆1937年版，第4页；1951年《人民法院暂行组织条例》、1954年《人民法院组织法》、1979年《人民法院组织法》、1956年《关于各级人民法院民事案件审判程序总结》、1979年《人民法院审判民事案件程序制度的规定(试行)》、1982年《中华人民共和国民事诉讼法(试行)》、1991年《中华人民共和国民事诉讼法》、2008年《中华人民共和国民事诉讼法》、2011年《最高人民法院关于执行权合理配置和科学运行的若干意见》。

关于基层人民法院职能定位的研究报告

——构建以审判职能为核心的职权配置模式

南宁市江南区人民法院课题组*

前　言

(一)调研的背景、目的及意义

1. 调研的背景

人民法院的职能定位问题,是一个基础性的理论课题。从已启动和完成的人民法院四轮司法改革来看,四级法院的职能定位、职权配置始终是司法改革的核心问题。人民法院“一五”改革的要点即包括审判方式改革、审判组织形式要符合审判工作规律、法院内设机构及法官管理要科学等内容。人民法院“二五”改革的内容也包括改革和完善诉讼程序制度、审判组织与审判机构、人事管理制度,继续探索人民法院体制改革等。人民法院“三五”改革则更明确地提出审判方式改革要以审判公开为原则,审判管理机制改革要以强化合议庭和法官职责为重点,人事管理制度改革要以建立高素质的法官队伍为核心。人民法院“四五”改革纲要对法院人事管理的改革不仅提出了法院人员分类管理制度,还明确提出法官员额制度;在审判权力运行机制问题上明确了其关键环节即法官、合议庭办案责任制。“四五”改革纲要还明确提出了四级法院职能定位的问题,并将其归类为级别管辖制度、审级监督关系、考评机制、

---

* 课题主持人:林振明,南宁市江南区人民法院院长;课题组成员:刘绍锋、路纳、蒙永富、王小佳、张海志。

内设机构改革四大方面的问题。

目前,理论界对人民法院的职能定位问题已有所探讨,但尚不全面和深入,而专门研究基层人民法院职能定位的论著则寥寥无几。2015年4月30日,最高人民法院下发《关于调整高级人民法院和中级人民法院管辖第一审民商案件标准的通知》,对一审法院案件管辖标的进行了调整。以广西为例,实际上已将标的在3000万元以下的一审民商事案件原则上都交由基层人民法院管辖。这一通知是对"四五"改革纲要中所提出的级别管辖制度改革的落实所采取的一项具体措施,该举措符合职能定位要求、工作规律和审判规律,但因受限于案件受理的角度,故就法院职能定位尤其是基层人民法院职能定位问题整体而言,尚具有一定的局限性。

2. 调研的目的和意义

明确基层人民法院的职能定位,在诉讼大爆炸的现实背景下,在人民群众对司法需求日渐高涨的情势下,能够解决基层人民法院审判工作中的诸多难题:其一,法官的工作压力不断加大,案多人少矛盾极速加剧,基层人民法院以现有人力物力越来越难以承受审判等各项工作的巨大压力。其二,从外界视角来看法院,仿佛越来越多的社会群体对司法的公正性表示质疑。近年来围绕个案裁判结果所引发的"舆论审判""全民审判"屡见不鲜,导致司法公信力和司法权威双双下滑。其三,"审判效率不高,重复再审屡见不鲜,涉诉上访案件数量长期保持高位状态,国家有限的司法资源被缠讼、累讼、重复上访无端浪费,司法裁判的安定性、权威性和终局性无从谈起,纠纷解决成本高昂。"〔1〕

明确基层人民法院的职能定位,还能进一步理顺基层人民法院和中级人民法院之间的关系。长期以来,基层人民法院与中级人民法院之间的关系模糊不清,两者间除了审判业务上的监督指导关系、执行工作上的统一管理关系外,还存在司法政务、司法人事、司法保障、审判管理、教育培训、司法统计、司法警察、司法协助、档案管理等司法行政事务上的多重联系,这也使得基层人民法院对自身职能定位更加不确定。

明确基层人民法院的职能定位,还可以厘清审判职能与参与社会管理创新之间的关系。"近年来,人民法院积极探索参与社会管理创新的途径和方式,将'能动司法'建设作为法院参与社会管理创新的突破口,成绩显著。但同时,能动司法不仅在理论上引发了学术界的广泛关注和争论,而且在实践中不但未能解决多年来人民法

〔1〕 刘旺洪:《社会管理创新:法院的职能定位与实践路径》,载《法制与社会发展》2012年第6期。

院遇到的许多难题,而且也带来了诸多新的困境和挑战。"[2]究竟是应当坚守审判职能的"本分",还是要在"能动司法"上走得更远,基层人民法院的司法实务中,也存在疑惑。

课题组认为,基层人民法院的职能定位应遵循基本的准则。习近平总书记对司法工作提出了新的要求,即要努力让人民群众在每一个司法案件中都感受到公平正义。基层人民法院作为与基层人民群众联系最紧密的司法主体,应当积极投身于实现这一伟大司法愿景的任务中去。在当前司法公信力不高,司法权威不强的现实背景下,如何找准自身职能定位,加大体制机制创新力度,解决影响司法公平正义的深层次矛盾和问题,成为司法机关尤其是基层人民法院的当务之急。司法体制改革的根本目标是提高司法供给的水平,最大限度地满足人民群众对公平正义的期待。因此,基层人民法院的职能定位及其改革,也应当以人民群众的司法需求为导向,以符合司法规律为基本前提,以公正和效率为评价基准,从自身职能运行设计到上下级法院职能关系厘清等层面进行推进。

当前,从中央层面启动的新一轮司法体制改革正在有条不紊地推进。司法体制改革不仅给政法干警而且给广大民众带来了非常大的期待和希望,但如果在推进司法体制改革过程中对法院职能,特别是基层人民法院的职能没有准确定位,即对"做什么"不能有清晰的认识,那"怎么做"的问题就无从谈起。在我国,八成以上的纠纷在基层,需要基层人民法院去化解,基层人民法院对自身职能定位的清晰认识显得尤为重要。因此,本课题着重立足于基层人民法院的职能定位,明确基层人民法院在四级法院系统中尤其是与中级人民法院之间的审级关系,着重解决基层人民法院最大程度上实现审判职能所存在的掣肘之处,力图为真正落实司法改革做出贡献。

(二)调研的过程、思路及方法

1. 调研对象的选定

针对基层人民法院审判职能定位存在的问题,课题组选取了广西区内外颇具代表性的11家法院作为研究样本,其中广西区内8家法院,广西区外3家法院。广西区内的8家基层人民法院分别来自南宁市(A、B)、桂林市(C、D)、百色市(E、F)、钦州市(G、H);广西区外的3家基层人民法院分别来自广东省(I、J)、贵州省(K)。其中A法院、E法院均为广西司法改革试点法院,广东I、J法院、贵州K法院均为司法改革先行试点法院。因此,以上调研对象基本上可以反映基层人民法院职能运行的

[2] 刘旺洪:《社会管理创新:法院的职能定位与实践路径》,载《法制与社会发展》2012年第6期。

现状。

2. 调研过程

本课题组经过前期论证和准备,制定并修改完善了调研方案,拟定了本次调研的具体步骤、工作安排和进度。具体的调研过程包含理论研究与实证研究两个方面,理论研究的方面包含文献资料的搜集、阅读与梳理,研究现状和现有研究成果的消化、吸收;实证研究的方面包含书面部分和非书面部分两个部分,其中书面的部分主要包括调查问卷的拟定、数据的收集以及数据的统计分析等;非书面的部分主要包括专项座谈、现状调查、区内外法院走访等。

2016年2月,课题组主持人带领成员制定了具体的调研方案,并做出具体分工。2016年3月起,课题组组织精干力量出访省内外具有代表性的基层人民法院,与当地法院院庭领导、一线办案法官座谈交流,实地考察审判职能运行现状,重点关注基层人民法院内部及外部审判职能运行情况。课题组还设计了调查问卷,向人大代表、法院干警、律师、当事人等群体发放,广泛了解各阶层群体对法院审判职能改革的意见和建议。在此基础上,课题组形成了调研报告的基本思路、框架和若干焦点问题。2016年8月完成调研报告初稿,2016年12月定稿。

3. 调研思路及方法

(1)调研思路

课题组在调研基础上,首先,探讨法院职能与基层人民法院的审判职能的问题,通过对基本概念、职能演变、职能类型的材料梳理,确定基层人民法院职能应以审判职能为核心的基本论点。

其次,在明确立论的基础上,课题组首先归纳总结了基层人民法院审判职能运行的现状和存在的问题。这一问题分两个层面进行研究:其一为基层人民法院内部审判职能的运行现状和存在的问题,其二为上下级法院之间审判职能的衔接现状及存在的问题。

再次,在了解现状、查找问题的基础上,课题组对国外法院的审判职能进行了考察,并总结了国内试点基层人民法院在审判职能改革中采取的做法和所取得的经验,并对二者进行分析,其启示和借鉴意义成为后续提出对策的铺垫和基础。

最后,课题组就基层人民法院审判职能的实现路径提出意见和建议。包括三个方面的内容:其一为基层人民法院审判职能定位的指导思想和基本原则,其二为厘清基层人民法院内部审判职能的具体路径,其三为理顺上下级法院审判职能关系的具体路径。

(2)调研方法

法社会学的研究方法。从法社会学的角度寻求客观依据,为研究确立科学的价值取向与目标,为基层人民法院的职能定位寻求理论支撑。

实证分析方法。对当前基层人民法院机制运行的现状进行科学观察、描述与分析,侧重于对普遍开展、开展期间较长的机制类型进行考察。课题组一方面通过司法统计、专题调研的方式,重点考察改革试点法院整体运作情况;另一方面通过走访、座谈会、问卷调查等形式,全面了解党委、人大、政府、群众以及社会各界对当前基层人民法院职能、管理模式的评价和意见。实地走访各地基层人民法院,与一线审判法官进行交流,收集相关资料数据,了解法院改革与创新过程中的情况、特点、问题与原因,对基层人民法院开展社会管理及创新职能体系现实困境的原因进行分析和研究,从而为本课题的对策建议提供客观、实证的论据。

比较分析方法。通过比较分析不同省份、不同区域的法院开展审判工作及内部管理体制构建的经验与效果,通过比较分析域外类似制度的理念和方法,就如何科学有效地开展司法审判工作,对适应我国社会环境、法治环境、法制体系、司法诉讼制度的基层人民法院职能定位进行探讨。

(3)调查问卷发放及回收情况

为摸清基层人民法院审判职能运行的基本情况,课题组制作了具有针对性的法院版、法官版、人大代表版、律师版和群众版五类调查问卷,共发出611份,回收575份。其中,共收到样本法院法官版问卷240份,均由一线法官填写,此次调研对象人数较多、涉及面广,最终呈现的调研结果非常具有代表性。调查问卷发放及回收情况见表1。

表1　调查问卷发放及回收情况

	发放问卷数	回收问卷数	有效问卷数	无效问卷数	回收率
法院版	11	11	11	0	100%
法官版	240	240	240	0	100%
人大代表版	120	120	120	0	100%
律师版	120	105	105	0	87.5%
当事人版	120	99	94	0	82.5%

4. 调研的限定及说明

(1)调研对象的限定。本课题系广西壮族自治区高级人民法院2015年重点课题

“司法改革背景下各级人民法院职能定位研究”的分项课题，重点在于研究司法改革背景下基层人民法院职能定位问题。基于研究对象的限制，本课题在调研对象的选定上主要着眼于基层人民法院，而不包括中级人民法院、高级人民法院和最高人民法院。基于此，以及课题逻辑所需，在对上下级法院关系的探讨部分，仅指基层人民法院与中级人民法院的关系。

（2）调研数据范围的限定。为了获得足够且充分的第一手资料，本课题组先后走访了广西区内外11家基层人民法院，但我国基层人民法院众多，虽然课题组尽最大可能获取足够且充分的调研数据，但毕竟无法涵盖全国全部的基层人民法院。课题组已通过调研数据的定向性和随机性两方面的努力，在最大程度上弱化样本的有限性和变量众多对调研数据和研究结论的偏位影响。

一、基层人民法院职能定位的理论及现实依据

（一）职能与法院职能的概念界定

1. 职能的概念界定

职者，主也，事也，常也。词义甚多，本意为分内应为之事，或当属管理之事。

能者，善也，胜任也。词性动名各具，本意取才能、能力。

职、能合属，在侧重主体的视角上，谓指人、事物或机构所能发挥的作用与功能。从人的职能角度讲，是指使一定职位的人完成其职务的能力；从事物的职能角度讲，一般等同于事物的功能；从机构的职能角度讲，一般包括机构所承担的任务、职权、作用等内容。在侧重本性的视角上，职能是指按照某种规则所选取的各种知识、技能、行为与态度的组合所产生的效能。职能包括核心职能、专业职能、管理职能和一般职能。在应然与实然的视角上，职能还可分为事物或机构在理想模型下的应然具象，以及在实际运作中所呈现的实然具象。

2. 法院职能的概念界定

一般而言，法院职能就是法院的职责和功能。法院的职责主要从静态方面反映基层人民法院活动的范围和内容；法院的功能主要从动态方面反映基层人民法院活动的程序、作用和结果。〔3〕

在不严格区分职能与功能的含义的基础上，法院职能是指法院在一定目标指引

〔3〕 参见唐善勤：《试论基层人民法院组织设置的理论原则》，中共中央党校2001年硕士学位论文，第6页。

下，通过相关制度和行为所实现的、有助于法院适应当时社会系统的客观结果。[4]

在狭义上使用“司法”这一概念时，法院职能指“查明事实，确定与之有关的法律，以及就所查明的事实适用有关的法律是司法职能的体现，即对权利主张、争论和争议加以断定。行使一些重要的自由裁量权的职能也可以包括在司法职能里，如在定刑或争取补救措施等方面自由裁量权必不可少。司法职能不是就所适用的法律或在某一特定案件中就某一许可的或适当的诉讼程序提出建议，其从根本上说是判定性的，即裁决争端”。[5]

(二)基层人民法院职能演变

考察我国法院尤其是基层人民法院职能的历史演变，结合我国国情的转变，能为当今法院尤其是基层人民法院职能改革提供有益的启示。

1. 先秦至清末前

“基层人民法院”一词及其机构设置并非我国所固有，但我国自古即存在负责纠纷处理之基层审判机构。先秦之前，我国即已出现审判机构和审判官，但限于史料，当时的审判制度已难详考。先秦时期，地方由士师等负责民刑案件，基层司法机构逐渐成熟。秦汉时，廷尉及相应属官负责案件审判。至北齐时，廷尉改为大理寺，成为专门的审判机构。隋唐时，地方则由地方行政长官及配属的决曹掾、参军等负责司法审判。宋时，地方在各路增设提刑典狱公事，负责审查与复核州县案件审判。元代审判制度“尊用汉法”，但在具体管辖上，基于身份不同而分别归由大宗正府、宣政院、寺院主持、该管军官及地方审判机关负责审理。明时，地方上，明朝省级设提刑按察使司，府县级由行政长官及相应属官负责审判。清朝增设督抚，亦有案件审理之职权。此外，清朝还基于满洲族的特别司法保护规定了一些特殊的司法管辖机构和人员，如宗人府、满洲将军、盛京将军等。

总体而言，清末之前的基层司法机构通过案件审判以维护封建皇权为第一要务，但基于传统纲常伦理的要求，在追求调处息讼中也以一种相对稳定的规则处理了基层社会纠纷，并通过刑事案件审判追究罪责，起到了稳定基层社会秩序的作用。在宏观的视野上，历史悠久的审判机构及审判制度也对中华文明的繁荣和发展做出了必要而特殊的贡献。

---

〔4〕 参见卢荣荣：《法院的多重面孔：中国法院功能研究》，西南政法大学2012年博士学位论文，第27页。

〔5〕 [英]戴维·M. 沃克编：《牛津法律大词典》，李双元等译，法律出版社2003年版，第613～614页。

2. 清末时期

(1)变法图存。随着晚清政治、经济、文化、军事等各方面情况及社会结构的巨大变化,清廷的统治危机不断加深,应该说清末所进行的审判制度变革(包括审判机构及其职能的变革)在根本上还是为了继续维护其存在的基础,统治者意图通过这些变革延续清朝统治时间,挽救自身统治危机。

(2)司法较于行政的独立意义。相较于清末前司法、行政合一的传统,清末在司法审判中提出了审判与行政分立的指导原则,审判机构的设置与存在本身即意味着司法职权独立于行政职权,开创了历史先河。《钦定宪法大纲》规定的并在诉讼法和法院组织法中贯彻的审判独立原则,也是这一功能的具体体现。

(3)传播近代西方法治原则和具体制度。随着法学研习和新式审判机构的建立,一些近代西方基本的法治原则和法律制度得以在中国传播,如司法独立原则、回避制度、起诉制度等。

(4)创立现代法院。自袁世凯在天津设高等审判分厅和地方审判厅起,至清廷《各级审判厅试办章程》及《法院编制法》的颁行,作为现代法院雏形的新式各级审判厅开始在我国出现。现代法院的设立及其对民刑案件的审理,逐步确立了民刑分立的诉讼审判方式,推行了公开审理与证据主义的审判原则,揭开了中国传统审判制度全面转型的序幕,同时也为后续培养了一批具备近现代法学素养的司法实务人才。

3. 民国时期

(1)落实五权制度。1928 年,国民政府决定以五权制度分掌治权。五权者,行政、立法、司法、考试、监察。此时期之基层人民法院,首先是作为五权制度组成部分的法院,是落实五权分权思想及制度的一种载体,故该时期基层人民法院之职能必以落实五权分权制度为首要表现,此具有象征意义及符号意味。

(2)统一行使国家司法权。自清朝道光二十三年与英国订立五口通商章程起,中国对外所签订之不平等条约,其受害最深者,莫过于在华外国人享有领事裁判权。“一战”结束后,中国代表团在巴黎和会上提出取消该法外治权,两年后,美国召集华盛顿会议决定派遣中国司法调查团,其调查结果批评中国司法缺点,其一即为新式法院监所太少。此后,“中华民国”大量增添法院监所,并努力革除其他司法弊病,至1947 年,各国陆续与“中华民国”签订新约,取消领事裁判权。中国法院对涉外国人案件之恢复管辖与审理,意味着国家收回法权并统一行使。

(3)审理战争罪犯。第二次世界大战结束后,“中华民国”除派员参加东京国际军事法庭审理战争罪犯外,并分别于南京、上海、北平等 10 地设置军事法庭,审理被告 2365 人。至 1947 年截止检举战犯,各处军事法庭方陆续结束。

4. 革命根据地时期

(1)国内革命战争时期

①打击土豪劣绅。虽然《中华苏维埃共和国中央苏维埃组织法》第 36 条规定最高法院下设刑事法庭、民事法庭和军事法庭,第 37 条同时规定了最高法院具有解释法律等 4 项职权,[6]第 40 条规定另行制定最高法院组织法,但受限于当时的斗争形势,并未另行制定法院组织法,也未能完全设置各级裁判机构,除了一些处理土豪劣绅的案件之外,司法审判活动实际上并未能得以深入开展。

②处理涉军犯罪案件。第二次国内革命战争时期,各边区设有裁判部、革命法庭、惩治反革命委员会和裁判委员会。除此之外,在鄂豫皖苏区还设置了革命军事法庭,处理武装部队成员破坏军纪与违反军事行政的犯罪案件。[7]

(2)陕甘宁边区时期

自 1937 年建立陕甘宁边区政府,至 1950 年撤销陕甘宁边区建制,陕甘宁边区前后共存在 13 年。在这 13 年时间内,陕甘宁边区法院主要审理婚姻家庭、普通刑事案件等较为简单的案件,但这一段时间的司法实践是"中国共产党在新民主主义革命持续时间最长的司法实践期,这一时期对司法活动的认识和解决问题的方式决定了日后的管理实践。"[8]所以这一时期的基层人民法院职能在中观层面是保护抗战利益,保护边区民主政权和各抗日阶级的合法权益;宏观层面在于通过持续的、较长时间段的审判实践活动,为此后法院系统建制及审判规则确立总结经验;从微观层面上来说,这一时期的基层人民法院职能主要表现在以下三个方面。

①审判职能。县司法处及行政分区中心县的司法机关即地方法院负责民事、刑事案件的一审。边区法院在案件审理中以社会秩序的稳定和定分止争为己任,并通过案件审理发挥着维护基层社会正常秩序、推进基层社会改革的作用。

②狱政管理职能。边区法院一直承担狱政管理职能,《陕甘宁边区县司法处组织

---

[6] 《中华苏维埃共和国中央苏维埃组织法》第 37 条规定:最高法院的权限规定如下:(一)对于一般法律作法定的解释。(二)审查各省裁判部及高级军事裁判所的判决书和决议。(三)审查中央执行委员以外的高级机关职员在执行职务期间内的犯法案件(中央执行委员的犯法案件由中央执行委员会或主席团另行处理之)。(四)审判不服省裁判部或高级军事裁判所作判决而提起上诉的案件,或检察员不同意省裁判部或高级军事裁判所的判决,而提起抗议的案件。

[7] 参见王安:《中美法院制度比较研究》,华东师范大学 2005 年博士学位论文,第 18 页。

[8] 于博:《当代中国法院管理体制非行政化问题研究》,河北师范大学 2010 年博士学位论文,第 54 页。

条例草案》第12条规定:“司法处关于应羁押之人犯,羁押于各该县保安科之看守所,对于人犯教育、工作、生活各项事宜,审判员乘处长之命,得随时到所视察之。”

③生产自给职能。限于当时的特殊情况,边区法院也开展了生产自给运动,生产部门不仅成为边区法院的常设组织,生产活动也成为其主要职能之一。

5. 中华人民共和国成立后至改革开放前

(1)废旧立新。随着新政权的建立,中央政府对国民党时期的法院制度予以了全面否定,作为上层建筑的法院亦必履行其废旧立新的职能。《中国人民政治协商会议共同纲领》第17条规定要废除国民党政府的法律,制定保护人民的法律,建立人民司法制度。最高人民法院建立后,六大分院及各基层人民法院亦逐步建立起来。新中国法院成立后的工作对废除旧法统,建立新中国的司法体制起着重要的作用。

(2)配合社会改革。中华人民共和国成立伊始,军事斗争和阶级斗争形势都很严峻,基层人民法院作为司法机关承担着巩固新政权,打击各类敌人以及安定社会秩序的任务,所以非常强调法院对敌对势力的镇压功能。同时,基层人民法院配合土改、镇压反革命、“三反”“五反”和建立新的婚姻制度等各项社会改革运动开展审判,取得了很大成绩。

(3)宣传教育。受苏联的影响,中华人民共和国成立初期非常重视法院的宣教作用。1951年《人民日报》的一篇社论指出:“我们的人民法院一向重视并采用各种方法,进行关于法纪的宣传教育工作,它不仅教育人民减少犯罪,减少纠纷,而且教育人民积极地参加新社会的建设,人民法院向来把关于司法的宣传教育工作,看作审判制度的一个重要的组成部分。”[9]党和政府希望通过法院的法纪宣传教育,不断提高人民群众的觉悟,使人民群众能够预防犯罪和纠纷的发生。基层人民法院在此期间大力推进的人民调解工作和对青少年罪犯依靠基层组织和群众给予批评教育的做法,即充分体现了法院的宣教职能。

6. 改革开放至今

(1)基层纠纷解决。改革开放以后,中国社会逐步步入转型期,转型期的中国呈现出多样化、复杂化的矛盾纠纷,基层人民法院因此承担了大量的纠纷解决工作。数据显示,改革开放以来我国法院共审(执)结各类案件1.72亿余件,占新中国成立以来审(执)结案件总数的86.00%。其中,刑事案件2070万余件;民事案件10 147万余件;1987年开始试点建立行政审判庭以来,共审结行政案件184万余件;1994年颁

〔9〕 胡夏冰、冯仁强:《司法公正与司法改革研究综述》,清华大学出版社2001年版,第145页。

布《中华人民共和国国家赔偿法》(以下简称《国家赔偿法》)以来,共审结国家赔偿案件2.7万余件;1983年开始实行审执分立机制以来,共依法办理执行案件3821万余件;1988年以来,共审结申诉、申请再审案件229万余件;1983年以来,共办理减刑、假释案件751万余件。[10] 而这些案件,有超过八成的部分由基层人民法院予以消化。

(2)基层社会控制。有学者认为这是法院的"根本功能",现代法院无一例外都是国家政权组织的组成部分,无论其具备何种功能及主要功能偏向哪个方面,根本目标都在于通过提供具备权力属性和权威性质的公共服务(如审判),来实现政权正当性的再生产并促进政治系统进而社会系统整体的稳定有序。[11] 当代中国基层人民法院的社会控制职能即通常所谓的服务大局,主要包括两方面的内容:一方面是基层维稳,另一方面是服务于当地经济社会发展。

(3)现实规则确立。基层人民法院和其他各级法院一起通过案件裁判以"动态"和"活体"的形式向当事人展示和说明了市场经济的行为规范及相应后果,树立了现实规则。

(4)权力制约。中国并非三权分立国家,但法院并不缺少权力制约功能,行政诉讼即是基层人民法院实现该项职能的最主要途径。改革开放以来,我国法院行政审判从无到有,受案范围不断拓展,已涉及所有行政管理领域。在公检法三机关"分工负责、互相配合、互相制约"的刑事诉讼架构中,法院也发挥着重要的权力制约职能。

(三)基层人民法院职能现状

司法服务作为社会大众一项至关重要的需求,随着社会主义市场经济的确立和迅猛发展以及现代和谐社会的构建,人民群众对该需求的期望日益增长。特别是对处于解决纠纷第一线的基层人民法院来说,尤为直接。但凡事都有界限,一方面基层人民法院承担的司法责任不断加重,另一方面则是在司法运行过程中基层人民法院权责的不明确,多重因素导致基层人民法院往往职权有限,但职责无限。社会生活的多样、多元、多变的特点,不仅仅改变了国家经济、文化体制向多样化转变,也让处理社会纠纷的方式和方法逐步趋向多样性,故单一处理机制必须向多元机制转变。

因此,基层人民法院在行使职能时,也必须首要解决的是不能将或者是认定把所

---

〔10〕 最高人民法院:《六十载光辉历程　一甲子司法为民——数说人民法院审判工作60年》,载 http://www.court.gov.cn/fabu-xiangqing-119.html,最后访问时间:2016年4月23日。

〔11〕 参见卢荣荣:《法院的多重面孔:中国法院功能研究》,西南政法大学2012年博士学位论文,第28页。

有的纠纷解决单纯地寄予诉讼来处理。基层人民法院从审判程序来看是司法审判的第一线，但从外部来看则是纠纷解决的最后一道防线。辩证来看这种双重职责，基层人民法院既要对进入司法程序的纠纷高效地完成司法审判工作，又要通过各种方式引导当事人在诉讼前解决纠纷，避免所有矛盾纷纷涌入法院。传统认识里，法院作为

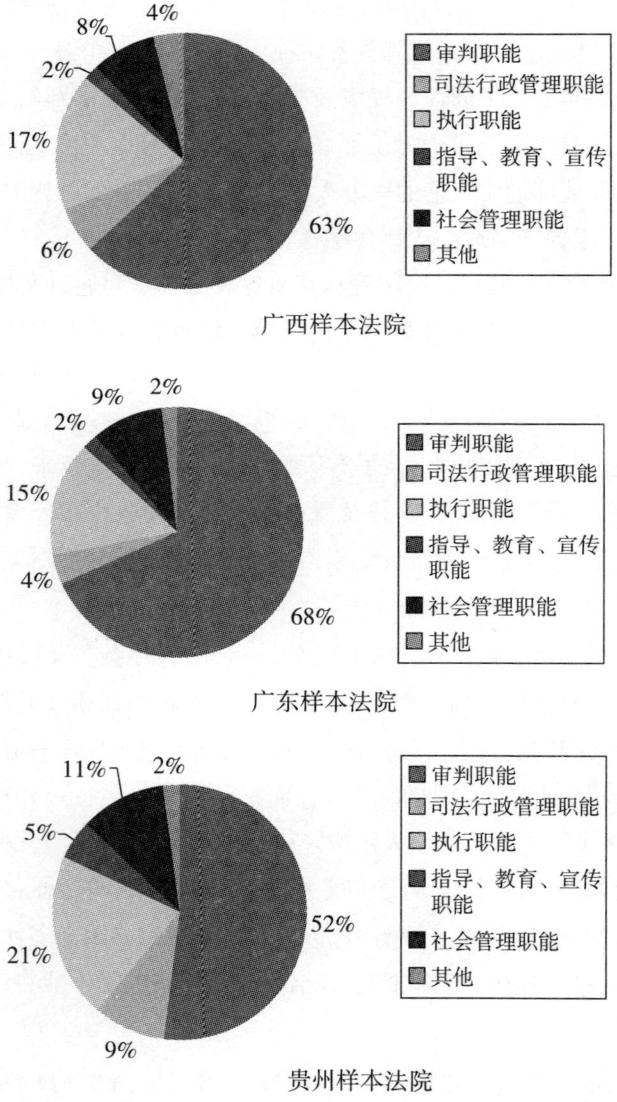

图 1　您认为基层人民法院的基本(主要)职能是什么?

国家统治的一个重要部门,其角色单纯定位为“解决纠纷”。法院应当是社会秩序的守护者,各种社会需求和利益冲突的平衡和裁判者,代表国家和公共利益行使权力。而到了现代社会,随着案件的爆炸式增长,法院的角色转换也是越来越频繁和多样。法院不仅要起到解决纠纷的作用,还需要通过司法审判活动对社会秩序进行调控,对权力进行制约,并通过判例的形式制定或影响社会交易规则或政策。这一系列转变带来的复杂而交错的职能也困扰着日常的司法实践。图1是样本法院对基层人民法院基本(主要)职能认识的调查结果。

从图1一系列的对比数字来看,样本法院法官多数认为基层人民法院的主要职能应当是审判,广西、广东样本法院尤其明显,选择“审判职能”所占的比重都超过了60%,这表明近几年来法院回归司法本质,突出工作实质、审判科学规律卓有成效。法院作为权利的最后一道屏障,注重审判工作,确定社会规则,减少不必要的行政职能和社会活动也必将是大势所趋。针对目前纷扰复杂的各项职能来说,法院内部对于这些职能的存在以及必要性、合理性也有不一样的看法。样本法院法官对基层人民法院职能设置的看法见图2。

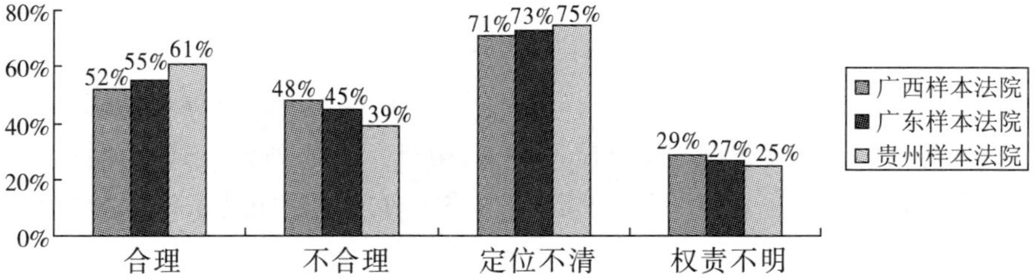

图2　样本法院法官对基层人民法院职能设置的看法

从图2可以看出,就当前基层人民法院所涉及的各项职能而言,并未得到法院内部的多数认可,法院职能定位的纷扰复杂必然造成工作上的困惑。基层人民法院的工作究竟是什么?从走访的情况来看,大家的困惑无非就是在现行体制下,法院工作应如何更好地符合科学的司法工作规律,如何正确地处理法院审判独立与党委领导之间、与政府人财物保障之间的多重复杂关系。基层人民法院应如何剥离原就不属于它的也不应当承载的其他职能,专心致志地做好司法审判工作应是目前产生一系列分歧意见的根源。但总的来说,近几年来的司法改革工作已逐步取得一定效果,至少在司法工作圈内,大部分的工作人员都认为审判职能应当是法院的最根本也是最重要的一项工作职能,这也为下一步的司法改革工作打下了坚实的基础。

（四）基层人民法院应以审判职能为核心

基层人民法院是法院系统及司法活动的基础，处在化解社会矛盾纠纷的第一线和前沿，在创新社会治理及司法改革的工作中承担着重要职责。从当前的司法改革指导性文件及试点法院落实情况来看，重中之重是要解决合理分配司法资源并进行科学重组的问题，从而增加一线办案力量，让更多优秀人才流向办案一线。从改革的内容上看，在人员分类管理、审判权力运行机制、职业保障制度、统一管理体制等各方面，主要是围绕着完善审判权的合法运行进行符合司法规律的调整。课题组认为，还要从外部减轻法院的负担，减少一些本身不属于基层人民法院职责范围的社会性和行政性工作。如近期媒体报道出来的不少地方的法院以文件的方式明确拒绝再上街打扫卫生等参与其他行政性“摊派”的任务。这些方向和趋势，均是为营造外部良好司法环境，整合资源，确立法院审判职能核心工作的必要措施。

近年来，围绕着审判权的公正公平公开运行，社会大众对法院的关注度日益高涨，基层人民法院作为面对最多人群的司法机关，通过一系列的工作模式转变，让更多人清清楚楚地参与司法审判活动。如各地法院顺势推出的微信立案、电子送达，以及开通法院公众号，对执行工作进行微博直播等，都直接推动了审判工作的公开化。根据最高人民法院 2016 年 11 月 22 日腾讯微博发布的《这三年我们一起创造的数字》一文所公布的数据，2013 年 11 月 21 日至 2016 年，最高人民法院各新媒体平台粉丝累计 5330 多万。粉丝数第二年增长 36.4%，第三年增长 29%。其中，阅读量最高的微信文章为《最高人民法院关于审理民间借贷案件适用法律若干问题的规定》，阅读数为 244 357 次；分享量最高的是《人民法院执行查控专线将与全国所有银行实现对接》一文，分享量为 17 740 次；而诸如法官的工作日常、微博直播审判执行工作则是关注度及阅读数量最多的话题。这些数据反映出来的是社会大众对法院工作，特别是对法院审判职能工作方面的格外关注。这些趋势表明，今后基层人民法院工作的核心和侧重点应当回归到审判职能上来，只有真正做好了审判工作，社会大众才能在每一个具体的案件中感受到司法对权利的终极保障作用。

二、基层人民法院审判职能运行的现状及问题

（一）基层人民法院审判职能的运行现状

1. 基层人民法院内部审判职能运行现状

人民法院司法改革的重中之重即是要优化司法审判职能配置，作为一项系统性变革，为保证其有序和实效，司法改革必须注重其运行过程中的科学性、整体性和连

续性,尽量避免盲目性、跳跃性和零碎化的改革方案。如改革措施的颁布时机与改革措施配置要同时进行、统筹规划、统一安排。

司法改革不仅对法院内部的工作运转有重大影响,更承载着社会大众的期望——他们希望通过人民法院司法职权运行机制、内部职权配置、有关刑事、民事和行政审判制度和执行体制、上下级人民法院之间的关系和审判管理制度的改革和完善,使基层人民法院的职责得到细化和确定,从而进一步强化审判职权的核心地位。从近期的司法改革纲要及已实行试点的法院来看,司法审判终究还是回到了法律本身,追求法律事实,而不再过于强调案件事实本身,这也与实践中办案人员的观念是一致的。样本法院对基层人民法院审判职能定位及追求效果的看法见图3。

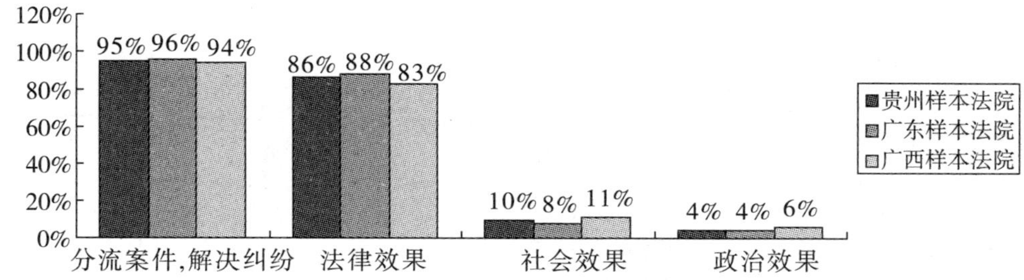

图3　您认为基层人民法院审判职能定位及追求效果是什么?

从图3中可以看到,样本法院对于基层人民法院的审判职能定位就是分流案件,解决纠纷。这也符合基层人民法院案件处理的实际情况。实践中,基层人民法院的司法审判职责是有范围和界限的,法律本身调整的社会关系也是有限的,在立法的时候,也不可能对社会的各个方面矛盾均有预见,法官在自由裁量的时候也不可能无限扩大。基层人民法院作为一审法院,也仅仅只对纠纷享有第一轮的审判权,不具有终局性,案件的最终处理仍需上级法院进行确定和监督。面对众多纠纷,基层人民法院必须高效地发挥司法审判职能予以解决,而对于一些争议较大或者疑难复杂的案件,仍需上级法院进行审理。从法律所规定的各级人民法院审判职能的分配来看,基层人民法院应当侧重于事实审,上级法院侧重于法律审。从效果来看,更多地追求一种法律事实,而不是为达到某种社会效果或政治目的而曲解法律,甚至枉法裁判。这种共识也为进一步落实审判独立做好了充分的准备。

2. 上下级法院之间审判职能衔接现状

上下级法院的核心职能均是审判职能,但在实际运行过程中却各有偏重。基层人民法院更侧重于对纠纷的实际解决,因而在审理过程中更加注重对事实的查明和确认,而上级人民法院主要调整的是对法律的统一适用问题,更加注重法律本身在实践中的解读。这种审判职能在具体运行过程中的差异定位,主要也是为解决事实审理和法律审理以及客观事实和法律事实之间的合理分工和分配。这一设置,有利于多层次地、多途径地开展审判活动,防止纠纷当事人草率地选择越级处理或是对法律的具体适用造成误解。从上下级法院之间的审判职能分工出发,就可以进一步地确定上下级之间的合理关系。即既不让基层人民法院的审判职权过于扩大,也不让上级法院在审判活动中对基层人民法院进行一定的制约的同时任意扩张其司法审判权,在审查法律适用的同时,把应由基层人民法院主要审理的事实,全揽于一身。从而让上下级之间保持相对的独立性。这一特点也被宪法及法律予以确定,但在实践中,因为上下级之间的紧密关系,其相互间的关系也是错综复杂的。样本法院对当前上下级人民法院的关系的看法见图4。

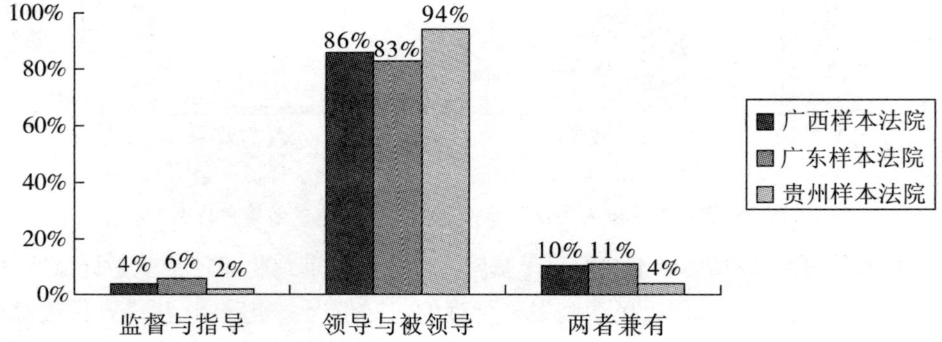

图4 您认为当前上下级人民法院的关系是什么?

图4所显示的数据让人感到惊讶。根据《宪法》和《人民法院组织法》的要求,上下级法院在审判业务上应当是监督关系,而非领导关系,上级法院不应对下级法院如何裁判发号施令。这一规定是为了让各级法院各司其责,依法独立公正审判。但现实调研的情况却是,在实际的司法审判过程中,包括法院的人财物等管理上,仍是受制于上级法院,这导致基层人民法院在审判过程中,除了受上级法院监督的正式情形之外,还会被其他非正式的方式加以限制或者干扰,如审级监督、审判管理和审级指导等方式。审级监督具体有发回重审、改判等;审判管理包括审判质量与效率评估、个案督办、催办制度、重大事项备案及报告等制度。其他比如审务督察、政务督察和司法巡查总体上也可归属于审判管理的范畴。审级指导则包括:(1)上级法院通过制定审判指导意见、发布会议纪要、各类通知文件、官方讲话或答记者问、出版官方刊物

等方式制定审判标准原则;(2)个案请示制度;(3)发布典型案例、指导性或参考性案例;(4)案件内核(内审)制度;(5)针对当前热点或难点纠纷所召开的专门审判会议;(6)通过开展专题调研报告、开展业务培训、通过上下级同部门审判业务对口交流等方式指导审判工作。样本法院审级监督、审判管理和审级指导适用情况见图5。

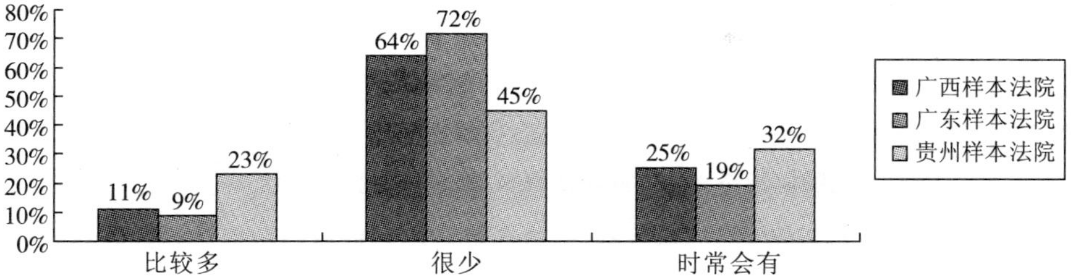

图5　样本法院审级监督、审判管理和审级指导适用情况

从图5中可见,大量存在于基层人民法院审判工作中的所谓内部沟通、协调、指导等审判潜规则一直在运行着,尽管在业务上可能达到统一法律效果、社会效果的目的,但从长远上看,仍是对基层人民法院审判工作的独立性造成了伤害。

3. 外界对基层人民法院审判职能现状的评价

(1)司法公信力和权威性不高

基层人民法院司法公信力的产生与确立,与外界社会公众就司法审判过程及结构是否普遍认同和遵守有着极其紧密的联系。它可以通过外界群众的信任和遵守程度来反映。基层人民法院虽然不是司法审判的最后一道程序,但不管是纠纷的事实认定还是法律适用,都应当具有权威性和有效性。对外部来说,对基层人民法院审判职能司法公信力的评价标准应当有一些参考标准。比如先行比较常用的有:上诉率和申诉率;民意满意度调查;裁判结果的实现情况等。在审判活动中,不仅仅需要当事人甚至社会公众的有效参与,还有赖于基层人民法院通过公开的方式,让民众参与到司法活动中来,并就应对新形势进行一定工作方式或机制上的创新。这是由司法公信力的交互性、开放性特征所决定的一个有机联系和相互协调的综合机制。根据课题组从律师和当事人处回收的有效调查问卷来看,社会大众对于法院司法审判工作以及法官的素质满意度虽然有所提升,但结果并不是特别乐观,见图6。

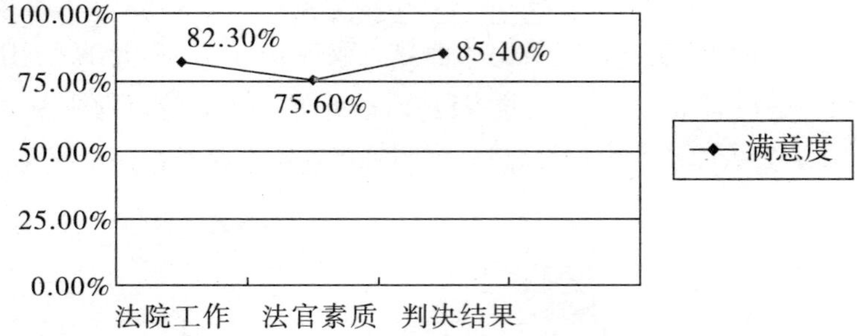

图 6 律师、当事人对法院司法审判工作以及法官素质的满意度

图 6 显示,就法院工作、法官素质、判决结果满意度来看,目前的司法审判工作还任重道远。司法公信力和权威性依靠司法运行中社会公众的有效参与,加强公众对司法活动的参与,也是保障司法活动公正进行并以此提升司法公信力的一个重要方面。在当前的司法改革背景下,加强公众司法参与度是保障改革能够得到社会各方面支持的一个重要基础。

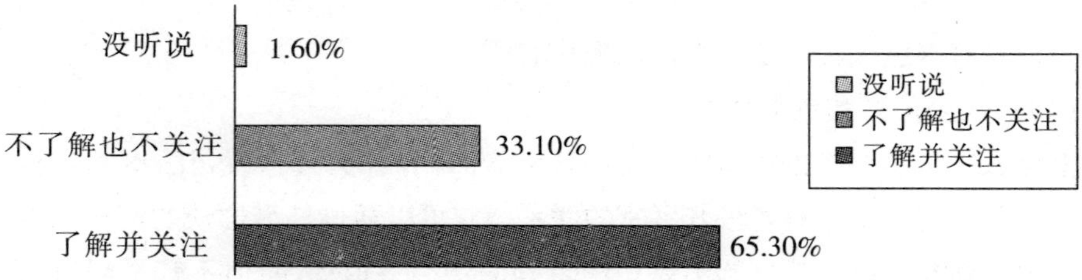

图 7 律师、当事人对司法改革的了解和关注度

图 7 是律师、当事人对司法改革的了解和关注度的调查结果。从图 7 来看,公众对司法的关注和参与不高,这种情况造成了我国基层人民法院司法公信力不高的公认事实。提高司法公信力是党的十八届三中全会和四中全会中提出的推进司法改革的基本目标之一。习近平总书记强调指出,深化司法体制改革,"要坚持以提高司法公信力为根本尺度。司法体制改革成效如何,说一千道一万,要由人民来评判,归根到底要看司法公信力是不是提高了"。[12] 因此,完善司法运行的外部和内部机制,努力提升公众参与度,提升司法公信力及权威性是当务之急。

〔12〕 最高人民法院:《六十载光辉历程 一甲子司法为民——数说人民法院审判工作 60 年》,载 http://www.court.gov.cn/fabu-xiangqing-119.html,最后访问时间:2016 年 4 月 23 日。

(2)案件久拖不决现象严重,司法效率有待提升

基层人民法院讲究司法效率,主要是因为在面对日益暴涨的纠纷数量时要更好地对司法资源进行合理配置,才能既解决纠纷数量,又保证处理结果的质量。司法效率的提高既能减轻当事人的诉累,也能节约司法成本,这也是与社会经济发展相符合的,即通过高效的司法效率来提升和保障社会经济的交易效率。司法效率低下,必将导致社会各种资源处于不确定状态,造成无故的消耗和浪费。基层人民法院司法活动面对社会,必须反映时代的要求。在案件数量日益增长,法院人员配置短缺的大情形下,人民群众对司法效率的需求日益增强。图 8 和图 9 分别是律师、当事人对法院司法效率的评价和认为影响法院审判效率的因素调查结果。

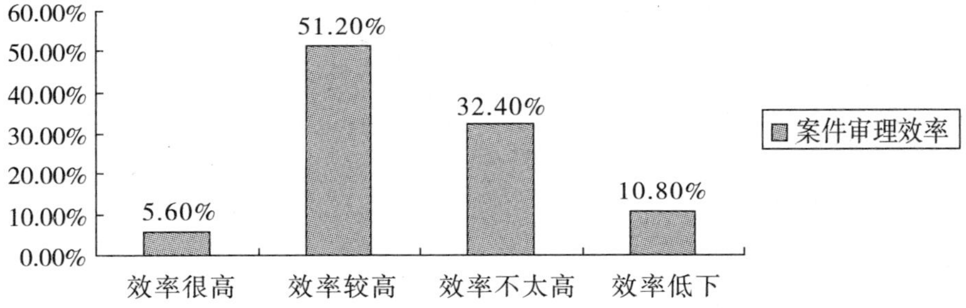

图 8　律师、当事人对法院司法效率的评价

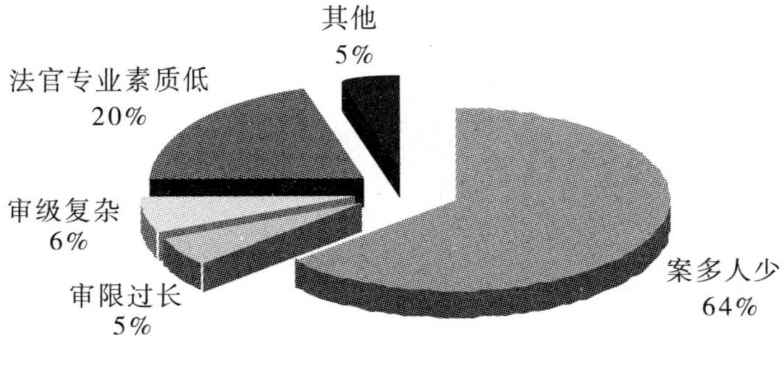

图 9　律师、当事人认为影响法院审判效率的因素

从图 8 和图 9 中可以看出,司法效率与司法公正一样,是目前公众对司法比较强烈的需求。解决久拖不决问题,需要提高司法效率,提高效率则必须遵循司法工作规律,着眼于司法为民,科学合理地配置司法资源,健全审判管理制度,不断改革司法工作机制,严格审限管理制度,完善司法评估机制,加强信息化建设。

(3)裁判尺度不统一,司法公平亟待改善

基层人民法院的司法审判活动的最高价值就是实现公平正义,因此,在审判实践中,只有坚守公平正义原则,才能更好地查明事实并恰当地适用法律;才能在行使自由裁量权的时候,确保纠纷得到实质、公平的解决。当然,提高人民群众的法律意识、提升法官队伍的法治素养是必要条件。我国是成文法国家,基层人民法院在审判活动中,必须严格遵循法律法规的成文规定,不曲解条文内容及精神。当前裁判尺度不统一的情形在法官行使自由裁量权的时候比较常见,而行使自由裁量权存在的问题主要有:法官对法律规范理解偏差、因法律没有明确规定而不行使自由裁量权、多个法律规范冲突时选择偏差、法官对法律精神和法律原则理解偏差、法官滥用自由裁量权等情形。而造成这种困境的原因一般有:法律规定不明确、法官自身素质不高、现行审判体制不健全、法官的审判活动往往受到上级及社会因素的干扰、裁判文书说理不充分,等等。自由裁量权没有正确行使往往造成同类案件裁判尺度不统一,让民众无法体验法律的统一性,从而导致对司法公平公正的合理性怀疑。

(二)基层人民法院内部审判职能运行存在的问题

1. 审判权运行不顺畅

基层人民法院缺乏统一规范的管理,且过多地受到行政干预,导致审判权运行不畅。一方面,到目前为止,各地基层人民法院并没有统一的审判管理规范,而是存在多样性的管理模式和规范,且带有明显的行政化倾向。这种不统一的分散性、多头性的管理,严重影响了法院审判权的科学运行。另一方面,基层人民法院审判权过多地受到行政干预,不仅有来自外部行政权力的干扰,还有来自内部行政管理的制约。审判权作为独立的司法判断权,却不合性质地受到干预与制约,造成审判权运行不顺畅。最终,受制于管理规范的缺失及行政因素的影响,带来现实条件的多重阻碍,使得审判权运行机制的改革面临相当大的难度。

2. 审判职能运行无秩序

司法实践中,基层人民法院在处理案件时均以纠纷的实质性解决为目标,最大限度地追求案结事了,并为此形成了一套独特的“综治办案模式”:一是办案手段多元化,包括狭义的审判、调解、执行、信访以及以司法建议、法制宣传等方式参与社会治理,一些案件可能要不止一次地经历多种处理方式;二是包裹式审判,即使以审判方式处理案件,也往往不是单纯审判,而是有不少其他处理方式像包裹一样附着在审判方式上,比如,审判之前会先行调解,审判之中会释明法律,审判之后会判后答疑;三是运动式办案,即根据政治决策、经济走向、社会情势等的变化而采取应急措施,以

“搞运动”“打突击”的方式处理案件,如近年来每逢岁末年初,很多法院都会开展农民工工资案件集中审判、执行活动。[13] 这种运动式的办案模式,虽能够取得一定的成效,但却是与审判规律相违背的,不仅牵扯了大量审判精力,也成为审判权有效运行的钳制因素。

3. 审判权责划分不明确

基层人民法院在审判程序中均不同程度地存在行政化倾向,对审判结果起决定性作用的往往不是主审法官或合议庭,而是审判委员会。在审判实务中,有的法官在遇到疑难案件或影响较大的案件时,为了逃避自己的责任,主动将自己主审的案件提交审判委员会讨论决定。而在审判委员会讨论案件时,往往是“谁官大听谁的”,最后的结果往往是庭审现场之外的院长、庭长决定了案件的处理。这种“审者不判、判者不审”的格局,直接导致办案责任的主体出现错位甚至缺位,办案责任制形同虚设。

4. 案多人少矛盾较突出

随着中国社会的转型,以及立案登记制的实施,诉讼案件呈倍增式增长,但法院审判力量并未随之增加,案多人少的矛盾愈加突出。一方面,我国多元化纠纷解决机制并不健全,大量无法消弭于民间的矛盾纠纷涌入法院。根据现代司法理念,司法救济并非首选或唯一的救济途径,而是矛盾纠纷最终的解决途径。在马锡五时代,基层组织调解在化解矛盾纠纷中发挥着重要的作用,大量矛盾纠纷化解在了诉讼外。但随着人本思想的不断渗透,“多一事不如少一事”“司法保底”的思想逐渐使仲裁机构、人民调解机构等诸多诉讼外纠纷解决方式的作用弱化,更多的纠纷涌入法院。另一方面,法院编制的增加和人员的招录则相对滞后。我国法院编制是参照行政编制进行设计安排的,并未考虑审判工作的实际需要。在早期案件较少的时候,法院现有编制尚能应付工作需要,但随着案件增加,法院人员编制少的问题即刻显现。2002 年国家统一司法考试制度、公务员制度改革的施行,招录方式不合理导致的高门槛低能力,更使得法院审判力量捉襟见肘。

5. 审判人力资源配置不合理

基层人民法院普遍存在案多人少的困难,而审判资源配置不合理则是加剧案多人少矛盾的主要内部原因。首先,法院内部行政人员与审判人员编制不合理,综合部门行政管理人员过多,导致业务部门审判力量不足。其次,审判力量在各业务部门分配不合理,仅以人数作为划分的依据而未考虑实际审判工作需要,导致现实中出现

〔13〕 参见王庆廷:《四级人民法院的角色定位及功能配置》,载《中州学刊》2015 年第 5 期。

"案件多的办不完、案件少的没得办"的现象。最后,岗位目标设置不合理导致人力资源浪费。受行政化管理的影响,法院内部对于院领导及普通审判法官采取了不同的考核标准,院领导基本没有办案的要求,而业务庭领导的办案任务指标也相对较少,审判积极性也不高,由此导致人力资源的极大浪费。

(三)上下级法院之间审判职能衔接存在的问题

1. 两级法院司法关系过度行政化

根据我国宪法、人民法院组织法的规定,我国上下级法院在审判工作上是监督与被监督的关系,各级法院在法律规定的范围内履行各自职责,依法独立公正行使审判权,各审级相互独立。但实际情况是,无论是各级法院内部,还是上下级法院之间,行政化的管理理念、管理方法和手段,都被运用于法院工作中的各个领域、各个方面。与此相对应,我国上下级法院司法关系也具有了明显的行政化色彩,上下级法院之间的行政级别被过度强调,上级法院演变为"上级领导",下级法院则退化为"下属员工",原本的监督与被监督关系也异化为行政关系。无论是自下而上层面的案件请示、重大事项提前报批、案件内审,还是自上而下层面的提前介入、挂牌督办,都近似于半行政化的操作模式,这种现象已经蔓延至执行业务、人事管理、后勤保障等上下级法院关系的方方面面,上下级法院俨然衍变为上下级部门。

2. 两级法院功能同质角色混同

我国法院系统并没有明确的不同审级法院职能分层(职能分工)的制度安排,基层人民法院与中级法院都是以办理案件为中心任务,均可作为一审法院审理一审案件,均可作为再审法院审理申诉和再审案件。此外,上级法院可以作为二审法院审理上诉案件,同一案件除存在上诉、抗诉等法定事由外,下级法院认为必要时可以报请移送上级法院审理,上级法院认为必要时可以决定提级管辖。上下级法院在审理案件时都贯彻全面审理原则,不区分事实审与法律审,都要既关注事实认定,又关注法律适用。上诉程序不仅要进行法律审,还要进行事实审。上诉法院不仅可以对初审法院是否错误地适用法律进行审查并纠正,还有权对初审确认的事实进行审理并有权重新确认。这使得上诉法院对事实问题的关注无法起到统一法律适用的作用,同时,事实审和法律审的全面审查原则在客观上还起到了强化司法体制行政化的作用。

3. 审判监督体制运行混乱无序

上级法院对下级法院的审判监督应是个案的、事后的,且必须依法、依程序进行。但在司法实践中,上级法院的审判监督却常常偏离正常轨道,监督无序化问题非常突出。比如,发回重审适用标准不统一,程序欠公开,随意性较强,一些原本在二审程序就能够解决的纠纷被发回重审，导致诉讼拖延、司法资源浪费；审判实践中普遍存在的案件请示、内部审理等非正式制度，名义上是确保裁判的正确性，但实质上却导致两审终审制度形同虚设；大量的非程序性监督方式，如以会议、文件等措施预设性要求下级法院贯彻相关司法政策的行政管理式监督，以通过召开审判业务研讨会、就改判发回案件进行意见交换和定期分析通报、开展案件质量评查及通报、指定业务指导文件的业务指导式监督，造成了对审级监督制度的破坏；上级法院对下级法院审判业务的考核不尽科学合理，非但没能起到监督的作用，反而出现相反的效果。这些问题同时强化了下级法院和法官对上级法院和法官的依附性，损害了司法活动应有的独立性和权威性。

4. 审判指导非制度机制常态化

审判指导是上级法院对下监督的重要内容，主要通过审理新型、疑难、复杂案件，解决具有普遍意义的法律问题，以审判工作方式对下指导达到统一法律适用的目的。但司法实践中，我国上下级法院普遍存在诸如案件请示、内部审理、提前介入、案件督导等非正式监督指导机制。案件请示，即下级法院就重大、疑难案件和法律适用问题向上级法院请示并要求答复。起初，设立案件请示是考虑到低级别法院的法官专业能力相对较低，为保证案件质量，减少冤假错案发生，而要求上级法院对下级法院进行业务指导。但随着法院系统内案件质量评估体系和错案追究制度的推行，诸如上诉率、重审率、改判率等成为重要考评指标并与法官自身利益如收入、升迁等挂钩，某些与上级法院不一致的判决被视为了错案，进而追究法官乃至下级法院的责任。在这种压力下，案件请示成为下级法院及其法官规避风险、实现利益最大化的有效渠道。但其导致的结果是：下级法院在遇到较为复杂或不复杂而当事人可能上诉的案件时，越来越不愿独立地作出判决，而是径直向上级法院请示，要求上级法院给予指导性意见，并严格地按照上级法院指示意见处理。虽然最高人民法院明确规定案件请示的范围仅限具体案件的法律适用问题，但司法实践中下级法院更多地是对案件的事实认定、诉讼程序、案件的定性等问题的请示。与之相对应的是上级法院的提前介入和案件督导。提前介入是上级法院对下级法院正在审理的重大、敏感或特殊案件，在一审判决作出前，主动提前介入进行指导；而案件督导则是在下级法院审理某个具有广泛社会影响或比较特殊的案件时，上级法院出于种种考虑，对该个案进行的具体督办。但无论是案件请示还是提前介入、案件督导，都偏离了正常的监督指导关系，这些非制度化监督指导机制的常态化运行实质上是对审级监督制度的破坏。

5. 审级监督弱化损害程序价值

发回重审和改判是上级法院二审监督的核心手段，也是现时案件质量评估体系的重要指标。对一审法院而言，这两项指标排名将直接影响上级法院、地方党委、政府对本院的工作评价，进而影响本院的人事任免、经费保障和物质配备；对一审法官而言，这两项指标不仅与自己的人事升迁、奖金挂钩，还有可能被视为错案而受到责任追究。因此，无论是一审法院还是一审法官，对案件被“发改”都有着强烈的抵触心理，因而会采取各种手段和资源尽量避免案件被“发改”。而对于二审法院而言，案件“发改”的程序规定本来就十分烦琐，为了缓和因案件“发改”而引起的上下级法院之间紧张关系，更为了避免因“发改”而影响到整个法院辖区的审判绩效，二审法院会尽量采取“依法维持、慎重改判、强化调解，严格发回”的司法政策。基于此，受制于案件“发改”的压力，一、二审合作控制案件“发改”的数量和频率成了必然选择，而这也衍生出司法实践中常见的“发改”附加程序：“先沟通、再发文”，二审法院在“发改”前先与一审法院进行沟通。另外，随着案件请示、提前介入、案件督导等非正式制度的常态化运行，导致了“两审终审”实质上变成了“两审为一审”，审级监督制度被大大地削弱。正常情况下，如果法院独立进行审判，即使一审判决错误，当事人仍可在二审获得救济，此即为二审终审制度的价值目标，但由于案件请示、案件督导、一审与二审合作控制“发改”等非正式制度的存在，却变相地剥夺了当事人获得二审救济的权利，由此导致审级制度被架空，两审终审的基本诉讼原则形同虚设。

三、国内外法院审判职能改革经验借鉴

（一）国外法院审判职能考察

域外法治发达国家的先进经验，能够避免我国改革走弯路。因此有必要放眼世界，对其法院审判职能进行考究，其考察经验可以为我国的改革提供选择性的参考意见。

1. 英美法系国家法院的审判职能

（1）美国法院的主要职能

一是解决纠纷与创造法律。法院的天然职能是解决纠纷，美国也不例外。但美国法院在解决纠纷的过程中，还附随着创造法律的职能。美国作为一个判例法国家，对于在前的判例，实际创制了某种法律规则，在后的判例若与在前的判例具有类似性，则应遵循先例，否则在后的判例便会创制一种新的法律规则，作为更后的判例的先例。

二是违宪审查与宪法、法律解释。美国法院的违宪审查职能是建立在三权分立及分权制衡理论基础上的权力架构，是权力制衡的一种手段，也是美国法院行使政治权力的基础。对宪法和法律的解释职能是违宪审查职能的必然逻辑，美国联邦最高法院认为：任何法律假如与宪法相反，它实际上就不是法律，因此，该法律并不存在。[14] 除了联邦法院外，美国各州法院对本州宪法和法律也享有解释权。

三是有限解决部分政治问题。所谓政治问题是指这样一类问题：如果根据宪法和法律，法院无法建立起判断标准的事情，或者宪法规定由政府其他分支处理的事情，法院就不插手。[15] 美国法院原则上不干预政治问题，但也不排除某些例外，如美国最高法院对2000年总统大选所作裁决。在种族问题上，美国最高法院的作用更大，以致美国的学者认为法院已闯入了许多社会和政治活动领域。[16] 当然，美国法院对政治问题的介入是有限的。

（2）英国法院的主要职能

最高法院职能。英国最高法院于2005年成立后，继受了上议院的司法职能及部分由枢密院司法委员会行使的职能。其职责主要在于审理各个管辖区的民事上诉案件，以及来自苏格兰之外的其他3个司法管辖区的刑事上诉案件。

高级法院职能。此处的高级法院包括上诉法院、高等法院和刑事法院。上诉法院负责不服高等法院和刑事法院一审判决的民事、刑事上诉案件；高等法院负责审理诉讼标的较高或影响较大的民事一审案件，以及不服低级法院判决而提起的民、刑上诉案件；刑事法院负责审理严重的刑事案件和不服治安法院判决的普通二审刑事案件。

低级法院的职能。此处的低级法院包括郡法院、治安法院和专门法院、法庭。郡法院负责该区域内争议较小或标的较小的初审民事案件，治安法院负责轻微刑事案件的初审，专门法院（法庭）独立于民事法院系统和刑事法院系统之外，如反垄断法院、验尸官法院、专业法庭和军事法庭等，具有特别法院（法庭）的性质，负责处理特别事项。

2. 大陆法系国家法院的审判职能

（1）德国法院的主要职能

专门法院的职能。劳工法院（劳动法院）主要处理源于雇主和雇员之间的劳动合

---

〔14〕 参见阿瑟·库恩：《英美法原理》，陈朝璧译，法律出版社2002年版，第31～32页。

〔15〕 参见王安：《中美法院制度比较研究》，华东师范大学2005年博士学位论文，第64页。

〔16〕 参见胡伟：《司法政治》，三联书店（香港）有限公司1994年版，第174～175页。

同纠纷;行政法院负责裁决全部有关公法的纠纷,只要有关案件没有根据联邦法被具体分配给另一套行政法院管辖;社会法院专门处理公共政府管理法律领域的事务,主要负责做出影响人民生计的社会福利权力的决定;税务法院处理个人或公司与税务机构之间产生的争议。

普通法院的职能。德国普通司法管辖区包括民事司法管辖区和刑事司法管辖区,分别负责受理民事案件和刑事案件。在由郡法院、地区法院、地区上诉法院、联邦最高法院组成的四级三审终审制中,各级法院享有不同的司法管辖权。

宪法法院的职能。德国宪法法院包括州最高宪法法院(国家法庭)和联邦宪法法院,前者负责对各州宪法的法律纠纷作出裁决,后者就联邦宪法的问题进行裁决,其对宪法条文的解释具有最终约束力。

(2)法国法院的主要职能

普通法院的职能。法国普通法院系统具有两类职能:一是负责裁决个人之间在民法范围之内的争议,二是对罪犯进行裁决。

行政法院的职能。法国的行政法院系统也具有两方面的职能:一是咨询职能,从法国最高行政法院到地方行政法庭,都具有中央和地方咨询机关的角色,具有咨询职能。二是审判职能。法国行政法院实行三审终审为原则,二审终审或一审终审为例外的诉讼架构,从最高行政法院,到上诉行政法院、地方行政法庭、行政争议庭、专门行政法院都具有各自不同的行政审判职能。

(二)国内试点法院审判职能改革经验

1. 回归审判职能,确保人民法院依法独立履行职责

我国《宪法》规定,中华人民共和国人民法院是国家的审判机关。宪法已经明确了我国人民法院的职能,但近年来人民法院从服从、服务大局出发,不断延伸扩展工作职能,承担了扶贫、城市管理、生态乡村建设、计生等大量不属于法院承担的社会职能,部分工作偏离了人民法院的本质引起了人民群众的不满和诟病。课题组在调研中发现,试点法院已经逐步开始纠正这种情况,法院职能开始回归到我国宪法和法律规定的“国家的审判机关”的位置上来,保证了人民法院依法独立履行职责。具体表现有:

(1)减少法院承担的社会职能,让法官从非审判事务中解脱出来。在与贵州的K法院座谈时,干警们普遍反映他们不再参与党委政府的中心工作和行政事务,甚至包括涉诉信访或群体纠纷等均很少参与,其目的是维护人民法院裁判的终局性和中立性。

（2）出台文件，确保人民法院依法独立公正履行审判职能。一些省市区出台意见和措施，要求确保法院依法独立行使审判权。如2015年1月，贵州省委出台《中共贵州省委关于进一步支持人民法院依法独立公正行使审判权的意见》，强调任何单位或个人不能干预人民法院依法行使审判权。甘肃省研究制定了《省委政法委、省纪委、省委组织部关于党政机关及其领导干部支持司法机关依法独立行使职权的规定》，明确领导干部干预司法一律追责处分。

（3）出台司法文件和建议，引导矛盾双方采取合理解决机制。司法作为社会公平正义的最后一道防线，不应是矛盾化解的首选，更不是唯一选择。人民法院在服务大局过程中应正确理解法院的职能定位，充分认识司法的局限性。在服务大局中不能冲在第一线大包大揽，将所有社会矛盾都引过来通过诉讼途径解决。如A法院就结合本地的司法实情，在充分调研的基础上出台了《南宁市A区多元纠纷化解机制的办法》，引导矛盾双方采取合理的纠纷解决渠道，尽量把社会矛盾消融在司法程序启动之前。

2. 引入扁平化管理模式，提升司法效率

近年来，法院审判权运行机制改革主要围绕如何让审理者裁判，由裁判者负责来开展，目的是让人民群众在每一个司法案件中都能感受到公平正义。最高人民法院选择了9家法院进行为期两年的改革试点，其中中级法院7家、基层人民法院2家。但除了最高人民法院要求试点的法院之外，全国很多法院自发地加入到了审判权运行机制改革及审判团队建设改革的探索之中。比较典型的改革模式，如J法院所采取的“1+3+1”的模式，由1名法官、3名法官助理、1名书记员组建审判团队；I法院采取的是“1+N”的模式，由1名审判长、1~2名见习法官或1~2名法官助理及速录员组建独任制审判团队；无锡江阴法院所采取的是“1+N+N”的模式，由1名独任法官、若干名法官助理、书记员组成审判团队进行审判；南京市栖霞区人民法院也对审判团队建设进行了探索，采取了两种模式来推进审判权运行机制改革，组建了五人制和三人制两种审判团队，五人制团队采取1名庭长或副庭长、1名审判员、1名法官助理、2名书记员的工作模式，三人制团队采取1名审判长、1名法官助理、1名书记员的工作模式。通过建立审判团队的方式，在一定程度上缓解了案多人少的压力，提升了司法效率。

3. 强化信息化建设，助推审判质效的提升

信息化建设是适应新形势新任务、推进人民法院审判能力提升的必然要求，也是贯彻落实司法改革精神，践行公正司法，满足群众多元化司法需求的重要保障。当前

试点法院按照最高人民法院的“天平工程”建设要求，深入推进裁判文书、审判流程、执行信息三大公开平台建设，构建阳光司法。一些试点法院借助信息化手段和互联网、微博、微信等平台开展庭审直播、预约立案，电子送达、淘宝拍卖等，还有试点法院依托信息技术手段，开通了司法公开短信服务平台，及时通过手机短信向当事人发送诉讼信息，当事人足不出户就可以了解诉讼全过程；一些法院在科技法庭方面下功夫，打造了科技法庭智能化，法庭不仅能同步录音录像，还有庭审指导和笔录批注功能等。通过利用科学技术手段，强化法院信息化建设，审判质量和效力有了较大的提升。

（三）启示与借鉴

1. 上下级法院职能分工明确

无论是英美法系还是大陆法系，法院都是由三个以上层级组成，以便有效监督，实现司法公正。同时，上下级法院之间功能的明确分工，能够避免不必要的资源浪费，同时还可以提高司法效率。

2. 基层人民法院侧重事实认定功能

无论在国内还是国外，基层人民法院的数量最多，且审理案件数量也最多。基层人民法院或初审法院审理的重点主要在审查认定事实上，充分发挥其事实认定功能，为上诉审法院提供事实支撑。与此相对应，上诉审法院则尽可能将作用发挥在统一法律适用上，除非有新证据或者事实认定存在错误，否则均集中于法律适用。

3. 基层人民法院化解纠纷职能突出

基层人民法院的设置使得其具有明显的地域性特点，较为容易扮演居中调和的角色，因此，基层人民法院天然职能就是化解纠纷，基层人民法院的设置主要目的也在于化解纠纷，不少案件没有实质性的争议，甚至无须进入庭审就能够化解在基层。

4. 基层人民法院类型化趋势明显

纠纷的多元化、复杂化要求解决纠纷的法院能够与之相匹配。国外法院通过设置不同的专门法院，处理特定的纠纷提升审判的效率和质量。我们可以借鉴该做法，知识产权法院的增设体现了专门法院的重要性。当然，鉴于实际情况，短期内我国基层人民法院未必分立专门法院，但可以通过细化专门审判组织来实现专业化审理。

5. 审判权运行成为改革重点

国内改革试点法院无一例外地聚焦在了审判权运行机制改革上，推进法官员额制改革，确立审判权的核心地位；落实司法责任制，革除过度行政化的影响；组建专业审判团队，提升审判质量与效率，其目的就在于革除过度行政化的影响，推动法院向审判职能的回归。

四、基层人民法院审判职能改革的实现路径

(一)基层人民法院审判职能定位的指导思想和基本原则

1. 指导思想:符合司法规律,满足司法需求

基层人民法院审判职能定位应符合司法的基本规律,同时满足人民群众的司法需求,即要以人民群众司法需求为导向,以尊重司法规律为根本,以公正和效率为准绳,寻求从职权配置(审判职能运行)到职能衔接(上下级法院职能关系)的改革与完善。

在当前诉讼大爆炸的现实背景下,在人民群众法治需求日益增长的情势下,人民法院的司法供给已逐渐满足不了人民群众的司法需求。正因如此,当前进行的司法体制改革,毋宁说是一场法治领域内的供给侧改革,其核心是满足人民群众日益增长的司法需求,优化司法资源配置,提升司法供给的质量和效率,提高人民群众对司法的信任度;基本路径是尊重司法规律,完善司法权力运行机制,提高司法运行的效率;根本目标是提高司法供给的水平,最大限度满足人民群众对公平正义的期待。

基层人民法院审判职能定位也应当在尊重司法规律的前提下,以人民群众的司法需求为价值导向,以人民群众所期待的公平正义为最终目标。习近平总书记提出,“努力让人民群众在每一个司法案件中感受到公平正义”。公平正义既是一种社会理想,也是一种国家义务,是司法活动的首要价值追求和终极目标,是人民群众对司法的最终期盼,事关司法的权威和司法的公信力。所以,基层人民法院审判职能定位应当以公平正义为首要和最终目标。而公平正义的衍生即为公正与效率,公正是公平正义的应有之义,效率则是公平正义的延伸,所谓“迟来的正义即非正义”。正因如此,基层人民法院审判职能定位要以公正和效率作为评价基准,即基层人民法院审判职能定位是否清晰准确,都应当从公正与效率价值中寻求评判之准绳。

2. 基本原则:查明事实,解决纠纷

基层人民法院审判职能定位既要符合司法的基本规律,也要符合我国司法的特征和改革大势,尊重基层人民法院既有特点、工作经验等情况,并在此基础上进行相应的制度改良,以降低改革的成本,减少改革的阻力,达到应有的效果。

2013 年 11 月,党的十八届三中全会通过的《中共中央关于全面深化改革若干重大问题的决定》提出明确各级法院的职能定位,将四级法院的角色定位提上了改革日程。2014 年 10 月,党的十八届四中全会通过的《中共中央关于全面推进依法治国若

干重大问题的决定》提出,“完善审级制度,一审重在解决事实认定和法律适用,二审重在解决事实法律争议、实现二审终审,再审重在解决依法纠错、维护裁判权威”,则从宏观上明确了一审、二审和再审的任务侧重点,有利于确立各审级法院的职能定位及对应关系。

基层人民法院作为最主要的一审法院,承担了全国百分之八十以上的案件审理工作,其核心角色(任务)就是纠纷解决者,亦即通过“初审法院”来分流案件,在查明事实的基础上,寻求纠纷的实效性解决,将纠纷化解在基层,将当事人从矛盾纠纷中解脱出来。所以,基层人民法院审判职能定位应当以“查明事实,解决纠纷”为基本原则,所进行的相应制度改革,无论是内部职权配置(审判职能运行),还是外部职能衔接(上下级法院职能关系),都应当遵循这一基本原则。基层人民法院的纠纷解决者的角色定位,也决定了基层人民法院要尽量直接处理各类案件,担负起绝大多数一审案件的审理任务,通过扩大各类一审案件的管辖范围,使大多数社会矛盾就地就近解决;同时,面对案多人少的现状,尽可能地高效处理各类案件,通过简化诉讼程序、案件繁简分流、完善小额诉讼机制,健全多元化纠纷解决机制等措施,提升司法效率,实现案件的高效、公正处理;再者,在审理上基层人民法院应更偏重事实审,通过打造坚实的事实审,发挥一审查明事实的作用,提升一审质量,为二审创造良好的基础。

(二)厘清基层人民法院内部审判职能的具体路径

如前文所述,基层人民法院的职能定位的核心是审判职能,而充分行使审判职能的主要目的就是查明事实,解决纠纷。要实现基层人民法院依法公正、高效地履行职责,要实现查明事实、解决纠纷的目标,需要围绕审判职能的全面履行而统筹开展以下几方面工作。一是强化履职主体建设。必须要有一支政治素质过硬、业务精湛、司法经验丰富的司法队伍。对此,需要以法官员额制为抓手,建立一套科学和严格的选任法官制度,具体包括建立法官员额制度、建立法院人员分类管理制度、法官遴选制度、法官晋升及惩戒制度等。二是优化资源配置。要根据基层人民法院履行审判职能的需要对现有的人力资源包括法官、法官助理、书记员等进行优化组合,组建以主审法官或合议庭为核心的审判团队。三是科学管理。要引入扁平化管理模式,减少管理层级,还权给主审法官、合议庭,确保主审法官、合议庭依法独立公正行使审判权。四是强化司法责任的落实。要按权责利相统一的原则,科学设置法官业绩评价机制,严格落实主审法官、合议庭、审判委员会及审判辅助人员的审判责任制。

1. 建立符合职业特点的司法人员管理制度,提升履职能力

(1)顶层设计与本土实际结合,积极推进法官员额制改革

实行法官员额制,凸显了司法改革对"人"的因素的关注。法官员额制度的建立,能够进一步完善以法官为主体、审判为核心的工作机制,真正凸显法官的核心地位。

一是法官员额比例的确定。推进法官员额制改革的关键是确定员额制的比例,遵循原则是因案定人,综合考虑多种因素,包括案件数量、案件类型、复杂程度、审理方式、诉讼程序、地区差异、执业能力、审判辅助人员的配置情况及司法保障、辖区人员的诉讼能力等因素。就法官员额比例问题,课题组进行了调研,结果如图 10 所示,从结果来看基本与中央司法改革办确定的法官员额比例相符。[17] 课题组认为在坚持 39% 这个比例的前提下,应该将法官员额尽量向基层人民法院、受理案件数量多的法院倾斜。课题组结合中级人民法院和基层人民法院总体受理案件来看,建议中级人民法院的法官员额员额比例一般应定在 35%~39% 左右,基层人民法院应在 40%~45% 之间。调研结果如图 10 所示。

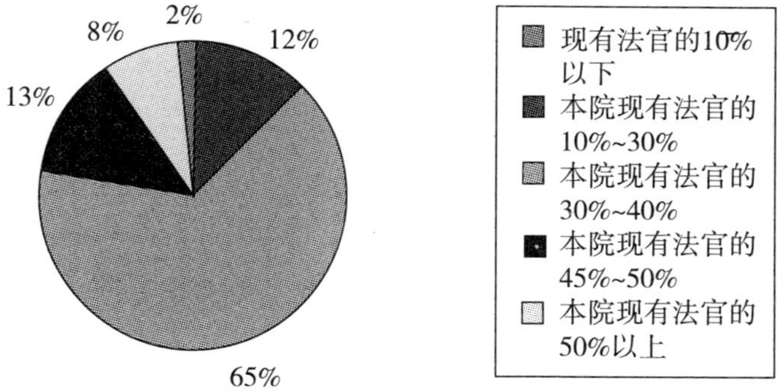

图 10　您认为基层人民法院法官员额比例为多少较合适?

二是主审法官的选任。对基层人民法院院长、副院长、审判委员会委员、庭长、副庭长、资深法官、高学历年轻法官等人员哪些更适合担任主审法官的调查数据见图 11。

〔17〕 根据中央司改革办公布的司法改革的总体方案,法官员额比例不能突破 39%。

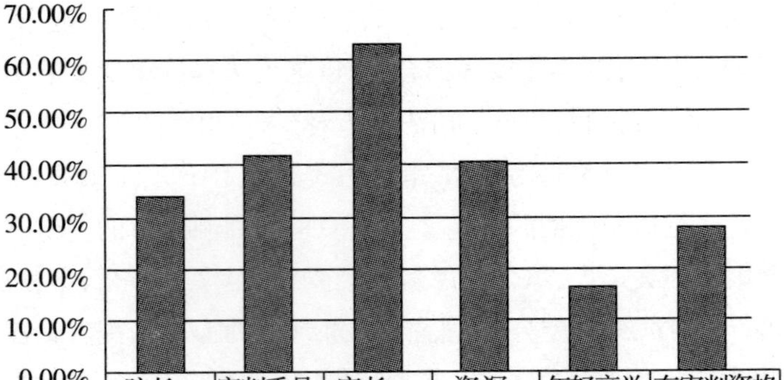

	院长、副院长	审判委员会专职委	庭长、副庭长	资深法官	年轻高学历法官	有审判资格的其他人员
■适合担任主审法官的比例	34.20%	41.50%	62.70%	40.20%	16.54%	27.98%

图 11　您认为哪些人更适合担任主审法官?

司法权是判断权和裁量权,作为行使司法权的主审法官除了扎实的专业知识功底,还需具有丰富的社会经验、崇高的道德修养和职业素质。而这些能力和素质的培养,不经过长期审判实践的历练,不可能具备。调研的结果也反映出,庭长、副庭长应成为主审法官的主要来源。当然,院长、副院长、审判委员会委员、资深法官也是主审法官来源的重要渠道。对于主审法官的选任需要正确协调好两类人员。一类是未能入额的"老法官",另一类是刚任助理审判员的高学历年轻法官。课题组认为,为了避免人才的流失,除了加大对改革的宣传,加强政治思想工作外,需要从以下途径着手。对于年龄大的"老法官"要充分利用好人员分类管理的 5 年过渡期的政策优势,保持现有的工资待遇、福利、级别不变,让其继续留在法官队伍当中协助办案,协助主审法官做好调解、信访、判后答疑等工作。对于高学历年轻的助理审判员,应根据他们自己的意愿进行自由选择,如果他们选择法官助理,则应尊重其选择进而完成一名员额法官的经验积累;对于一些特别优秀的助理审判员,可以尝试单独设置一类权限法官(简易法官)负责审理一些简易或小额诉讼程序案件或案件调解,其裁判文书由其所在审判团队的主审法官(审判长)签发。其案件分流如图 12 所示。

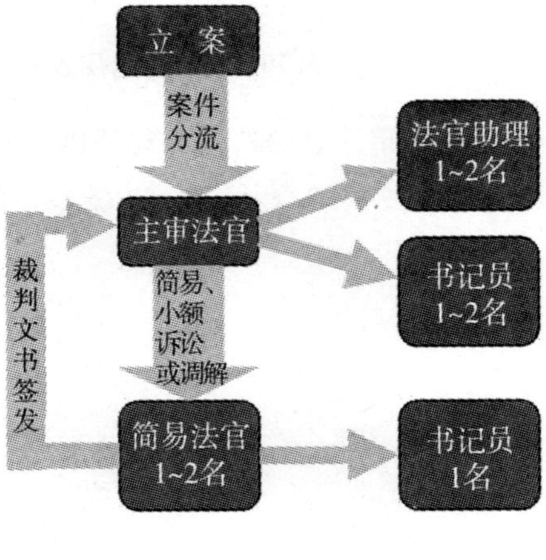

图 12　改革后的案件流程图

综上所述,针对案多人少的现实矛盾,无论是审判员还是助理审判员都是参与员额制改革的主体。改革结果应当是而且必须是员额法官与非员额法官并存,审判团队内部“全权法官”与“限权法官”互依,呈现出员额法官自主办案与非员额法官协助办案,法官助理专司审判辅助性事务与书记员办理事务性工作的现实图景。[18]

(2)建立人员分类管理机制,配齐配足审判辅助人员

“审判辅助人员是协助法官履行审判职责的工作人员,包括执行员、法官助理、书记员、司法警察、技术调查官等。”[19]由于员额制改革后,法官数量将在一定程度上减少,配足审判辅助人员将是人民法院依法履行审判职能的重要保证。推行员额制改革时,必须同步推进人员分类管理机制的建立和完善。

一是科学确定审判辅助人员配置比例。要精确确定各类人员的配置比例,应当对审判事务进行区分后,在诉讼流程的基础上对各种事务的时间消耗及工作量消耗进行流量分析。[20] 从各试点法院反馈的情况来看审判辅助人员十分紧缺。为了让有限的司法辅助人员配置发挥最大的作用,在确定审判辅助人员的配置时必须考虑以下因素:首先,要考虑案件的复杂程度和适用的程序。大部分事实清楚、争议不大的案件一般都采取简易程序审理,即使部分案件适用普通程序,也均采取由一名法官与两名人民陪审员组成合议庭进行审理,采取“1 +1 +1”(1 名法官 +1 名助理 +1 名书记员)的模式最为理想。其次,要考虑民事和刑事审判的不同而区别对待。刑事审判部门普遍认为,由于送达、提审、投监等程序性事务较多,书记员比法官助理更能发挥作用。而民事案件往往需要组织庭前会议、证据交换、庭前调解、调查取证、司法鉴定等大量的审判性事务,那么法官助理比书记员更能胜任上述工作,从而有利于提高司法效率。最后,考虑配置辅助人员比例时还要考虑法官的工作量,对于主办案件上百件,甚至几百件的法官必须多配置辅助人员,才能完成审判工作。

二是拓宽审判辅助人员的来源渠道,增强其尊荣感,要进一步拓宽和完善辅助人员的来源途径,在案件较多的基层人民法院,可以积极探索以购买社会化服务的方式解决人员不足的问题。目前,基层人民法院在编制外招聘合同制人员从事审判辅助工作和司法行政工作已成为普遍做法。但这种方式招聘的人员普遍面临一个队伍不稳定、流动性大,人员素质参差不齐等问题。为切实解决这些存在的问题,以保持队

---

〔18〕 参见王顺华:《组建新型审判团队需要考量的几个要素》,载《人民法院报》2016 年 7 月 14 日。

〔19〕 王伟、闫鹏:《分类人员管理体制下司法辅助人员定位刍议》,载《经济 · 法学研究》2016 年第 6 期。

〔20〕 参见邹碧华:《审判事务的分工与法官辅助人员的配置探讨》,载《法律适用》2002 年第 12 期。

伍的稳定性，提高队伍的尊荣感。课题组认为法院人事部门应该做好以下工作：一要加大思想政治工作力度，通过定期召开经验交流会议，畅谈工作感想、分享工作成果、提出工作设想和建议等方式，增强审判辅助人员的尊荣感与责任心。二要完善工作制度，逐步提高审判辅助人员的工作待遇，福利收入等。三要健全奖惩机制，在奖励先进的同时，对不适应或者工作表现不合格的人员坚决劝退或解聘，营造创先争优的良好氛围。四要建立定期培训制度和考核机制，通过采取岗前培训、新业务培训、定期专门培训等方式强化对审判辅助人员的培训和教育，同时通过开展庭审竞赛、岗位大练兵等活动对审判辅助人员进行考核与评比，不断提高其工作能力和业务水平。

(3)完善法官业绩评价机制，科学评价和考核法官业绩

一是建立健全法官业绩评价机制。课题组认为，一套符合司法客观规律又科学合理的法官业绩评价机制应该包括以下内容：评价内容上，应涵盖法官政治思想、道德品质、审判业绩、工作能力等多方面，重点评价审判工作业绩。对审判业绩的评价应综合考虑办理案件的数量、质量、效率、效果等。同时对裁判质量的认定不仅要考虑实体方面也要考虑程序方面，不能简单以上级法院的发改率、重审率和维持率等指标来评判；评价范围上，不仅要考核裁判文书质量，也要考核庭审驾驭能力、司法调研能力、化解纠纷、解决问题的能力，评价时要考虑到司法的职业特点和司法规律，不能简单以结案率、调解率等几个单一指标评判；评价方法上，应采取主客观相结合、量化考核和组合测评相结合的方法。特别是对法官职业道德等评价时需要通过组织测评等方式进行。

二是要灵活运用法官业绩评价结果。建立科学的法官业绩评价机制的关键是运用评价结果。要充分运用评价结果调动法官工作的积极性，将评价结果作为法官晋升、遴选的重要依据。

三是建立不胜任法官的退出机制。长期以来法官“能进不能出”，导致法官队伍参差不齐，不利于法官队伍职业化建设。因此，完善法官业绩评价机制，运用好法官业绩评价结果，必然要求建立不胜任法官的退出机制，真正使能够胜任审判工作的人才留在法官队伍中。

2. 整合资源，探索建立以主审法官为核心的新型审判团队

对于“何种组织架构最为适合审判权的运行”这一问题，调研结果见图13。

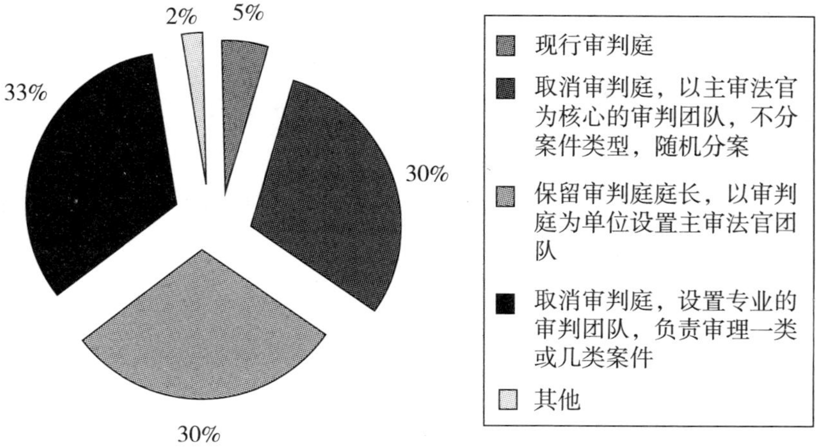

图 13　您认为何种组织架构最为适合审判权运行

通过对调研结果的分析可知，当前的审判庭模式已经很难适应审判职能的发挥，特别是随着立案登记制以后，基层人民法院案件的数量大幅度增加，为了实现案件分流、矛盾化解的目标，必须对现有的司法资源，对法官、法官助理、书记员等进行优化组合，建构以主审法官为核心的审判团队。

从试点法院积累的经验来看，新型审判团队的组建是推进人员分类管理，提高资源配置，实现最高效率的必由之路。只有通过组建审判团队，设定若干审判单元，明确目标任务，强化监督和指导，确保达到审判资源优化配置，进而实现合理配置职权和有效发挥职能的“帕累托最优”。目前，通过对试点法院审判团队组建模式的总结和归纳，主要有以下几种：

(1)随机组成合议庭模式。该模式下取消审判庭建制，每名主审法官均配备 1 名法官助理和 1 名书记员，案件随机分配，需要组建合议庭时，由电脑随机生成合议庭组成人员，谁是案件的承办法官，谁就是该合议庭的审判长。该模式主要适用于一些案件数量较少、入额法官较少的基层人民法院、新设立的基层人民法院。

该模式的主要优点在于有利于减少司法行政化的干扰，有利于避免因合议庭成员长期固定而形成的司法行政化和利益一体化，也有利于打破固定合议庭和固定审判团队的壁垒，防止思维固化，进一步促进各主审法官的交流，有利于统一裁判标准，提升司法的公信力。但对于案件数量多的基层人民法院，完全靠临时随机产生的合议庭在送达排期、调查取证、诉讼保全，案件合议等环节会导致司法资源调配困难，而且会导致一名法官同时参与多个合议庭的工作运作，造成疲于应付而降低审判效能。

(2)审判团队模式。根据法官人数以及与审判辅助人员的不同比例组合,又有不同的划分。在司法实践中主要有以下几种模式为各地采用。①“1 +1 +1”模式。即由“1 名法官 +1 名法官助理 +1 名书记员”组成一个审判团队。目前,贵州、江苏、浙江、广东等地大多数改革试点的基层人民法院探索组建此种模式的审判团队。根据案件数量、案件难易程度和辅助人员力量等不同因素,一些地方采取“1 + N + N”的动态设置。有的地方建立专门办理简易程序案件的审判团队,将全院所有简易程序案件交给这些团队审理。当然,在“1 +1 +1”的情况下,法官也可以吸收 2 名人民陪审员组成合议庭审理案件。②“3 +3 +1”模式。将原来一个法官加一个书记员“1 +1”的结构调整为“3 名法官 +3 名法官助理 +1 名书记员”的结构。在这种模式下,法官助理与法官之间的搭配是固定的,但是书记员则跟审判团队,不固定搭配法官。③“3 +2 +3”模式。3 名法官正常情况下与 3 名书记员“一审一书”模式审理独任审判案件,遇有普通程序案件 3 名法官自然组成合议庭,2 名法官助理(这里法官助理的数量是可变的)同时服务于整个团队的送达、取证、庭前会议等工作,书记员则主要负责庭审记录、案卷装订归档等。

该模式审判权运行扁平化,管理和指挥链条最短,各审判团队的自主意识和自我管理较强,有利于整合司法资源,并且容易形成你追我赶、相互竞争的办案氛围。但缺点是独任制审判团队自由裁量权过大,合议制审判团队如果不设审判长,常态化管理的成本较高。

(3)相对固定的合议庭(审判团队)模式。该模式下不取消审判庭的建制,而是在审判庭内根据员额法官的特点建立审判团队、院庭长编入合议庭,参与案件的审理,如图 14 所示。

与前述第二类模式不同的是,这些审判团队均是在保留审判庭建制的前提下以相对固定的合议庭为基础组建的。另外很重要的一点,就是在合议庭或者审判团队中仍然保留了审判长。

该模式的优点是有利于促进合议庭运作的实质化和提高团队运作效率,审判长事实上要对合议庭所有案件负责,有利于在强化审判团队自主管理的基础上,进一步保证审判质量。但相对固定合议庭(审判团队)保留事先选任的审判长的情况下,也不排除审判长滥用权力形成新的行政化。

课题组认为,上述审判团队的模式各有利弊,且从不同模式的改革试点实践来看,也均取得了一定的改革成效。因此,选择何种审判团队模式,关键取决于这种模式是否遵循了司法规律,是否有利于审判职能的发挥,是否有利于案件分流、纠纷化

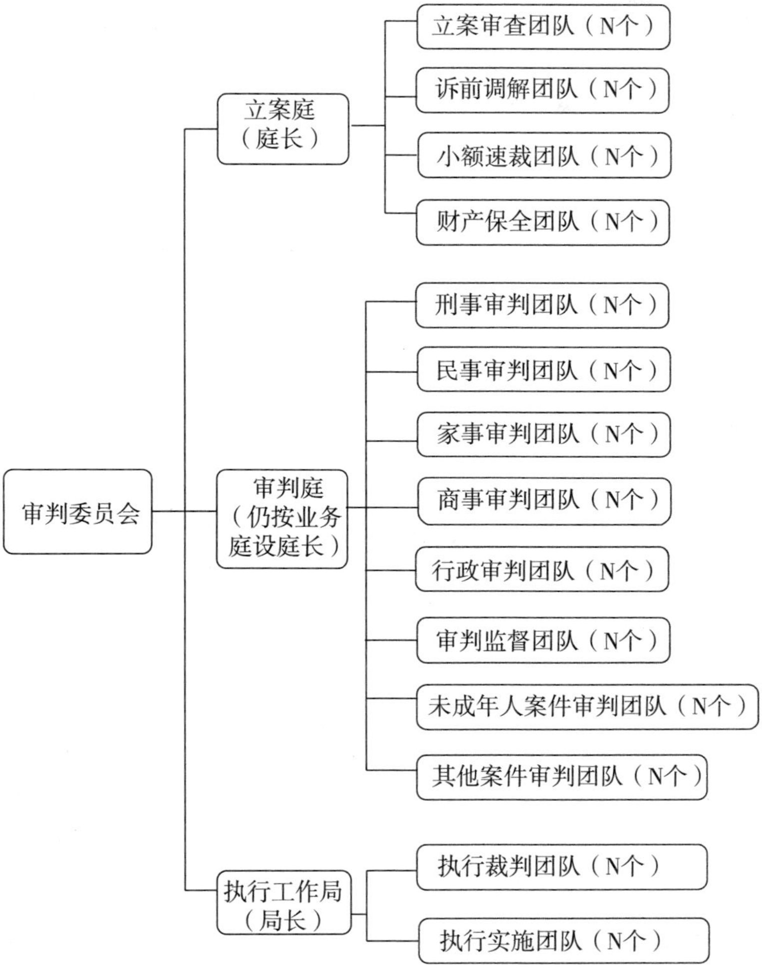

图14　改革后审判模式运行图

解。在坚持上述前提下，课题组认为，在探索审判团队建立时，需要重点考虑以下几个方面的因素。

一是案件数量。对于受理案件数量庞大，人数较多的基层人民法院，要实现合议庭的完全随机产生，存在如前所述的诸多困难。而对于一些编制在50人以下、案件数量不多的基层人民法院，或刚成立的法院等则可以取消审判庭建制或者仅设一个综合审判庭的审判团队模式。

二是案件难易程度。对于大部分基层人民法院，特别是基层人民法庭而言，大多数案件相对简单完全可以通过独任庭审理，或者1名法官和2名人民陪审员一起组成合议庭审理，因此，可以积极探索“1+1+1”配置的审判团队，或建立速裁团队专门审理简易程序案件；而对于经济相对发达的城区法院一般受理的疑难、新型案件较多，则可以考虑设立相对固定的专业化审判团队，将新类型、疑难复杂、具有研究价值的案件进行适度归集，使各审判团队相对侧重于审理物权、保险、民间借贷、房地产等相关专业化案件，实现审有所专、审有所精。

三是考虑审判团队人合性要求。因为审判团队是由员额法官、法官助理、书记员组成的团体，具有人合性。因此在团队组建时要考虑团队的人合性，不能一味采取行政手段调配，而要充分尊重各成员的意愿，彰显团队组建的自主性，才能有利于团队的紧密合作，实现资源的优势互补，进而发挥团队的整体效益。[21]

3. 引入扁平化管理，提升审判效率

目前基层人民法院普遍存在内设机构设置过多，又因行政审批式的管理致使审判权与行政权混同、主次颠倒。出现了司法管理与司法服务界限不清、定位不准，法官与行政人员身份混同的问题。结果导致具有审判资格的法官数量不少，一线办案法官却严重不足，司法效率低下。但试点法院通过对法院内设机构的整合和改造，引入扁平化管理后，司法效率得到了显著提高。借鉴试点法院的做法，课题组认为要充分发挥基层人民法院的审判职能，有必要对现存的内设机构设置进行改造。改造的基本原则是将当前的科层化管理改造成扁平化的管理，逐步减少管理层级，防止司法行政化。根据审判权、审判辅助权及司法行政权的不同而分成审判部门、审判辅助部门和司法行政部门三个类别，并遵循三种权利的运行规律，按照权、职、责相统一的原则进行改造和重构。

(1)改造审判部门的设置。独任法官、合议庭、审判委员会在案件审理过程中依法独立行使审判权，说明审判组织具有平等性和独立性。故在进行审判部门改造和管理模式选择时必须体现平等性和独立性。法官是审判组织的基本构成人员和核心业务承担者，审判部门的决策权应属于全体法官。故课题组认为应该设立法官会议作为审判部门的管理决策机构。法官会议由全体法官或全体法官选举产生的代表组成，其职能包括对重大审判事务进行决策；批准审判辅助部门和司法行政部门的年度

---

〔21〕 参见王顺华：《组建新型审判团队需要考量的几个要素》，载《人民法院报》2016年7月14日。

工作计划;听取关于工作计划执行情况的报告等。[22] 在法官会议闭会期间,由院长负责部分日常审判管理工作,并对紧急事项采取应急措施。具体而言,改造路径如下:从目前试点法院来看既有保持审判庭设置的模式,也有取消审判庭的模式。[23] 虽然《人民法院组织法》中对审判庭设置作出了规定,但是"人民法院不以审判庭名义审理案件,所以审判庭并没有审判组织的地位,而属于司法行政机构"。[24] 课题组认为,审判庭实际上是存在于主审法官、合议庭等审判组织与院长之间的行政管理层级,也是行政权对审判权不当干扰的具体体现。因此,K 法院等试点法院在建院时直接取消审判庭设置,确保了合议庭和独任法官真正获得了独立的地位,符合司法运行的客观规律和"以审判为中心"的司法改革的价值目标,符合审判庭改造的基本方向。但是 K 法院等取消审判庭设置的法院均属于新成立的法院,且规模相对较小,人员和案件数量相对不多。而我国幅员辽阔,地区差异明显,在法院规模大、人数较多、受理案件数多、案多人少矛盾突出的基层人民法院,如果采取"一刀切",均取消审判庭的设置,势必给改革带来困难,也不符合当前审判工作实际,且通过多年的实践证明设置不同的审判庭审理不同类型的案件,客观上有利于提高司法效率,在一定程度上能缓解案多人少矛盾,具有一定的现实意义。综上所述,对于这些法院规模大、人数较多、受理案件数多、案多人少矛盾突出的基层人民法院对审判庭的改造应采取循序渐进的按两步走的方式进行,即第一步借鉴 I 法院等人民法院将审判团队建立在审判庭上,取消副庭长的设置,庭长只负责各团队的对外协调,对内不参与审理的案件不具有裁判权;第二步等条件成熟后再取消审判庭的设置。

(2)整合和撤并审判辅助部门。因审判辅助权与审判工作息息相关,且涉及程序

---

〔22〕 这里涉及审判委员会与法官会议的权力划分。根据《人民法院组织法》,审判委员会的任务是总结审判经验,讨论重大的或者疑难的案件和其他有关审判工作的问题,故审判委员会的管理具有全局性、宏观性,而法官会议的职权则主要局限于审判部门之内,两者的权力可以并行。但审判委员会和法官委员会在审判事务的管理中会存在重合的领域,对此,课题组认为结合《第四个五年改革纲要(2014~2018)》关于"建立审判委员会讨论事项的先行过滤机制,规范审判委员会讨论案件的范围"的要求,可以考虑以法官会议为依托建立审判委员会讨论事项的先行过滤机制,凡涉及审判工作的重大事项可先交由法官会议讨论,如经过讨论认为确有必要提交审判委员会讨论决定,再提交提交审判委员会。

〔23〕 参见胡雅妮、程立武、王薇:《以服务审判为重心的法院职能整合与机构设置——以法院权力的三元划分为基础》,载《尊重司法规律与刑事法律适用研究(上)——全国法院第 27 届学术讨论会获奖论文集》,第 267 页。

〔24〕 蒋惠玲:《试论审判机构改革》,载《人民法院报》2004 年 6 月 23 日。

性事项的直接处分,因此必须从规范诉讼程序的运行和处分的角度对审判辅助部门进行设计。具体而言,采取两步走战略:一是成立审判辅助工作局,设立局长一名将立案庭和执行局、司法警察划入审判辅助工作局之下,并作为三个独立的内设部门。对于立案和执行局纳入审判辅助工作局无可厚非,但对司法警察也纳入审判辅助工作局,可能很多法院的干警不理解,课题组认为因为司法警察担负着保障法院机关安全、审判安全、提押人犯以及强制执行等工作,处理的也是程序性方面的问题,因此,也应将司法警察纳入审判辅助工作局管理。二是按照科学、精简、高效的工作要求推行扁平化管理,逐步对其他审判辅助相关职能进行整合和相关机构进行撤并。将诉讼送达、保全、鉴定、文书校对、网上办案、裁判文书上网、阳光司法等办公室整合为诉讼服务中心,作为承担审判综合服务工作的机构,根据需要设立相应保全工作组、审判管理工作组等不同的工作小组。

(3)改革现有承担司法行政事务的内设机构。在法院内部,除了承担案件审理的审判权外,还存在为确保案件正常审理和法院正常运转的司法行政管理权。目前由于司法行政权与审判权存在混同,导致审判权运行不畅,审判权让位司法行政权的情况。因此,对内设机构的改造必须坚持科学、精简、高效、服务审判工作为重心,有利审判职能的实现为原则。目的是通过对当前设置的机构进行改造和整合,从而提高组织的效率和效益。改造路径主要从体现司法效率性方面进行的设计,具体如下:成立司法行政管理局,并设局长一名,下设两个办公室。将负责人事的政工、办公室、新闻宣传等部门和工作整合为综合行政办公室,下设人事组、文秘组、宣传组等工作组;将财务、信息技术等整合为后勤保障办公室,下设财务组、技术服务组等工作组。

改造后,审判部门对案件进行审理和裁判,专司裁判权;审判辅助部门辅助处理程序性工作;司法行政部门负责维护法院日常运作和后勤保障,为审判服务。为了确保审判部门和审判组织的核心地位,必须对审判辅助部门和司法行政部门建立监督制约机制。这种制约机制由法官会议行使即审判辅助部门和司法行政部门定期向法官会议汇报工作;法官会议有权对审判辅助部门和司法行政部门的工作进行监督和评议;审判辅助部门和司法行政部门执行法官会议制订的工作计划或对法院管理重大事务做出的决策,等等。这样的设计充分体现了以审判为重心的法院内设机构改革思路。改造后的法院内设机构如图15所示。

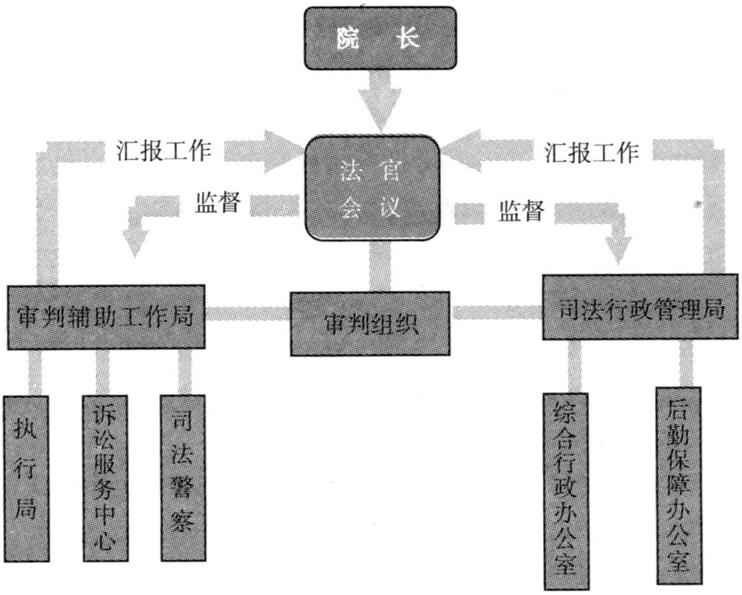

图 15　改造后的法院内设机构示意图

4. 还权于审判团队,落实司法责任制

司法权不同于行政权。行政权讲究上令下从、令行禁止,司法权则强调亲历性。因此,建立符合司法规律的审判权运行机制就必须“让审理者裁判,由裁判者负责”。为实现该目标必须强化院、庭长、审判团队的监督和管理,做到权责统一。

(1)建立院庭长办案机制,强调裁判的亲历性。“让审理者裁判,由裁判者负责”的核心就是打破或限制院长、庭长决定个案的权力,防止其以层级管理权代行审判权。应建立审判组织办案机制,突出审判组织在审判权运行中的主体地位,将院、庭长直接选任为主审法官,或独任或通过担任合议庭的审判长,亲自参与案件的审理和裁判,并对案件负责,且负责审理疑难、重大、复杂案件或法律适用存在争议的新型案件,从而实现院、庭长对个案的指导和监督。案件流程图如图 16 所示。

(2)落实司法责任制,做到权责明晰统一。一是改革审判委员会制度,推动审判委员会从个案讨论向宏观指导转变,防止审判委员会讨论案件的责任不清,防止审判委员会工作重心仅在讨论个案上。二是要进一步明确院、庭长审判管理和监督职责,规范其行使审判管理权和审判监督权的方式,列明责任清单。三是要推进司法标准化。结合司法流程、司法裁量、司法行为、司法权责、司法公开、诉讼服务等领域和环节制定明确、规范、可操作的标准,规范法官的司法行为和自由裁量权。四是完善司

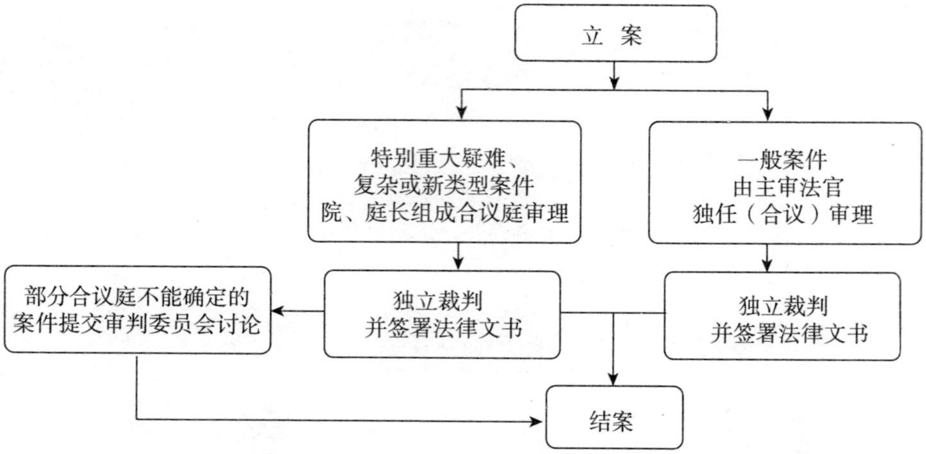

图 16 案件流程图

法问责机制。正确区分审判活动和案件相关的责任即违法审判责任和审判瑕疵责任。对没有故意或者重大过失的，仅造成案件一般差错的，应当按照审判瑕疵或者案件差错责任追究的程序追究其审判瑕疵责任，并与法官绩效考评和绩效奖金的发放直接挂钩。只有故意枉法裁判、重大过失造成错案的才追究违法审判责任，且应允许法官申辩。

5. 完善相关制度措施，实现案件的快速分流

（1）完善速裁机制，确保快速、高效化解纠纷。近年来，法院探索建立的速裁模式，因操作灵活、快捷，采取一站式服务等特点在分流案件、化解纠纷过程中起到了很好的作用，但因现阶段处于探索阶段，缺乏明确的操作规则，存在速裁案件类型杂、程序不规范、片面追求效率等问题。因此，课题组在调研的基础上，并借鉴试点法院的经验和教训，提出以下建议：一是“多头设置”和“分类设置”我国速裁程序制度。即根据案件类型及所设适用程序的不同，分别设置不同的民事速裁程序与不同的民事速裁机制。二是明确标准，建构以简易、小额速裁为主，其他特殊速裁程序和特别速裁机制为辅的速裁程序体系。三是完善与民事速裁相关的配套机制。要完善民事速裁相关的程序选择权，避免大范围案件进入速裁程序，而导致法官对简易程序的过分依赖。要完善民事速裁有关的激励和惩戒机制，防止诉讼程序的滥用而造成当事人的诉累。

（2）激活“繁简分流”机制，实现简案快结、疑案精办。所谓的“繁简分流”机制，是指案件在立案以后，通过定性分析，将复杂案件与简单案件区别开来，通过建立简

案快审的工作机制，实现审判资源的优化配置，最大限度地提升案件审判效率。当前从试点法院来看“繁简分流”机制在加速案件处理方面起到了一定作用，但还存在繁简案件划分标准不统一，审判资源配置不科学、文书签发程序烦琐等问题。为了切实使“繁简分流”机制发挥其优势，课题组建议：一是科学制定简单案件与复杂案件的区分标准和分流规则。根据案件事实、法律适用、社会影响等因素对案件进行繁简分流，做到该繁就繁，当简则简，繁简得当，努力以较小的司法成本取得较好的社会效果。二是强化立案、审判和审判管理等部门的无缝对接。对于繁简程度难以及时准确判断的案件，或在案件审理过程中存在再次分流条件的案件，立案、审判和审判管理等部门要及时进行会商沟通、无缝对接，确保简单案件由速裁团队及时审理，系列案件、群体性或关联性案件原则上在同一审判组织审理。

(3)推行裁判文书繁简分流，实现文书“瘦身”。从当前司法改革的趋势来看，审理程序的繁简分流旨在以合乎理性的规范将各类案件各归其道，使紧缺的司法资源和日益膨大的司法需求在剧烈冲突中得到缓和。裁判文书作为审理结果的体现也应在优化路径中平衡公正与效率的价值——繁其所当繁，简其所当简。因此，在对案件审理进行繁简分流的同时对裁判文书也应进行繁简改革。一是针对繁简分流出来的简易案件可以直接使用令状式和要素式等简式裁判文书，简化说理。二是针对疑难复杂案件，文书中则必须要通过透彻的说理评断，明确展示当事人证据博弈过程，最终形成合理判决理由。英国法官休厄特有句名言：“不仅要主持正义，而且要人们明确无误地、毫不怀疑地看到法官是在主持正义，这一点不仅是重要的，而且是极为重要的。”看得见的公正无疑要加强说理，让裁判文书受众看得懂，理解得透彻。

(4)进一步规范司法引导下的多元纠纷解决机制。在诉讼需求不断增长并且日趋多元化的情况下，单一的审判机制显得力不从心，多元化纠纷解决机制也一直被提倡，但非诉讼机制的权威性和既定性不强，当下构建多元化纠纷解决机制的重点在于增强非诉机制的公信力，这需要法院做好司法引导工作，激发非诉机制的纠纷解决能力。

(三)理顺上下级法院审判职能关系的具体路径

1. 回归上下级法院的监督与指导关系

总的来说，任何一个国家的上级法院对下级法院的审判活动都会产生影响，只是影响的程度或发生影响的方式各有不同。在我国，基层人民法院和中级人民法院之间，法定关系为监督与被监督，但在司法实践运行中出现关系异化。异化后的关系核心是行政化，其表现载体在于案件请示、案件发改、错案追究、绩效考评、人事管理等种种方面。理论界对异化的上下级法院关系给予了足够的关注，进行了猛烈的批评，并提出了诸多的完善方案。一般来讲，理论界提出的方案意图按照完美理论作出彻底的"釜底抽薪"式的改造，如变更二审终审为三审终审或有效的三审终审，这涉及国家诉讼制度的变化及基本法律的修订，且不论此类方案是否有效，单就实现可能而言，其难度即可想而知。此类宏大的论述或"完美方案"不是本课题探讨的要点，本课题更乐于从现实出发，在不动"大型外科手术"的前提下，尝试探索具有可操作性、可复制性的修正方案。

对基层人民法院与中级法院关系之修正，核心在于去行政化，理论根基在于审级独立，实现可能在于观念转变，实现路径在于制度重构。普遍认为，包括基层人民法院与中级人民法院在内的上下级法院间的关系已在监督关系之外衍生出管理、协管、指挥、领导、督查等关系，而衍生出的这些关系正在逐步塑造或强化着行政化的趋向。在我国，法院系统虽然被分为四个层级，但每个层级间并不具有隶属性，基层人民法院作为最低层级的法院也并非基于依附方有存在之必要，审级独立要求任何一个层级的法院都要在自己的审级内独立审理和裁判案件。

一个看似众人皆知故而无人提及但却重要万分的"良方"叫作"观念转变"，这是改善包括基层人民法院与中级人民法院关系在内的上下级法院关系的根本与实现可能。无观念之转变，便无改善之可能。观念不变，纵有制度规章，亦能万般规避。观察可见，基层人民法院与中级人民法院关系的行政化，已从法院与法院向法官与法官间过渡，此之更有实现观念转变之必要。

在对基层人民法院与中级人民法院关系改良之具体设想上，目前存在一种主流观点，即变上对下的单向制约为上下相互的双向制约。就主流观点来说，除了在事实审与法律审的两分前提下，基层人民法院认定的事实对中级人民法院具有一定的制约这一种情况之外，尚难看到具体可行的下对上的制约方式。我们认为，不积跬步无以至千里，在目前的司法环境下，与其探讨基层人民法院对中级人民法院的反向制约，倒不如对当前异化关系的现实载体逐个予以击破。在这个过程中，除了观念转变尤其是上级法院观念转变之外，我们还建议引入第三方监督制约力量，即案件当事人意志。

2. 明确上下级法院事实审与法律审的审判原则

根据《中华人民共和国民事诉讼法》第168条的规定，第二审人民法院应当对上诉请求的有关事实和适用法律进行审查。实践中，审判人员往往会陷入一个思维上的困境，即是需对上诉请求本身所依据的事实和法律进行审查，还是对被上诉的原审判决所依据的事实和法律进行审查的问题。如果是仅围绕上述请求本身的事实和法律依据进行审查,那么这种审理方式将是一审法院审理工作的重复,而这种重复行为,将加大上级人民法院审理案件的负担,导致诉讼迟延,当事人权益到不到及时的保障。另外,二审法院的重复审理行为,又必将导致一审法院产生依赖心理,反正二审法院会重新全面审查一轮,一审如何裁判,并不会影响权益的最终确认,从而容易导致草率下判。审判活动本身就是一个发现并进行判断的活动,基层人民法院作为纠纷处理的第一线,就空间、时间距离上,最接近纠纷现场,其对证据的收集以及事实的查明,有着得天独厚的条件。因而明确基层人民法院作为一审法院,着重就事实审理的审判职能,对法律客观事实的最终查明,无疑非常关键。而上级法院依照审级独立的原则,应当与基层人民法院事实审原则有所区别,应当根据上诉目的及理由,就有关的一审案件材料以及补充的新证据,对一审判决的结果是否有依据和合法进行审查。上下级人民法院之间的这种分工模式,既能体现各审级之间的相互独立性,也能在相互间形成制约和监督作用。那么,就基层人民法院事实审理的工作方式而言,法律事实的查明,有赖于相应规则和制度的确立和适用,我们认为,以下几点规则和制度尤为重要。

(1)确立证据裁判规则。确立证据裁判规则,能够有效地通过客观证据去发现客观事实。一是要围绕以庭审为中心审查证据,不让庭审走过场、形式化,通过当事人双方的抗辩来审查证据的“三性”。当事人是证据的第一手接触人,通过庭审听取各方意见,有助于法官辨明真伪及证明力度。二是完善非法证据排除规则,该规则从大方面上来说,可以保证案件的质量以及正确的定罪量刑;在实际操作上来看,作为程序性的手段,可以防止或者减少刑讯逼供等一些非法收集证据行为的发生,维护司法公正和保护当事人的合法权益。其做法是:一要严格按照法律所明确的非法证据认定规则;二要根据司法解释等规定尚未具体明确的非法证据审查认定规则。特别是第二种做法,需要法官结合案件的实际情况进行自由裁量。而坚定疑罪从无观念,摒弃有罪推定则是自由裁量的前提和思想准备。

(2)完善诉讼证明规则。诉讼证明规则或标准,是作为审判人员内心自由裁量的尺度,其作用的重要性显而易见。虽然证明规则的作用是对裁判者内心作出裁判的指引,具有很强的主观性,但规则也能反过来对自由心证进行一定的制约或约束,以致自由心证不致过于偏离实际。同时,证明规则也是最终实现法律真实的基础。要完善证明规则,一是要辨明各方当事人的证明责任。严格依照法律的规定对当事人举证责任进行合理的分配。主张法律关系存在的当事人,应当对产生该法律关系的基本事实承担举证证明责任；主张变更、消灭或者权利受到妨害的当事人，应当对该法律关系变更、消灭或者权利受到妨害的基本事实承担举证责任；法律另有规定的除外。依照法律规定以及举证责任分配的一般原则无法确定证明责任时，人民法院可以根据公平原则和诚实信用原则，充分考虑当事人举证能力等因素予以明确。二是要进一步明确人民法院依职权调查收集证据的条件、范围和程序。对当事人因客观原因不能自行收集的证据如由国家有关部门保存、当事人及其诉讼代理人无权查阅调取的证据，涉及国家秘密、商业秘密和个人隐私的材料等证据，人民法院应当根据当事人的申请调查收集。对可能损害国家利益、社会公共利益以及可能存在恶意串通、侵害案外人利益等相关事实的证据，人民法院应当依职权进行收集。对于当事人申请调查收集的证据，与待证事实无关联、对待证事实无意义或者其他无调查收集必要的，人民法院不予准许。三是进一步规范证人、鉴定人出庭作证。证人提供证言，以出庭作证为原则。对于未经人民法院允许，当事人提交的证人书面证言、视听材料等，不能作为认定案件事实的依据。四是严格高度盖然性原则的适用标准。基层人民法院应当根据法律的规定，明确相关案件适用的证明标准。五是强化裁判文书对重要证据是否采纳的说理。办案人员应该按照法律规定全面、客观地审核证据，依据法律规定，遵循法官职业道德，运用逻辑推理和日常生活经验，对证据有无证明能力和证明能力的大小单独进行判断并公开判断的理由和结果。

3. 完善上下级法院审判职能衔接的相关制度

(1)发回重审制度的审视及规范

发回重审制度不仅涉及诉讼架构，而且关涉法院职能定位。现行三大诉讼制度中的发回重审制历来备受学界诟病，三大诉讼法中的发回重审制度既有共同点，也有特殊性。下文对发回重审制度重构之探讨，系基于民事诉讼的范畴，先予说明。

①发回重审的前提：当事人对直接审理的排除

处分原则是民事诉讼的一项基本原则，基于处分原则的基本内涵，当事人对诉讼程序的启动或终结原则上由当事人决定。在诉讼过程的进行当中，当事人并非应当处于被动的消极地位，对程序性事项的决定，应当存有当事人发表意见和相当程度的决定权。现行民事诉讼法对此前相当长一段时间内存在的法院职权主义和法律父爱主义进行了部分修正，《最高人民法院关于适用〈中华人民共和国民事诉讼法〉的解释》第329条第2款规定，一审判决不准离婚的案件，二审认为应当判决离婚，且当事人同意由二审法院一并审理子女抚养、财产分割等问题的，二审法院可以一并裁判。单从该司法解释条文来看，不可谓无进步，但就整个发回重审制度来看，其适用范围过于受限，并无法将当事人对直接审理的排除作为确定发回重审的适用前提。《最高人民法院民事诉讼法司法解释理解与适用》对上述条款的增加作出说明：此前之规定过于绝对，不利于纠纷的化解和诉讼经济。于此，我们不得不追问：过于绝对、不利纠纷化解和诉讼经济的难道只有前述司法解释第 329 条第 2 款这一种情形吗？答案显然并非如此。再追问：假如二审当事人均要求不发回重审而由二审法院直接审理，那么二审法院难道就不能不发回重审吗？二审法院仿佛仍然可以不予理睬而径直发回，但若我们将问题放大到当事人对此表示出极端情绪或引发涉诉信访等常规法律程序之外的情形时，二审法院又是否仍然不予理睬呢？当然，我们对问题放大的情形可能并不妥当，但问题的关键在于当事人有没有权利对发回重审说“不”。我们认为，这一说“不”的权利是处分原则的题中应有之义。我国台湾地区“民事诉讼法”第 451 条第 2 款规定，对于应发回重审之案件，应予当事人陈述意见之机会，如两造同意愿由第二审法院就该事件为裁判者，应自为判决。此之诚可借鉴。由此，我们认为，在民事诉讼中，二审法院对案件之发回重审应全面贯彻以当事人对直接审理的排除作为适用前提。

②审级利益的保障：释明

发回重审制度的一大理由即保障当事人二审终审的审级利益，避免当事人因一次裁判而无法获得二审纠错的机会。我们之所以不赞成学界某些学者所持有的彻底废除发回重审制度的过激观点，也是基于对当事人审级利益保障的考虑。为了避免二审直接审理对当事人审级利益造成损害之虞，在尊重当事人合意处分的前提下，必须对当事人就合意选择二审法院直接审理之情形做出释明。该释明，应就可能丧失审级利益之后果，予以明确说明。若释明后，当事人仍然合意选择二审法院直接审理，即视为对审级利益自行处分之放弃，此并不违反保障当事人审级利益之法律规定。有一种担心为二审直接作出的裁判可能存在错误，当事人无法再次获得救济，但随之而来的问题是发回重审后作出的裁判亦可能存在错误，当事人再次上诉后，该案仍旧由二审法院予以审理和裁判，此之情形无可避免，此之担心本无必要，况且现行审级架构已作出二审法院法官审判业务能力优于一审法院法官的假定和预设。《中华人民共和国民事诉讼法》第 174 条第 1 款第 4 项对违反法定程序之发回重审，《最高人民法院关于适用〈中华人民共和国民事诉讼法〉的解释》第 326 条、第 327 条对遗漏诉讼请求、遗漏当事人之发回重审，大多系基于保障当事人审级利益的考虑。但不论法律所规定之违反法定程度，抑或司法解释所规定之遗漏必要事项，并非非回复到一审程序方可纠正而不得的事项，如遗漏之当事人，二审法院亦可径行追加后做出释明。当二审法院就发回重审与直接审理向当事人做出必要释明后,而当事人合意做出选择时,应予充分尊重。但这里必须强调的是,释明是必经程序。同时,释明及征询当事人意见均需以书面形式予以确认。当然,经过释明后,若当事人无法达成合意选择直接审理、合意发回重审或部分当事人选择直接审理部分当事人选择发回重审的,在符合法定发回重审的条件情况下,均需发回重审,以保障当事人的审级利益。

③发回重审的保障:一减一增

所谓一减,是指对于发回重审的案件,原则上必须抛弃当前与发回重审裁定一同附随之内部函。二审法院对发回重审案件附随内部函的现实做法,应该说对发回重审案件的审理起到了一定的指导作用,但其随之而来的弊端也是显而易见的。随着司法改革的深入推进,司法公开势必达到越来越高的要求和标准,内部函的存在与司法公开的价值取向相悖。对于当事人而言,其虽知晓司法实务中内部函的存在,但对其内容无从知晓,这在很大程度上增加了其对司法公正的担忧。对案件审判质效来说,二审法院发回重审的意见也是当事人充分准备下一阶段诉讼的有效对象,很难想象一场不具有针对性的诉辩对抗对案件重审具有多大程度的价值和意义。因此,有许多当事人千方百计想要获知内部函的具体内容,而法官基于审判秘密的要求又不便于向当事人予以告知,陡然增加了当事人与法院关系的紧张。实际上,就现实中的内部函内容而言,大多并不涉及国家秘密、商业机密或个人隐私,因此并无必要过于强调二审法院发回重审意见的神秘性。并且,在审判独立与审级独立的意义上,内部函的存在有违于此,甚至还有学者认为内部函实际上是一种违宪行为。

所谓一增,是指对于发回重审的案件,必须在发回重审裁定书中详细列明发回重审的缘由。目前,二审法院发回重审案件的裁定书所列理由极为简单,有时甚至不知所谓。一审法院尚且可以从内部函得到补充信息,但当事人所得到的二审法院发回重审意见却只有格式化的几个简单术语。上文已强调,原则上应取消内部函,那么在取消内部函的情况下,就必须增加裁定书的实质内容。我们常常强调,要增加裁判文书的说理性,以使当事人了解法院的裁判理由。那么,对于发回重审裁定书而言,因为发回重审关涉当事人的重大关切和切身利益,为何就不能详细阐述得出发回重审这一逻辑结论的具体事由呢? 基于增加发回重审理由需得详述的考虑,学界有一种观点甚至主张发回重审在形式上应改裁定书为判决书。当然,突破现行法律的规定,将裁定书改为判决书形式,似无必要,但其内含的增加说理性的主张却可兹赞同。当发回重审裁定书详细列明了裁判理由,不仅使当事人获知了二审法院的具体缘由,为下一阶段诉讼的准备有的放矢,而且当事人和一审法院对发回重审所获信息均等,为缓解不当的司法疑虑也颇有益处。当然,不排除有些特殊情况下特殊事由不能公开说明,涉及国家秘密、商业秘密或个人隐私的,仍可附随内部函予以补充说明,但应当严格限制其适用的案件数量。

(2)案件请示制度的诉讼化改造

在我国三大诉讼法中,并未有关于案件请示的明文规定。案件请示的形成,是一种司法实践中的经验事实。对于案件请示制度,我们不否认其具有的有效性的正面作用,但也不避讳该制度本身所存在的弊端和问题。从目前的司法政策、文件和学界主流观点来看,对于案件请示制度,普遍认为应对其进行诉讼化改造,这将成为今后一段时间内案件请示制度矫正的发展方向。目前的问题是,案件请示诉讼化改造的细节如何确定。

①诉讼化改造的核心:由暗变明

案件请示之所以遭到如此之多的批评,就外部视角来看,主要是案件请示存在“暗箱”现象。诉讼当事人并不知道其引发或参与的案件是否会进行请示、如何请示、请示的结果如何,基于信息的不对等,必然会导致疑虑和怀疑态度的产生,并基于此,当事人自然会联想到其纠纷已由二审法院确定基调,一审裁判在已无意义的同时,也基本丧失了对二审裁判结果的期待利益。由此而言,对案件请示制度进行改造的核心,即是通过纳入诉讼法规定的制度范畴,将其存在的暗的一面明朗化,以理顺基层人民法院与上级法院的关系,并消除当事人之合理怀疑。

②诉讼化改造的途径:提级管辖

现行诉讼法是明确规定了提级管辖制度的,以《民事诉讼法》为例,第38条规定上级人民法院有权审理下级人民法院管辖的第一审民事案件,下级人民法院对它所管辖的第一审民事案件,认为需要由上级人民法院审理的,可以报请上级人民法院审理。这为案件请示制度的诉讼化改造提供了途径和依据。我们需要进一步探讨的是通过怎样的细节使之得以实现。

一是提级管辖的案件范围。

可以非常明确的一点是,并非基层人民法院审理的任何案件都可以报请提级管辖,那么在将案件请示改造为提级管辖范畴后,何种案件才可以报请提级管辖呢。现实法院运作体系中,一般而言基层人民法院只有认为属于难办的案件才会进行请示,所谓“难办案件”包括事实认定难案件、法律适用难案件、社会影响大案件、外部关系介入案件。

对于事实认定难案件,我们认为不应列入提级管辖范畴。基层人民法院的一项基本职能就是查明事实，事实难以查明不是推卸责任的正当理由。案件事实的查明，可以通过证据规则的适用、举证责任分配和调查取证等方法予以获得，由这些证据反映的法律事实即为案件事实。

所谓法律适用难案件，是指要么并无可明确适用的法律，要么对现有法律适用存在重大争议，要么在案件事实和法律规定之间难以建立有效联系。这一类型的案件属于《最高人民法院关于规范上下级人民法院审判业务关系的若干意见》第3条第3项所规定的"具有普遍法律适用意义的案件"，系于必要时可报请提级管辖的范围。

所谓社会影响大案件，是指案件已造成广泛的社会舆论或可能引发潜在的重大社会影响。这一类型案件属于前述若干意见第3条第1项规定的"重大案件"，系可报请提级管辖的范围。

对于外部关系介入案件，从纯粹的法治理念来说，应属于由基层人民法院自行审理的案件范围，但就我国现实的司法环境而言，若介入的各方关系已达到可能影响案件正确裁判的程度，那么留下提级管辖这条通道，还是必要的。具体适用依据可套入前述若干意见第3条第4项规定的"有管辖权的人民法院不宜行使审判权的案件"的范畴。

二是提级管辖的程序。

对于上述可以纳入提级管辖的案件类型而言，并非只要属于该种类型就一定要提级管辖，而是首先必须存在提级管辖之必要性，若虽属于前述可提级管辖的案件类型，但基层人民法院仍然可以自行予以审理和裁判的，自不必报请提级管辖。

关于提级管辖程序的启动，不唯基层人民法院，案件当事人也可予以申请。对于由基层人民法院启动的提级管辖，应首先由合议庭提出提级管辖申请报告，在报告中列明需要提级管辖的事由，逐层报请至审委会讨论决定。在逐层报请过程中，若庭长、主管院长、审委会或法官联席会议对案件所遇之困难情况提出解决方案的，自无须再予报请。若庭长、主管院长、审委会同意报请的，需在申请表中签字确认。对于由当事人启动的提级管辖，需由当事人向合议庭提出提级管辖申请书，并首先由合议庭审查决定，合议庭同意的，形成提级管辖申请报告，层报至审委会讨论决定。

对于基层人民法院报请的提级管辖申请是否同意，其决定权自然在中级人民法院。至于具体审查的部门，存在由对口业务庭室审查和非对口业务庭室审查两种情况。由这两个审查主体审查各有利弊，考虑到对口业务庭室因若同意提级管辖势必增加自身工作量的天然排斥心理，由非对口业务庭室如研究室进行审查，仿佛更为可行。虽然由非对口业务庭室进行审查仍然可能存在这种排斥心理，但在并无法律规定若中级法院对基层人民法院提级管辖申请不予同意的情况下需报高级人民法院审核以防推诿的前提下,只能两者相较取其轻。

中级人民法院对基层人民法院提级管辖申请进行审查,应限定时间。对于决定提级管辖的,并作出同意移送决定书,对于决定不予提级管辖的,并作出不同意移送决定书。对于决定提级管辖的案件,基层人民法院应向当事人予以明示,中级人民法院作出的裁判,不影响当事人的审级利益。对于决定不予提级管辖的案件,基层人民法院应继续审理,并不得再次就此向中级人民法院申请提级管辖,也不得以其他方式主动予以请示、汇报。

中级人民法院对提级管辖的案件,在作出裁判后,应向辖区各基层人民法院和社会公众予以公布。

结　语

本课题组紧紧围绕人民群众对司法的新需求,对人民法院的职能特别是基层人民法院的职能定位进行了探讨和分析,课题组始终认为,基层人民法院的职能定位应该以人民群众的需求作为根本出发点和落脚点。当前人民群众对司法的迫切需求是司法效率、质量和公平正义。本课题围绕司法效率、司法公信力和公平正义等方面对基层人民法院的职能进行了探讨,但法院职能定位本身就是一个十分宏观的问题。因此,课题组希望起到一个抛砖引玉的作用,唤起更多同仁来研究人民法院的职能定位,确保我们的法院特别是基层人民法院的定位符合国情、符合民众需要。

广西基层法院员额制法官考评机制研究

南宁市青秀区人民法院课题组*

一、绪论

(一)问题的提出

在我国,人民法院作为专司审判权的国家机关,所处地位独特、职能重大,由于司法工作不仅具有与其他党政机关所共通的政治性、人民性,还体现出中立性、独立性的个性特征,因此,在管理、运行以及职能作用发挥等方面,人民法院具有其自身固有的独特属性及规律。毫无疑问,在法官队伍整体素质普遍不高的情况下,这种行政化的管理方式给案件审判质量提供了一定的保障,但是,这种管理采用普遍约束规则,忽视了审判工作中立性的特点,无法契合司法权力的运行规律与要求。其中,属于法官管理制度中的法官考评机制亦凸显出一系列的问题。例如,考评结果与晋升提拔之间缺乏关联;将案件质量评估指标体系作为评估法官工作业绩的主要标准,从而出现一些法院为了达到数据达标的目的,将任务层层分解,纳入对下级法院或法官的考评范畴;由于没有设置统一的考评标准,一些法院为突出其优势,就选择性地强化某些考评指标或自行设置考评项目,将考评目标功利化,从而导致法官为完成达标任务而出现行为偏转。

(二)研究意义

在我国司法改革的语境下,法官员额制在较早时期就已提出。1999

* 课题主持人:陈华婕,南宁市青秀区人民法院民一庭庭长;课题组成员:钟凯、谭好、梁芳燕、韦伟杰、范俪、胡歆怡、欧阳鹏善。

年10月，最高人民法院发布《人民法院五年改革纲要》，明确提出要“对各级人民法院法官的定编工作进行研究，在保证审判质量和效率的前提下，有计划有步骤地确定法官编制”，并计划“选择不同地域、不同级别的部分法院进行法官定编工作的试点”，“在总结试点法院经验、进行深入调查研究的基础上，2001年向中央组织、人事部门提出法官编制的具体方案”。[1] 时隔15年，2014年3月，周强院长在《最高人民法院工作报告》中，将“大力加强法院队伍正规化、专业化、职业化建设，提高司法能力”作为2014年进一步加强法院队伍建设的年度工作目标。[2]

“正规化、专业化、职业化”（以下简称“三化”）被认为是中国法治工作队伍建设、法院人员分类管理及法官员额制的改革目标。2015年2月，最高人民法院《人民法院第四个五年改革纲要（2014～2018）》将“全面推进法院人员的正规化、专业化、职业化建设”作为本轮司法改革的任务目标，并将“推动法院人员分类管理制度改革”“建立法官员额制度”“改革法官选任制度”“完善法官业绩评价体系”“完善法官在职培训机制”以及“完善法官工资制度”作为实现这一目标的主要措施。[3] 至此，“三化”成为以法院人员分类管理和法官员额制为重心的改革文本上的预置目标。法官员额制与法官考评制度实际上均是为“三化”目标而设立的制度，而在法官员额制的改革中，通过选拔出一批具有丰富审判经验、深厚理论功底、素质较高、符合法官条件的人员，其必然需要设置全新、符合实际的法官考评体制，以形成法院内部良性的竞争和激励机制，同时对于员额法官在审理案件中亦起到事后监督的作用。

事实上，能否将法官队伍纳入考评体系一直存在两种对立观点。否定观点指出，对法官进行考评会影响法官的独立裁判和司法权威，即“司法界和媒介的评估，虽然经常能够激励法官改进其工作，但有时也会不合理地把法官置于竞争排序之中，这样的评估经常会受偏见影响，缺乏相应的价值，会受政治和大量传言以及其他缺陷的影响”；[4] 肯定观点则认为：“法官考核是人民法院考察、评价法官的重要环节，是人民法院加强队伍建设的重要措施，它对于提高法官素质，促进法官钻研业务，提高法官

---

〔1〕 最高人民法院：《人民法院五年改革纲要》（1999年10月20日，法发〔1999〕28号），载《最高人民法院公报》1999年第6期。

〔2〕 参见周强：《最高人民法院工作报告——2014年3月10日在第十二届全国人民代表大会第二次会议上》，载《人民日报》2014年3月18日，第2版。

〔3〕 参见《最高人民法院关于全面深化人民法院改革的意见——人民法院第四个五年改革纲要（2014－2018）》（2015年2月4日，法发〔2015〕3号），载《人民法院报》2015年2月27日，第3版。

〔4〕 《美国法官行为指南》，载怀效锋主编：《法院与法官》，法律出版社2006年版，第580页。

办案能力;对于选贤举能,正确识别和任用法官;对于鼓励先进,鞭策后进,调动法官积极性;对防止法官腐败现象发生等诸方面,都有积极意义”。[5]

本文认为,对法官进行考评有其积极的作用:一是评价作用。对法官队伍进行合理分配的前提是知人善任、因事择人,因此要对法官的品行、素养做出较为准确的判断,并据此最优化地配置人力资源,客观考评必不可少,即依据一定标准,通过建立科学考评的机制,获得法官的政治素质、思想素质、知识能力、业务水平等信息,对法官做出切合实际的评价,为“知人善任”奠定基础。二是导向作用,“社会心理学家认为自我评价、期望评价和团体评价是衡量一个人素质高低的三个重要参数。个人可以借此主动地调节自己的行为去适应所确认的素质测评标准,以提高自己的素质和修养”。[6] 即通过设定考评内容和考评标准,使法官明确自身的工作性质、工作职责、工作内容和工作要求,通过建立科学合理的考评指标体系,引导法官提高业务能力,做好审判工作。三是激励作用。“奖勤罚懒”“奖优罚劣”是建立客观、规范的法官考评体系的应有之义,考评结果关系到法官的待遇和前途,“要通过法官的考评,促进法官奋发向上,努力提高自己的业务水平和审理案件的水平,敢于独立行使审判权,勇于审理各种大案、新案、难案;促进法官研究审判工作中的新情况新问题,发现和创造新理论、新规则,在审理案件和理论研究中展现自己的聪明才智”。[7] 四是约束作用。法官考评机制要做到激励与约束双向调节,在实现正向激励的同时对法官不顾考评指标而任意妄为的行为进行约束,因此,通过考评能够约束法官,将其规范在既定的轨道上行使职权。

(三)难点和创新点

首先,本文虽然以广西基层法院人员考评机制的建立为研究对象,但单纯采集某一省份数据显然难为全国司法改革及相关的一系列如管理、考评制度的设立提供具有说服力的结论,毕竟司法权本质属于国家事权,建立法官考评机制只是司法改革进程中的一个环节,需与司法改革其他配套措施一同推进;其次,基于我国政治体制的特殊情况,直接引进国外相关的司法制度较为困难,但在摸着石头过河的同时,我们仍可借鉴国外的相关司法配套措施,那么如何甄别带有司法规律性的“共性”成分,仍

---

〔5〕 李太顺:《完善法官考核标准 适应法官职业化要求》,载刘春年主编:《司法精义——审判热点探究》,人民法院出版社 2003 年版,第 27 页。

〔6〕 陈昌文:《公共部门人力资源开发与管理》,四川人民出版社 2000 年版,第 329 页。

〔7〕 蔡晖:《法官考评制度改革的若干问题探讨》,载《法律适用》2004 年第 8 期。

需要深入总结域外经验;此外,我国司法改革正向纵深推进,关于法官职业化等深层次的问题正以一系列的制度措施形式出台。因此,本文在以广西基层法院为研究样本的同时,更重视全国范围的相关考评机制的建立,这样研究才更有意义。本文的创新点在于以具有典型意义的地区性考评机制的建立,更突出实效性,从而为全国法院员额制法官的考评机制的建立提供有效参考和借鉴。

(四)研究方法

1. 实证分析法。通过选取广西南宁市青秀区人民法院的考评制度为样本,抽取出广西基层法院考评机制普遍存在的问题,并具体分析问题背后的深层次原因,从而试图归纳、总结、构建出员额制法官语境下适合广西实际的考评机制。

2. 比较分析法。通过列举广西区外其他城市的法院的考评制度及配套制度,考察其特点、运行态势、成效,结合现行广西基层法院考评制度进行综合分析,得出适合广西实际的法官考评指标体系,即提供更切实可行的考评标准。

3. 文献分析法。收集全国各地法院关于法官考评机制的综合报告、新闻报道,学术界相关学术论文、专著等,课题组全体成员通读相关文献,把握当前理论界和实务界对员额制法官考评机制的研究状况和研究水平,在现有基础上结合广西实际提出有针对性的建议。

4. 问卷调查法。针对构建员额制法官考评机制所涉及的问题,制作调查问卷,通过内部信息网向全区各中级人民法院、基层法院发放问卷,进一步了解和分析全区各法院及其现有法官对员额制法官的考评机制的意见和看法。

二、基层法院法官现行考评制度的依据及构成

(一)我国现行法官考评的法律依据

我国现行法官考评的法律依据见表1。

表1　我国现行法官考评的法律依据

时间	规定/文件	主要内容
1999 年	《法官考评委员会暂行组织办法》	对法官考评委员会的相关内容进行规定
2002 年	《法官法》	全面系统地对法官考核和法官考评委员会进行了规定

续表

时间	规定/文件	主要内容
2006 年	《公务员法》	对“公务员”概念的明确规定，正式将法官纳入公务员序列管理
2007 年	《公务员考核规定(试行)》	对公务员考核的政策措施进行全面规定，包括公务员考核的基本原则、内容和标准、程序、结果等相关事宜
2008 年	最高人民法院《关于当前进一步加强人民法院队伍建设的意见》	具体规定设立考核机构、实施岗位考核、建立业绩档案、落实案件评查等方面的工作，明确提出“要建立完善司法考评体系并全面推开”的目标
其他规范	《法官职业道德基本准则》《关于人民法院审判人员违法审判责任追究办法》《关于人民法院审判纪律处分办法(试行)》《法官行为规范》等	

(二)从现行法律规定看法官考评制度之构成

1. 考评内容与标准

根据《公务员法》的规定，公务员是指依法履行公职、纳入国家行政编制、由国家财政负担工资福利的工作人员。在当前的体制下，法官亦列入公务员序列，其招录、考核、晋升、薪酬、福利等均按公务员标准，因此，当前考评制度下对法官的考评内容主要侧重于对法官作为公务员的行政性要求和对法官本身职位的职业性要求两方面。对于作为公务员方面考核的基本内容与普通公务员并无二致，主要分为德、能、勤、绩、廉五方面进行考察，而对法官的职业性考评的内容及依据，主要规定于《法官法》第 23 条，即“审判工作实绩，思想品德，审判业务和法学理论水平，工作态度和审判作风。重点考核审判工作实绩”。[8]

2. 考评组织

根据《法官法》第 21 条规定，由法官所在法院组织实施对法官的考核。《法官考评委员会暂行组织办法》第 2 条亦明确规定：“法官考评委员会是人民法院依法设置的指导对法官的培训、考核、评议工作的机构……”第 4 条规定：“法官考评委员会履行以下职责：(一)审查对法官的理论、业务培训规划，指导法官培训工作；(二)审查本院法官年度考核方案，指导考核工作；(三)依据法官等级编制、评定、晋升的有关规定，履行职责；(四)最高人民法院法官考评委员会组织初任审判员、助理审判员的全

〔8〕《法官法》第 23 条。

国统一考试工作。地方各级人民法院、专门人民法院法官考评委员会协助最高人民法院法官考评委员会负责本地区的考试工作;(五)其他应当由法官考评委员会议定的事项。”对于法官考评委员会的组成,规定“法官考评委员会由本院院长、副院长以及有关部门的主要负责人组成”,“法官考评委员会设主任一人、副主任一至三人。主任由本院院长担任;副主任由主任提名,法官考评委员会通过。”考评委员会实行民主集中制,其办事机构为法院的人事部门。

3. 考评方式

法官考评方式的基本原则主要规定于《法官法》第 22 条中,即“对法官的考核,应当客观公正,实行领导和群众相结合,平时考核和年度考核相结合。”但并未规定具体的实施细则,实践中,法院一般按照《公务员考核规定(试行)》第 5 条之规定实施考评,即“公务员的考核分为平时考核和定期考核。定期考核以平时考核为基础。平时考核重点考核公务员完成日常工作任务、阶段工作目标情况以及出勤情况,可以采取被考核人填写工作总结、专项工作检查、考勤等方式进行,由主管领导予以审核评价。定期考核采取年度考核的方式,在每年年末或者翌年年初进行。”从前述规定与实践均可以看出,由于法官本身所具有的公务员身份,对其考核的方式无论在原则上还是具体细则方面上均与普通公务员如出一辙。

4. 考评结果

考核结果主要分为三个等次,即按照《法官法》第 24 条规定分为“优秀、称职、不称职三个等次”,且“考核结果作为对法官奖惩、培训、免职、辞退以及调整等级和工资的依据”。此规定与《公务员考核规定(试行)》第 16 条关于“公务员年度考核的结果作为调整公务员职务、级别、工资以及公务员奖励、培训、辞退的依据”之规定相符,说明我国法官的工资、待遇完全与其行政级别挂钩,因其本身行政职级如科员、副科级、科级、副处级、处级等的不同而享有不同级别的待遇,而不是与法官等级如初级法官、高级法官、大法官等相匹配。

三、基层法院法官考评制度运行情况的样本调查及分析

(一)对基层法院法官考评制度运行情况的样本调查

1. 实证考察之一:全国 20 家样本法院法官考评制度运行现状,部分样本法院法官考评制度运行实况表如表 2 所示。

表 2　部分样本法院法官考评制度运行实况表〔9〕

考评类型	样本法院	考评内容及方式	综合特征
综合考察型	河南省基层法院、广西南宁市部分基层法院、广西柳州市部分基层法院	分类管理、分级考核,考核内容:审判质效、执行工作、重点改革工作、涉诉信访工作、党风廉政建设、司法宣传、司法政务管理重点工作	除考察审判、执行部门业务工作外,将廉政、宣传、思想品德、政务等方面同样纳入考查范围内。部分基层法院考评主体为政工部门及院党组。 采取分级考评方式,主要是对法官的"德、能、勤、绩、廉"等进行全面的考评。考评结果公务员化
	深圳市基层法院、广西桂林市部分基层法院、广西南宁市部分基层法院	对法官的审判执行业务绩效、组织纪律作风、业务水平、审判作风等进行全面考核	
侧重业务型	重庆荣昌法院、广西南宁市部分基层法院	业绩评价对象从部门转变至办案小组、员额法官,建立以员额法官、办案小组为单元的单独评估体系,将办案数量、办案质量和其他审执工作纳入员额法官业绩评估体系,设定案件质量、办案效率、司法责任、司法满意度四类评价指标	考评内容侧重于审判业务能力,并制定了较为具体的评估指标,同时兼顾司法社会效果。部分基层法院采取分级考评方式,主要是对法官的"德、能、勤、绩、廉"等进行全面的考评。考评结果公务员化
	北京怀柔区法院	以业务能力考查为主体,纪律作风为辅助,全面考评法官业务能力。考核内容涉及审判质量、平日业绩、社会效果和纪律作风投诉等综合情况,划分案件发改情况、审判效率、纪律作风投诉、申诉信访四个方面	
业务为主型	江苏省连云港市灌阳县法院	审判业绩考评分为审判工作实绩考评、案件质量监督评查考评与审判业务能力考评三个方面	考评内容以法官的审判业务能力为主
	江苏省南京市鼓楼区法院	重点考核法官的裁判文书撰写能力、庭审的驾驭把控水平和案件审理的规范化情况	

〔9〕 本文选取的 20 家样本法院的法官考评制度运行情况来自于《人民法院报》、中国法院网以及相关法院官方互联网站,最后访问时间:2015 年 7 ~ 8 月。

分析以上样本法院法官考评制度运行状况，相当一部分的法院仍属于传统的考评模式并运行多年，形式与内容虽各有不同，但在以下几个方面存在某种程度上的共性。

（1）考评主体。在实际运行中，部分基层法院虽已成立法官考评委员会，但考评仍主要采取由法院政工部门启动考评程序后由院党组议定的方式进行，且还有部分基层法院尚未成立专门的法官考评委员会。

（2）考评内容。在考评的内容上，大多数法院对法官考评的内容仍集中于“德、能、勤、绩、廉”五方面，但考评内容趋向于侧重考察法官的业务能力与绩效，具体主要为：①思想政治方面，主要对廉洁自律、政治学习及思想作风等进行考评。②工作态度方面，主要对法官在审判实务中的主观能动性和审判表现、作风等进行考评。③工作能力方面，主要对审判质量、审判效率、庭审驾驭、法律文书制作、学术研究等进行考评，此项亦为大多数法院法官考评内容的侧重点。

（3）考评方式。考评一般采取分级、分类考评的方式进行。分级考评方面，先根据考评内容和标准，确定法官的办案数量及其他与审判有关的工作量后，再根据等次的不同对法官进行考评。考评的标准并非同一，而是根据人员分类的不同有所区分，实践中主要分为院领导、部门中层领导、法官及其他工作人员四类。

（4）考评结果。考评结果分为优秀、称职、不称职三个等次，其结果与职级晋升、提拔及奖励在一定程度上相匹配，少数法院还将考评结果与年终绩效奖金的发放等级挂钩。

2. 实证考察之二：对广西区内 3 家基层法院关于法官考评与提拔任用方面的考察〔10〕

通过走访广西 3 家有代表性的基层法院一线审判人员、中层领导及司法辅助人员、行政人员，并对各院法官考评机制的实际运作情况进行了相当程度的深入调研，试图找出现行机制存在的问题及改善的进路。从法律规定及应然角度出发，现行法官考评机制的考评结果理应与法官的提拔及奖励挂钩，但通过对收集得到的数据整理后发现，该两者之间并不存在必然的正向相关性。本文以取得的 3 家基层法院近 3 年法官晋升的情况及同一时间段内法官的年度考核情况对比为例。

〔10〕 2015 年 7 月 ~10 月，我们对广西三个地市四家基层法院就法官考评机制运行情况展开专项实证调查。考虑到样本选择的有效性和代表性，本次调查的对象确定为具有 3 年以上审判经历的一线法官及院、庭领导。调查采用访谈形式进行，能够真实反映调查结果。

A 基层法院:近 3 年共提拔 8 名中层干部,共有 30 人参与竞争上岗,其中,3 年考评结果全为优秀的法官 10 人,2 人获得晋升,2 年为优秀的法官 11 人,3 人获得晋升,1 年为优秀的法官 6 人,2 人获得晋升,3 年均为称职的法官 3 人,1 人获得晋升。A 基层法院提拔干部与考评结果百分比见图 1。

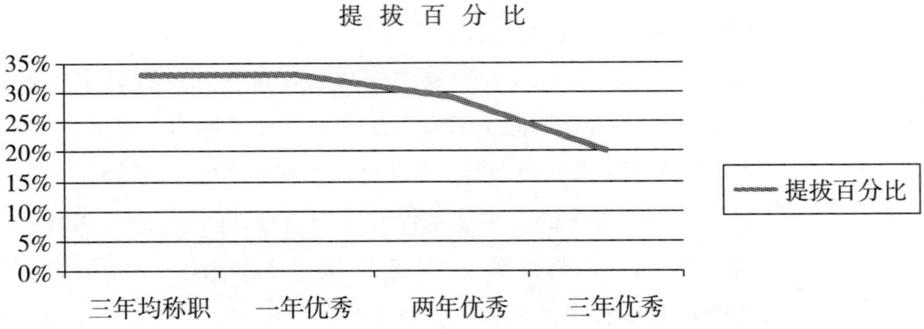

图 1　A 基层法院提拔干部与考评结果百分比

B 基层法院:近 3 年共提拔 15 名中层干部,共有 38 人参与竞争上岗,其中,3 年考评结果全为优秀的法官 13 人,4 人获得晋升,2 年为优秀的法官 15 人,7 人获得晋升,1 年为优秀的法官 6 人,3 人获得晋升,3 年均为称职的法官 5 人,1 人获得晋升。B 基层法院提拔干部与考评结果百分比见图 2。

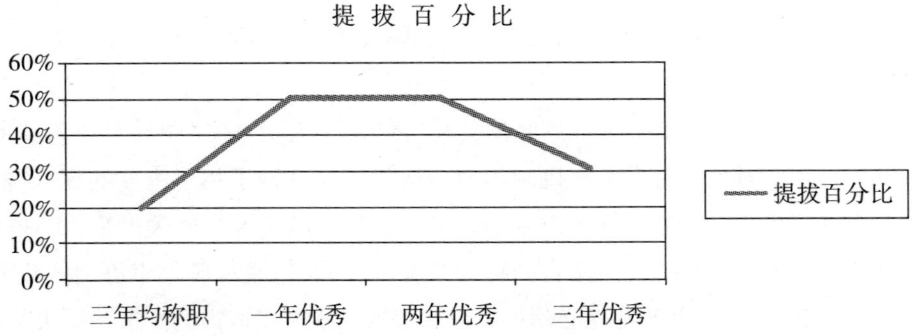

图 2　B 基层法院提拔干部与考评结果百分比

C 基层法院:近 2 年共提拔 5 名中层干部,共有 16 人参与竞争上岗,其中,3 年考评结果全为优秀的法官 3 人,1 人获得晋升,2 年为优秀的法官 7 人,2 人获得晋升,

1 年为优秀的法官 4 人,1 人获得晋升,3 年均为称职的法官 2 人,1 人获得晋升。C 基层法院提拔干部与考评结果百分比见图 3

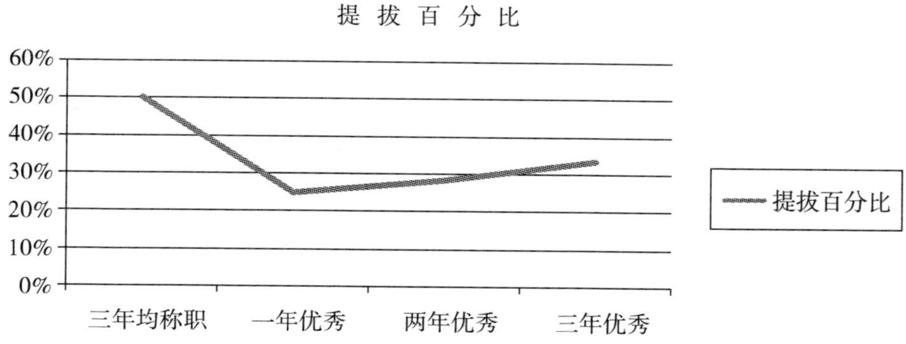

图 3　C 基层法院提拔干部与考评结果百分比

从上述情形来看,考核结果 3 年全优的法官在获得晋升的比例上相较考评结果较差的法官并未呈现出明显优势。由此可以推出,法官考评和职级晋升提拔之间存在一定程度的脱钩。

3. 实证考察之三:对广西区内 4 家基层法院关于法官考评指标运行方面的考察

虽然最高人民法院多次重申绩效考评并非单纯的案件质量评估,但是在各地法院尤其是基层法院,各项指标数据因其可量化性及易操作性,已成为法官考评内容的重中之重。经与广西区内 4 家基层法院一线法官进行座谈,本文收集到普遍存在于一线法官中间的一些关于考评指标的看法,归纳如下。

甲基层法院审判庭某中层正职法官:“每年法院工作都是围绕这些考核指标进行,虽然存在不科学、不符合实际的情形,但上级有要求并以此作为绩效考核的标准,也只能配合完成,在有些老同志不配合的情形下,我们只能要求年轻同志承担起大部分的指标考核任务。”

乙基层法院某审判庭中层副职法官:“我们一线的法官每时每刻都被迫关注这些考核指标,但是这些指标不仅太多太细,还经常存在相互矛盾之处,就像上诉率和服判息诉率,绝大部分时候都不是我们法官能够控制的,以此作为法官考评的标准,怎么可能科学评价一个法官的审判业务能力?”

丙基层法院某审判庭法官:“这些指标实在让人很无奈,法官的办案水平不能只通过数据说话啊,没有实地调查,如何评判我们的案件质量?当事人上诉或者二审改判就一定说明案件有问题吗?”

丙基层法院某执行局法官:“我们搞执行工作,有一半的时间是投身于回复上级领导布置的各项检查工作,另一半的时间才是做执行案件。”

丁基层法院某法官:“还有一年我就可以竞岗了,可不想因为指标影响我,不管科不科学,也只能够按指标要求完成工作。”

通过上述谈话,我们不难看出,一线法官对于现行考评指标已经存在不满,我们必须正视这些负面情绪及其背后的深层次原因,更要避免办案效率与质量进一步下降的不利后果,这亟待通过设置科学合理的考评指标以应对。

4. 实证考察之四:其他考评指标

基层法院每年均有大量考核内容,除考核法官办案数量、质量等关于业务能力的考评指标外,还包括诸如人口和计生目标考核、普法考核、综治考核、信访维稳考核、群众体恤工作考核、城市建设管理工作考核、工会工作考核等近60项考核指标。这些指标大部分与法院审判执行实务并无直接关联,而只是法官基于其公务员身份,故需在审判任务之外额外承担的为数众多的指标考核任务,这些必须完成的指标,大量挤占了法官的时间和精力。

(二)对基层法院现行法官考评制度运行情况的分析

虽然现行的法官考评制度在提升审判质量、提高审判效率、加强法官司法能力和综合素质等方面具有较为显著的作用,但在我们的调研中不难发现,当下法官考评制度在运行过程中仍存在诸多与司法规律脱节之处。

1. 现行考评模式内容偏重公务员化

《法官法》的施行,使得法官在考评方面与普通公务员有所区分,但是本身的行政色彩仍然浓重。通过公务员考试是成为一名法官的基本前提,成为法官后,仍需接受政府人事部门的管理;未建立单独的法官职级序列,法官职级与一般公务员无异;同时,每年的年度考评内容均包括德、能、勤、绩、廉五个方面,其中,对于法官最重要的审判能力与审判业绩仅仅为其中一个方面,与其他普通公务员的考评并无二致,综上可以看出,公务员的属性始终是法官无法回避的职业特征;而在薪资福利方面,法官没有高于普通公务员的特殊保障,甚至还出现待遇低于同级别行政执法人员的情况,这也导致法官的职业尊荣感和司法权威缺乏相应的物质和经济基础,直接导致了大范围的法官“离职潮”频发。

2. 考评模式导致行政印记颇深,考核难促司法质量提升

受到司法行政化的影响,尤其是领导负责制和案件审批制的长期存在,不同层级

的法官之间必然产生一定的主从关系和依附关系;同时,案件汇报和请示制度或模式普遍出现在上下级法院之间,彼此之间俨然是领导和被领导关系,这明显与《宪法》第127条第2款"最高人民法院监督地方各级人民法院和专门人民法院的审判工作,上级人民法院监督下级人民法院的审判工作"之规定相悖,而这种行政化管理模式,也与新一轮司法体制改革的所要求的"让审理者裁判,由裁判者负责"的基本司法规律南辕北辙。因此,在这种考评模式的"指挥"下,几乎很少有法官能无动于衷,毕竟,考评结果将有可能产生不利于法官的晋职升级或其他阻碍法官发展的情形。同时,如此考评的导向,不仅不利于案件质量提升,也不利于法官职业发展,考评制度被异化的可能性和普遍性概率极高。

3. 考评结果偏重数据化,缺乏客观度量标准

现行的考评内容并无一个可以准确量化的标准,这就导致易操作的数字指标考评办法大行其道。目前,各级法院基本均针对结案数、结案率、调撤率、上诉率、发改率等制定了具体的数据指标,但这种无视各类案件之间的难易程度、审理周期、特殊程序等显著区别,机械适用"一刀切"简单数据衡量法官的审判业务水平的方法明显违反司法规律,也使得各项指标而非法律成为法官办案的最高考量,司法负责异化为对政工部门、院党组或者考评委员会的负责,故一种兼顾数据和客观反映的度量标准亟待产生。

4. 考评过程发生行为偏转,法官行政性事务繁多

目前,在法院内部,仍有一些业务水平高、职业素养强的法官并未直接参与一线审判执行工作,同时,即使身处审判一线,业务法官仍然需完成司法宣传、调研、人事管理、后勤、党团活动等行政事务性工作,这导致法官的"利用率"不高,造成这一现象的直接原因在于各种非审判、执行工作的考评指标颇多,基层法院人手有限,法官需"兼职"应付各种考评和检查。如此繁杂的行政性、事务性工作极大挤占了法官的时间和精力,在法官单位时间恒定的情况下,能投入到审判、执行工作的比例被迫相对减少。

四、员额制改革后引起法官考评方式的转变

(一)员额制改革后法官队伍的特点

1. 法官人数定额化

是指在现有的法院行政编制内,应综合考虑法院所在辖区的审判工作量、经济发展水平、人口基数等因素以确定法官的员额比例,并通过遴选实现优胜劣汰,使真正

优秀的审判人员进入法官队伍，从而保障整个法官队伍的精英化，最终确保审判权运行的公正高效。法官人数定额化以后，全国范围内法官人数不得随意增减，各个司法区域内的法官人数要保持稳定。2014 年以来，全国 18 个省（区、市）已启动司法体制改革试点，从已经公布试点方案的省市来看，上海为 33%，而广东、湖北、海南、青海、贵州、云南、江苏等省均为 39%，广西也为 39%，湖北、上海、广东、广西员额制改革前后对比如图 4 所示。最高人民法院常务副院长沈德咏也多次强调，法官员额制改革要严格执行中央确定的法官员额比例和相关政策，不仅不能突破，在第一轮遴选时还要留有余地，为优秀人才留下入额空间。

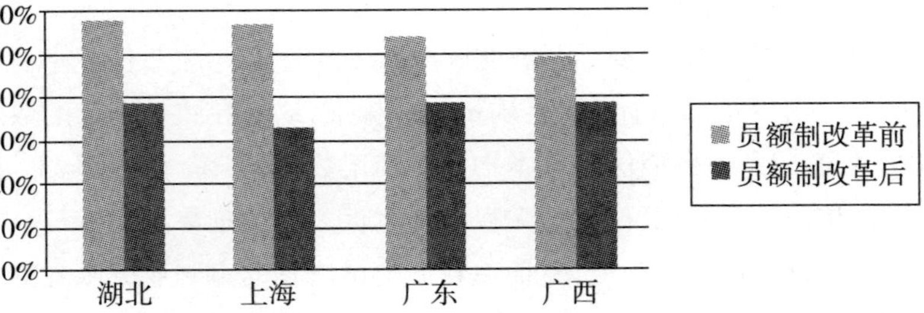

图 4　湖北、上海、广东、广西员额制改革前后法官人数对比

2. 法官群体精英化

英国首席大法官爱德华・柯克曾说过："法律是一门艺术，在一个人能够获得对它的认识之前，需要长期的学习和实践。"故只有把法律的施行交给精通法律知识，熟谙司法技能，具有较强的伦理观念的法律专业阶层，才能在正义与邪恶、对与错之间做到泾渭分明，不偏不倚，才能树立法律的社会公信力，保障公民的合法权益，这也决定了法官不能只是普罗大众更应是社会的精英集团。然而，在我国改革开放之初，由于法治建设的起点低、法学教育缺失，大量非法专业、军队转业干部的涌入，使法官队伍呈现出良莠不齐的特点，法官素质更是参差不齐、鱼龙混杂。尽管随着 1995 年《法官法》的通过，法官的基本任职条件得以确定，法学教育也有了突飞猛进的发展，中国法官的司法职业化程度有了大幅度提升，但要真正实现整个法官队伍的精英化仍然任重而道远。因此，法官员额制的实行意味着要对法官队伍进行一次"瘦身"，通过确定法官员额比例，并对法官的任命条件加以严格限制，将具有丰富审判经验、深厚理论功底、素质较高、富有精力和热情，真正符合法官条件的人员确定为法官，以此来确保法官队伍的精良。同时建立起完善的司法辅助人员制度，即通过选拔年轻、干练的法官助理为法官分担除核心审判工作以外的其他辅助性工作，使法官能集中精力专注于眼前的案件，审慎行使手中的权力。

3. 法官队伍去行政化

司法改革要求彻底地去行政化，这也是对员额法官的要求，只有法官去行政化，使法官职级的晋升与行政级别彻底脱钩，才能真正实现“让审判者裁判，由裁判者负责”。目前，在法院内部许多具有丰富审判经验、业务能力较强的法官并未集中在审判一线，而是由于其出挑的业务水平、深厚的文字功底，甚至圆滑的人际关系等被赋予了更高的行政级别，或者不直接从事审判工作，如担任庭长、审委会专职委员，甚至院长职务，或者直接从事政工、文秘、调研、宣传、后勤工作。员额制改革后，法官将成为法院的核心，法官应将工作的重心放在案件的审理上，而非法官如司法辅助人员、司法行政人员则应将工作重心放在为法官提供审判服务、承担非审判业务方面转变，通过人员分类管理，进一步明确岗位“权、责、利”，让各类人员各归其类，各司其职，各尽其才，淡化并逐渐消除行政层级的影响，最终使员额法官突破行政化樊篱。

4. 法官竞争良性化

流水不腐，户枢不蠹，优胜劣汰的竞争机制才是法院生息不止的来源，而法官员额制有利于形成法院内部的良性竞争机制，即通过完善的法官遴选机制严格选拔出来的法官也须经受审判实践的考验，不能胜任者将面临随时淘汰的风险，这既是压力更是动力，促使法官们不断学习理论、钻研业务、更加认真谨慎地处理每一件案件。同样，“退出机制”下产生的空缺，也会由更优秀的法官填补，如建立法官助理候补机制，法官助理也可以通过努力被选拔为法官，这不仅有助于进一步调动法官助理的工作积极性和学习热情，也能使现有法官产生危机感，从而推进法院内部竞争的良性循环，推动法官整体素质的提高，提高司法审判水平。

（二）员额制改革引起法官考评方式的转变

1. 考评理念和考评手段的更新

前文已经介绍目前法院对法官普遍使用的考评方法，即通过绩效考评制度，对法官的各项工作设置一系列量化指标进行考核，考核结果通过指标的量化数值来表示。以此来了解法院和法官的工作情况，从而促进法官工作效率的提升以及法院资源的优化配置。由于数字化的考核结果相对于文字更具说服力，且直观、清晰，也容易进行对比，因此，量化指标的考评方法是当前法院绩效考核体系中不可或缺的元素。但这些量化指标不仅仅是“数”“量”“率”“比”等数量名词，更折射出一套完整系统的运算公式和它们之间具体关系的说明。例如，对一名审判法官的考核需要考虑收案数、结案数、调解数、撤诉数、审限期内结案率、上诉率等；而对一名执行法官的考核则需要考核收案数、结案数、自动履行案件数、强制执行案件数、标的到位率、调解数等。

正是因为量化指标的考评方法具有诸多优点，因此在对法官工作考核过程中容易出现“数字至上”的倾向，我们希望将绝大多数的考核内容和项目都能通过一系列数字演绎出来。但实际上，要对法官进行科学、全面的考核，仅仅靠一组量化指标，结果难免会有失偏颇，故需要对法官的审判质效进行综合评价，并根据不同法院的具体实际设置相对应的具体指标，避免因笼统适用同一组量化指标造成的考核结果相差甚远，失去可比性，最终无法达成考核目的。以南宁市某区法院为例，一名审判法官一年需要审结300多件案件，而在该市另一城区法院一名审判法官一年的工作任务仅有80余件案件，但是他们却面对相同的考核标准，如果他们有一件案件被上级法院发改，那么即使工作再出色，他们都与评先评优无缘了，但是300件案件出错的概率远远要高于80件案件。此外，也要谨防考评陷入“为考核而考核”的误区，法院绩效考核设置量化指标的目的是客观、真实反映法院审判、执行工作，如果把一些主观性较强的考核内容如领导单方评价等进行强制性量化，可能会将真正优秀的法官排挤出法官队伍，甚至将审判、执行活动引向歧路。

员额制实行之后，这种“数字至上”的倾向会被逐步打破，违背司法规律的量化指标将会逐步减少乃至废除，考核的理念及方式、方法会不断更新。在考核中会将定性与定量考核结合起来，端正对量化指标的认识，并在综合考量法官整体工作的基础上注重定性分析，即考评既要看数据但又不能只看数据，将量化指标作为考核评估的重要参考依据，而不是唯一依据。同时，为了使法官的工作内容得到更为客观、全面的评估，考评还应结合法官民主测评与自我管理的内容。并且更加注重发挥绩效考核的实际效果，以此来改善法院管理、增进法官自律、激励法官提升。员额制改革前后法官考评取向示意图见图5。

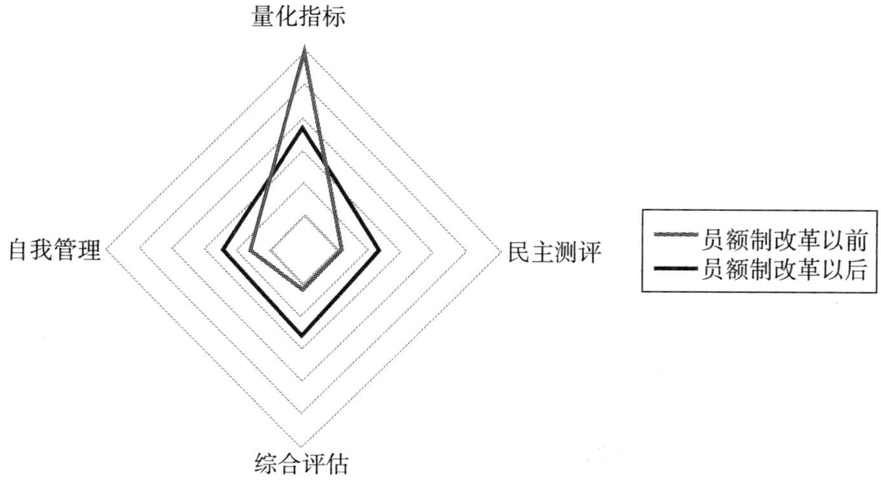

图5 员额制改革前后法官考评取向示意图

2. 考评的技术性增强

周强院长在第二次人民法院信息化工作会议上强调了法院信息化建设的重要性,作为破解目前法院审判工作难题的一把利刃,未来法院各方面的工作"必须紧紧依靠信息化支持",这当然也包括法院的考评工作。信息化等技术手段的运用,一是为法院管理和法官审判执行工作提供了便捷手段;二是使得法官的工作也更加透明化、节点化,有利于法官管理与法官工作信息的即时沟通,还在一定程度上保障了司法工作的独立性,避免行政或人为因素的渗透。目前,我国东部沿海地区的法院信息化建设水平较高,上海、江苏、浙江等地法院均开发了较为高效的审判执行质效评估系统,对整体把握法院工作的运行情况具有积极作用。以上海法院的信息化实践为例,上海法院通过多年的积极探索,已逐渐建成了一套由多个应用软件组成的规模化、系统化、智能化、动态化的信息系统,并运用到了法院的整体工作中。将信息化等技术手段运用到法官的考评工作中,有助于直接从法院的审判执行数据库中调取相关考评数据,确保了数据的准确性、及时性,能有效凸显考评的针对性、实时性和高效性,也使得考评工作不再拘泥于年终绩效考核,而作为考评对象的法官也可以通过随时查看各种指标,较好地把握自己的工作进度,有针对性地做出改进。

3. 考评结果对法官影响更大

员额制改革后,法官人数将大幅减少,法官职业的"精英化"被视为新一轮司法改革的重要基础。正是由于法官的精英化,法官才得以享有较高的职业待遇和职业保障。在过去,对于法官的考评都流于形式化,在工作中只要不犯大错误,考评的结果对法官的地位和待遇基本没有影响。但是员额制改革之后,法官注定会吸引众多目光,接受众多监督。为了确保法官队伍的正规化、专业化、职业化、高素质化,就必须建立科学、合理的法官考评制度,以此来督促、评价法官。要将考评的结果进行全方位的应用,将考评结果与法官评先评优、晋职晋级、获得物质待遇相结合,通过奖勤罚懒,奖优罚劣,去芜存菁。只有建立起切实有效的奖惩激励机制和退出机制,才能深入推进法官队伍建设,才能切实加强法院审判工作,才能整体提高我国法治建设水平。

五、广西基层法院员额制法官考评方案设计

在法官员额制改革的大背景之下,本文立足于广西经济、社会的发展状况,立足于基层人民法院现有的人员结构、受理案件数量、考评方式等实际情况,通过将层次分析法与模糊综合评价法相结合,来试图设计出一套适合广西基层法院法官的绩效考评方案,如图 6 所示。

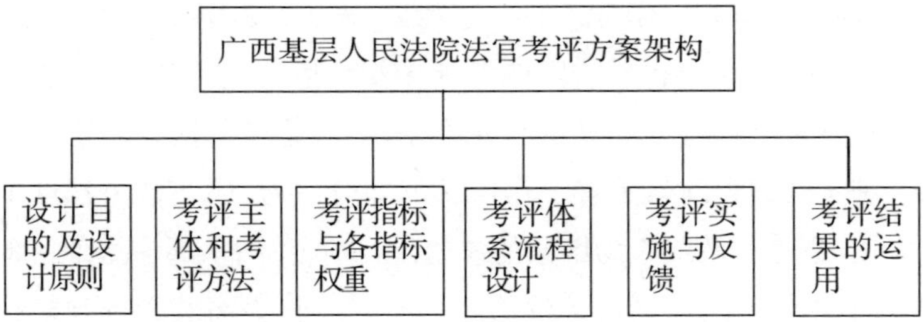

图 6　广西基层人民法院法官考评方案架构图

(一)考评方案的设计目的及设计原则

1. 设计目的

考评方案的设计是在坚持法官正规化、职业化、专业化的改革方向的前提下,遵循司法人力资源配置规律,依照客观公正、民主公开、实事求是、以人为本的考核原则,通过引入科学、合理的绩效指标体系,不断完善考评的方式与方法,来达到权利、责任、利益相一致的目的,通过奖优惩劣、激励先进、淘汰落后等手段,以充分调动全体法官工作的积极性和主动性,进而不断提高法官的工作质效,以此推动法院审判管理制度的不断优化,推进公正高效权威的社会主义司法制度的建立。具体而言,设计此考评方案的目的在于通过对法官的日常工作进行定性、定量分析来获取较为客观

的考评结果，以此为法官的晋升、薪酬的调整提供依据；为法官改进绩效、规划发展提供指引。

2. 设计原则

（1）以人为本的原则。考评方案的设计应当以人为出发点和中心，尊重人的发展规律，满足人的发展需求，紧密围绕激发和调动法官的积极性、主动性、创造性来展开，充分体现各个法官的工作总量，其中既要有对法官审判、执行工作质效进行价值判断的数据，也要有对法官的工作量与工作强度进行事实判断的数据；然后运用较为科学、客观的方法对法官工作进行横向和纵向比较，使考评的内容和结果既能够得到法官认可又能起到激励法官的作用，来实现充分调动法官工作积极性的最终目的，进而推动法官与法院的共同发展。

（2）符合审判执行工作规律的原则。法官考评制度要紧密围绕审判、执行工作展开，不能为了数据而考评，所有考评内容的设置及考评方法的选择必须符合法官工作的特点，必须尊重审判执行规律。对法官进行考评，目的是督促法官恪尽职守，认真履职，进而建立公正、高效的裁判权运行机制。同时又不能影响法官的独立思维，不能影响法官客观、公正地行使裁判权。因此，对法官的考评应当符合审判、执行工作规律，避免法官在审判、执行过程中，因受到各种考评压力而影响其独立行使裁判权，避免出现为了考评而工作，防止考评制度的异化。

（3）定性与定量互为补充的原则。考评方案的设计涉及多项指标，有些指标可以客观量化，如收案数、结案数等，但是有些考评指标如法官的理论水平、个人经验、价值取向、办案态度等方面就无法通过量化的数据来衡量，因此仅仅靠设置绩效考评的量化指标体系难以对法官做出客观、全面的评价。有些时候，在一定程度上存在主观介入的评价对于法官考评工作来讲是合理且非常必要的。在考评时，要根据法官的职业特点，加入多层次、全方位的测评主体并赋予不同比例的权重，通过采用定量与定性相结合，主观与客观相统一的考核方法，来确保结果的客观性、全面性以及说服力。

（4）信息化原则。“任何一种管理职能的实现，都离不开信息，管理本身就是一个信息系统，有效的管理制度首先来自于畅通的信息保障。”[11]因此法官考评系统的建立要以信息技术为支撑，通过运用云计算、大数据等科技化手段对法官工作中各个环节、各个层面的信息进行收集、整理、加工、分析、判断、利用，并积极创造条件努力

〔11〕 锁秀秀：《我国法官绩效考评制度研究》，海南大学2013年硕士学位论文，第31页。

提高信息的系统性、时效性、科学性，通过构建一个综合的信息系统，来对法官做出客观公正的评价。

(5)民主原则。一项制度能够得以顺利推行的前提是大家对这项制度认可，而大家认可的前提是因为该制度产生的过程足够民主。法官考评机制涉及全体法官的利益，因此法官考评方案的设计要广泛征求意见，在民主基础上集中决策，让法官都能参与到考评方案的设计过程中，加强与被考评者的交流沟通，广泛听取各方面的意见和建议，制定出来的方案要进行修改、复核、完善，并接受全体人员的监督。制定主体及制定程序的合法性是确保法官考评机制在实践中能够有效得以执行的前提条件，只有这样，法官才会积极去维护这项考评制度，对考评的结果也会信服，同时考评制度也能在更大程度上促进法官提高自身素养。

(6)正向激励原则。激励的核心在于通过不断满足人的需求来实现管理目标。马斯洛的需要层次理论将人的需求按照从低到高的层次分为五种，即生理需求、安全需求、社会需求、尊重需求和自我实现需求五个方面。通过满足人的上述需求，来使个人产生努力工作的内生动力。

法官考评制度的设计也可以通过一定手段，来调节法官对声誉、薪酬、权力、休假和尊重等需要的满足程度，以激励法官不断提升工作能力，不断改进工作方法，不断提高工作质效，不断完善自我修养，让法官的个人目标与司法公正的社会目标相契合。

(二)考评主体及考评方法

1.考评主体

法官员额制实行后，对法官“三化”提出了更高的要求，传统的考评模式下，考评主体与考评对象都在法院内部，考评者与被考评者比较熟悉甚至关系较为密切，很容易走入“人际化”的误区。被考评者如果对考评结果不服往往也缺乏合理的救济途径。单一的考评主体也不能对法官做出综合、客观、全面的评价。本文认为，可以在基层法院内部设置考评质量委员会，主要负责对法官日常工作情况数据的收集，在省一级法官惩戒委员会里内设法官考评委员会，主要负责对法官年度内考评等次的评定。

考评制度的制定程序与考评主体的确定是密切关联的。考评质量委员会作为基层法院的常设机构，应由法院院领导、部分中层领导、资深法官组成，并且确保考评者与考评对象之间没有利害关系，而对考评质量委员会成员的考评，应该由上级法院的考评质量委员会进行，考评质量委员会的最核心工作就是收集法官工作的基础性数据。省一级的法官考评委员会作为法官惩戒委员会的内设机构,其成员的选任则可参照惩戒委员会人员的选任办法,应选任政治素质高、专业能力强、职业操守好的人员组成,包括来自人大代表、政协委员、法学专家、律师的代表以及法官代表。法官代表应不低于全体委员的50%,从辖区内不同层级人民法院选任。考评委员会主任由考评委员会全体委员从实践经验丰富、德高望重的资深法律界人士中推选。法官考评委员会的核心工作就是复核并确定法官的评价等级。

2. 考评方法

对员额内的法官采取的考评方法应遵循定性与定量相结合的基本原则。因为考评指标体系的建立不仅要包括可以量化的项目,还应涵盖无法量化的项目,将精确的数据指标与丰富细致的描述阐释相结合,构建数据化考评与司法反馈并行的双轨制考评模式。

数据化考评即绩效指标,是"一套用于衡量考评对象工作努力程度和具体绩效水平的相对客观化标志",〔12〕绩效考核就是对这些指标进行定义、衡量和运用的过程。在企业中,具有代表性的绩效考核方法包括平衡计分卡法(BSC)、〔13〕关键绩效指标法(KPI)、〔14〕目标管理法(MBO)〔15〕及360度反馈法〔16〕等。本文结合法院实际和法官工作的特点,试图借助这些先进的绩效考核方法,以形成一套完整、科学的法官考评方案。通过对BSC、KPI、MBO、360度反馈法等考核方法的对比,并根据广西基层法院法官现有的考核状况,以及员额制改革后法官考评方式方法产生的转变,选取关键绩效指标法(KPI)和目标管理法(MBO)两种方法作为数据化考评的技术手段,在司法反馈中,我们将尝试引入360度反馈法,通过全方位对审判行为的观察、评估,尽可能全面地收集法官信息,实现对法官在司法过程中的考评。这不仅有利于法院建立以行为为导向的管理体系,实现对数据化考评方法的有效补充,也有利于消除在唯

〔12〕 参见艾佳慧:《中国法院绩效考评制度研究——同构性和双轨制的逻辑及其问题》,载《法制与社会发展》(双月刊)2008年第5期。

〔13〕 BSC即平衡计分卡(balanced score card),是常见的绩效考核方式之一。

〔14〕 KPI即关键绩效指标(key performance indicator),是通过对组织内部流程的输入端、输出端的关键参数进行设置、取样、计算、分析,衡量流程绩效的一种目标式量化管理指标,是把企业的战略目标分解为可操作的工作目标的工具。

〔15〕 MBO目标管理(management by objective),是以目标为导向,以人为中心,以成果为标准,而使组织和个人取得最佳业绩的现代管理方法。

〔16〕 360度绩效考核法又称全方位绩效考核法或多源绩效考核法,是指从与被考核者发生工作关系的多方主体那里获得被考核者的信息,以此对被考核者进行全方位、多维度的绩效评估的方法。

绩效指标论的语境下可能出现的指标崇拜和司法行为的偏转。在360度反馈法中，又可借鉴美国的司法观察制度。司法观察制度源于美国犹他州，该州法官考评委员会定期招录司法观察志愿者，通过审查申请材料并进行相应的面试，来选取条件合格者作为司法观察员，待接受岗前培训后，在此后一年中，对每名法官的庭审过程进行一次或分次的旁观。观察结束后，观察员在线录入数据，围绕庭审中立性、尊重度、发言权等程序公正原则，对法官是否值得信赖，法官是否意识到被观察等方面进行评价，从而形成对法官的综合考评。基于我国法院的实际情况，我们可将司法观察制度与司法监督相结合，由人民监督员承担司法观察的工作，旁听庭审活动，并对法官的庭审准备是否充分、庭审程序是否规范、庭审驾驭是否合理以及庭审礼仪是否到位进行描述和评价，约束并调整法官的司法行为。

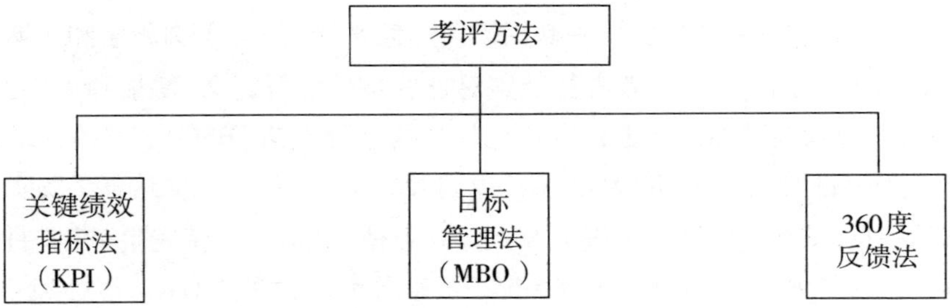

图7　法官考评方法示意图

关键绩效指标法的优点在于可以将法官的考评过程分解成各个关键性绩效指标，并建立一个关键性指标体系。关键性指标体系明确了不同部门、不同岗位、不同个人的工作目标，以此来确保分工明确，职责分明；该体系的指标既由下而上、又由上而下进行设置，逐层分解，使个人工作目标、部门工作目标与法院工作目标保持一致；该指标体系的理解和运用都较为简单，在技术操作上也相对容易，通过该体系来建立激励与约束的绩效考核体系，也为绩效考核结果的评价提供支撑。[17]

目标管理法的优点显而易见，这在于它的评价标准往往可以直接反映法官的工作内容，其结果也易于观测，所以一般很少出现评价失误的情况，也可以对法官的工作提供建议。由于目标管理的过程法官能够全程参与，因此，增强了法官的参与感，提升了法官的积极性和主动性，也增强了法官的责任心，能激励法官在工作中不断提

〔17〕 参见李淑燕：《A法院绩效考核体系研究》，云南大学2014年硕士学位论文，第36页。

升、完善,充分激发个人潜能。目标管理还能够统筹个人、部门与法院三者之间的目标,使三者的努力方向保持一致。目标管理还有助于密切法院内部的人际关系,其适用性和操作性也较强。

360 度反馈法是通过多主体对法官的业务素质、道德素养、工作绩效和工作作风等方面进行评估,从多角度来衡量法官各项工作的表现。该反馈法包括上级对下级的纵向评估及同级对同级、本人对本人的横向评估。被评估者可以获得多主体对自己工作、生活等方面的评估意见,进而较为全面、客观、及时地了解自己的优势与不足,并以此作为制订工作改善计划、突出能力发展的重要参考依据。360 度绩效评估中,反馈给被评估者的信息是来自于与法官工作、生活相关的多层面不同评估者的评估意见,该意见较为全面也较为客观,所以更容易被评估对象接受与认可。而且,可将他人的反馈信息与自我评价结果相比较,让被评估者清晰地看到自身需要努力的地方并明确接下来的改进方向。360 度绩效评估还有助于加强法院内部的交流与互动,有助于提高法院的凝聚力和工作效率,促进法院内部的和谐发展。

关键绩效指标法、目标管理法和 360 度反馈法,三者在实际运用中各有优点,各自也存在不足,所以将三者结合起来,能有效弥补单一方法可能导致的评价片面。在设定广西基层法院各部门及各岗位的工作目标时,可以采用关键绩效指标法设定考评指标并对考评目标进行分解,运用目标管理法来确定考评指标的权重和标准;在绩效的实施过程,可运用目标管理法进行跟踪、检查、考核,反馈,以达到目标管理的目的。而对于许多无法采取定量分析而必须采取定性分析的指标则可采取 360 度绩效考核法。将定量评价与定性评价紧密结合起来,可以全面、客观、公正地考评法官。

(三)考评指标和指标权重

科学合理、综合全面地设置考评指标,是设计整个考评方案的关键之处也是难点之处,由于《公务员法》将法官纳入公务员管理范畴,所以对法官的考评要以《公务员考核规定(试行)》为依据,由于法官的岗位具有其特殊性,与一般的公务员岗位具有很大差别,这就决定了对于法官的考评不能完全套用公务员的考评标准,而应该在充分考虑审判、执行工作运行规律的基础之上来建立符合法官职业特点的考评指标体系。因此在设定法官的考评指标时应当遵循全面、科学、合理的原则。

设定考评指标应当遵循通用的 SMART[18] 原则,即各个指标必须是明确具体的,内涵和外延应该界定清楚明晰,避免产生歧义,不宜过度概括、抽象,否则缺乏可操作性;对于可以量化的考核指标要尽可能地量化,确保考核的准确度,考核不了的指标应该尽量行为化,而且要可以通过相关数据或信息来验证绩效考核指标;考核指标应该是可实现的,即被考评者在付出努力的情况下是可以完成的,考核指标不能定得过高,过高会导致被考评者压力过大,影响被考评者工作的积极性和队伍的稳定,也会影响制度的落实;也不能定得过低,过低则不能对被考评者形成压力,也分不出优劣,达不到考评的目的;考评指标要有时限性,没有时间限制的目标无法考核,也会带来考评的不公。一个完整的绩效考评体系其实就是一系列关键绩效指标的设定、实施、考核、反馈、运用、改进,改进之后再设定、再实施、再考核、再反馈、再运用的反复循环的管理过程。

本文从广西基层法院绩效考评现状着手,借鉴司法改革试点法院在法官考评管理方面的先进做法和有益经验,在充分考虑广西整体经济社会发展水平以及法官的整体素质结构的基础上,做到既反映党群机关共性的工作目标,又突出法院的审判执行功能,并广泛征求一线法官的意见建议,结合他们日常工作实际,对基层法院员额制法官绩效考评指标做如下设计。

从法官的工作职责来看,可以分为两大部分,基本相同的共性工作职责和各具特点的业务工作职责,由此可将法官的绩效考评指标分为两大类:一类是共性目标指标;另一类是业务目标指标。共性目标指标主要包括队伍建设、保密安全、综合评价;对于业务目标指标,则需要根据不同庭室法官的主要业务职责、工作特点来进行设置,可以分为审判部门和执行部门的业务目标。因此按照关键绩效指标法,可设置一级绩效指标(一级 KPI)、二级绩效指标(二级 KPI)。另外,有些主观化的指标如对法官综合素养的评价,无法通过定量考核的方式进行考核,为了弥补定量考核的不足,可以采用 360 度反馈法进行考评。使用这一考评方法能使考评体系和考评过程建立在客观的问卷调查数据基础上,同时能获取多层次主体对法官的评价,其中包括院领导、资深法官、律师、案件当事人、法官本人等,更能体现出考评的科学性、合理性、全面性。

---

[18] SMART 原则是指绩效指标必须是具体的(specific),可以衡量的(measurable),可以达到的(attainable),要与其他目标具有一定的相关性(relevant),并有明确的截止期限(time – bound)。

毋庸置疑,司法改革后,员额制法官的工作中心就是案件审理,所以,业务目标的指标项必然是法官工作的重点,因此在确保法官思想政治素质过硬的前提之下,应当注重对法官专业能力的考核,在考核权重上要有所侧重。本文认为,对共有目标和业务目标的考核指标权重可以按照百分制来计(总分 100 分),业务目标应占 75% 的权重(75 分),共性目标占 25% 的权重(25 分),这样相对科学、合理,也突出了法官的工作重心。具体的考评指标及权重如表 3 ~5 所示。

表 3　基层法院员额制法官考评指标及权重

序号	一级 KPI	二级 KPI	所占权重(25 分)
1	队伍建设(10 分)	政治理论业务学习:按照各项专题教育学习活动要求完成相关工作,每缺一项扣 0.4 分	3 分
		党风廉政建设:严格执行廉政建设有关法律法规和廉政纪律,落实院里和本部门党风廉政建设各项要求,每缺一项扣 0.2 分;因在党风廉政建设重大执法活动、案件质量、审判作风方面,被重点督察或列为限期整改的,扣 1 分;因违纪被行政处分的,每次扣 2 分,因违法被追究刑事责任的,实行一票否决	4 分
		严格遵守执行、审判工作纪律和院规院纪,做到令行禁止。违反工作作风和工作纪律被院里通报的,每次扣 1 分	3 分
2	保密安全工作(5 分)	保守审判、执行秘密:每发现一次违规行为,扣 0.5 分;被院里通报的,每次扣 1 分,如发生泄露审判、执行秘密,导致严重后果的,则实行一票否决	5 分
3	综合评价(10 分)	多主体评价:由多主体对法官一年的工作表现进行打分,包括自我评价,本部门随机 3 名同事评价,本部门所有领导评价,所有院领导评价,每人打分最高分为 10 分,最低分为 5 分,所得平均分为该项最后所得分数	10 分

表4 民事、刑事、行政审判法官考评指标及权重

序号	一级 KPI		二级 KPI	所占权重（75分）		
1	审判质效综合评估指数	公正指标	上诉案件改判、发回重审率（计算公式：改判、发回重审率 = 中院对该法官上诉案件改判、发回重审数/该法官一审判决结案数，上诉案件含二审抗诉案件。一审判决结案数应扣除民事特殊程序案件。改判原因是事实不清、证据不足，认定事实错误，适用法律错误，不包括《最高人民法院关于完善人民法院司法责任制的若干意见》第28条所规定的情形。高于庭室平均值每1个百分点扣0.5分，直至扣完该项分值为止）。	10	20	61
			生效案件改判、发回重审率（计算公式：生效案件改判、发回重审率 = 中院对该法官再审案件改判、发回重审数/该法官生效案件总数，改判原因是事实不清、证据不足，认定事实错误，适用法律错误，不包括《最高人民法院关于完善人民法院司法责任制的若干意见》第28条所规定的情形。高于庭室平均值每1个百分点扣0.5分，直至扣完该项分值为止）	10		
		效率指标	结案率（计算公式：结案率 = 该法官本年度结案数/收案数，低于庭室平均值每1个百分点扣0.5分，直至扣完该项分值为止）	9	25	
			18个月以上长期未结诉讼案件比重（计算公式：18个月以上长期未结诉讼案件比重 = 18个月以上长期未结诉讼案件/未结诉讼案件数；18个月以上长期未结诉讼案件是指从立案开始18个自然月尚未审结的诉讼案件，不考虑是否变更审限。高于庭室平均值每1个百分点扣0.5分，直至扣完该项分值为止）	6		
			平均审理时间指数（高于庭室平均值每1个百分点扣0.5分，直至扣完该项分值为止）	5		
			超过审限案件数，在系统内出现超审限案件，每件扣1分，直至扣完该项分值为止	5		
		效果指标	一审服判息诉率（计算公式：一审服判息诉率 = 1 -（该法官上诉案件数/该法官一审结案数），高于庭室平均值每1个百分点扣0.5分，直至扣完该项分值为止）	5	16	
			民事案件调解率（计算公式：调解率 = 民事调解结案数/民事案件结案数，低于庭室平均值每1个百分点扣0.5分，直至扣完该项分值为止）	4		
			民事案件撤诉率（计算公式：撤诉率 = 该法官民事撤诉结案数/该法官民事一审、二审、再审结案数，撤诉包括当事人主动撤诉和经法院做工作后当事人撤诉，不包括按撤诉处理，高于庭室平均值每1个百分点加0.5分，上限为4分）	4		
			信访投诉率（计算公式：信访投诉率 = 中院受理的该法官信访投诉案件数/该法官生效案件数，每1个百分点扣0.5分）	3		

续表

序号	一级 KPI	二级 KPI	所占权重(75 分)
2	调研工作	年度内完成一篇调研报告的,得 2 分;没有完成不得分。调研报告在最高人民法院评比中,获一等奖、二等奖、三等奖、优秀奖,每篇对应加 1.5 分、1 分、0.5 分、0.3 分;在全区法院评比中获特等奖、一等奖、二等奖、三等奖,每篇对应加 1 分、0.5 分、0.3 分、0.2 分。在前述获奖调研成果中,如实现调研成果转化的,每篇调研成果再加 0.2 分。(注:同一内容获得多项奖励的,按最高奖项记一次加分,总共 4 分封顶)	4
3	学术研究	完成上级法院下达的学术研究任务的得 2 分;未完成不得分。学术论文获全国法院一等奖、全区法院特等奖的每篇加 2 分,获全国法院二等奖、全区法院一等奖的每篇加 1 分;获全国法院三等奖、全区法院二等奖的每篇加 0.5 分;获全国法院优秀奖、全区法院三等奖的每篇加 0.25 分;获全区法院优秀奖的每篇加 0.1 分。学术论文在国家级刊物发表的,每篇加 0.5 分,在省级刊物发表的,每篇加 0.3 分。案例入选最高人民法院出版的案例集(册或选编)每篇加 0.3 分。(注:同一内容获得多项奖励,按最高加分项记一次加分。4 分封顶)	4
4	典型案例选编	推选典型案例,被中院采用并录入典型案例选编的,每个案例加 1 分,总共 3 分封顶	3
5	司法公开三大平台建设	包括法律文书公开、审判流程公开和审判信息公开。法律文书公开根据裁判文书上网率和法律文书差错率计算分值,审判流程公开按照审判流程管理系统中设置的节点情况作为考评内容。出现一次差错扣 0.2 分	3
6	司法观察	随机抽取的 3 名人民监督员定期旁听员额法官主持的庭审活动,庭审结束后对员额法官就该起案件的准备情况、庭审程序、庭审驾驭及庭审礼仪进行评价,形成评价报告,每年年终由人事部门汇总评价报告,汇总的报告归入法官的个人档案中	不纳入数据比分权重,但评价报告是法官考评的依据

表 5 执行法官考评指标及权重

序号	一级 KPI		二级 KPI	所占权重（75 分）	
1	执行质效综合评估指数	公正指标	违法执行案件数（每一件扣 1 分）	10	20
			执行异议成立案件数（每一件扣 0.5 分）	5	
			年度内被撤销、变更原异议裁定的案件数（每一件扣 0.5 分）	5	
		效率指标	未及时采取执行措施导致财产转移或者流失但未导致案件无法执行的，每次扣 2 分	7	20
			执结率（低于本部门平均执结率的，每低一个百分点扣 0.5 分）	7	
			超出法定（正常）期限内未结案件数，不包括申请批准延长期限的案件（每一件扣 1 分）	6	
		效果指标	执行标的到位率（低于本部门平均执行标的到位率的，每低一个百分点扣 0.5 分）	5	21
			有财产可供执行案件的实际执行率（低于本部门平均指数的，每低一个百分点扣 0.5 分）	6	
			无财产可供执行案件规范结案率（低于本部门平均指数的，每低一个百分点扣 0.5 分）	5	
			信访投诉率（投诉信访事由成立的，每件案件扣 0.5 分）	5	
2	调研工作		年度内完成一篇调研报告的，得 2 分；没有完成不得分。调研报告在最高人民法院评比中，获一等奖、二等奖、三等奖、优秀奖，每篇对应加 1.5 分、1 分、0.5 分、0.3 分；在全区法院评比中获特等奖、一等奖、二等奖、三等奖，每篇对应加 1 分、0.5 分、0.3 分、0.2 分。在前述获奖调研成果中，如实现调研成果转化的，每篇调研成果再加 0.2 分。（注：同一内容获得多项奖励的，按最高奖项记一次加分，总共 4 分封顶）	4	
3	学术研究		完成上级法院下达的学术研究任务的得 2 分；未完成不得分。学术论文获全国法院一等奖、全区法院特等奖的每篇加 2 分，获全国法院二等奖、全区法院一等奖的每篇加 1 分；获全国法院三等奖、全区法院二等奖的每篇加 0.5 分；获全国法院优秀奖、全区法院三等奖的每篇加 0.25 分；获全区法院优秀奖的每篇加 0.1 分。学术论文在《执行工作指导》上发表的，每篇加 0.5 分，在国家级刊物发表的，每篇加 0.5 分，在省级刊物发表的，每篇加 0.3 分。执行案例入选最高人民法院出版的案例集（册或选编）每篇加 0.3 分。（注：同一内容获得多项奖励，按最高加分项记一次加分。总共 4 分封顶）	4	

续表

序号	一级 KPI	二级 KPI	所占权重（75 分）
4	典型执行案例选编	推选典型执行案例，被中院采用并录入典型执行案例选编的，每个案例加 1 分，总共 3 分封顶	3
5	司法公开三大平台建设	包括法律文书公开、审判流程公开和执行信息公开。法律文书公开根据裁判文书上网率和法律文书差错率计算分值，执行流程公开按照执行流程管理系统中设置的节点情况作为考评内容。出现一次差错扣 0.2 分	3
6	司法观察	随机抽取的 3 名人民监督员定期旁听员额法官主持的庭审活动，庭审结束后对员额法官就该起案件的准备情况、庭审程序、庭审驾驭及庭审礼仪进行评价，形成评价报告，每年年终由人事部门汇总评价报告，汇总的报告归入法官的个人档案中	不纳入数据比分权重，但评价报告是法官考评的依据

（四）选定上述考评指标的依据

上述考评指标中，队伍建设、保密安全工作及综合评价是共性目标指标，质效综合评估指数、学术调研及司法公开三大平台建设是各业务部门的业务指标。司法观察虽亦属于业务指标，但其特殊性在于是对司法行为的评估，具备一定的主观性。

共性目标考核指标是法院推进审判管理的需要。根据法院队伍建设的重点，能够帮助管理者量化共同目标、确定评估标准，有助于增强法官的责任意识和大局意识，自觉明确工作目标、增强工作能力、规范行为操守，激发干警的积极性与开拓性，从而起到改进和提升法院整体工作效能的作用。

业务目标考核指标则是促进审判工作、实现司法公正的重要抓手。数量化和排序是评估的常态，通常情况下，人们所能获得的信息只有通过数字才得以最精准的表达，并通过排序明确上述信息是否能得到人们的认可。虽然结果导向型的评估管理模式受到越来越多的批评，但对法院管理体制而言仍不可或缺，其直观性与客观性是完善法院审判工作的重要依据。公正、效率、效果三大指标体现了人民法院“公正与效率并重”“司法效果与社会效果相统一”的工作主题。公正是社会永恒的价值追求，失去公正则意味着审判形同虚设；效率是社会持久的经济价值，缺乏效率，意味着纠纷得不到及时解决，亦影响公正目标的实现。公正与效率体现出司法效果，司法效果与社会效果的和谐统一最终才能在人民群众中树立高度的公信力。具有抽象概念的公正、效率与效果只有通过具体化的数据才能更好地体现，因此，最高人民法院发布案件质量评估指标,以便客观全面了解各级法院审判执行的质效情况。司法观察是通过加强行为的管理对法官进行考评,这既能缓解“结果导向”型考评机制所带来的司法问责的压力,又能对法官改善司法表现和司法品质形成必要的激励。[19]

学术调研与三大平台建设可向社会展现法官的业务能力与素养。由于公众对司法的认知除了少数源于亲身经历外,绝大多数来自媒体报道、期刊披露。由于媒体具有“议程设置”的功能,公众往往所感知到的是媒体热议的案件,并以此作为评判法院和法官的主要依据。设置学术调研考核指标及实现司法公开三大平台建设,除了让司法在阳光下运行之外,还能有效扭转公众对司法零碎的、结果导向的认知,使其充分了解司法过程中的法官表现,以此来提高司法公信力。

(五)确定等级评价集

等级评价不宜过多,也不宜过少。通过参照其他文献对于等级评价集的设定,可分为5级,即优秀、良好、中等、合格、较差,其所对应的等集分值分别为90分(含90分)以上为优秀,80分以上90分(不含90分)以下为良好,70分以上80分(不含80分)以下为中等,60分以上70分(不含70分)以下为合格,60分(不含60分)以下为不合格,具体如图8所示,在审判执行工作当中,如果法官出现《最高人民法院关于完善人民法院司法责任制的若干意见》第26条所规定的情形,并造成严重后果的,则实行一票否决制,该年度直接评定为不合格。

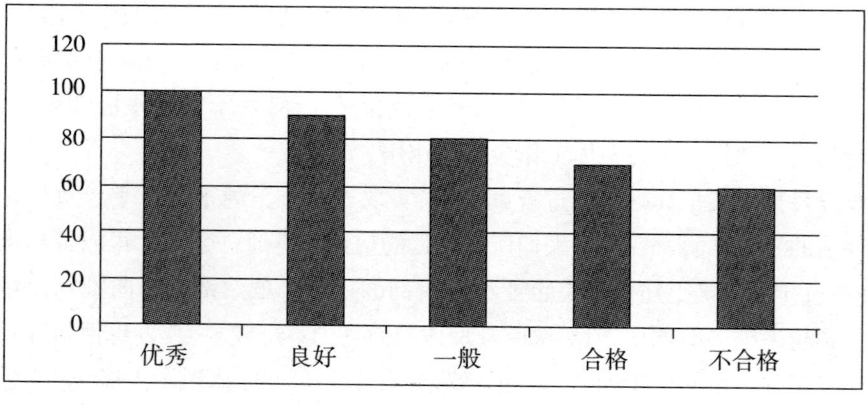

图8 确定评价等级示意图

〔19〕 参见陈杭平:《在司法独立于司法负责之间——美国州法官考评制度之考察与评析》,载《当代法学》2015年第5期。

（六）法官考评体系流程设计

针对员额制改革后法官工作的特点，结合相关理论知识和基层法院工作实际情况，基层法院员额制法官考评体系的完整流程是：在确定考评原则和考评方法的前提下，制定考评目标、确定考评指标及权重、考评实施、考评结果反馈、考评结果应用和考评体系改进，形成事前计划、事中管理和事后改进的三位一体综合考评系统，如图9所示。

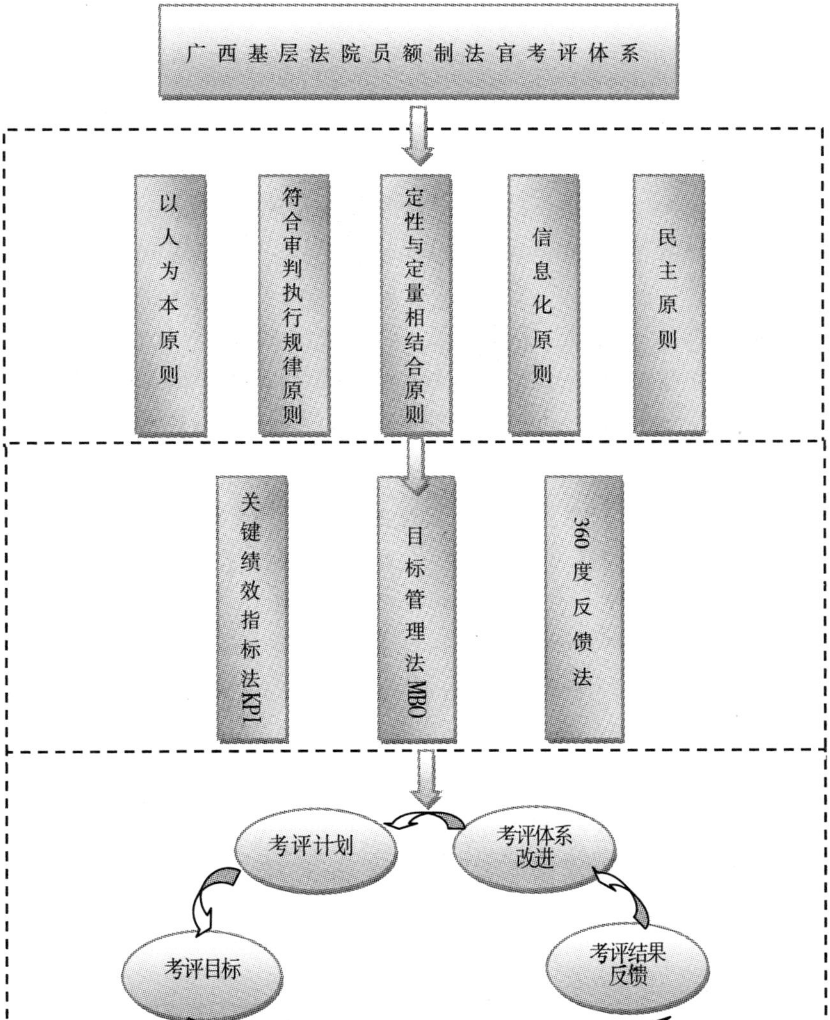

图9　广西基层法院员额制法官考评体系示意图

1. 制订考评计划。考评计划是开展考评工作的起点和基础,考评计划应根据法院整体的发展目标以及法官的具体工作任务的要求而确定。

2. 明确考评目标。考评目标是法官考评工作所要达到的目的。只有结合考评目标,考评工作才会有目的性和方向性,使考评机制真正发挥其应有的作用。绩效评价目标应从法官的管理模式、组织机构出发,设计和确定不同庭室法官的具体考评目标。

3. 确定考评指标及权重。根据法院的考评目标,进一步确定考评指标、指标权重、考评标准。考评指标及权重应根据不同法官的业务性质和特征并采用多种方法合理选取、确定。

4. 考评实施。考评实施是指利用法官考评体系对法官的相关工作活动和绩效进行评判,得到绩效评价结果,并进一步对考评结果进行优劣排序,以此作为法官奖惩、职位升降的依据。

5. 考评结果反馈。为了提高法官的工作能力和业务水平,在一个考评流程结束后,需要实施考评结果的反馈,以便发现被考评对象在工作中存在的问题,发现考评体系中存在的缺陷,如评价指标、评价标准设置不科学,评价方法不够全面等,为进一步优化法官考评体系提供方向。

6. 考评体系改进。针对考评过程中发现的不足、差距,制定更加科学、合理的改进方案,同时督促被考核对象及时改正在考评中存在的问题,为下一个考评阶段的有效实施奠定坚实的基础。

(七)考评制度运行

法官考评制度主要的运作方式是:本院考评质量委员会对基础数据进行汇总并将数据报送至法官考评委员会—法官考评委员会根据报送的数据随机抽取个案样本进行复核—评定等级—结果反馈。法官考评委员会根据前文所述的考评方法和考评原则,在优秀、良好、一般、合格、不合格五个等次里确定被考评法官的等级评定。

本院的考评质量委员会需要参照考核指标来采集每名法官的基础数据,并对这些数据进行统计汇总,以此确定每名法官在该年度的考评分值以及在全院内的排名,将所有考评的数据汇总建立法官个人考评档案,并将考评档案报送至法官考评委员会。法官如果对公布的分数及名次存有异议可以向考评质量委员会申请复查一次,如果对复查结果仍不服的,可以向法官考评委员会申请复议一次。

而法官考评委员会的核心工作就是复核并确定评价等级:一是对所有法官的考核数据随机抽取一定样本进行复核,以确保基层法院考评质量委员会报送数据的准确性、客观性;二是对法官申请复议的事项进行审查。在审查时,考评委员应当秉持公正之心,做详尽的调查,对法官办理案件的质量与程序规范的遵守情况得出客观公允的判断。同时还需要汇总不记名调查问卷,总结不同群体对法官进行主观评价的结果。

最后,法官考评委员会在前述法官考评分数排名和分析结果、主观评价结果的基础之上,召开集体会议,按照民主集中制原则在优秀、良好、一般、合格和不合格5等中确定法官考评的最终等级。法官考评委员会应当及时向被考评法官反馈考评结果,针对法官在考评结果中反映出来问题提出合理建议,并指出提高方向及改进目标。

(八)考评结果的运用

法官考评制度要能够运行并取得实质性实效,不仅需要法官在考评之后能够明确自身的改进方向及努力目标,还需要将考评结果实际运用于法官的利益影响,以此满足法官的个人需求,激发法官积极工作的内在动力。总体而言,法官考评结果的运用要符合既定程序的要求,不能超出考评原则和考评程序范围,尤其是在职务晋升、薪酬增加、追责惩戒等事由方面应当严格遵照既定程序设置。既不能使考评结果在运用于法官个人利益方面如同虚设,也要避免不恰当运用考评结果甚至超出预设范围进行使用的情形。

考评结果对于法官奖惩变化应产生不同之效用,具体而言:考评如果连续两年达到优秀等次的,予以记功表彰;连续三年以上优秀等次的,予以晋升职级、薪酬;如果达到合格等次的,则可以针对所欠缺之处进行有针对性的培训提高,也可以根据其适应情况调整岗位;如果连续考评结果为不合格的,则需要由法官考评委员会向法官惩戒委员会提请通过法定程序免去法官职务。此外,法官法律职务随年资递增而正常晋升时,如果近三年内法官考评结果有不合格等次,则不得正常晋升;法官职务有遴选或晋升时,则近三年考评结果至少有一次优秀等次,连续两年及以上考评为优秀等次的,则优先考虑。

对于在考评中发现法官办理案件有重大质量问题,或者严重违反程序性文件的规定的,主要包括《最高人民法院关于完善人民法院司法责任制的若干意见》第26条所规定的情形,则由法官考评委员会直接向法官惩戒委员会提请免去法官职务,由法官惩戒委员会根据情节作出处理决定,并移送相关部门追究相应责任。

六、广西基层法院员额制法官考评方案的保障措施

员额制改革以后,对法官的考评内容和考评方式会有诸多方面的变化。法官考

评作为一项系统工程，涉及法院工作诸多方面、诸多人员，加之考评流程复杂，考评细节烦琐，因此需要投入一定的人力物力，并建立健全相关的保障机制，以确保法官考评制度的正常运转，让考评的结果能够科学地反映法官工作质效。

（一）全面建立法官履职保障制度

法官的审判权与执行权应得到全面、有效的维护，司法权威与尊严均应予以尊崇，此为法官职业权力保障的核心内容。切实加强法官的履职保障，主要通过五个方面进行。

1. 完善法官身份保障制度

法官入员额制以后，法官的身份就不能被随意变更，非依据法定的条件和程序，法官不能被随意地免职、转职或调离等。在案件审理各阶段，只有在确有客观、显著的证据证明法官存在贪污受贿、徇私枉法等严重违法行为的情形之下，法官才应该因此被暂停或者终止履职行为。除此之外，法官不应被随意地免职、转职或调离。

2. 严禁外力违法干预行为

法官依法行使审判、执行权，其审判、执行行为不应受到来自行政机关、社会团体和个人的违法干涉，任何组织和个人违法干预司法活动、过问和插手具体案件处理的，应当依据相关规定进行记录、通报，情节严重的应依法追究刑事责任。对于违法干预司法活动的行为，法官在如实记录的基础上，及时向本院庭室领导、院领导、纪检监察部门反映。同时，庭室领导、院领导、纪检监察部门应及时介入，给予法官充分的支持，并适时向相关主管部门反映，坚决杜绝违法干预现象发生，充分保障法官的裁判权。

3. 充分保障法官的司法名誉权

法官因依法履职行为而遭受虚假举报、陷害诬告，导致其司法名誉、个人名誉受到损害的，各级法院的宣传部门、纪检监察部门，应当在造成影响的范围内以及时、适度的方式澄清事实，消除不良影响，维护法官良好司法声誉。法院内部因虚假举报、陷害诬告等原因对法官作出错误处理的，应当在造成影响的范围内赔礼道歉、恢复职务和名誉，对造成经济损失的应依法给予对应赔偿。法官因接受调查暂缓等级晋升、职务晋升的，后经相关部门认定不构成违法审判责任，或者法官惩戒委员会作出无责或者免责建议的，其等级晋升时间从暂缓之日起连续计算，其职务晋升应按程序重新申报，保障法官不因不实举报、诬告陷害或法院内设机构错误的认定而失去晋级升级的机会。

4. 强化庭审程序保障

对当事人、诉讼参与人当庭损毁证据材料、庭审笔录、法庭设施等妨碍诉讼活动的行为，以及其他严重藐视法庭秩序的行为，应依法及时惩治。法官有权对上述行为依法给予训诫、罚款、司法拘留等司法措施，各级法院应对处罚措施给予坚定的支持，让法官的司法“用权”“维权”身板坚挺。

5. 强化对法官的人身安全和其他权益的保障

在我国，法官人身安全受到侵犯或受到侵犯可能的事件时有发生。这与当前的司法环境相关，且在短时间内难以扭转。因此，对法官人身安全的保障是法官职业保障中不可缺失的重要一环。对此，中办、国办通过下发文件方式要求切实加强保护法官及其近亲属的人身和财产安全，及时惩治在法庭内外恐吓、侮辱、跟踪、骚扰、伤害法官及其近亲属等违法犯罪行为后，法官的司法生存环境得到了一定程度的改善。但类似的事件在各省仍时有发生。对此，建议通过修法方式将惩治内容纳入到法律层面的高度，以刑治对待严重影响法官及其近亲属的人身、财产安全情节的行为，切实有效地保障法官的生存环境。

（二）建立符合法官职业化要求的激励机制

法官考评机制的运行必须与符合法官职业化要求的激励机制相适应，才能实现激励效果最大化。

1. 完善并执行符合法官职业化要求的待遇保障制度

当前，法官待遇相对较低，偏低的经济收入，不可避免地造成了法院人难进、人才难留，法院人才难以为继的现状。最高人民法院在 2015 年下发了《最高人民法院关于进一步加强新形势下人民法庭工作的若干意见》，该意见要求切实推进法官专业职务序列及工资制度改革，逐步提高基层法官职级待遇，实现人民法庭法官职务、职级和法官等级上的适当高配。在法官“离职潮”在全国各地层出不穷的现状下，这一重大举措，对于完善法官的福利待遇，保留法院内部优秀人才起到了非常关键的作用。制度的成效在于落到实处，在员额制改革已近完成时的状态，待遇问题又成为各级法院亟待解决的关键问题。

2. 试点建立法官“异地执业”交流模式

当前，全区基层法院所在辖区存在经济社会发展水平程度阶层分化较大、人口密度大小差异等客观情况，在一定程度上影响着各基层法院收结数量、法官人均收结案数量差异较大。但各院之间法官的薪酬待遇相差甚微，造成薪酬待遇的多寡与法官承受结案压力之间的明显不对称。极易造成结案压力较大但收入差距不大的法官寻求向结案压力相对较小的基层法院调动的负激励效果。由此,将有可能出现高素质、高水平法官在审判、结案层面的"人才流失",而结案压力较小的基层法院又出现"人才过剩"的不利局面。

为树立正确的"人才流动"导向,营造精力充沛、业务专精的法官前往结案压力大的法院流动的趋势,可以尝试建立法官"异地执业"交流模式。该模式运行方式为:一是消除各基层法院之间的"组织壁垒",允许入额法官在一定区域内(如市内各县区法院之间)进行流动任职。突破以往由各院任职的限制,统一由法官遴选委员会按照各基层法院案件多寡难易需要进行调配。二是根据案件数量多寡、辖区经济优劣,在保证一定基本数额的基础上,按梯度增加法官薪金待遇,区分从案件数量多、难度较大的法院内的法官工资到案件数量少、难度较低的法院内法官工资之间的待遇比例由高到低排布。以薪金待遇差异作为吸引精力充沛、业务专精的法官前往"案件需要"的法院任职,做到"人尽其用"。三是交流任职的法官应"能上能下"。在未完成当年度应完成的案件数量,或者案件质量未通过考评要求的情况下,应在下一年度调离原"高薪"法院,由法官遴选委员会按其考核等级重新分配适合其任职的法院。四是该制度的运行,也在一定程度上能够避免部分法官因生育、疾病、家庭原因造成结案受严重影响的情形,让法官能在百分之百"贡献率"的状态下履职尽责,并享受与之匹配的高薪待遇。

(三)完善法官监督惩戒机制

判定法官是否违反审判职责,应严格落实法官办案责任制,不断夯实、完善法官惩戒制度。在全面推行《关于完善人民法院司法责任制的若干意见》的基础上,在省(自治区、直辖市)一级设立法官惩戒委员会,惩戒委员会由政治素质高、专业能力强、职业操守好的人员组成,包括来自人大代表、政协委员、法学专家、律师的代表以及法官代表,法官代表应不低于全体委员的50%,从辖区内不同层级的人民法院中选任,惩戒委员会主任由惩戒委员会全体委员从实践经验丰富、德高望重的资深法律界人士中推选,经省(自治区、直辖市)党委对人选把关后产生,法官惩戒工作办公室设在省高级法院。法院在司法管理、诉讼监督工作中,发现法官有涉嫌违反审判职责的行为,需要认定是否构成故意或者重大过失的,应当在查明事实的基础上,提请惩戒委员会审议。惩戒委员会审议法官相关惩戒事项时,相关法院应如实汇报法官涉嫌违反审判职责的情况及证据,并就其违法审判行为和主观过错进行举证,当事法官有权陈述、举证、辩解,惩戒委员会经过审议,应当根据查明的事实、情节和相关规定,经全体委员的2/3以上的多数通过,对当事法官构成故意违反职责、存在重大过失、存在一般过失或者没有违反职责提出审查意见。当事法官或者相关法院对审查意见有异议的,可以申请复议。惩戒委员会应当对异议及其理由进行复查。法官违反审判职责的行为如属实的,惩戒委员会认为该行为构成故意或者因重大过失导致案件错误并造成严重后果的,相关法院应当依照规定作出惩戒决定并作相应处理。涉嫌犯罪的,应将违法线索移送司法机关处理,同时按法定程序提请同级人大及其常务委员会作出免职决定。

结　语

每项制度的变革好比一味药,用药必然会有副作用,随着法官员额制改革的不断推向深入,影响法官考评机制的副作用也将逐渐地暴露出来。唯有在实践中正视广西的司法规律现状,探索符合基层法院法官发展的职业特征,找到并融合与本土化法官考评机制相适应的契合点,才能真正辅育出适合广西基层法官成长的土壤。

错案责任追究制度实证研究

来宾市中级人民法院课题组*

一、前言

(一)研究的背景、目的与意义

1. 研究的背景

建立和完善法官司法责任制追究是当前司法改革的关键环节。党的十八届三中全会《中共中央关于全面深化改革若干重大问题的决定》中指出,要“完善主审法官、合议庭办案责任制,让审理者裁判,由裁判者负责”。党的十八届四中全会《中共中央关于全面推进依法治国若干重大问题的决定》进一步强调,“完善主审法官、合议庭、主任检察官、主办侦查员办案责任制,落实谁办案谁负责”,“实行办案质量终身负责制和错案责任倒查问责制”。2015 年 8 月 19 日,中共中央全面深化改革领导小组第十五次会议审议通过了《关于完善人民法院司法责任制的若干意见》。2015 年 9 月 22 日,依据全面深化改革领导小组的决议,最高人民法院发布了《关于完善人民法院司法责任制的若干意见》(以下简称《意见》),具体规定了如何牵住人民法院司法责任制这个“牛鼻子”。完善司法责任制,是建立权责统一、权责明晰、权力制约的司法权运行机制的关键,也是进一步深化司法体制改革的核心,对于促进公正严格司法具有非常重大的现实意义。

从制度原理层面来说,司法要得到公众的信服,就应该让民众知晓

---

* 课题主持人:黄洪波,来宾市中级人民法院院长;课题组成员:郭永勇、张敏、覃自然、李广德、成靖。

司法的过程、责任和结果。司法裁判作为人民法院审判活动的最终产品,其产品质量应当由谁负责?[1]在此追问下,相关司法改革的部署提出要让裁判者负责的改革理念。"让裁判者负责"的命题包含着"裁判者"和"责任"两个相互关联的概念,前者意味着谁在裁判、如何裁判以及裁判的边界等,又内含着让审理者裁判的当然制度要义;责任意味着裁判者在权力内外行使职权所面临的可能负担。近年来,司法责任制改革一直伴随司法改革的进程,让审理者裁判和让裁判者负责成为其中重要的内容之一。在此背景下,法官责任到底是一个什么东西?法官责任的特殊性何在?法官责任对我们司改有什么重要意义?国外有没有法官责任等问题,要揭开法官责任的神秘面纱不但需要对法官责任本身的制度机理作出理论阐释,也需要结合相关的实践和问题做出对策性的思考。

2. 研究的目的

从本研究课题的价值而言,我国人民法院近些年一直在努力建立宽严相济、促进社会和谐稳定的办案质量考评制度和奖惩机制,改进办案考核考评指标体系,完善人民法院错案认定标准和违法审判责任追究制度。2015 年 9 月,专门针对司法责任制改革的《意见》出台,对司法责任制做出了系统的部署,错案责任追究制度已经在我国确立,对是否应该实行法官责任追究制度的争论已经没有多大的现实意义。《意见》已经对法官审判责任的基本原则、范围、责任类型、责任的认定与追究程序以及与司法责任相配套的审判权运行机制、司法人员职责权限、法官履职保障等配套性的措施作出了较为体系的规定,但这些规定只是指导性、原则性的规范。如何结合已有的理论成果并总结改革试点地方法院的实践情况提出广西的操作方案,构成本课题研究的最大价值。

此外,本课题研究具有较大的应用实践价值。法官责任制度是诉讼制度的重要组成部分,也是整个司法体系得以正常运转的重要保证。法官责任制度的有无和完善与否,直接关系到法律的权威、司法的公正和社会主义和谐社会的建设。由于我国目前处于特殊的发展时期,在审判实践中,司法人员滥用职权,徇私舞弊,贪赃枉法,办"人情案""关系案"和"金钱案",违反法律与规定,枉法裁判的司法腐败现象尚未完全杜绝,产生了一定数量的错案。司法腐败产生的错案,其后果远远超过单个违法犯罪行为所产生的不良影响。这些错案的存在,不但侵害了公民的合法权益,扰乱了正常的社会秩序,同时也严重地影响了国家的司法权威及公信力。本课题将对追究

---

〔1〕 参见贺小荣:《如何牵住司法责任制这个牛鼻子》,载《人民法院报》2015 年 9 月 23 日,第 5 版。

法官责任的事由、责任形式、追究主体、追究程序、豁免情形等问题进行应用实践研究,力图在《意见》的指导性规定之下,结合不同地区的实践经验和实践情况构建一套合理的法官责任追究制度,使之既能提高法官的责任心,保证办案质量,同时也能保障法官的职业尊荣和职业安全与稳定,有利于保障公正司法、提高司法公信力,最终把司法责任制改革,尤其是审判责任的追究制度落到实处。

3. 研究的意义

(1)增强法官责任意识。首先,完善的错案责任追究制度将促使司法人员主动熟悉业务,提升办案能力。其次,完善的错案责任追究制度可以促使司法人员加强职业道德建设。最后,完善的错案责任追究制度将会倒逼司法人员对进一步修改错案责任追究制度提出更多宝贵的意见和建议。

(2)预防司法不公和腐败。为确保司法廉明公正,及时有效遏制司法领域腐败现象,必须对司法人员特别是法官的审判权进行有效规制,切实强化对司法人员错案责任的追究。2013 年 7 月 4 日,在全国高级人民法院院长座谈会上,最高人民法院院长周强告诫"一个具体案件对双方当事人来说,直接牵涉到其权利的实现。万分之一的错案,对双方当事人来讲即百分之百的不公平"。强化对法官错案责任追究制度的调查和研究,是当前法学工作者特别是司法人员亟须解决的紧迫问题。

(3)加快推进法治进程。通过科学分析和系统研究,不断改进法官责任追究制度,有利于各级司法部门,特别是人民法院尽快颁行规范的制约与监督举措,提升司法人员的素质和修养,重塑司法权威,彰显司法公正,提升司法公信力,进一步推动法治生态和环境的改善,不断强化我国法治社会的建设。[2]

(二)研究思路和过程

1. 总体思路

首先,对法官责任相关基本理论问题进行厘定,明确法官责任的内涵与外延,并对其正当性和可行性进行分析。其次,对我国法官责任追究的现状及问题进行解构,同时对理论界和实务界存在的相关争议进行分析和回应。再次,论证官责任追究与豁免并存的必要性。最后,提出改进和完善我国法官责任追究与豁免制度的意见和建议。

2. 研究视角

《中共中央关于全面推进依法治国若干重大问题的决定》提出"推进严格司法""实行办案质量终身负责制和错案责任倒查问责制";《最高人民法院关于全面深化

〔2〕 参见朱崇坤:《法官错案责任追究的法理分析》,中共中央党校 2014 年博士学位论文。

人民法院改革的意见——人民法院第四个五年改革纲要(2014～2018)》明确“到2015年年底,健全完善权责明晰、权责统一、监督有序、配套齐全的审判权力运行机制”。本课题研究以本轮司法改革提出的法官责任制度为切入点,总结以往的经验和问题,结合中国古代和西方国家好的经验,探讨新的历史时期法官责任制度的设计与完善。

3. 研究路径

本调研组认真结合和中央领导同志的重要指示精神,突出采用实证研究方法,以数据分析和实地调查相结合的方法,到沿海发达地区广东的广州市中级人民法院及辖区法院海珠法院、佛山市中级人民法院及其辖区法院南海法院、珠海市中级人民法院及其辖区横琴法院和来宾市中级人民法院的辖区法院武宣法院进行调研,通过召开座谈会和发放调查问卷的方式,听取他们对法官责任追究与豁免的意见,收集第一手材料。通过查询中国知网、龙源期刊网、博士研究生数据库,收集有关专家学者的看法,随时关注我国6个试点省市法院的最新动态,力争使调查报告结合当时司改最新动态。本调研组特聘请广西法院资深教授进行指导,以提升调研报告的理论深度。

(三)研究的方法

本课题采用一般性调查和典型性调查、定性分析和定量分析、宏观分析和微观分析相结合的方法,着力突出实证研究。具体的调研方法如下:

1. 实地调研与实证研究方法。课题调研组首先深入本辖区的武宣法院和象州法院,对象州法院原民二庭法官梁卫华滥用职权、受贿和诈骗犯罪涉错案责任追究在武宣法院审理情况进行调研,深刻解剖梁卫华这一来宾近几年来的鲜活样本,为科学完善司法责任追究提供丰富的范例。其次,在全国范围内,选取了改革前沿阵地沿海发达地区的广东省广州市、佛山市、珠海市等中级人民法院及其辖区内的海珠、南海和横琴等基层法院进行调查研究,以问题为导向,分析不同年龄、不同阶层人员对法官责任追究与豁免的看法,广泛收集第一手资料。

2. 数据和文献资料分析法。课题调研组充分利用中级人民法院和区高级人民法院档案室的档案资料,利用电子数据网络获取最新最权威的资料数据并认真分析错案类型和责任追究情况,力争得出的结论建立在丰富翔实的数据资料基础上。同时,本调研报告也将总结前人的经验和智慧,结合已有的大量文献并依据实践可行的需要进行选择性的加工整理。

3. 比较研究方法。课题组深入研究国外法官责任制度的内容,选取了德国、日本、英国、美国等大陆法系和英美法系国家司法制度中的法官责任制度的相关内容,结合中国的实践情况进行比较研究和分析，他山之石可以攻玉，以期为我们的法官责任制度的构建和落实提供知识上的支持。

4. 文本分析法。对我国现行《刑法》和《法官法》针对法官违法审判行为的追究规定，以及《人民法院审判人员违法审判责任追究办法（试行）》、《关于完善人民法院司法责任制的若干意见》和《〈最高法关于完善人民法院司法责任制的若干意见〉读本》等对法官违法违纪行为的处理规定，还有各级地方人大以及司法机关对法官错案责任的追究规定进一步制订的实施细则，分门别类进行系统研究。通过对现有法律法规及相关规定的剖析与研究，探寻个中问题，尤其是亟待改进之处。

5. 案例分析法。为论述本文中的观点，在本文中将搜集并引用全国已经公布并启动追责程序的相关著名案例以及来宾市中级人民法院审理的象州法院原民二庭法官梁卫华滥用职权、受贿和诈骗案，对这些案例进行系统分析，为理论分析提供现实的借鉴。

二、错案责任追究制度的现状与问题

（一）我国法官责任的制度改革与演进[3]

20世纪90年代初，我国人民法院为应对司法不公和腐败日渐严重和司法公信力持续走低而提出错案追究制。它是在国家立法机关和最高人民法院推进法官违纪违法行为责任制度（以下简称“法官行为责任制”）的过程中，主要由省级及省级以下的地方法院探索过程中逐渐建立起来的。

最初，全国人大和最高人民法院的法律文件出台了法官行为责任制的有关规定，但并无错案追究制的有关规定。最高人民法院1991年5月颁布实施的《人民法院工作人员纪律处分的若干规定（试行）》最先规定了法官行为责任制，其第15、16条分别规定，“在审判活动中主观臆断造成错判的，给予降级或记大过处分，对其他责任人给予记过以下处分”，“在审判活动中因失职造成错判的，给予记大过以上撤职以下处分”。1995年7月1日施行的《中华人民共和国法官法》（以下简称《法官法》）第30条至第33条规定了法官惩戒制度。针对其第32条第8项所规定的“玩忽职守，造成错案或者给当事人造成严重损失”，《法官法》第33条规定这种情形“应当给予处分；构成犯罪的，依法追究刑事责任”。由此可见，以上文件和法律法规规定的不是追究

〔3〕 本部分内容主要参考了王伦刚、刘思达两位学者的梳理，参见王伦刚、刘思达：《从实体问责到程序之治——中国法院错案追究制运行的实证考察》，载《法学家》2016年第2期。

错案本身，而是追究司法人员违法酿就错案的审判行为(如严重失职和主观臆断等)。从另外一个角度讲，要追究的不是错案本身，而是违纪违法行为责任构成的重要组成部分。

省级人民法院以及省级以下人民法院却突破上位法的规定，则明确把错案当作追责目标。通过部分地方法院的初步试点，1992 年 2 月全国法院纪检监察工作座谈会提出建立错案追究制，[4] 以后各省高级人民法院大胆探索，强力推进错案追究制。在司法领域，为严惩司法腐败，遏制错案高发频发，最早制订错案责任追究办法的是秦皇岛市海港区法院，1992 年年初，该机制在河北省法院系统迅速推进。河南省高级人民法院制订的《错案责任追究暂行办法》确定审判人员及有关人员故意、重大过失或业务办案能力不高造成错案的，自 1993 年 1 月 1 日起应分别不同情况给予党纪、政纪处分或者追究刑事责任。[5] 1993 年 8 月《上海市法院系统错案责任追究办法(试行)》在该市浦东新区、静安区和松江县三个基层院探索实施。到 1993 年 10 月底，已有河北、河南、甘肃、海南、湖南、宁夏、江西、江苏等省、直辖市、自治区分步实施错案追究制。[6]

1998 年以后，最高人民法院在全面吸收省市法院试点的基础上，进一步完善了法官行为责任制。1998 年 8 月 26 日通过的《人民法院审判人员违法审判责任追究办法(试行)》(以下简称《追究办法》)第 14 条规定，"故意违背事实和法律，作出错误裁判的。因过失导致裁判错误，造成严重后果的"，须承担违法审判责任。可能是因学界对错案问责标准质疑的回应，它的第 22 条规定了审判人员不承担责任的几种情形，包括"(一)因对法律、法规理解和认识上的偏差而导致裁判错误的；(二)因对案件事实和证据认识上的偏差而导致裁判错误的；(三)因出现新的证据而改变裁判的；(四)因国家法律的修订或者政策调整而改变裁判的；(五)其他不应当承担责任的情形"。这些法律条款被作为法官错案责任豁免的根据。后来，最高人民法院还陆续颁布了《人民法院审判纪律处分办法(试行)》(法发〔1998〕16 号)、《人民法院执行工作纪律处分办法(试行)》(2002 年 9 月 25 日发布)、《关于严格执行〈中华人民共和国法官法〉有关惩戒制度的若干规定》(2003 年 6 月 10 日通过)等几个法律文件。2001 年修订的《法官法》基本保留了法官行为责任制的有关条款。2009 年，最高人民法院出

〔4〕 参见张绳祖：《建立错案责任追究制度，保证法院公正审判案件》，载《法律适用》1998 年第 3 期。

〔5〕 参见郭献文、陈海发：《河南明年施行错案追究制——案件办对办错一个样再也不能继续下去了》，载《人民日报》1992 年 11 月 18 日。

〔6〕 参见张绳祖：《执行错案追究制度，提高人民法院办案质量》，载《人民日报》1994 年 2 月 22 日。

台的《人民法院工作人员处分条例》(法发〔2009〕61 号)吸收了以往的实践成果并立即废止了《人民法院工作人员纪律处分的若干规定(试行)》(1991 年)和上述 1998 年至 2003 年间颁行的除《审判责任追究办法》以外的所有司法文件。因此,《法官法》《审判责任追究办法》和《人民法院工作人员处分条例》是现行有效错案追究的规范性文件,参见表 1。

表 1　我国有关法官惩戒制度的规范性文件

发布时间	文件名称	备注
1990 年	人民法院监察工作暂行规定	2008 年废止
	人民法院监察部门查处违纪案件的暂行办法	
1998 年	人民法院审判人员违法审判责任追究办法(试行)	
	人民法院审判纪律处分办法(试行)	2010 年废止
2001 年	中华人民共和国法官职业道德基本准则	2010 年修订
2002 年	人民法院执行工作纪律处分办法(试行)	2010 年废止
2003 年	最高人民法院关于严格执行《法官法》有关惩戒制度的若干规定	2010 年废止
2004 年	关于规范法官和律师相互关系维护司法公正的若干规定	
2005 年	法官行为规范(试行)	2010 年修订
2008 年	人民法院监察工作条例	
2009 年	人民法院有关部门配合监察部门核查违纪违法线索暂行办法	
	人民法院工作人员处分条例	
2010 年	中华人民共和国法官职业道德基本准则	
	法官行为规范	

近几年来,最高人民法院逐渐明确对错案追究的规定。《人民法院第三个五年改革纲要(2009 ~2013)》第二部分第 13 条规定要“完善人民法院错案认定标准和违法审判责任追究制度”。这是最高人民法院第一次明确表示完善错案认定标准和方式。2015 年 9 月 21 日颁布的《关于完善人民法院司法责任制的若干意见》第 28 条确认了错案豁免制度,规定了不得作为错案追究的八种情形。尽管以上文件仍没直接将错案列作追责对象,但表示进一步改进和完善错案标准及规范错案豁免,在某种程度上认可了错案追究制。

错案追究还有加强的趋势。比如,河南省高级人民法院 2012 年颁布《错案责任终身追究办法(试行)》,在全国首创法官错案终身追责制。《意见》第25条也规定,“法官应当对其履行审判职责的行为承担责任,在职责范围内对办案质量终身负责……”党的十八届四中全会通过的《关于全面推进依法治国若干重大问题的决定》提出,要推进严格司法,实行办案质量终身负责制和错案责任倒查问责制。

(二)法官责任追究制度的现状

错案直接损害着人民大众的生命财产安全。但对于什么是错案,司法界和理论界众说纷纭。从词义来推测,“错案”即“裁判错误的案件”,理论界有学者认为错案是指各级人民法院对原判认定事实和适用法律错误,裁判明显不当,损害当事人的实体与诉讼权益,依照审判监督程序改判的案件以及发生其他执行错误,需要追究司法责任的案件。

最高人民法院近年来颁布的《人民法院工作人员处分条例》《人民法院审判人员违法审判责任追究办法(试行)》等文件确立了以错案责任追究为核心的责任制度。最高人民法院又于2015年9月22日公布了《意见》,具体落实党的十三届三中、四中全会有关错案终身追责和倒查的规定。

最高人民法院从此在全国范围内全面实施错案追究制度。此后,不少地方人民法院在贯彻相关规定时,又制订了实施细则和其他相关规定,错案追究制度不断得到充实。错案责任追究制度出发点是督促法官依法办案,尽可能减少和杜绝错案,不断促进司法公正。然而,这一看似良好的制度设计并没有得到多少支持,反而受到广泛批评。有的批评针对的是这一制度中的某些不合理规定和实施中的不妥当做法,有的批评则直接针对这一制度本身。[7]

最高人民法院在历年的工作报告中,虽然汇报了每年队伍建设情况,但是未予以明确因错案追究法官的人数,然而,我们仍然可以从历年统计的违纪违法人数中窥出端倪。依据统计,法院系统对于违法违纪法官的处理如下:2009年,全国各级人民法院共处理违反“五个严禁”规定干警319人,其中,120人被移送司法机关处理,145人受到党纪、政纪处分,131人被调离审判、执行岗位或受到其他处理;[8]2010年全年共查处违纪违法干警783人,其中,受到政纪处分的540人,因贪污、贿赂、徇私枉法被追究刑事责任的113人;[9]2011年全年共查处违纪违法干警519人,其中因贪污、

〔7〕 参见魏胜强:《错案追究何去何从?——关于我国法官责任制度的思考》,载《法学》2012年第9期。

〔8〕 摘自《人民法院工作年度报告(2009~2014)》,法律出版社2015年版,第77页。

〔9〕 摘自《人民法院工作年度报告(2009~2014)》,法律出版社2015年版,第167页。

贿赂、徇私枉法被追究刑事责任的77人；[10] 2012年严格执行“五个严禁”规定，全年共查处违纪违法干警407人，其中因贪污、贿赂、徇私枉法被追究刑事责任的73人；[11] 2013年共查处违纪违法干警710人，其中，给予党纪处分294人，给予政纪处分531人，贪污移送司法机关追究刑事责任101人；[12] 2014年各级法院共查处利用审判执行权违纪违法干警381人，其中追究刑事责任101人；[13] 2015年查处利用审判执行权违纪违法干警863人，其中移送司法机关处理138人，给予党纪政纪处分781人。[14] 2009～2015年全国法院查处干警违法犯罪情况见图1。相比较而言，依据学者的研究，美国自建国至1977年，共有13名法官受到弹劾，在这13名受到弹劾的法官中，有11名法官接受了审判，其中7人被宣告免职，4人被宣告无罪。[15] 通过这种数据上的对比悬殊，可以对我国法官责任追究运行的实际情况有一个初步的把握。

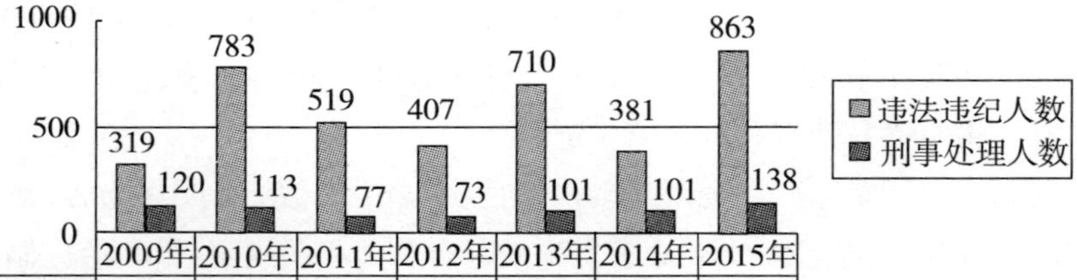

	2009年	2010年	2011年	2012年	2013年	2014年	2015年
违法违纪人数	319	783	519	407	710	381	863
刑事处理人数	120	113	77	73	101	101	138

图1　2009～2015年全国法院查处干警违法犯罪情况

近年来，在违法违纪的法官中，比较著名的有原最高人民法院副院长黄松有、奚晓明受贿案，辽宁省高级人民法院院长田凤岐、广东省原高级人民法院院长麦崇楷、湖南省高级人民法院原院长吴振汉受贿案和深圳、武汉法官腐败窝案，阜阳中院三任院长“前腐后继”案。2016年来宾市象州法院梁卫华滥用职权、受贿和诈骗罪被武宣县人民法院起诉，受到了法院的惩处，这是来宾近10年来发生的唯一一件因法官贪腐被查处的案件。2010年以来全国法院法官严重违法违纪案件一览表见表2。这些

〔10〕　摘自《人民法院工作年度报告（2009～2014）》，法律出版社2015年版，第253页。

〔11〕　摘自《人民法院工作年度报告（2009～2014）》，法律出版社2015年版，第325页。

〔12〕　摘自《人民法院工作年度报告（2009～2014）》，法律出版社2015年版，第396页。

〔13〕　摘自《最高人民法院工作报告（2014年度）》。

〔14〕　摘自《最高人民法院工作报告（2015年度）》。

〔15〕　参见［美］亨利·亚伯拉罕：《司法的过程》，泮伟江译，北京大学出版社2009年版，第48页。

案件的及时查处和公正处理，挽救了摇摇欲坠的司法公信力。

表 2　2010 年以来全国法院法官严重违法违纪案件一览表

内容 序号	涉案法官	涉案内容	处分情况	备注
1	奚晓明	奚晓明严重违反政治纪律和政治规矩，严重违背依法治国决策部署；严重违反组织纪律，对党不忠诚、不老实，隐瞒不报个人有关事项；严重违反廉洁自律规定，利用职务上的便利为亲属经营活动谋取利益；严重违反中央八项规定精神，违规接受公款接待；违反保密纪律，泄露审判工作秘密；利用职务上的便利在民事诉讼等方面为他人谋取利益，收受财物	2016 年 10 月 18 日天津市人民检察院第二分院提起公诉	疑涉及山西张新明与吕中楼的矿山股权纠纷案
2	张弢	1999 年至 2009 年，张弢在担任重庆市第一中级人民法院副院长、重庆市高级人民法院副院长期间，为他人谋取利益，利用职务便利，受贿共计 902 万余元。此外，自 2005 年起，张弢明知岳宁（黑社会性质组织领导者，已判刑）经营的“白宫”夜总会等系从事违法犯罪活动组织，仍经常到“白宫”夜总会赌博、娱乐并参股经营，又通过被告人岳宁对外违规发放高利贷，纵容该黑社会性质组织进行违法犯罪活动	2011 年 1 月 26 日，遵义市中级人民法院一审宣判张弢判处死缓	
3	张甫旗	2002 年 9 月时任最高人民法院执行庭审判长的张甫旗从银行划回 1.3 亿元执行款，法官收当事人行贿款 50 万元	北京市第二中级人民法院以受贿罪判处张甫旗有期徒刑 10 年	
4	左红	2014 年 1 月至 10 月，最高人民法院审判监督庭原正处级审判员左红数次秘密联系案件当事人及请托人，数次接受案件当事人及请托人的请客吃饭和礼品，利用职务影响力向下级法院审判执行人员为案件当事人说情打招呼和介绍贿赂，并将下级法院的法官退还的贿赂款用于个人理财投资	左红已被开除党籍和公职	
5	张军	2010 年以来，湖北省高级人民法院刑三庭原庭长张军数次与女律师性交易，数次接受下级法院 1.5 万元礼金，向该省两位律师借 50 万元购买个人住房	目前，张军已被开除党籍和公职	

续表

序号\内容	涉案法官	涉案内容	处分情况	备注
	潘华山	2008年5月担任浙江省高级人民法院立案一庭副庭长的潘华山审理由钱朝魁律师代理的案件。2009年12月,因该申请再审案件仍无结果,钱朝魁来杭州找潘华山,扬言要予以告发。潘华山将钱朝魁杀死并将尸体肢解	潘华山于2010年11月25日被执行死刑	
6	罗安荣	罗安荣利用担任湖南省衡阳市中级人民法院院长的职务便利,单独或伙同其妻儿唐中梅、罗贝尔非法收受他人财物67万余元,另有101万余元的财产来源不明	2010年4月判处有期徒刑12年	全家获刑
7	赵明华、陈雪明、倪政文、王国军	上海市高级人民法院陈雪明、赵明华等人接受吃请、去夜总会娱乐,并集体招嫖	2013年8月6日晚,涉事的上海市高级人民法院4人中,3人被开除党籍、提请开除公职;1人留党察看、提请撤职	发布视频者认为一起涉及自己的合同纠纷案没有得到公正判决
8	牛敏	牛敏在利用担任四川省都江堰市公安局长和成都市中级人民法院院长的职务之便,为他人牟取巨额利益,并收受他人贿赂260余万元	2016年11月11日,以受贿罪被判处有期徒刑6年	
9	“眼花法官”水涛	在2012年3月法官水涛审理杨新华交通肇事犯罪一案时,在被告人赔偿没有到位的情况下,即对杨新华作出减轻处罚的判决。2012年4月河南陕县人民法院启动案件再审程序,“眼花法官”水涛被移交司法机关查处。2012年5月水涛被三门峡市检察机关以滥用职权罪依法逮捕	给予副院长霍建辰与刑庭庭长吕丙林党内严重警告处分,院长何建中行政记过	2012年4月原审被告人杨新华犯交通肇事罪,判处有期徒刑3年6个月

伴随依法治国进程的推进和“疑罪从无”观念的普及,新闻媒体大肆炒作佘祥林、赵作海等冤假错案。冤假错案的发生绝不是一个偶然的法律现象,错案倒查追责制度就是要防止错捕错诉和错判。近年来,一大批冤假错案相继被曝光,不断考问着民

众的司法容忍底线。面对汹涌的舆论和媒体的轮番轰炸，司法不公和执法不严等的司法腐败问题成为当前司法改革中最迫切需要解决的问题。冤假错案不但与每一公民息息相关，而且更影响到公平正义的实现。法院错案责任倒查追责制度是法院在司法改革过程中"刮骨疗毒"，切实强化法官监督，确保案件质效的重大举措。

错案倒查追责制度和终身追责制度是近几年来党的十八届三中、四中全会提出的一项重要司法改革，它有利于保障法官正确行使审判权，确保实现司法公平正义。但因为该制度自身的疏漏和不足，法官责任追究标准的不统一及对"错案"理解存在误区。以至于司法实践中，如何考量错案责任追究制度的优劣利弊，让其在司法实践与法治建设中充分发挥作用，是一个值得法律工作者深思的问题。课题组搜集了部分相关案例，参见表3。

表3　近年来法官被错误追责情况一览表

序号	被告人及罪名	涉案法院 涉案时间	处理情况	备注
1	李慧娟被免去代理审判员案	河南洛阳市中级人民法院 2003年5月	一份认定地方法规《河南省农作物种子管理条例》与《种子法》冲突而自然无效的一审判决，引起洛阳人大的不满，主审法官受到了处分，随即在学术理论界引起强烈反响，2014年李慧娟恢复工作	案件经过洛阳市中级人民法院审委会讨论
2	莫兆军玩忽职守罪	广东肇庆市中级人民法院 2003年12月	莫兆军在一起借贷案件中依据证据规则判处被告还钱。后被告双双在法院自杀，莫兆军因此被检察院立案起诉。二审法院最终认定莫兆军的行为不构成犯罪	
3	胡平玩忽职守罪	河南龙亭区人民法院 2002年11月	开封市龙亭法院的副院长胡平依据开封市公安局的诽谤信封中对冷某笔记的鉴定结论，对冷某执行逮捕。后经多个鉴定部门重新鉴定后，发现该匿名信上的笔记不是冷某所为，便释放了冷某，而副院长胡平则是以涉嫌玩忽职守罪被提起公诉，后经法院审理，认定胡平不构成玩忽职守罪，当庭宣告无罪	
4	王桂荣玩忽职守罪	河南川汇区人民法院 2011年12月	2002年9月王桂荣作为河南周口市川汇区法院的刑庭庭长审理了一起诈骗案。后来，伴随河南省政法委的强势介入，逆转了案件结果。随即河南省政法委强势介入，对多名参与办案人员均给予处分，但只有一审主审法官王桂荣受到了实际的刑罚追究，以玩忽职守罪判处有期徒刑一年零九个月	经过基层法院审委会讨论、连司卷宗向上级法院书面汇报获书面答复，上诉后周口市中级人民法院维持原判

续表

序号	被告人及罪名	涉案法院涉案时间	处理情况	备注
5	河北法官马瑞芝滥用职权罪	河北省唐山法院 2011年8月	马瑞芝在办理一桩民间借贷纠纷案中,在案件当事人已协议约定了执行管辖法院后,受理并调解了该案。虽然该案存在一定程序瑕疵,但未能证实马瑞芝有越权管辖的故意,也未使国家、公共财产和人民利益遭受重大损失。最终判决被告人马瑞芝无罪	法官马瑞芝无罪案二审刑事裁定书(2014)秦刑终字第84号
6	甘肃法官蔺宏彬徇私枉法罪	甘肃天水法院 2011年6月	在审理张国贪污案中,蔺宏彬曾数次婉拒上级法院法官何俊明、张云天(张国儿子)的请客吃饭,并拒绝张云天所送烟酒,结案后虽碍于何俊明的情面,接受了请客吃饭和以拜年为名所送的烟酒,但对何俊明的无罪请托,未直接答复。2011年6月天水市麦积区人民法院一审以徇私枉法罪判处其有期徒刑1年6个月。蔺宏彬上诉后,天水市中级人民法院于9月30日二审改判,免予刑事处罚	蔺宏彬提出宣告被告无罪意见,合议庭合议同意,之后审判委员会经过3次会议讨论,邀请办案人员和检方领导参会听取意见,并请示市中级人民法院同意判处无罪

(三)法官责任追究制度存在的问题

从最高人民法院《追究办法》和《意见》与地方法院制订的相关规定和实施细则以及目前的司法实践来看,错案追究制度大致存在以下六个方面的问题。[16]

1. 忽视司法规律,认定错案逻辑混乱。当下最高人民法院先后制订的《追究办法》《意见》和地方三级人民法院制订的实施细则和其他规定囊括了关于错案追究制度的主要内容。目前在内容和形式上仍然呈现逻辑混乱的问题。

从内容上看,无论是地方三级法院规定还是最高人民法院的规定,逻辑上都存在错误。如《追究办法》第25条规定:“审判委员会委员讨论案件时,故意违反法律规定或者歪曲事实、曲解法律,导致决定错误的,由导致错误决定的人员承担责任。”审委会审查和讨论疑难案件本身就要求全体审委会委员各抒己见,畅所欲言,从不同角度解读法律和规定。如果全体委员在对某一案件的观点完全雷同,就证明这并不是一个复杂疑难案件,没有必要报请审委会审核讨论;如果个别委员肆意歪曲法律也能够

〔16〕 本部分内容主要参见魏胜强:《错案追究何去何从?——关于我国法官责任制度的思考》,载《法学》2012年第9期。

致使各位委员会得出不正确的决定,则证明目前的审委会运行制度存在问题,而不应该把产生的责任归责于个别审委会委员。

根据《立法法》的规定,下级法院制定的规章制度不能与上级法院法律法规和司法解释相互矛盾,有关错案追究的规定也应参照。故目前四级法院内部有关错案追究的规定应该协调统一,其中最高人民法院的规范位处最高和核心地位,地方三级法院制定的规定都应以不违反最高人民法院的规范为原则并加以贯彻实施。然而,当下从个别地方法院制定的规范来说,上下级规范间的冲突和矛盾相当突出。如依据最高人民法院《意见》第 28 条第 1 款,对法律、法规、规章、司法解释具体条文的理解和认识不一致,在专业认知范围内能够予以合理说明的;对案件基本事实的判断存在争议或者疑问,依据证据规则能够予以合理说明的,审判人员不承担责任。而湖南省会同县人民法院《审判人员违法审判责任追究办法(试行)》第 4 条规定:"审判人员对原判认定的主要事实失实,适用法律错误,判决、裁定明显不当,按审判程序全部改判或发回重审(刑事案件有罪作无罪、无罪作有罪、量刑超幅度改判和抗诉理由成立而改判)的案件属错案,应当追究。"会同县人民法院的这一规定与最高人民法院的规定相矛盾。2014 年 4 月广西壮族自治区高级人民法院《错案问责办法》出台于《意见》之前。《错案问责办法》第 7 条第 9 项"违反规定在审理、执行中超审限三个月以上的"列为错案,也与《意见》相冲突。既然判案标准全国统一,那么追究错案标准也应全国统一,不同法院对法官责任追究标准和错案标准不一致,导致错案追究极为不严肃。

2. 回避领导责任,责任划分显失公平。从法理来讲,责任与权力应当匹配,权力有多大责任就有多大。追究法官司法责任,也应依据法官在审判中所享有的权力大小来判断,负全部或者主要责任的应当是对判决结果行使有决定权的法官,承担次要责任的应当是对案件的判决结果起到参考、建议作用的法官。但是,在当下的错案追究中,普通法官承担责任的居多,居于领导职位的法官的应负的责任并未引起重视,责任承担显失公平。从错案追究责任中的显性和隐性操作中可以反应以上观点。

从显性规定来讲,错案追究责任对具有领导职位法官的责任高举轻放乃至回避。以《追究办法》为例,它只有两条内容涉及担任领导职务的法官的责任。一是第 25 条的规定:"审判委员会委员讨论案件时,故意违反法律规定或者歪曲事实、曲解法律,导致决定错误的,由导致错误决定的人员承担责在。审判委员会主持人违反民主集中制原则导致审判委员会决定错误的,由主持人承担责任。"二是第 26 条的规定:"院长、庭长故意违反法律规定或者严重不负责任,对独任审判员或者合议庭的错误不按照法定程序纠正，导致违法裁判的，院长、庭长、独任审判员或者合议庭有关人员均应当承担相应责任。”但从通篇来看，《追究办法》所追究的基本是承办案件法官的责任，且案件是否构成错案，由法院内部有关部门认定，责任追究由本院纪检监察部门核查，因此不大可能由他们追究法院领导的责任。

从隐性操作上讲，在当今司法管理体制下，有时候真正承办案件的法官更像是一个忠实执行上级决定的执行者，并不能独立决定对案件的判决。在审理的案件作出生效判决前，独任法官或者合议庭时常受到个人、社会组织、法院以外的国家机关和上级法院的干预，也会受到本院行政领导和其他法官的干预，有时合议庭或者独任法官的裁决并不是出自自身的本意，而是审委会会议的决定或者某些领导强加的意思。对于这样的办案机制，当前实行的错案追究制度的制裁作用毫无效果，只能进行形式上的追责。从前述列举的已纠正的错案中，大量的追责不见下文。而且，即便承办法官独立作出了判决，依据案情的大小也需逐级经庭长、主管副院长的审核签发判决书才可对外发布，不能得到庭长、副管副院长签批的裁判结果绝无可能顺利印发判决书。

3. 任意设立规则，法律依据显然不足。从现行法律来看，某些程序法和实体法是法官履行职责和行使职权的重要法律，《法官法》是法官享有权责的重要法律。除《刑法》规定枉法裁判罪外，其他只能按照《法官法》对法官进行追责。《法官法》第8条规定，法官非因法定事由、非经法定程序，不被免职、降职、辞退或者处分。依据此条规定，对法官追责必须遵守法定程序和具有法定事由。《法官法》第32条中设定了法官不得具有包括造成错案在内的诸多违法乱纪行为；第33条规定法官有第32条所列举行为的予以处分，构成犯罪的移交司法机关处理。第32条所列举的情形可理解为是第8条所称的法定事由，但《法官法》并未规定追责程序。

然而，目前错案追究制度的法律依据并非《法官法》和《刑法》的有关规定，而是四级法院制定的一系列法院文件。这些文件的有些内容即便与《法官法》对法官责任追究的规定相符，从总体上说，它们也是缺少法律依据的。从制定主体来讲，四级法院无权制定错案追究的法律文件。即便最高人民法院也只是最高审判机关，它对下级法院的审判具有监督权，却不具有实施惩戒法官的权力。最高人民法院制定的《意见》也不是对《法官法》的合适解释，因为《法官法》并非审理案件的部门法，它属于法律相关范畴，在目前法律解释体制下，要解释有关追究法官责任的内容，只能由全国人民代表大会常务委员会实施。至于地方三级人民法院制定的追责文件，更是无根无据。

4. 错案追究自断其案,违反自然公正法则。以合议为原则,以独任审判为补充,疑难重大案件是经审委会集体讨论决定构成我国的审判制度。对这些大量的由合议庭甚至审委会决定的案件,假如导致错案进而追责的话,就会因该错误判决是经合议庭尤其是经人数众多的审委会集体研究讨论以合议庭的名义做出裁决而无从追责。我国当下的错案追究制度并非由全国人大常委会立法统一规定,而是由不同地方的三级立法机关和所辖法院系统自行制定。法律制定的随意性也很易引发法官追责的任意性。

司法实践中每个法院的做法也并不相同。有的是由法院的纪检监察部门核查,由院长或者院长办公会议决定;有的是由案件督察室核查,提出拟办意见,全体审判委员会讨论决定;有的则由审监庭核查,全体审判委员会讨论决定。无论是错案的认定还是处理均由法院系统内部负责,如政治部(处)、监察室、审委会等。同时我国法院内部监察机构行政化色彩比较强,监察部门人员多数由不具有法官资格的行政人员组成。在惩戒程序上,从接受信访举报、行政领导签批立案、秘密核查、秘密审理、纪检监察部门决定处分或报请院领导批准到提请人大机关免职等,一系列程序基本是行政化惩戒形式,而无切实可行的证明标准和具体的证据规定。现实操作中,虽然许多法院不再提“错案责任追究”,但督察重点仍在裁判结果上,在职业道德和程序上对法官的行为监督不够。这种内部追责的明显弊病是,查处错案的人员与错案存在千丝万缕的利害关系。错案的核查人有可能是以前判决的决断人。很长时期以来我国司法都是集体作业模式,凡案件集体决定、共同负责,这样人人负责的办案模式造就的是无人无责的实际效果,一旦发生错案实际要追责的对象何止两三个,“法不责众”的弊端就暴露无遗了。显而易见,司法审判逐步由集体作业向个体作业模式转型,才能体现“让办案者决定,让决定者负责”和“让审理者裁判,让裁判者负责”。在核查错案时候,即便院领导与案件无利害关系,但核查对象都是朝夕相处的同事,核查者又如何能做到公平公正呢?再者,从实践效果上看,认定错案责任的人员不是非审判人员就是不具有法律资格的行政人员。如由非法律人员核查错案,会出现外行评判内行的反常情形。最后,在我国目前的体制下,不管在法院内部如何分工,实际上均听命于法院领导的处决意见,在这种情形下,很难确保错案能够得到及时、公正、有效的处理。

5. 法外施加处罚,擅自设置处罚种类。依据《法官法》的规定,追究法官错案责任的处罚种类有警告、记过、记大过,降级、撤职、开除。但在实际操作中,各级法院大多超过上位法的处罚规定增设法官的处罚,如减少工资、克扣奖金、通报批评、剥夺晋升晋级机会，剥夺评先评奖资格、剥夺审案资格、调离审判岗位甚至搁置待岗和调离司法机关等致使司法审判人员的升迁途径、各项收入与判案结果捆绑在一起。以上这些处罚规定不但违反《法官法》第8条第3项的有关法官不受非法处罚的规定，而且也与国际惯例和国际法准则相违背。

6. 错案株连领导，强化法院行政化。假如针对某个法官的惩戒衍生成对一群有关法官的惩戒，如河南陕县“眼花法官”水涛因涉嫌玩忽职守被侦办，因审核把关不严，不认真履行管理监督职责，水涛原所在刑庭庭长吕丙林和主管副院长霍建辰，被分别给予党内严重警告处分；又如，平顶山天价逃费案中，平顶山市中级人民法院主审法官娄彦伟、庭长侯晓宏、主管副院长任建军、院长郭保振4名责任人被问责。尽管表面上严厉实行责任追究制度，事实上真正受到责任追究的法官屈指可数，比如很多构成刑讯逼供罪的违法犯罪行为，涉案人员不受刑事追究，即便追责也会高举轻放，一般是免予刑事处罚或处缓刑。究其原因就是目的论的价值取向在作祟，总以为刑讯逼供者实施非法取供，动机是纯正的，就是为了及时侦破案件，使罪犯及时惩罚，手段的正当合法性并未被列入考量范围。

三、错案产生的原因分析

千百年来，人们殚精竭虑探求事实真相以实现公平与正义，但依然不时上演错案的惨剧。国际上即便宣称已实现法治与民主的国家也无法彻底杜绝错案的再现，在浩如烟海难以计数的司法宗卷中错案实例俯首可拾。人们必须探究这些扼腕叹息的错案成因。因为一旦铸就错案就意味着伤害的酿就，为此我们要竭力消除产生错案现象的源流。错案的频繁出现，究其根本大有原因。总结起来有以下三个方面。

（一）从人类认识论的角度来看，法官不能够完全掌握“客观真实”

1. 人类认识能力的局限性，法官接触到的是法律事实而不是客观真实

人类认识事物的能力是人类通过观察与实践等手段逐步认识自然、社会与人类自身的能力。物质手段首先制约人类的认识能力。其次，方法论也影响人类的认识活动。局限于人类的认识能力，法官审理案件的能力也总是有限的，在使用科技的过程中，错误在所避免。在审判过程中法官不但无法亲临案发现场，而且当事人提交的很多诉讼证据都是有瑕疵的，司法资料有限性始终制约法官的认知过程。司法人员先天的个人偏好与性格因素，后天的知识结构与成长背景以及职业素养、个人阅历等都或多或少影响法官的判断。

2. 法律解释的模糊性和延展性，导致法官容易产生错案

法律解释形成了推论的大前提，而适用法律则是在寻找规范和认定事实后进行"归摄"并最终得出判案结论的过程。[17] 法官"必须将已发生的生活事实或纠纷与有关法律规范进行完整的联系与思考，也即在法律规范与事实之间'往返顾盼'，以选择有可能适应于该事实已发生之生活事实或纠纷的法律规范，并剔除难以适用之法律规范"。无论法律多么严谨与详尽，它一般都滞后于蓬勃发展的事物，在适用法律时，总会出现难以找到匹配法律的现实问题，那些法律的漏洞、模糊、歧义在具体适用法律时难以自圆其说，继而给法官带来棘手的难题。比如，引起社会关注的许霆盗窃案，涉及金融机构的柜员机是不是金融机构的判断。一审法院认定许霆盗窃金融机构，即法官将柜员机作为"金融机构"的组成部分，将许霆在银行系统升级出错之际用借记卡从自动柜员机取钱认定为"盗窃"。许霆数百次取款 17 万多元挥霍花光并伺机潜逃，被按盗窃罪"数额特别重大"处以无期徒刑。被告人许霆的辩护人认为许霆的取款行为应定性为不当得利，许霆在大庭广众之下使用自己的实名工资借记卡输入密码取款，没有使用暴力砸坏机器，在虚拟空间内和物理手段上均未进入自动柜员机的内部，没有采用秘密窃取的手段，其行为不是盗窃金融机构，不应判处无期徒刑以上刑罚。

3. 司法推理的高度盖然性，法官不可能全部发现事实真相

司法推理是适用法律规范的推理活动，要求逻辑一致及"同案同处"，这是体现公正司法的途径和需求。司法推理包括形式和实质推理。常见的形式推理一般包括归纳推理、演绎推理和类比推理。归纳推理即特殊到一般的推理，演绎推理即普遍到特殊的推理，类比即特殊到特殊的推理。归纳推理没有穷尽事实，尽管对法律发现来说是十分必要的，但实质上归纳推理是一种不缜密的推理方式，所以结论是不确定的。而演绎推理的推论是确定的，但前提并不一定真实。类比推理是一种比较，而非逻辑上的推论，它的有效性在于先例与个案间比较点的选择，比较点的差异能导致结论的完全对立。

在适用法律时，实质推理有时非常必要，假如适用得体，实质推理是促进法律发展的非常重要形式。但实质推理授予法官在使用形式推理所不具有的权力，故须慎之又慎。[18] 再以许霆盗窃案为例，一审法院以盗窃金融机构罪，判处许霆无期徒刑。

---

〔17〕 参见陶婷：《错案论》，华东政法大学 2014 年博士学位论文，第 63 ~ 70 页。

〔18〕 参见沈宗灵：《法律推理与法律适用》，法律出版社 1998 年版，第 95 页。

重审以盗窃罪判处许霆5年有期徒刑。依照刑法及司法解释,盗窃金融机构数额特别巨大应判无期徒刑甚至者死刑,因此一审法院以盗窃罪判处许霆无期徒刑,并无适法错误。一审法院判决遵照的是形式推理,而二审法院改判牵涉到实质推理,综合权衡法律效果与社会效果,虽然案情一样,但结果迥异。

(二)立法的混乱导致制度配置的不足

当下我国立法体制是中央统一领导与多类结合、多级并存的立法权限划分体制。据不完全统计,我国的立法主体有300多个,其中还没包括其他授权主体。2015年3月,《立法法》修改后,市级人大拥有一定的立法权,这一数目得到极大突破,这就出现了立法主体过多过散的局面,随之而来就是立法水平的良莠不齐和各个立法主体的权限不清,从而进一步出现法律相互冲突的问题。

(三)司法运行制度的失灵导致冤假错案的产生

1. 司法理念不彰。在"命案必破"办案理念上,侦破命案才是硬道理,但这在实践中很容易在行政压力下剑走偏锋。在打击犯罪的认识上,我们正从打击惩罚犯罪转向预防控制犯罪过程。任务的转变必然呼唤办案理念的转变,也即从打击惩罚犯罪转向控制犯罪和人权保障并重。

法院在审理案件指导思想上,要实现从有罪推定转向无罪推定,从疑罪从轻转向疑罪从无。伴随人权入宪和新《刑事诉讼法》的全面施行,人权保障理念也逐渐渗入办案过程。在审理案件过程中,我们要积极慎重地对疑罪不是"疑罪从轻",而是敢于作出无罪判决。需要强调的是,"疑罪从轻"是一个具有充满矛盾和分裂特质的说法。"从轻"是量刑的角度来说,而"疑罪"是定罪角度来看,把这两者掺和在一块,本身难以自圆其说。

2. 公检法协调过度。在《宪法》与《刑事诉讼法》中均规定,公、检、法应互相配合,分工负责,互相制约,以确保准确及时打击犯罪,保护人民。从司法实践效果来看,却产生了三家配合有余牵制不足的弊端,缺乏分权制衡和相互监督的制度必然是酿就错案的土壤。正是由于缺少有效制约,公安机关才会在无充分证据的情形下武断拘押犯罪嫌疑人,检察机关才会对明显存疑的案件照单全收提起公诉,法院才会在证据不足、事实不清的情况下背书下判。

3. 辩护软弱无力。艾伦·德肖微茨说过:积极热心和认真负责的辩护律师是抵抗气势汹汹的政府欺压民众的最后一道防线,是自由的最后堡垒。[19] 不少案件没有

〔19〕 参见[美]艾伦·德肖微茨:《最好的辩护》,唐交东译,法律出版社1997年版,第482页。

获得公平公正的判决，一个主要原因就在于辩护权的被扼杀和漠视。如前所述，公、检、法之间难以形成有效制约，因此，从制衡角度而言，只有充分发挥辩护律师的权利，引入外部的力量，才能在更大程度上维护好当事人双方的合法权益。从曝光的大量刑事错案来看，很多在公安机关侦查阶段就已铸就大错，由于审判阶段种种原因的制约和限制，律师的辩护职能也不能得到应有的发挥。如果律师能够提前介入诉讼，进一步加强律师对侦查活动的参与和监督，以便及时发现与纠正侦查阶段的违法犯罪行为。

4. 审判独立不足

（1）审者不判，判者不审。在我国现行的审判体制中实行的是独任制和合议制，与此同时，法院内部还设置了审委会。审委会是法院最高的审判组织，合议庭必须执行审委员的决定。审委会的设立最初是因为法官审判水平的参差不齐而采用的临时方案。但正是由于审委会的存在，在一定程度上滋生且蔓延了审判分离的问题。

（2）地方党政机构插手干预司法。我国是单一制国家，在法院的人、财、物方面没有实施真正意义上的垂直管理。由于中央与地方分权，我国司法权力地方化倾向十分明显。地方法、检等司法部门与地方党政部门的关系十分密切。部分错案的出现与外来的不当干预有很大关系。因此必须切实减少地方党政部门对司法的横加干涉。[20]

5. 制度监督乏力

（1）人大监督的缺席

人大的监督方式主要体现在提出质询、听取报告和组成特定问题调查委员会。人大的监督职能一直以来被看作人大的十分重要职能，同时也是发现纠正错案的重要途径。但从运行效果来看，人大的质询制度在我国赫然在列，但却束之高阁。人大的质询权、监督权、调查权都没能获得较好的行使和运用。

（2）检察监督错位

检察机关的主要职权是对刑事案件代表国家机关进行公诉，监督法院的审判活动；对公安机关立案侦查活动实施批准逮捕、进行公诉和审判监督等。从实际运行效果来看，检察院监督权流于形式也是产生错案的重要原因。在检察院审查起诉时对公安部门侦查机关以非法方法收集的证据应依法全面核实调查，但从当前公开的错

---

〔20〕 参见汪振春：《司法错案曝光引关注，专家建议追究办案人过错责任》，载《人民公安报》2013 年 5 月 9 日。

案来看,“每一桩刑事错案后面都基本有刑讯逼供的影子。可以这样说,虽然刑讯逼供并非完全地产生错案,但几乎所有的错案都是刑讯逼供的结果”。[21] 这一问题就明显地印证了检察机关监督缺位。由于检察机关在行使监督职能时瞻前顾后,从而使其监督权力成了立法上的装饰品。

(3)社会监督越位

①媒体与司法。传媒在西方发达国家被称作除立法、行政、司法之外的第四种权力。传媒是实现个人自由表达权的主要方式,尤其是21世纪以来,伴随大众传媒的迅猛发展,传媒技术对社会和个人的影响作用也日益明显。在互联网技术勃兴以来,受众与传媒之间的互联互通日趋紧密,从原来的一对一、点对点、多对一的方式走向多样化。从某个角度来看,缘于传媒对信息透明和公开的特点,致使对司法独立产生天然的渗透和侵入。当传媒过分评论或报道未决案件时,就不经意产生“媒体审判”问题。比如,在1997年8月张金柱酒驾把苏磊与苏东海父子碰倒后将苏东海与两部自行车钩在车底驰驶1500米,造成苏东海身负重伤和不满12岁的苏磊当场毙命的惨状。本地《大河报》当即首次刊登文章引起全国舆论一片哗然。1998年2月张金柱被判处死刑押赴刑场。据悉张金柱在临刑前悲鸣:我是遭到媒体的暗算!张金柱交通肇事案遂变成“媒体审判”的著名范例。

②司法与民意。对于民意与传媒来说,一是传媒是畅通民意的传播媒介,二是传媒又非简单是民意的传话筒,因为媒介既有传播民意又有引领乃至创造民意的功能。民意可解释为公众意见,即指大部分公民对公共现象或事务所发表的意思近似的情感、异议和倾向性行为的总和。[22] 公正地说,民意并不必然代表着公平和正义,其自身的流动性和随意性使得民意很难凝聚成一定的规模,要识别真正的民意也非反掌之易。最佳的途径是立法机关承载起与民意沟通的渠道,将合法正当的民意纳入到法律规范之中去,从而避免民意与司法之间的对立冲突。

6.年终综合考核指标的导向

近年来我国司法机关中强力推进综合绩效考核,这些指标包括审结率和破案率等,这些指标创设的最初想法是量化考核标准,提供奖惩依据和增强司法人员责任心,但实际运行的表现却差强人意。[23] 2008年,最高人民法院正式颁发《关于开展案

〔21〕 参见陈兴良:《错案何以形成》,载《公安学刊》(浙江公安高等专科学校学报)2005年第5期。

〔22〕 参见陈金钊:《司法方法与和谐社会的建构》,北京大学出版社2009年版,第339页。

〔23〕 参见艾佳慧:《中国法院绩效考评制度研究——“同构性”和“双轨制”的逻辑及其问题》,载《法制与社会发展》2008年第5期。

件质量评估工作的指导意见(试行)》。假如仅以比例和数量作为考核标准,将法官的具体表现量化,绩效考核很可能会南辕北辙。比如,法院过分强调结案率,就会引导法官在短时间内大量结案。表面上虽然结案率提高了,但办案质量有可能大幅下降,导致错案的频发;又如,对改判率、上诉率、不起诉率、破案率的考核容易产生强化公、检、法三家间协作有余而监督不足的弊端。有专家表示,综合绩效考核指标"诱导了司法工作人员的功利化动机或行为"。[24] 出于人类规避风险的本能必定采用变通形式,导致司法程序职能的异化和失败。

四、完善错案责任追究的意见建议

(一)切实建立"审理者裁判,裁判者负责"的审判机制,是完善错案责任追究的前提

中共中央政治局委员、政法委书记孟建柱同志表示:"深化司法体制改革,从司法权力运行机制改起,必须从司法机关内部做起。"[25]完善错案追究制度要牢固扭紧司法责任制这个核心和关键,大力构建以审判权为核心和以审判管理权及监督权为保障的审判权力运行机制改革,切实贯彻"让审理者裁判、由裁判者负责"的司法理念。

1. 以审判权为核心,建立健全独任制和合议庭办案机制。完善司法人员权力清单和负面清单制度,明确应由合议庭和主审法官完全行使司法权;统一和规范签发裁判文书制度,明确庭长或者院长不再签发未参加庭审的裁判文书;健全业务庭法官联席会议制度;改进审委会讨论案件机制,限制和减少进入审判委员会讨论案件范围,减少讨论数量。课题调研组在佛山市中级人民法院考察时,佛山市中级人民法院按照"案件分类型,法官分层级"的法院模式,组建固定团队的审判长负责制、平权型合议庭审判团队和执行长团队三种审判团队,其中平权型合议庭审判团队由院长、副院长、审委会委员等高层级法官随机组成,专门审理复杂、重大和疑难案件。

2. 贯彻权责统一原则,构建主审法官和合议庭办案司法责任制。规范主审法官和合议庭的办案司法责任,突出共同追究合议庭成员司法责任,迅速解决权责不清、虚化司法责任及审委会"参而不审"和合议庭"合而不议"等顽疾。课题调研组在横琴新区调研时,曹如波副院长重点介绍说,横琴新区法院不设审判庭,法官依法独立

---

[24] 参见郭松:《组织理性、程序理性与刑事司法绩效考评制度》,载《政法论坛》2013 年第 4 期。

[25] 张景义:《抓好每一项司法体制改革任务的落实,建设公正高效权威的社会主义司法制度》,载《人民法院报》2014 年 2 月 24 日。

公正行使审判权,不隶属于任何内设机构。内设机构仅有“三办一局一队”,“三办”分别为审管办、司法政务办、人事监察办,“一局”为执行局,“一队”为司法警察大队。“三办一局一队”集中履行传统法院由10多个部门履行的职能。

3. 以审判管理权和监督权为保障,不断健全审判权监督制约机制。规范庭长和院长审判管理职责、规范审判权力运行方式,廓清审判权与审判管理权和监督权的关系,促使审判权与审判监督管理权相互制约和相互监督,确保司法的高效公正。课题调研组在调研中了解到,2015年,佛山市中级人民法院开展审务督察17次,发现并纠正问题16个;畅通违法违纪投诉举报渠道,对收到的22件检控类举报件及时采取信访谈话、信访函询等方式进行核查,实名举报核查答复率100%。

（二）厘清司法人员职责和权限,是完善错案责任追究的根基

2014年1月7日习总书记在中央政法工作会议上指出:“建立符合职业特点的司法人员管理制度,在深化司法体制改革中居于基础性地位,是必须牵住的牛鼻子。”建立符合司法规律的人员分类管理制度是广西乃至全国法院司法改革的主要内容。

1. 完善司法人员分类管理制度。依据司法规律,将法院干警分为法官、审判辅助人员和司法行政人员三类,实行分类管理后,将法官从非审判事务中完全分离出来,以便法官能够凝心聚力地投身到审判执法工作中去。2016年10月26日,经广西壮族自治区法官检察官遴选委员会通过,自治区高级人民法院罗殿龙等145名法官、南宁市中级人民法院张培健等99名法官、百色市中级人民法院刘红云等47名法官、江南区人民法院林振明等37名法官、上林县周立平等30名法官、田东县郑汉北等30名法官入额。广西其他地区入额法官遴选工作正在抓紧进行。

2. 健全法官员额制度。依据法院职业特点和广西司法工作实际,确立了法官、审判辅助人员、司法行政人员39%、46%、15%的员额比例,并完善了岗额适配的遴选路径。

3. 规范法官遴选任用机制。大力提升法官的选拔条件和准入门槛,规范法官的选拔、招录、交流和遴选机制,确保思想纯、能力强、素质好的人才进入员额法官。

4. 明确独任庭、合议庭司法人员职责和院庭长管理监督职责。建立和完善独任庭、合议庭、审委会的职责和院庭长进行审判监督管理的权力清单和负面清单,积极探索公正高效的司法权力运行机制。广州市中级人民法院探索案件审限内督办结案机制,如果审理案件超过法定审限,审判系统会自动锁死案件,承办人员将无法在系统上输入任何信息。合议庭向分管院领导书面说明情况后,才可能重新启用审判系统。课题调研组在调研中了解到,佛山市南海区人民法院建立法官“办案质效档案”,

法官的案件质效档案“档随人走”，终身有效。法官的业绩考核用数字说话，不再是一笔糊涂账。

（三）制定错案追终身责任法，明确追究责任的法律依据

最高人民法院先后制定的《追究办法》《意见》和河南省高级人民法院制定的所谓《办法》，仅仅是法院内部的一项管理制度，其法律效力明显低于法律和法规。尽管全国各地的人大机关结合地方实践制定了本行政辖区错案责任追究的地方性规定，但或多或少都与全国人民代表大会常务委员会制定的《法官法》相冲突。对于法官，《法官法》第 8 条第 3 款明文规定：“非经法定事由、非经法定程序、不被免职、降职、辞退或处分。”依据《立法法》中“下位法不得与上位法相抵触”的原则，法院内部规定的错案追究制能否能够成为处分法官的依据尚有待商讨。我国长期以来孜孜以求意在早日建成法治国家，司法系统的错案责任追究法律也应纳入全国人大立法程序之中。

1. 法官责任追究制度的域外考察和借鉴意义

（1）域外考察

法官责任是一个涉及面很广的概念，研究法官责任的域外实践绝对是一个宏大的课题，因此，在这里首先需要对本文做一定的限定。这里所讲的法官责任的域外实践仅对外国或者地区存在司法问责制度的粗略情况做一点说明，而不涉及具体的程序和制度。

一般而言，域外主要国家和地区对法官都有责任追究或惩戒（弹劾）的规定，依据行为失范的程度，一般可以分为两大类：第一类是严重损害司法权威与司法公信力，极大影响人们对司法的信仰。如法官违宪行为、贪污受贿行为、枉法裁判行为以及构成刑事犯罪及严重违法的行为。比如，美国联邦法官若因贿赂、叛国或其他不法行为和严重犯罪而被弹劾并定罪时，应当免除其法官职务。美国州和联邦法官有违背司法行为准则的不当行为，利用法官职权为亲属和朋友接受礼物、贿赂、谋取特殊待遇会受到惩戒。德国法官违反州宪法秩序或基本法的原则，或者故意实施严重削弱公众对法院作为伸张正义机构之信心的行为，包括接受利益、索贿、给予利益、行贿、枉法、刑讯逼供、对无罪之人执行刑罚、职务上的虚伪记录等，将不可避免地被免职。日本法官严重玩忽职守或者违反职务上的义务，有丧失法官威信不端行为，将被罢免或者弹劾。我国台湾地区“法官法”有惩戒及评鉴法官事项之规定，如“裁判确定后或自第一审系属日起已逾六年未能裁判确定之案件，有事实足认定故意或重大过失，致审判案件由明显重大违误，而严重侵害人民权益者；严重违反办案程序规定或职务规

定,情节重大;无正当理由延迟案件之进行,致影响当事人权益,情节重大的”。[26] 此外,我国台湾地区法官犯有外患、内乱、故意渎职罪,或者故意犯前款以外之罪,受有期徒刑以上刑之宣告确定,有损法官尊严者,得以被免职。

第二类是一般性损害司法工作的违法违纪或不当行为,与第一类情形相比,情节不那么严重的行为。比如,美国联邦和州法官违反司法行为准则的不当行为,按照官方释义,不当行为是对法院事务之有效和迅速管理存在偏见的行为,包括但不限于:利用职权为亲属和朋友接受礼物、贿赂、谋取特殊待遇和其他与司法职务有关的个人恩惠,在对方当事人代表不在场的情况下不适当地和一方当事人或律师进行案件讨论,以不必要的敌视态度对待诉讼当事人和律师,从事党派政治活动或讲话、参与组织性筹款,以及违反了司法行为准则、礼品收受规则、外快收入限制、财产披露义务的其他行为,或滥用司法职权。德国法官的一般性违法违纪行为,主要是违反法官职业纪律、损害公众对法官职业信任的不当行为,主要是违反法官职业纪律、损害公众对法官职业信任的不当行为,比如法官对联邦宪法法院有拘束力的决定置之不理,工作态度松散且效率低下,拒绝履行程序性义务,口无节制地批评某个检察官或法庭判决等。我国台湾地区的“法律”规定,法官违反职务上义务、怠于执行职务或言行不检,情节重大的;法官未依“法”辞去职务或退休、资遣而参与各项公职人员选举;法官违反规定于任职期间参加政党、政治团体及其活动的,泄露职务上应遵守之秘密,实施有损其职位尊严或职务信任的行为,情节重大的违反法官伦理规范的行为等,有惩戒之必要时,可移付惩戒。[27]

从处罚方式上看,各国法律规定了法官的什么行为要受到惩戒和法官惩戒的具体措施,依据其违纪违法行为的轻重适用不同的处罚。

一是训斥、谴责与警告。德国州或联邦一级主管法院的部门和各级法院院长,有权对法官给予警告和谴责处分。在法国,处分形式包括训斥和警告并入卷备查。在日本,假如法官只是实施了违反懈怠行为或法定义务或者与法官品行不符的行为,情节不严重的应由最高法院或各高等法院对其实施警告。1947 年起至 1999 年止,共在 52 件案件中日本法官受到惩戒,其中警告的 43 件,占 82.69%。

二是降职降薪。在德国,对法官的惩戒有降薪、罚款、降级。在法国,对法官惩戒

〔26〕 参见马渊杰:《认真看待审判责任制的新内涵》,载《人民法院报》2015 年 9 月 30 日,第 5 版。

〔27〕 参见最高人民法院司法改革领导小组办公室编著:《最高人民法院关于完善人民法院司法责任制的若干意见》,人民法院出版社 2015 年版,第 201 ~ 203 页。

措施有停止部分职责、强行调动职位、降级一等、降职和强制退休以及罢免等。日本对法官的惩戒措施有罚款和减薪。

三是剥夺法官职位。在美国联邦法官经过弹劾程序后,如为无罪可继续任职;假如被定为有罪则免除职务后交由联邦最高法院审判。

从启动程序上看,一般适用普通诉讼程序,但各国制定的法官惩戒法中程序性规范各有千秋。

一是初步审查与正式处分。法国惩戒程序包括初步审查程序和正式处分程序。上诉法院院长收到对法官不良行为指控时,有权给予警告处分。如果是严重的不良行为则可写出调查报告移交司法部处理,司法部长分析案情后决定是否启动正式处分程序。在最高司法委员会庭审后,根据违纪违法行为的轻重进行惩戒。

二是探访调查与决议处分。美国州或联邦都制定了针对惩戒法官一般违法行为的程序。法官惩戒委员会一般都会对收到的投诉内容进行初步审查和调查。调查或探访后可能召开不对外开放的正式听证会,调查结果经委员会审议通过根据过失程度大小对法官给予处罚。

三是合议庭审理作出决定。德国联邦纪律法院设有 4 个具体程序审判案件:第一,调查指控。法定人员直接向惩戒机构指控违纪法官。第二,开庭审理。惩戒机构按照类似普通程序审理。第三,采用严格证明标准出示证据。第四,合议决定该法官是否应当受惩戒和受何种惩戒。

此外,还可以就法官惩戒组织进行举例探讨。各国的法官惩戒组织主要分为法院系统外和法院系统内两大类。在法院系统外有两种惩戒组织模式:一是设司法委员会。法国的最高司法委员会由司法部长任副主席和总统任主席,在最高上诉法院开庭审理违纪法官案件,判决后有异议的可以上诉到最高国家行政法院。乌克兰、哈萨克斯坦等国采用这种模式。二是设资格鉴定委员会。如果有法官被刑事追诉或做了与其职责不相容的活动或已经成为刑事案件的被告时,俄罗斯的法官资格鉴定委员会可以取消法官资格。〔28〕

法院系统内有三种惩戒组织模式:一是设司法理事会。1980 年美国国会颁行《司法理事会改革和司法行为与丧失司法资格法案》,由初审法官和主上诉法官组成、受联邦巡回上诉法院首席法官领导的各联邦巡回区司法理事会(亦称法官惩戒委员会),有权惩戒违法犯罪的联邦法官。二是设纪律法院。1851 年德国在就在州一级

---

〔28〕 参见李贤华:《域外法官惩戒组织的设置及其运行》,载《人民法院报》2015 年 7 月 3 日,第 8 版。

建立了法官纪律法院，具体审理法官违法违纪案件。联邦宪法法院处理对法官的免职事宜。三是依层级管理授权法院惩戒法官。日本由最高法院审理高等法院和最高法院法官的惩戒案件，由高等法院负责审理简易法院和地方法院法官的惩戒案件。比利时最高法院是各级法院法官的唯一的惩戒机关。波兰制定法律明示法官非经法院裁决不得免职。

(2)借鉴意义

英、美、德、日的法官豁免不是无原则的，故意枉法裁判和严重过失都要追究法官责任。它们将法官责任区分为严重损害司法权威与司法公信力的行为和一般性损害司法工作的违法违纪或不当行为，这对我国具有借鉴意义。外国依据其违纪违法行为的轻重适用不同的处罚对我国法官惩戒制度的完善给予很多启发，其处罚方式由训斥、谴责与警告到降职降薪，再到剥夺法官职位，由轻到重，层层警戒。德国的纪律法院由具有审判经验的法官组成，对法官的故意和过错有准确的认知，值得我们扬弃吸收。

2. 从实体和程序方面如何构建司法责任制

如何从概念和理论上对法官责任制度做一个体系化的建构和论述是进行研究的前提。在法学等社会科学领域，任何一项制度都具备实践性的特性，实践性作为制度的本质特性，需要由两个有机组成部分构成，即制度的实体规范和制度的运作规范。一项制度及其运行就好比一台电脑，既需要硬件，也需要软件。表面上看起来电脑是由一系列的硬件组成的，但硬件只是支撑，还需要一套运行的软件来支撑。制度也是如此，从外观来看，一项制度有其实体性组织要素，在外观的背后，还需要一套支撑制度运行的程序要素来规定制度的实践操作。法官责任制度同样如此，一方面，它由围绕法官责任追究、认定等的实体规范组成；另一方面，法官责任还需要具体的程序运行规范。本文从这两个方面对法官责任制度进行建构和解析，以期对司法责任制度的内容、内涵以及运行有一个基本的说明。在内容的论述上，本文将主要参考《意见》所规定的相关内容作为引子展开。

(1)法官责任制度的静态实体规范

法官责任制度的静态实体规范是从制度内容角度来描述该制度客观存在的内容。主要包括法官责任的制度类型、追责事由、免责事由、责任分配以及相应的配套性组织构造。

①法官责任的类型

依据不同的标准，审判责任可以进行不同的划分。依据处理的依据和承担的后果形式,可以区分为法律责任和纪律责任;依据责任主体和行为内容的不同,可区分为违法审判责任和监督管理责任。本文主要采取后面这种划分的标准,因为审判权、审判监督权、审判管理权是司法权的有机组成部分,前者对应的正好是法官的审判责任,而后两者对应的就是审判监督和审判管理权,在权责一致的司法追责原则下,这两种责任的划分具有科学性和可操作性。

所谓违法审判责任,是指法官在审判工作中,有故意违反法律法规的行为,或者因重大过失导致裁判错误并造成严重后果依法应当承担的责任。据此,违法审判责任包括故意违反法律法规所承担的责任和因重大过失导致裁判错误并造成严重后果所应当承担的责任。两者的共同点在于都需要具有主观过错,没有主观过错就不能对法官追究责任。当然,主观上的故意或者重大过失需要证据来证明,一般而言,故意的判断相对简单,比如法官故意篡改、伪造、毁损庭审笔录、合议庭笔录,拒不执行审判委员会的决定等。但过失的情况则比较复杂,应当重点审查法官是否尽到了注意义务,在其职责范围内是否已经尽到了职责;两者都发生在审判场合,亦即只有当法官在行使国家审判权的时候才可能产生法官的审判责任。两者的区别在于故意违反法律法规的责任很明确,但因重大过失导致裁判错误的情况需要发生严重后果的时候才能产生法官的责任。这里的裁判错误是一个客观标准,就是依法经审判组织认定存在案件事实认定不清、适用法律错误、严重违反法定程序、裁判处理结论错误等客观错误情况。严重后果一般是指如造成案件当事人或者第三人人身伤亡或者财产损失的,导致职责范围内发生刑事案件、重大治安案件、重大社会群体事件等。并且重大后果与裁判错误之间存在直接的因果关系。

所谓审判监督管理责任,是指对法官的审判工作负有监督和管理职责的院长、庭长等因故意或者重大过失,怠于行使或者不当行使审判监督权和审判管理权导致裁判错误并造成严重后果所应当承担的责任。院长、庭长等作为法院单位内部的行政领导,在不参与案件审理的情况下,本身是不承担审判责任的。但是在其负有监督管理职责的情况下,应当承担审判监督管理责任。审判监督权和管理责任权是审判权的重要组成部分,因此,在权责一致原则的要求下,行使审判监督权和审判管理权的人员也要负有相应的职责。一方面,规范审判监督权和审判管理权依法行使,防止利用审判监督管理权干预法官依法审判和公正独立地履行职责,产生司法腐败;另一方面,又不能使院长、庭长承担过重过宽的审判监督管理责任,否则为避免责任的承担而引发审判监督权和审判管理权的过度行使,从而违反“让审理者裁判,让裁判者负责”的原则。

②法官责任的追责事由

法官责任的追责事由是指法官具体在什么情况下需要承担违法审判的责任,广义的追责事由也包括审判监督管理和审判监督责任的追责情形。本文重点考察法官审判责任的追责事由。

在确定追责事由的模式上,有列举式和概括式两种方式。所谓列举式,是指以明确列举的方式指出哪些情形下法官需要负担相应的责任,列举之外再无其他可以追究责任的情况;所谓概括式是指法律上只作概括式、抽象式的概括,依据概括的构成要件进行适用来确定应当追责的情形。两种方式各有利弊。从法官责任的类型和概念上,可知法官责任的原因,但这种原因需要落实到千千万万的具体情况中去的时候,面临着解释的张力和空间,这种困境也就是概括式方式的弊端,而列举式虽然在具体适用的时候能够轻易地实现和把握,但却面临着封闭的弊端。两者各自的缺点构成彼此的优点,反之亦然。

以《意见》为例,第26条规定,有下列情形之一的,应当依纪依法追究相关人员的违法审判责任:(一)审理案件时有贪污受贿、徇私舞弊、枉法裁判行为的;(二)违反规定私自办案或者制造虚假案件的;(三)涂改、隐匿、伪造、偷换和故意损毁证据材料的,或者因重大过失丢失、损毁证据材料并造成严重后果的;(四)向合议庭、审判委员会汇报案情时隐瞒主要证据、重要情节和故意提供虚假材料的,或者因重大过失遗漏主要证据、重要情节导致裁判错误并造成严重后果的;(五)制作诉讼文书时,故意违背合议庭评议结果、审判委员会决定的,或者因重大过失导致裁判文书主文错误并造成严重后果的;(六)违反法律规定,对不符合减刑、假释条件的罪犯裁定减刑、假释的,或者因重大过失对不符合减刑、假释条件的罪犯裁定减刑、假释并造成严重后果的;(七)其他故意违背法定程序、证据规则和法律明确规定违法审判的,或者因重大过失导致裁判结果错误并造成严重后果的。

从制度发生史的角度考察,《意见》规定的内容相对于之前的《人民法院审判人员违法审判责任追究办法(试行)》和《人民法院工作人员处分条例》的内容而言,进行了科学的改造。

③法官责任的免责事由

法官责任的设置,既需要从正面规定违法审判责任追责事由,对具体有追责情形的违纪违法法官严格依法依纪律处理,也要从反面规定依法履行审判职责不应当承担责任的情形,确保法官依法履行职责不受追究。这是区别于行政权的追责方式,司法权的判断属性决定了审判责任追究具有自身独有的特征。由于各种原因,法官无法确保在每一桩案件中都能完全发现案件的客观真实，作为证明已经发生的未知事实的证据，均由诉辩双方提交给法庭。当事人因自身利益因素，证据的关联性、真实性、合法性都不能保证。由此可见，法官所断案事实，既不是简单的小学题目计算，也非复杂的工程技术设计，需要经过日常生活经验和逻辑推演在数种可能性中进行判断和选择。由此可知，全世界在确立法官司法责任时，基本上遵循了“以豁免为原则，以追责为例外”的司法规律。〔29〕

人们简单化地把案件区分为错误和正确的裁判结果，潜意识里是认为“一个案件只能有一种正确的判决”。实质上，不能简单地以错误和正确来评判案件，当一个被告人依法可处3年以上5年以下有期徒刑时，判处被告人5年、4年、3年的三种判决均是合适且正确的判决，但可能其中只有一个是最好的判决。该判决综合权衡被告人犯罪的情节、主观动机以及危害社会大小等因素。民事案件也是同样道理，法官确立赔偿数额的重要根据是填补受害人实际损失，法官可以借助鉴定和评估手段来达到，但法官需要综合运用生活经验来判断受害人和侵权人的赔偿能力、过错责任、受害人的生活水平等数种影响赔偿数额的因素。

④法官责任的配套性组织

司法责任的程序运行需要依据一定的组织架构来保障，这些组织构成司法责任制的配套性组织机构。司法责任作为一种特殊的责任，体现在这个责任运行过程中各种特殊性要求，其中作为运行司法责任的制度载体主要是追究司法责任的组织构造。

在1998年开始的审判人员违法审判责任追究的制度中，起主要作用的是法院的监察部门，负有组织领导责任的院庭长办公会议等组织也发挥了重要的作用。但域内外都一般设有专门的司法组织机构来专职负责运行司法责任的追究机制。这种组成具有很强的行政化色彩，严重影响了司法责任制度实施的效果。域外在设置模式上的经验主要表现为三种方式：一是惩戒机构本身就是审判组织，不设办事机构，直接由职务法庭审理后作出惩戒决定，如日本、德国；二是在法院设置办事机构，如我国台湾地区和加拿大；三是外部设办事机构，如法国、美国纽约州。

我国司法责任制改革《意见》规定要设置法官惩戒委员会，《意见》第36条规定：人民法院监察部门经调查后，认为应当追究法官违法审判责任的，应当报请院长决定，并报送省（区、市）法官惩戒委员会审议。高级人民法院监察部门应当派员向法官

〔29〕 参见贺小荣：《如何牵住司法责任制这个牛鼻子》，载《人民法院报》2015年9月23日，第5版。

惩戒委员会通报当事法官的违法审判事实及拟处理建议、依据，并就其违法审判行为和主观过错进行举证。

⑤司法责任的分配

所谓司法责任的分配，是指不同具体类型的主体，如独任制法官、合议庭的法官、审委会委员、司法辅助人员等不同职业身份和制度身份的主体在错案中各自应当承担的责任。责任分配制度的逻辑在于：法庭是一个制度性的组织，内部由不同角色的审判主体组成，行使大小强弱不同的权力，因而相应的责任承担也会存在大小上的区别。这种区别就是司法责任的分配。从广义上讲，责任分配可以从三个维度进行分析：首先是审判权与审判监督管理权责任的分配；其次是不同的审判组织类型的责任分配；最后是同一个审判组织结构内其他配套人员的责任分配。第一个维度责任分配已经在上面作出了区分，主要表现为司法责任的主要类型。

第二个维度的责任分配主要体现为独任制和合议庭的责任分配及其承担。在独任制审判中，行使审判权的主体就是独任法官，按照谁办案谁负责的精神与司法原则，独任法官应当对案件的事实认定和法律适用承担全部责任。因此，《意见》规定：独任制审理的案件，由独任法官对案件的事实认定和法律适用承担全部责任。独任庭的责任分配相对比较简单，但是合议庭的责任承担与分配则相对复杂。从总体原则上说，合议庭成员都需要对案件审判的错误和违法违纪承担责任，但内部如何进一步的分配则需要科学合理的标准和依据来确定，因此，进行违法审判责任追究时，依据合议庭成员是否存在违法审判情节、行为、过错程度和合议庭成员发表意见的情况合理确定各自责任。而如何把握这里的合理标准，一些试点地区对合议庭审判责任的承担作出了探索性的规定，大体上有以下几种模式：一是按份比例制，即对合议庭的案件违反审判责任追究采取按份责任追究按份责任的形式。如有的地方规定审判长承担30%的责任，承办法官承担50%的责任，其他合议庭成员承担20%的责任。二是区分意见制。如有地方规定合议庭意见一致的案件，由合议庭成员共同承担责任；合议庭意见不一致，按照少数服从多数原则决定的案件，持少数意见的不承担责任。也有地方规定，持错误意见的成员独自担责。三是主次责任制。有的地方规定，合议庭审理的案件，承办法官对案件事实认定和法律适用承担主要责任，合议庭其他成员承担次要责任，审判长对审判程序瑕疵承担主要责任。四是混合制。对于合议庭审理的案件一般采取意见区分制，但是主要责任、次要责任难以量化的，又采取比例制；有的地方还规定，院、庭长对该案件审批的，其也要承担40%的责任。

第三个维度是审判组织内配套人员的责任承担。主要是审委会委员的责任承担、审判辅助人员责任的承担等。《意见》第31条规定:审判委员会讨论案件时,合议庭对其汇报的事实负责,审判委员会委员对其本人发表的意见及最终表决负责。案件经审判委员会讨论的,构成违法审判责任追究情形时,依据审判委员会委员是否故意曲解法律发表意见的情况,合理确定委员责任。审判委员会改变合议庭意见导致裁判错误的,由持多数意见的委员共同承担责任,合议庭不承担责任。审判委员会维持合议庭意见导致裁判错误的,由合议庭和持多数意见的委员共同承担责任。合议庭汇报案件时,故意隐瞒主要证据或者重要情节,或者故意提供虚假情况,导致审判委员会作出错误决定的,由合议庭成员承担责任,审判委员会委员依据具体情况承担部分责任或者不承担责任。审判委员会讨论案件违反民主集中制原则,导致审判委员会决定错误的,主持人应当承担主要责任。

对于审判辅助人员的责任承担,应当依据职责权限和分工承担与其职责相对应的责任。法官负有审核把关职责的,法官也应当承担相应责任。审判辅助人员是履行审判辅助职责的工作人员,包括法官助理、书记员、司法警察、司法鉴定人员等。对审判辅助人员追责应当以审判辅助人员的职责权限和分工为前提条件,审判辅助人员承担的责任应与其职责分工相对应,法官对其审核把关的审判辅助事项也应当负有责任。

此外,在我国,由于法院内部的行政化色彩严重,还会形成一些颇具特色的特殊责任分配形式,即受领导干部干预导致裁判错误时法官所应当承担的责任。主要指“法官受领导干部干预导致裁判错误的,且法官不记录或者不如实记录,应当排除干预而没有排除的,承担违法审判责任”。

(2)法官责任制度动态程序体系

假如说对追责事由和组织等的规定是对审判责任制的实体规范,那么对追责程序的规定则是审判责任制的程序规范。实体和程序缺一不可,甚至从某种意义上说,法官追责程序的合理与否直接决定审判责任制的科学与否。所谓法官责任制度动态程序体系,是指司法责任制度运行的过程性描述,主要包括:错案的发现,错案追究的启动,法官违法违纪情况调查、法官责任的认定与处理以及法官权利的救济等内容。

①错案的发现

法官责任是指法官违反法律法规或者因为重大过失导致裁判错误并发生严重后果时所应当承担的责任。因此,产生责任的前提是存在违反法律法规或者重大过失的情况,在这里简称为错案的发现。错案的发现是启动审判责任追究的事实基础和前提条件。那么,错案的发现有哪些途径?错案如何发现?错案的发现如何与后续程序衔接？对这些问题的回答就是作为司法责任制度动态程序体系之错案发现环节的主要内容。

在错案如何发现的途径上，有内外两种模式。由于审判责任的追究研究限定了范围，必须是经过再审改判确认之前的审判产生错误才可能成为审判责任追究的对象，因此，错案的内部发现程序与再审改判程序的启动会产生重合，换句话说，再审改判程序的启动程序也是审判责任追究的发现程序。错案发现的主体一般是审判管理部门、审判监督部门或者院长。院长从宏观上指导法院各项审判工作，综合负责审判管理工作，履行必要的审判监督职责，院长对确有错误的裁判提请审判委员会决定是否再审是其法定职责。这是院长行使审判监督管理职责的体现之一。而审判管理和审判监督部门通过常规抽查、重点评查、专项检查等方式，对案件质量进行专业评价，容易发现案件质量问题和是否存在违法审判责任问题。就外部发现而言，各级人民法院凭借信息技术打造动态开放便民透明的阳光司法机制，建立健全裁判文书公开、审判流程公开和执行信息公开三大平台建设，主动接受社会监督。因此，错案发现的外部程序主要由法院外部的监督来提供错案的线索，比如人大、政协、媒体等有关单位或者个人反映法官有违法行为的举报、投诉等，再由人民法院的监察部门进行调查。如果需要追究违反审判责任的，经审判监督部门审查，或者审判委员会讨论并出具审查认定，人民法院监察部门则启动违法审判责任追究程序。当然，外部程序最后要启动错案追究制度的运转，仍然要以内部程序作为依托，最终在临界口处落入到内部发现程序的范围之内。

②错案追究的启动

发现错案后，监察部门经过认真审查后认为需要追究违法审判责任，一般由审判管理部门、审判监督部门或者院长草拟初步处分意见，由院长提请审委会讨论决定或者授权审监部门审查，经初步审查认定司法人员具有违法审判责任追究情形的，法院监察部门应启动违法审判责任追究程序。启动的意义在于一旦进入法官审判责任的追究程序，意味着审判责任的倒查正式步入正轨，也意味着有关裁判主体最终往往要承担一定的责任。

通过院长、审判监督部门、审判管理部门或者外部监督程序并转内部监督程序后，若发现法官可能有违法审判行为的，先由内部发现主体提出初步的意见，统一交由院长提请审委会进行讨论或由院长授权审监部门审查。人民法院的判决、裁定、决定是否错误，应当交由人民法院最高审判组织——审判委员会首先进行初步的确认后，交由法院内部的监察部门。经审监庭或者审监委员会初步审查认定有关人员具有违法审判责任追究认定情形的，监察部门则启动违法审判责任追究程序。认为需要追究法官违法审判责任的，应当报院长决定，报送法官惩戒委员会审议。但在这个过程中，得出“认为需要追究”的结论，需要一个调查的过程。

③法官违法违纪的调查

监察部门启动追究程序之后，面临的就是一个复杂的调查过程。这个过程就是查明是否存在构成审判责任所要求的违法违纪行为或者因重大过失造成裁判错误等的行为。《意见》规定“人民法院监察部门应当对法官是否存在违法审判行为进行调查，并采取必要、合理的保护措施”。调查是审判责任追究程序中的核心组成部分，也是最能体现法官审判责任追究程序正义的过程。对调查的过程，其实质就是对监察部门行使调查权力的规训过程，只有对监察部门的调查行为作出程序上的设定，才能体现调查结果最终的公正性。要落实法官依法履行审判责任受法律保护原则，应当明确违法审判责任追究程序。人民法院监察部门，是人民法院行使监察职能的专门机构，其在开展调查工作，应当全面收集证据，履行告知被调查法官义务，认真听取被调查法官的陈述和辩解，保障其对自身无违法审判行为、可减轻违法审判过错程序或者没有造成违法审判不良后果等情形的举证权利。同时，监察部门也可以询问相关当事人和证人。对于调查过程应当全面、如实记录，做到程序公开、公正，既确保法官的违纪违法及时得到应有惩戒，又保障其辩解、举证、申请复议和申诉的权利，有效维护法官的合法权益。调查结束后，监察部门应当出具详细的调查报告，在报告中应当对当事法官的意见、辩解和举证如实记录，并在调查报告中对是否采纳作出说明，提出责任认定的初步意见。课题调研组在珠海市中级人民法院座谈时了解到，珠海市中级人民法院于 2015 年 3 月出台了《错案责任追究暂行办法》，成立了错案责任追究领导小组和刑事复查小组，纪检组形成初步拟处理意见以后，提交审委会讨论，原来合议庭成员出席会议并说明情况和申辩，审委会最终形成处理意见。

④法官责任的认定与处理

人民法院纪检监察部门经调查后，应派员向法官惩戒委员会汇报当事法官的违法审判事实及拟处理的建议和依据，并就主观过错和违法审判行为进行举证。法官惩戒委员会依据纪检监察部门的调查报告和初步意见，认为应当追究法官违法审判责任的，报请院长决定，并报送法官惩戒委员会审议。法官惩戒委员会依据查明的事实和法律规定作出无责、免责或者给予惩戒处分的建议。

依据《意见》的规定，对应当追究违法审判责任的相关责任人，依据其应负责任依照《法官法》等有关规定处理：第一，应当给予停职、延期晋升、退出法官员额或者免职、责令辞职、辞退等处理的，由组织人事部门按照干部管理权限和程序依法办理；第二，应当给予纪律处分的，由纪检监察部门依照有关规定和程序依法办理；第三，涉嫌犯罪的，由纪检监察部门将违法线索移送有关司法机关依法处理。当然，免除法官职务，必须按法定程序由人民代表大会罢免或者提请人大常委会作出决定。

⑤法官权利的救济

《意见》规定，在调查过程中，当事法官享有知情、辩解和举证的权利，纪检监察部门应当对当事法官的意见、辩解和举证如实记录，并在调查报告中对是否采纳作出说明。当事法官有权进行陈述、举证、辩解、申请复议和申诉。

申诉权是公民的基本权利，法官不服人民法院作出的涉及个人合法权益的处理决定的，可以依照法定程序，向原处理机关的上级机关申诉。法官申诉权的行使，可以使法官免受不当处分的侵害。法官可以通过申诉维护自身权利，从而有利于保障法官的合法权益免受非法侵害，有利于保护法官的名誉和地位，有利于完善职业保障机制。

（四）在大力推行法官错案责任终身追究制度的同时，应当双管齐下地推行法官责任豁免制

司法责任制度的设立，不但需要从正面规制违法审判责任追责事由，对违法违纪法官依法依纪处理，而且需要从反面规制法官依法豁免的情形，确保法官依法履职不受非法追究，这即为法官责任豁免的产生的原因。所谓法官责任豁免即为不应追究法官司法责任的情形。

规范和重视法官豁免制度，主要有以下几个方面的原因：一是司法权是判断权的根本属性就包含了对法官可能出错的宽容性。适用法律并非简单明了的逻辑涵摄，尚需联结规范评价和依靠价值判断。但“价值”内涵非常模糊和不可测度，所以不会始终只能有一个准确结论，这是非常重要的司法规律之一。假如始终以考察法官对案件的裁判“是否对错”为切入口来评价法官负责制，肯定会违背司法规律，司法中最推崇的司法价值就会被后果主义、实用主义、功利主义所淹没，非但无法实现消除司法“行政化”的结果，反而还可能会使司法“行政化”死灰复燃。二是不作区分地对“错案”“终身追责”，无助于法官职业尊荣感的培养。可以预见，假如法官每一份判决都要担心将来被“终身负责”，法官就会惶惶不可终日，由于趋利避害规避风险的本能驱使，法官在很大程度上会考虑怎样将案卷“解决掉”，而不是怎样将案卷“解决好”；如果越来越多的法官都产生如此想法时，不可避免地会出现一群依赖性强、缺少独立自主精神、不想承担任何司法责任、不关注法律专业知识积聚、效率低下的司法

职业群体。三是对某些“错案”责任不搞睚眦必报，并不会出现更大更多的司法腐败或司法不公。真正要杜绝和减少司法腐败的弊端，还需要司法职业化建设、法官职业准入、司法公开和法官职业保障等多项制度合力促进。

在英美法系国家，法官在规定权限范畴之内，所有错案都不会被追责，以免除法官的后顾之忧，被称为“司法人员不受民事起诉的豁免权”。[30] 目前通行的司法豁免的法理依据是：“法官应独立地并且自觉地使用合法的职权。”[31] 这也即司法独立的需要。法治发达国家的主要标准之一是健全的法官豁免权。由于我国法治建设起步晚，国土面积幅员辽阔，法律人才需求持续增强，法官的业务素质良莠不齐，冤假错案发案居高不下，因此完善错案究责机制是及时和必要的，但法官责任豁免制度更是法治昌明的发达国家的根本制度，这与司法独立联系非常紧密。只有审判才拥有司法豁免权，他们才能竭诚发展司法裁量权，促进司法独立。且伴随法治建设的漫长进程，司法功能将不断健全，法官的司法责任将越来越重，规范法官行为的内部制度也应健全，持续规范。

假如说错案的产生是导致审判责任的前提，那么严格限定错案的范围则是豁免制度的主要功能。一般而言，是在按照审判监督程序提起了再审并作出改判裁判的情形下，才可能追究原审法官的审判责任。通常的理解是，案件假如启动审判监督程序，意味着原判决、裁定可能有错误，申请再审事由有：原判决、裁定认定的基本事实缺乏证据证明，原判决、裁定认定事实的主要证据是伪造的，原判决、裁定认定事实的主要证据是未经质证的，原判决、裁定适用法律确有错误的等。经过审判监督程序再审后改判的，一般推定为原判决和裁定错误。但也要注意，不能把凡是经过审判监督程序提起再审后被改判的案件都作为错案对法官进行追责，关键要看错误的原因及再审改判的理由。比如，审判人员审理案件时有贪污受贿、徇私舞弊、枉法裁判等行为的，审判人员依法应当回避而故意不回避的，严重违反法定程序的，法官对造成错案负有实体或者程序上的责任，则法官应当对错案负责，再如出现新的证据足以推翻原判决、裁定，据以作出原判决、裁定的法律文书被撤销或者变更等都不能作为归责于法官的事由，即便案件被改判，也不能将这些案件作为错案对法官进行责任追究。

正是因为如此，《意见》第 28 条规定：因下列情形之一，导致案件按照审判监督程序提起再审后被改判的，不得作为错案进行责任追究：(1) 对法律、法规、规章、司法解

〔30〕 龚祥瑞：《西方国家司法制度》，北京大学出版社 1993 年版，第 96 页。

〔31〕 余海燕：《规范错案追究制，还原司法理性》，载《学理论》2010 年第 14 期。

释具体条文的理解和认识不一致,在专业认知范围内能够予以合理说明的;(2)对案件基本事实的判断存在争议或者疑问,依据证据规则能够予以合理说明的;(3)当事人放弃或者部分放弃权利主张的;(4)因当事人过错或者客观原因致使案件事实认定发生变化的;(5)因出现新证据而改变裁判的;(6)法律修订或者政策调整的;(7)裁判所依据的其他法律文书被撤销或者变更的;(8)其他依法履行审判职责不应当承担责任的情形。

(五)加强法官队伍建设,增强法官道德水平与职业技能

实体错案的出现与办案法官的能力与素质呈正相关关系。我国目前选任法官虽然经过司法考试选拔法官,但与发达国家存在明显区别,我国任命的法官不论在审判实践经验方面还是在业务素养方面都还有巨大差距。众多的科班毕业生没有经过司法历练,就被直接认命为代理审判员或司法辅助人员。这些能力和经验欠缺的司法人员对案件适用法律和认定事实,不可避免地会产生偏差和问题,做出不合适的错误裁判,严重影响了当事人的合法权益。

为杜绝此类问题的发生,我国应强化法院队伍建设,把法律素养好、业务能力强、思想品德高、德才兼备的优秀人才吸收到法官队伍中,在严肃追究法官司法错案责任包括实体和程序错案责任的同时,大幅提升法官的职业保障水平。消除其因生活窘迫而谋求不当利益,铤而走险贪赃枉法,故意或者重大过失不当认定事实和不当适用法律的根源。

对于职业道德水平差和业务能力不强的法官,法院内部应采取严格的综合考核措施,将其调离审判岗位或者清除出法官队伍。对被清除出法官队伍的干警,设立一定年限的法律资格执业限制,迫使所有法官认真秉公执法,珍爱工作的机会。

五、结语

本文首先从法官审判责任的机理出发,以《意见》的文本为内容具体化的蓝本,对审判责任的应然制度体系进行了建构性的论述;其次,对我国已经运行了近20年的错案责任追究制度进行了梳理和反思,并强调了审判责任豁免的重要地位。毫无疑问,我国审判责任制度的最终改革将依据《意见》所确定的框架性、原则性规定进一步落实和完善,因此,本课题对法官责任的追究与豁免的研究只是初步的探讨,进一步依据《意见》内容的落实及其制度构建将是法官审判责任制改革的完善的发展趋势,也是本课题的未竟事业。

美国耶鲁大学法学教授基思·芬蒂利就主张"人类应该从自己的错误中学习"。

他声称,“错案仿佛打开了一扇改良刑事司法体制的窗户,我们应该从错案中寻找推动司法改革的现实方法,而不要让机会白白流失”。在错案频发的惨痛教训面前,我们更应痛改前非,努力修补原有司法体制的漏洞。法官错案责任追究制度从其创设的内核价值来说,仍具有广阔的拓展空间。无论是完善司法制度,提升司法效率,还是重塑司法权威,推进现代化的法治建设,目前法官错案责任追究制都是值得倾注精力重点研究的主要课题之一。只有深入研究、精心设计及早完善,使它真正发挥应有的作用,切实杜绝冤假错案,才能真正实现习总书记提出的“让人民群众在每一件案件中感受到公平正义”!

职务犯罪案件的裁判方法与裁判规则研究

南宁市青秀区人民法院课题组*

前言

(一)调研的背景、目的和意义

近年来,随着我国社会主义法治进程的不断推进和反腐败斗争的持续开展,一大批贪腐分子站在了被告席上受到了法律的制裁,通过法律手段打击贪污腐败已成为我国反腐败斗争的重要武器。随着反腐败斗争的深入,根据党的十八届三中全会关于加大惩处腐败犯罪力度的要求,针对近年来司法实践中贪腐犯罪出现的新情况、新问题,立法机关及时对贪污腐败相关法律条款进行完善。然而,2015 年 11 月 1 日开始施行的《中华人民共和国刑法修正案(九)》(以下简称《刑法修正案(九)》)中关于贪污受贿犯罪条款的修改,相比之前的条款,仅对量刑幅度作了调整,但并未体现出明显的进步,因此在依法打击贪污受贿犯罪方面仍然面临之前打击乏力的状况。在这样的背景下,南宁市青秀区人民法院成立专门的课题组,从最高人民法院官网司法裁判文书公开渠道 17 800 多份贪污受贿判决书中随机下载约 1000 份判决书,对从中筛选了 150 份具有一定代表性的判决书的量刑情况进行实证分析,在总结目前审理此类案件量刑特点的基础上,从法定型的设置、影响量刑的主要因素等方面分析当前审理贪污受贿犯罪案件过程中在量刑方面的特点和存在不均衡问题,并在现有法律、司法解释规定的框架内,基于当下通

* 课题主持人:许春桂,南宁市青秀区人民法院副院长;课题组成员:谢敏、张光、黄晖、覃杰、钟君。

行之基本刑法理论,结合司法实践提出完善贪污受贿罪量刑均衡的意见。此外,作为对贪污受贿等职务犯罪在量刑中具有重大影响的主体、自首的认定及退赃情节的考量等问题,本文结合课题组成员所在法院在审理该类案件中遇到的困惑,按照现行法律,遵循通行理论,提出更加能有利于罪责刑相适应的司法实践建议。

(二)调研方法、调研思路及过程

1. 文献资料法。通过文献资料学习研究,为论述贪污受贿罪的量刑提供理论依据,夯实调研的法理、目的和意义所在。

2. 调查访问法。通过到国内经济发达地区的法院进行学习交流,了解目前全国范围关于审理贪污受贿案件的裁判方法、裁判规则;采用座谈交流的方式与相关研究领域的学者进行交流,了解他们对目前贪污受贿量刑的看法及信息化建设中遇到的学理问题;通过设计合理的、有针对性的调查问卷,了解一线办案法官、检察官及律师、普通民众等对职务犯罪审判活动的看法、预期及需求等。

3. 数据分析法。从最高人民法院官网司法裁判文书公开渠道 17 800 多份贪污受贿判决书中随机下载约 1000 份判决书,对从中筛选的 150 份具有一定代表性的判决书的量刑情况进行实证分析,提取最直观的数据。

4. 法律规范分析。从我国关于贪污受贿的立法沿革分析,总结目前立法方面存在的问题,再结合司法实践中法律适用的疑惑和困难,从而提出适合我国司法实践的对策及建议。

5. 案例分析法。课题组根据所在法院审理案件的情况,选取有典型意义的案例进行分析,从而总结经验,提出对审判工作具有建设性的建议。

一、当前审理贪污受贿案件量刑特点

(一)当前审理受贿案件量刑特点

1. 判处 5 年以下有期徒刑以及判处 15 年有期徒刑、无期徒刑、死刑的情形下,受贿数额的多少是量刑高低的决定性因素;判处 5 年以上 15 年以下有期徒刑的案件中,受贿数额多少对量刑轻重的影响明显减弱,成为次要因素,这一特点尤其突出地体现在判处 10 年以上 15 年有期徒刑以下的案例中。

2. 缓刑宣告率畸高,在我国现行刑法分则规定的 400 多个罪名中,应该属于较为罕见。3 年有期徒刑以下量刑的 9 个案件中,就有多达 8 个案件宣告缓刑,占比达 88.8% 。这种不正常的缓刑宣告率,至少反映了在司法实践中,司法裁判者普遍认为,判处 3 年以下有期徒刑的受贿犯罪,其社会危害性一般不大,符合刑法规定的适用缓刑条件之一的“犯罪情节较轻”。

3. 将退赃认定为从轻处罚情节的案件数有78个，占比高达86.6%，至少说明退赃已经属于一个在受贿罪量刑情节的认定中具有较为普遍性的量刑情节，且在刑罚考量中占有较为重要的分量。

4. 认定具有自首情节的有40个案例，占比44.4%。这一自首率与通过最高人民法院官网司法裁判文书公开查询系统查询关键词筛选得出的受贿罪中，认定自首率约为50%左右较为接近。如此高的自首认定率同样在我国现有罪名中较为少见。

5. 通过认定自首、立功等，从而降低一个刑罚幅度进行量刑的案件较多，例如第12号、第13号、第16号等案例。部分案件甚至通过降低一个刑罚幅度量刑在3年以下后又宣告缓刑或降低两个法定刑幅，如第3号、第7号、第10号等案例。

6. 受贿数额相近，同具有类似量刑情节的案件之间，宣告刑却相差较大甚至是极大的现象较为普遍。例如，第2号、第6号及第14号案例，受贿数额相近，都具有自首及退全部赃款的量刑情节，然宣告刑却分别为免于刑事处罚、判处有期徒刑1年6个月宣告缓刑2年、有期徒刑4年；第12号案例和第36号案例，受贿数额都为10万元，皆具有自首情节，前者刑罚是有期徒刑3年，后者却为有期徒刑9年，可能只因第12号案例具有退全部赃款情节；第3号案例和第11号案例，受贿数额分别是5万元、5.7万元，同样具有自首及退全部赃款情节，但前者是判处免于刑事处罚，后者却是判处有期徒刑3年；第16号、第20号、第26号及第37号案例，受贿数额相近，量刑情节几乎一致，宣告刑分别为4年、5年6个月、7年及9年；第13号和第19号案例，受贿数额相当，二者皆具有自首和退赃情节，前者宣告刑为3年8个月，后者为5年6个月，而受贿数额相近的37号案例，因不具有减轻处罚情节，宣告刑就达12年。

7. 宣告刑相近或一致，但是罪责刑倒挂现象严重。第84号、第85号、第86号案例，宣告刑都为无期徒刑，第84号案例受贿数额为1223万元，具有坦白、退全部赃款情节，第85号案例不但受贿数额达到2056万元，且有法定从重处罚之索贿情节，亦只退部分赃款，第86号案例同样具有坦白及退全部赃款情节，第85号和第86号案例整体的社会危害性要远远大于第84号案例，然三者的宣告刑却一样；第76号案例与第82号案例，前者受贿数额仅为286万元，后者受贿数额却达到1836万元，二者虽都有如实供述和退全部赃款情节，但两案的社会危害性却显而易见的不可等同视之，然二者宣告刑皆为15年；第73号案例与第77号案例之间，二者均无从轻或减轻处罚情节，前者受贿数额仅为90万元，后者达到408万元，宣告刑都为15年；第52号和第56号案例，前者受贿数额为50万元，后者为1066万元，二者都具有如实供述及退全部赃款情节，量刑却一样同为 11 年；再如第 79 号和第 80 号案例，第 85 号和第 87 号案例，第 78 和第 80 号案例，第 70 号和第 71 号案例，第 64 号和第 81 号案例，这样的情况在样本案例中比比皆是，可谓极为普遍，不论是横向对比抑或是纵向比较，罪责刑倒挂现象非常严重。受贿案件样本案情及判决情况详见表 1。

表 1　受贿案件样本案情及判决情况

（90 份判决）

序号	案情（姓名/职务/受贿事由/次数/期间）	数额（万元）	量刑情节	宣告刑
1	沈某甲，主任，工程，多次	0.8	积极退赃，悔罪	免刑
2	古某某，校长，采购，多次	4.2	自首，退全部	免刑
3	尹某某，副主任，工程，2 次	5	自首，退全部	免刑
4	苟某某，村干部，以“5·12”灾后重建名义向 15 户灾民索贿	1.2	索贿，退全部，悔罪	1 年 6 个月有期徒刑，缓刑 2 年
5	葛某，校长，教材采购，4 次	3	自首，退全部	1 年 6 个月有期徒刑，缓刑 2 年
6	李某某，科长，房产业务，多次	4.7	自首，退全部	1 年 6 个月有期徒刑，缓刑 2 年
7	石某，村主任，宅基地审批，7 次，2008～2010 年	2.8	主要索贿，积极退赃	2 年有期徒刑，缓刑 3 年
8	吴某，行长，贷款审批，多次	7	自首	2 年有期徒刑，缓刑 3 年
9	雍某，运管站长，运管事务，12 次，2011～2014 年	7.8	立功，坦白，退全部	2 年有期徒刑，缓刑 3 年
10	徐某，执法大队长，违章渣土运营，超 20 次，2009～2014 年	8.3	自首，退全部	3 年有期徒刑，缓刑 3 年
11	金某甲，运管副科长，工程，多次	5.7	自首，退全部	3 年有期徒刑，缓刑 2 年
12	蒲某某，乡长，工程，1 次	10	自首，退全部	3 年有期徒刑
13	吕某某，农办主任，许可、资金补助，多次	35	自首，退赃	3 年 8 个月有期徒刑
14	郝某某，村办主任，动迁，多次	4.5	自首，退赃	4 年有期徒刑

续表

序号	案情(姓名/职务/受贿事由/次数/期间)	数额(万元)	量刑情节	宣告刑
15	李某某,规划科长,规划审批,8次	9.2	自首,退赃	4年有期徒刑
16	林某,厂长,项目改造,多次	71	主犯,自首,退赃	4年有期徒刑
17	李某才,站长,矿区开采,多次	8	认罪,退赃	5年有期徒刑
18	陈某,科长,房屋维修、违建,12次	20	自首,退赃	5年有期徒刑
19	罗某某,危改办负责任,危改项目,多次	37	自首,退赃	5年6个月有期徒刑
20	张某杰,局长,工程、复原安置,17次,2010~2014年	56.7	自首,退全部	5年6个月有期徒刑
21	黄某茂,管委会副主任,工程,多次	15	自首,退全部	6年有期徒刑
22	吴某某,院长,药品采购回扣,27次,2008~2014年	28.7	自首,积极退赃	6年3个月有期徒刑
23	孔某志,总工程师,工程,多次	47	自首,退全部	6年6个月有期徒刑
24	徐某华,股长,监督、培训,多次	9.7	积极退赃	7年有期徒刑
25	刘某,副校长,工程、人事,多次	17	自首,退全部	7年有期徒刑
26	陈某清,行长,借款担保,多次	74	自首,退全部	7年有期徒刑
27	孙某,副总经理,金融业务,多次,2003~2011年	87	主要索贿,自首,退部分	7年有期徒刑
28	武某民,商务局长,工程、土地,超12次,2006~2013年	137	自首,退赃	7年有期徒刑
29	金某鹏,管委会主任,工程,超17次,2009~2014年	185	如实供述,立功,退大部分	7年6个月有期徒刑
30	李某某,交警,使逃避处罚,多次	9.3		8年有期徒刑
31	曾某土,工程科科长,5次,2011~2012年	19.5	自首,退全部	8年有期徒刑

续表

序号	案情(姓名/职务/受贿事由/次数/期间)	数额(万元)	量刑情节	宣告刑
32	包某明,特勤中队,渣土车违法运营,多次	55	自首	8年有期徒刑
33	李某程,副县长,工程,超7次,2010~2013年	92	自首,退全部	8年有期徒刑
34	劳某智,水利局长,招投标,多次,2008~2011年	177	自首,退全部	8年有期徒刑
35	施某强,银监处长,监督审查,超16次,2008~2014年	103	自首,积极退赃	8年10个月有期徒刑
36	杨某,车间主任助理,职务	10	自首	9年有期徒刑
37	江某平,教育科长,工程,16次,2006~2010年	63	自首,退全部	9年有期徒刑
38	任某举,管委会主任,工程,15次,2010~2014年	168	自首,退全部	9年有期徒刑
39	殷某龙,电视台长,业务、工程,超23次,2007~2013年	360	自首,立功,积极退赃	9年有期徒刑
40	张某峰,经理,采购好处费,多次	121	自首,积极退赃	9年3个月有期徒刑
41	唐某建,组织部 ,土地,1次	10	如实供述,主犯,退部分	10年有期徒刑
42	林某某,征地办,征地补偿	15.6	如实供述,立功,退全部	10年有期徒刑
43	常某永,经理,招投标,1次	100	自首,退全部	10年有期徒刑
44	苏某宁,福彩总务副部长,工程,多次	315	如实供述,退部分	10年有期徒刑
45	王某利,局长,工程、土方,超过5次,2003~2014年	355	认罪态度好,退全部	10年有期徒刑
46	何某,校长,工程,超20次,2004~2011年	62.6	如实供述,退全部	10年6个月有期徒刑
47	袁某明,主任,招投标,超10次,2004~2013年	130	如实供述,退全部	10年6个月有期徒刑

续表

序号	案情(姓名/职务/受贿事由/次数/期间)	数额(万元)	量刑情节	宣告刑
48	王某华,副区长,征地、招投标,超 7 次,1999 ~ 2011 年	197	如实供述,退全部	10 年 6 个月有期徒刑
49	姚某明,副县长,土地、工程,超 75 次,2000 ~ 2014 年	216	有索贿情节,立功,自愿认罪,退全部	10 年 6 个月有期徒刑
50	邹某平,副县长,土地、工程,多次,2007 ~ 2014 年	224	索贿情节,自首,退部分	10 年 6 个月有期徒刑
51	刘某全,村主任,复垦、生态移民,多次	17	部分,索贿	11 年有期徒刑
52	戴某强,校长,工程,超 60 次,2002 ~ 2012 年	50	如实供述,退全部	11 年有期徒刑
53	吕某辉,办公室主任,招投标,超 85 次,2011 ~ 2014 年	125	如实供述	11 年有期徒刑
54	李某利,副镇长,拆迁,13 次,2008 ~ 2014 年	560	自首,退全部	11 年有期徒刑
55	呼某雄,信息通信处长,项目承揽,超 20 次,2003 ~ 2014 年	916	如实供述,积极退赃	11 年有期徒刑
56	陆某军,董事长,项目,多次,2010 ~ 2014 年	1066	如实交代,退全部	11 年有期徒刑
57	何某良,国土局长,工程、审批指标,16 次,2003 ~ 2013 年	至少 180	如实供述,退大部分	11 年 6 个月有期徒刑
58	张某峰,主任,审批、许可,多次	10.6		12 年有期徒刑
59	赵某雄,调研员,土地,多次	37		12 年有期徒刑
60	杨某波,教育局长,工程、采购,多次,2007 ~ 2012 年	96	坦白,退全部	12 年有期徒刑
61	苏某阳,综合开发办主任,项目,超 102 次,2003 ~ 2014 年	146	部分索贿,如实供述,退大部分	12 年有期徒刑
62	赵某,市委副书记,各项干预,超 40 次,2000 ~ 2012 年	518	认罪,积极退赃	12 年有期徒刑
63	吴某井,村主任,项目,多次	15	索贿	13 年有期徒刑

续表

序号	案情(姓名/职务/受贿事由/次数/期间)	数额(万元)	量刑情节	宣告刑
64	周某宝,住房局副局长,违建,多次	210	如实供述,索贿情节,退小部分	13年有期徒刑
65	胡某通,公安局长,工程、招投标,超30次,2000~2011年	421	自首,积极退赃	13年有期徒刑
66	杜某,县委书记,工程,18次	近600	如实供述,退大部分	13年有期徒刑
67	陈某一,副市长,土地工程人事,超100次,1999~2014年	483	如实供述,退全部	13年6个月有期徒刑
68	王某利,法官,职务,多次	83	认罪,退部分	14年有期徒刑
69	付某龙,乡副书记,工程,多次	170	自首	14年有期徒刑
70	陈某洲,主任,进口货物检查,多次	209	如实供述	14年有期徒刑
71	王某,副市长,工程,多次	434	索贿情节,坦白,积极退赃	14年有期徒刑
72	孙某,城建局长,工程,多次	674	立功,退全部,坦白	14年有期徒刑
73	桂某路,石油经理,职务,多次	90	无	15年有期徒刑
74	彭某琪,县长,土地审批,18次,2009~2013年	179	退小部分	15年有期徒刑
75	章某庆,办公室主任,征地拆迁,超15次,2002~2006年	186	认罪,退部分	15年有期徒刑
76	刘某胜,车管所长,调岗、职务,超62次,2009~2013年	286	如实供述,退全部	15年有期徒刑
77	石某海,副县长,土地、拆迁,超27次,2008~2011年	408		15年有期徒刑
78	朱某国,产业政策处长,项目许可,多次,2008~2013年	597	部分索贿,自首,退小部分	15年有期徒刑
79	陈某,高速总经理,土地、招投标,超24次,2005~2010年	701	坦白,退全部	15年有期徒刑

续表

序号	案情(姓名/职务/受贿事由/次数/期间)	数额(万元)	量刑情节	宣告刑
80	姜某杰,煤炭经理,工程,收受超过 20 次,2004 ~ 2011 年	1000	坦白,索贿,退小部分	15 年有期徒刑
81	刘某华,建工集团董事长,工程,超 20 次,2009 ~ 2012 年	1095	如实供述,立功,退大部分	15 年有期徒刑
82	周某江,总经理,经营、审批,多次,2001 ~ 2012 年	1836	如实供述,退全部	15 年有期徒刑
83	廖某波,副厅长,工程,多次,2003 ~ 2013 年	3400	坦白,重大立功,退全部	15 年有期徒刑
84	黄某先,副省长,职务、晋升,超过 60 次,1998 ~ 2011 年	1223	坦白,退全部	无期
85	张某昌,市委副书记,土地、审批,13 次,2002 ~ 2013 年	2056	索贿情节,如实供述,退部分	无期
86	刘某坤,县委书记,工程,改制,超 16 次,2007 ~ 2012 年	2929.6	坦白,退全部	无期
87	刘某男,国家发改委副主任,审批,多次,2002 ~ 2012 年	3558	坦白,退赃	无期
88	方某,经贸委主任,土地、工程,177 次,2005 ~ 2013 年	超 4000	积极退赃,自首	无期
89	向某,采购中心主任,招投标,超 115 次,2003 ~ 2012 年	2007	自首	死缓
90	张某光,铁道处长,招投标,超 35 次,2000 ~ 2011 年	4718	退部分,供述大部分尚未掌握事实	死缓

(二)当前审理贪污案件量刑特点

1. 与受贿罪不同,总体而言,在贪污罪的量刑中,贪污数额的大小是量刑高低的决定性因素。这是贪污罪兼具财产犯罪属性在量刑中的反映。

2. 同样,缓刑宣告率极高,在 9 个判处 3 年以下有期徒刑的案例中,宣告缓刑的就有 6 个,占比 66.6%。与受贿罪类似,这也反映出在司法实践中,司法适用者普遍认为,判处 3 年以下有期徒刑的贪污犯罪,其社会危害性一般不大,亦符合刑法规定的适用缓刑条件之一的"犯罪情节较轻"。

3. 与受贿罪相类似,将退赃认定为从轻处罚情节的案件有 42 个,占比高达 70%,说明退赃在贪污罪量刑考量中占有较为重要的分量。

4. 认定具有自首情节的案例有 31 件,占比 51.6%。这一自首率与通过最高人民法院官网司法裁判文书公开查询系统查询关键词筛选得出的贪污罪中,认定自首率约为 42% 较为接近。

5. 与受贿罪相同,通过认定自首、立功等,从而降低一个刑罚幅度进行量刑的案件较多,且降幅较大,例如第 18 号、第 19 号、第 20 号、第 22 号等案例。部分案件甚至通过降低一个刑罚幅度量刑在 3 年以下后又宣告缓刑或者连降两个法定刑幅,例如第 4 号、第 12 号、第 8 号、第 14 号案例等。

6. 贪污数额相近,同具有类似量刑情节的案件之间,存在宣告刑相差较大甚至是极大的现象。例如,第 3 号和第 9 号案例,二者贪污数额相近,同具有自首及退全赃情节,然前者免于刑事处罚,后者宣告刑为 2 年 6 个月;第 8 号、第 22 号、第 36 号案例,三者贪污数额相近,所具有的从轻、减轻处罚情节几乎一致,宣告刑却分别为 2 年、6 年、10 年。

7. 宣告刑相近或一致,但是罪责刑倒挂现象严重。例如第 8 号和第 9 号案例,前者贪污数额为 45 万元,后者贪污数额仅为 4.1 万,二者都具有自首及退全部赃款情节,量刑结果却几无差别;第 58 号和第 60 号案例,二者都具有自首情节,但前者贪污数额为 1150 万元,后者贪污数额达到 52 000 万元,然宣告刑皆为无期徒刑;第 45 号和第 46 号案例,前者贪污数额为 113 万元,又具有自愿认罪情节,后者贪污数额为 233 万元且拒不认罪,二者整体的社会危害性差异较大,但是宣告刑都为 13 年;再如第 43 号和第 41 号案例,第 36 号和第 37 号案例,第 27 号、第 28 号、第 29 号及第 30 号案例,与受贿罪场合类似,罪责刑倒挂现象也非常严重。贪污案件样本案情及判决情况详见表 2。

表 2　贪污案件样本案情及判决情况

(60 份判决)

序号	案情(姓名/职务/受贿事由/次数/期间)	数额(万元)	量刑情节	宣告刑
1	杨某,村委员,拆迁安置、虚报骗取	0.8	自首,退全部	免刑
2	曹某某,村委,虚报骗取补偿款	2.9	退全部,悔罪	免刑
3	赵某甲,村委委员,骗取农业险	3	自首,退全部	免刑
4	朱某,项目经理,骗卖财产	7	悔罪,退全部	1 年有期徒刑,缓刑 2 年

续表

序号	案情(姓名/职务/受贿事由/次数/期间)	数额(万元)	量刑情节	宣告刑
5	付某某,职工,隐瞒骗取	4.2	自首、立功、退全部	1年6个月有期徒刑,缓刑2年
6	侯某某,统计员,重复报账	2	退赃	1年6个月有期徒刑
7	蒋某某,村主任,贪污危房改造款	4.7	坦白,积极退赃	2年有期徒刑
8	罗某,市红十字会医院财务,截留侵占公款,2006~2010年	45	自首,退全部	2年有期徒刑
9	王某君,班长,窃取	4.1	自首,退全部	2年6个月有期徒刑
10	蒋某甲,所长,侵吞	2.7	认罪,积极退赃	2年有期徒刑,缓刑2年
11	魏某某,党支部书记,征地,骗取	4.7	自首,退全部	3年有期徒刑,缓刑4年
12	杨某某,项目经理,侵吞	8	自首,退全部	3年有期徒刑,缓刑3年
13	叶某荣,骗取拆迁款,多次	9.9	自首,退赃	4年有期徒刑
14	郎某亮,卫生院工作人员,套取国家资金,多次	22	自首,从犯,退赃	4年有期徒刑
15	毛某佳,报账员,虚构骗取补贴款	5.4	自首,退赃	4年有期徒刑
16	蔡某,站长,骗领、截留工资,2008~2013年	7.5	自首,退赃	4年6个月有期徒刑
17	李某华,计生办主任,不入账骗取抚养费	5.3	如实供述,积极退赃	5年有期徒刑
18	张某毅,纪委书记,工程	25	自首,积极退赃	5年有期徒刑
19	王某某,队长,骗取拆迁补偿款	32	自首,积极退赃	5年有期徒刑
20	许某庆,财政所,侵吞抚养费	27	自首,退全部	6年有期徒刑
21	陈某某,邮政所复核员,携款潜逃	8	如实供述,退全部,谅解	6年有期徒刑
22	张某兵,主检法医师,采购,多次骗取、侵吞	65	自首,退全部	6年有期徒刑
23	潘某隆,管委会主任,多次虚构骗取	176	自首,退全部	6年6个月有期徒刑
24	庞某,保险公司核保员,冒领	19	自首	7年有期徒刑
25	杨某建,副经理,低价购买	10	自首	7年有期徒刑

续表

序号	案情(姓名/职务/受贿事由/次数/期间)	数额(万元)	量刑情节	宣告刑
26	曾某雄,村委文书,骗取征地拆迁款	161	作用较小主犯	7年有期徒刑
27	余某某,财务总监,虚构骗取	60	自首,退全部	7年9个月有期徒刑
28	么某英,副站长,骗取补贴款	59	自首,退全部	8年有期徒刑
29	张某某,副镇长,套取工程款	20	自首,退全部	8年有期徒刑
30	曲某轲,林业站长,多次套取造林补助款,2009~2014年	155	自首,退全部	8年有期徒刑
31	梁某平,厂长,虚开票据,2007年	17.6	如实供述立功,退大部分	8年6个月有期徒刑
32	王某涛,档案局,窃取	12	自首,积极退赃	9年有期徒刑
33	叶某,规划设计所所长,隐瞒骗取	65	自首,积极退赃	9年有期徒刑
34	杨某,经理,侵吞	197	自首,主犯,退大部分	9年有期徒刑
35	方某,村支书,苗木补偿、虚构骗取	10	退全部	10年有期徒刑
36	陆某方,厂长,贪污,2007~2011年	49	自首,主犯,退全部	10年有期徒刑
37	阳某亮,法人,贪污	580	自首	10年有期徒刑
38	陈某金,村支书,共同骗取土地占用补偿款	28	主犯,自首,积极退赃	11年有期徒刑
39	李某,村支书,套取土地补偿款	79	如实供述,退全部	11年有期徒刑
40	张某宏,医药工作人员,侵吞、骗取医药款	184	自首	11年有期徒刑
41	陈某某,厂长,虚设债务隐瞒侵吞	278	不如实交代	11年有期徒刑
42	刘某成,广电员工,侵吞	21	坦白	12年有期徒刑
43	夏某军,主任,私卖	49	如实供述	12年有期徒刑
44	伊某某,副院长,虚构合同骗取	200		12年有期徒刑
45	孙某,科长,虚构骗取	113	自愿认罪	13年有期徒刑
46	单某双,院长,虚假结算工程款骗取	233	拒不认罪	13年有期徒刑

续表

序号	案情(姓名/职务/受贿事由/次数/期间)	数额(万元)	量刑情节	宣告刑
47	余某,科长,伪造骗取	556	立功,认罪,积极退赃	13年有期徒刑
48	刘某燕,电站收费员,截留电费,多次	230	认罪	14年有期徒刑
49	高某,库管员,窃取	339	自首	14年有期徒刑
50	刘某渝,中心主任,虚假侵吞,2004~2014年	562	主犯,积极退赃	14年有期徒刑
51	李某良,报税员,虚报套取,2008~2014年	826	退小部分,坦白	14年有期徒刑
52	呼某州,医院补偿金发放,虚报,2006~2011年	66	如实供述	15年有期徒刑
53	刘某静,交警收费员,改账,2009~2013年	388	自首,大部分未追回	15年有期徒刑
54	王某婷,养老金发放负责任,虚增套取,2009~2014年	607	自首,退部分	15年有期徒刑
55	郑某伟,出纳,11年,挪用潜逃	536	追回大部分,认罪	无期
56	周某某,医院会计,虚列工资,骗取,2004~2013年	748	坦白	无期
57	裴某,公积金信贷员,造假、骗取公积金	1078	退小部分,认罪	无期
58	王某涛,财务,造假账,2012~2013年	1150	自首	无期
59	何某国,副主任,伪造骗取出口退税,2011~2013年	1258	从犯,认罪,退极小部分	无期
60	李某江,财务经理,虚构资金用途,2004~2008年	52000	自首	无期

(三)当前审理受贿案件与贪污案件之间量刑差异

1.宣告刑为14年以下时,同样或相近宣告刑情形下,受贿案件受贿金额与贪污案件贪污数额较为接近;宣告刑为15年及以上时,在同样或相近宣告刑情形下,受贿案件受贿金额与贪污案件贪污数额在数额方面逐渐出现较大差距。

2. 整体而言,宣告刑相同或相近,从轻处罚或减轻处罚情节类似,与贪污罪涉案数额相比,受贿罪涉案数额明显较大,且随着刑罚的加重愈加明显。

3. 与贪污罪中贪污数额的大小始终是影响量刑高低的决定性因素相比,受贿罪中,只有判处5年以下有期徒刑以及判处15年有期徒刑、无期徒刑、死刑的情形下,受贿数额的多少是才影响量刑高低的决定性因素,而在判处5年以上15年以下有期徒刑的案件场合,受贿数额的多少对量刑轻重的影响明显减弱,成为次要因素。

二、当前审理贪污受贿案件在量刑中存在的突出问题及分析

(一)缓刑宣告率畸高

3年有期徒刑以下量刑的样本案例中,不论是受贿犯罪样本案例中的88.8%宣告缓刑率,还是贪污罪样本案例中的66.6%宣告缓刑率,在我国现行刑法分则规定的400多个罪名中,与公布的缓刑率相比,应该属于较为罕见。部分案件因具有自首或立功等法定从轻、减轻处罚情节而降低一个甚至是两个刑幅至3年以下有期徒刑后再宣告缓刑。这种不正常的缓刑宣告率,至少反映出在司法实践中,司法裁判者普遍认为,判处3年以下有期徒刑以至于5年以上甚至10年以上有期徒刑的贪污受贿犯罪,其社会危害性一般不大,属于行为性质不严重、犯罪情节不恶劣,符合刑法规定的适用缓刑条件之一的“犯罪情节较轻”。此种看似普遍而貌似具有通识性的现象及其基于的理念,实为因对贪污受贿案件之社会危害性认识偏差所致,司法裁判者甚至是立法者将贪污受贿案件的社会危害性简单地主要理解为财产性质的犯罪,这一点在贪污受贿犯罪入罪标准、法定升格刑情节及司法实裁判者对退赃情节的情有独钟体现得淋漓尽致,值得商榷。

(二)退赃情节对量刑的影响过大

将退赃认定为从轻处罚情节的案件数比例,在受贿犯罪样本案例中高达86.6%,在贪污案件样本案例中也高达70%。这至少反映出退赃已成为一个在受贿罪量刑情节的认定中具有较为普遍性的量刑情节,且在刑罚考量中占有较为重要的分量。在涉财产性质犯罪中,退赃一般情形下作为酌定量刑情节。如果说贪污犯罪同时侵犯公职行为的廉洁性与公共财产所有权,其罪质具有财产性,将退赃作为酌定量刑情节予以考虑还具有合理性,那么,作为侵犯公务行为的不可交易性的受贿犯罪,其罪质

就无论如何也无法与财产性搭上边，若仍将退赃作为量刑情节而予以考量，其合理性就非常值得商榷。即使在贪污罪场合，退赃一般也是作为酌定量刑情节而予以考虑，因此其对量刑幅度的影响理应是有限的、辅助性的，不能在较大量刑幅度内对量刑产生影响。但是根据本文中贪污受贿犯罪样本案件来看，退赃情节对量刑的影响已经远远超出其作为酌定量刑情节应有的影响力范围，造成在较大幅度内对量刑产生不应有的不合理影响。

（三）自首、立功等法定量刑情节对量刑的影响不规范

通过认定自首、立功等，从而降低一个刑罚幅度进行量刑或通过降低一个刑罚幅度量刑在 3 年以下后又宣告缓刑甚至降低两个法定刑幅度进行量刑的问题比较突出。依法认定自首及立功后，能否进一步宣告缓刑甚至降低两个刑罚幅度进行量刑。我们认为，不论自首抑或是立功，反映的是被告人主观悔罪的情况，并不会对其犯罪行为性质及社会危害性产生任何影响，而法定刑的配置是根据犯罪行为的性质及相应的犯罪事实所具有的法定升格刑量刑情节而定的。被告人因具有自首或立功情节而受到基于刑事政策给予的奖励并因此可以或应当从轻或减轻处罚的待遇，这种奖励应当是适当的、合理的并能有利于增进罪责刑相适应的，而非违背罪责刑相适应原则，以事后被告人的主观认罪态度或甚至与案件本身无关的立功情节对量刑的影响凌驾于犯罪行为罪质之上，大幅度降低被告人的刑罚幅度，改造奖励的初衷，本末倒置，造成严重的罪责刑不相适应。因此，对于具有自首或立功情节的案件，最多依法在下一个刑幅内进行量刑，不能连续降低两个刑幅进行量刑，亦不能降到 3 年以下有期徒刑再宣告缓刑，因为宣告缓刑的关键条件之一就是犯罪情节较轻的，而这是由犯罪行为的社会危害性决定的，法定刑 3 年以上一般在社会危害性方面已属于刑法理论中重罪范畴，不太可能仍属于“犯罪情节较轻”。因贪污受贿案件自首的认定由于特殊的认定规则而比一般犯罪具有更高的门槛，司法实践中贪污受贿犯罪中，自首认定率极高。受贿犯罪样本案例中，自首案例数量占比 44.4%，这一自首率与通过最高人民法院官网司法裁判文书公开查询系统查询关键词筛选得出的受贿罪中，认定自首率约为 50% 较为接近；而在贪污犯罪样本案例场合，认定具有自首情节的案例占比 51.6%，这一自首率与通过最高人民法院官网司法裁判文书公开查询系统查询关键词筛选得出的贪污罪中，认定自首率约为 42% 接近。因此之故，在贪污受贿犯罪场合，被告人自首行为完全符合立法意义上的自首实质，少之又少，所以即使认定自首情节后依法可以从轻或减轻处罚，其从轻或减轻的幅度应比一般犯罪因具有自首情节要小一些，才能符合自首的实质，才能弥补因认定规则不同导致贪污受贿罪与其他

犯罪之间的立法上的不平等,更加符合罪责刑相适应原则。

(四)量刑标准不统一

量刑标准不统一突出地反映在至少两个方面:一是受贿数额相近,同具有类似量刑情节的案件之间,宣告刑却相差较大甚至是极大的现象较为普遍;二是宣告刑相近或一致,但是罪责刑倒挂现象严重。本文的贪污受贿样本案例,最直观的感觉就是同案不同判,同判不同罪责。固然,司法实践中没有定罪量刑情节完全相同的两个案件,同罪但因具有不同的量刑情节而判处不同的刑罚是罪责刑相适应原则的必然要求。但是,如果同罪情形下,所具有的量刑情节几近相同或相近,最终的量刑结果也应相同或大致相当。即使考虑到裁判自由裁量权可能造成的量刑结果之合理区间内的差异,最终的量刑结果之间也不应该出现较为明显的差异,更不允许出现巨大量刑差距;否则,不但违反罪责刑相适应原则,同时有可能涉嫌违法裁判。调研组以为,贪污受贿犯罪场合在量刑方面的混乱局面之产生,立法者要负首要责任。立法者未将贪污与受贿犯罪之间罪质的不同及基于罪质的不同所应设置不同的入罪标准及量刑体系通过法律体现出来,甚至在形式方面都未将二罪之间的入罪标准和量刑体系区别开来。这就必然造成在司法实践中,由于能够准确反映二者之间罪质的入罪标准和量刑体系的缺失而给司法裁判者留下了巨大的司法自由裁量空间,因此造成了贪污受贿犯罪在量刑方面的混乱局面。

三、当前审理贪污受贿案件量刑不均衡的原因分析

(一)对贪污犯罪与受贿犯罪的罪质认识不清

贪污犯罪与受贿犯罪在当前司法实践中所体现出的量刑不均衡问题,主要是立法不合理问题,根本上又是立法者对二者之间罪质认识方面的欠妥。因此,对贪污犯罪与受贿犯罪罪质进行准确的认识就显得极为重要。

按照我国现行《刑法》第385条、第382条的规定,受贿罪是指国家工作人员利用职务上的便利,索取他人财物的,或者非法收受他人财物,为他人谋取利益的行为。受贿罪侵犯的是公务行为的不可交易性,[1]被认为属于严重的职务犯罪。贪污罪是

〔1〕 我国刑法论者一般都将贪污罪与受贿罪侵犯之国家法益概括为职务行为的廉洁性,调研组认为,职务行为的廉洁性过于抽象化,不足以准确反映出贪污罪与受贿罪在罪质方面的区别。因此,本文采用能够具体准确反映两罪罪质的表述。笔者同时认为,正是理论上的这一抽象的表述,对立法者正确认识两罪罪质及其社会危害性并配置相应刑罚产生了一定程度的误导。

指国家工作人员利用职务上的便利，侵吞、窃取、骗取或者以其他手段非法占有公共财物的行为。该行为因违背国家信任而侵犯了公共财产的所有权。由于贪污罪最主要的还是对公共财产所有权的侵犯，因而贪污罪也被认为属于严重的经济犯罪。显然，受贿罪与贪污罪，虽都可归为职务犯罪类型，但两者具有质的不同。因此，它们的社会危害性不论在刑法理论评价上抑或在社会评价方面都不可等同。

具体犯罪刑罚的配置，主要以罪质及其社会危害性为基础，而社会危害性又主要根据该行为在刑法上的评价而定。侵害行为所侵害之法益在刑法上的评价重要程度直接决定着犯罪法定刑罚配置的轻重。而某种侵害行为在刑法上的评价重要与否，又受到特定时期刑事政策的重要影响。显而易见，除非法律明确规定两个法益在刑法上的评价的重要性孰大孰小，否则我们显然不可能通过将二者进行直接比较而得出孰轻孰重的结论。但是，如果我们将二者之间的对比限定在刑法所关注的几个重要方面，并通过多角度的理论分析，就完全可以得出这一具有倾向性的结论：一般而言，至少在受贿数额与贪污数额相同的情况下，受贿罪的社会危害性要明显大于贪污罪的社会危害性。理由如下：

1. 受贿罪保护的法益是公务行为的不可交易性，如果民众认为公务员的职务行为都是可以被售卖交易的，就会导致民众的失望与不安，导致对政府的不信任、对国家政权的不信任，这对任何一个政府和国家来说都是灾难性的。贪污罪虽然也可引发民众对公务行为廉洁性的忧虑，但这种忧虑由于更多地聚焦于行为人个人自身，并非针对公务行为而言，其对政府和国家的破坏性远不足以与受贿罪相比。

2. 侵害结果对社会危害的可控性方面，受贿罪的侵害结果对社会的危害范围和程度往往具有难以预测性和不可控制性。例如，一些国家公职人员收受贿赂后将重大公共基础设施建设违法承包给一些不具有施工资质或施工资质不达标的建设公司，这无疑会给人民群众的生命财产留下了巨大的安全隐患；又如，部分承担食品药品批文或检验检疫的公职人员，收受贿赂后，批准或允许不合格或不安全的食品药品流出市场，这必将形成巨大的食品药品安全隐患，给人民群众的生命健康造成不可挽回的损失。相对而言，贪污罪主要是对公共财产所有权的侵害，其侵害范围和程度一般都处于可控、可量化且可恢复的范围内。当然，因贪污国家救灾款、扶贫款等特殊公共财产而造成的对党和政府威信的损害的非物质损害性也不可忽视。但整体而言，受贿罪因其侵害结果所表现出的往往是不可控性、不可预测性及对社会具有的更大破坏性。

3. 贪污罪发案领域要小于受贿罪的发案领域。贪污罪，由于是建立在与公共财产相关的公务行为之上,而受贿罪对公务行为是否与公共财物有关并无要求。在此意义上,受贿罪比贪污罪具有更大范围的社会危害性,社会危害面更广,可以发生在所有涉及公务行为领域。比如广为社会诟病的食品药品安全、生态环境、执法司法、招生就业升职、安全生产、重大公共工程项目等领域,几乎成为受贿罪的"温床"。这些领域,权力集中,直接关系国民重大切身利益,直接决定社会的和谐稳定。

4. 贪污行为是一个相对封闭的内循环行为系统,而受贿行为则是一个内外循环的相对开放的行为系统。因为贪污行为发生在公务行为中,行为人自己独自即可完成,一般无须他人的配合,且具有秘密性,不易为外人感知。而受贿行为必须由公务行为执行人与他人密切配合方可完成,具有开放性。从人民群众感知的直观性、广泛性、难易程度和由此引发的民众对公务行为的不信任程度大小考察,受贿罪的社会危害性显然比贪污罪更加重。

5. 受贿罪的隐蔽性更强,而贪污罪比较容易发现。从理论上讲,只要相关制度及监督足够严密,贪污行为可以被及时发现并被有效制止,且贪污具体行为通常表现为一个非法行为;而受贿罪,由于其是一个相对开放的行为系统,加之其外在具体行为一般表现为一个合法的公务行为,及时发现和制止具有较大的客观困难性。人民群众对受贿罪具有更大的不安全感。

6. 受贿罪需要比贪污罪更强的打击力度。社会主义法治社会的建设,需要有法可依、执法必严、违法必究;需要将社会各方面纳入法治化轨道;需要在社会各领域逐渐清除我国传统的人情社会的负面影响。公务行为领域是首先应当清除人情负面影响、树立法治权威的关键领域。受贿行为作为人情负面影响在公务行为领域的主要体现,急需强有力的抵制措施。

7. 受贿罪往往会引发一系列的其他职务犯罪行为,而贪污罪具有相对独立性。现实生活中,由受贿罪罪质所决定,公务行为被当作交易的内容,其具体体现就是行为人不履行、不正确履行、违法履行职务行为,而这恰是最终引发一系列可以产生巨大社会危害性的渎职失职犯罪的直接诱因。随着我国经济社会改革向纵深推进,贪污罪与受贿罪,尤其是受贿罪,往往与滥用职权、失职渎职、黑恶势力犯罪、重大安全事故责任犯罪、商业贿赂犯罪、制售伪劣食品药品犯罪等涉职务犯罪及关系国计民生领域的犯罪相伴随,并成为引发后者的主要原因。发生在经济建设重点领域、商业活动关键行业、社会生活主要范围内的触目惊心的腐败犯罪,比如征地拆迁、公共基础设施建设、医疗教育就业关系人民群众切身利益等领域的性质极为恶劣、情节极为严重、危害极为巨大的腐败犯罪。严重损害了人民利益,严重降低了党和政府在人民群众中的威信,严重威胁到了社会的和谐稳定。社会影响恶劣,群众反响强烈。

8.在统计意义上,受贿罪在职务犯罪中属于绝对多发、易发的犯罪。“2004～2013年,全国法院共审结贪污贿赂和渎职等职务犯罪案件262 834件。其中,贪污贿赂案件占职务犯罪的85.40%,2004～2013年全国法院共审结贪污贿赂犯罪案224 457件,判处生效被告人225 981人,说明贪污受贿犯罪多发,属于重点打击的职务犯罪类型”。[2] 此外,根据笔者的初步统计,在最高人民检察院官网上权威发布的273个(2014年8月5日至2015年6月26日期间,其中绝大部分涉案人员为副厅级及以上官员)职务犯罪立案侦查的案件中,单独以受贿罪立案侦查的案件数为221件,以受贿罪与其他职务犯罪立案侦查的案件数为40件,以贪污罪立案侦查的案件数仅为3件,以其他职务犯罪单独立案侦查的数量为9件。综合以上两组数据,我们不难看出受贿罪在整个职务犯罪中所占比例之高,令人震惊。其社会危害性已远非贪污罪之社会危害性所能相比。

(二)立法原因

现行立法未分别设置能准确反映贪污犯罪与受贿犯罪各自罪质的入罪标准及配置相应的量刑体系。值得一提的是,建国后,我国相关法律对贪污犯罪与受贿犯罪在入罪标准的设定和量刑体系的配置方面曾经有过较为能够分别体现二者罪质的尝试,值得我们参考。

1979年《刑法》,受贿罪被规定于“渎职罪”一章第185条且配置了独立法定刑,该条规定:国家工作人员利用职务上的便利,收受贿赂的,处5年以下有期徒刑或者拘役。犯前款罪,致使国家或者公民利益遭受严重损失的,处5年以上有期徒刑。而贪污罪则属于“侵犯财产罪”一章第155条,且最高刑罚为死刑。与1952年颁行的《贪污条例》相比,1979年《刑法》将受贿行为从贪污罪中分离出来独立成罪——受贿罪,归入“渎职罪”一章,并配置独立的法定刑,这是立法理念上的一大进步。贪污罪则被规定在刑法“侵犯财产罪”一章。“贪污罪既是侵犯公共财产,也是渎职的犯罪。对第22稿的修改过程中,曾一度将它从‘侵犯财产罪’一章移入‘渎职罪’一章,后来考虑到它主要还是侵犯公共财产的问题,所以又恢复了原来的位置。”[3] 立法者显然是认识到了受贿行为所侵害的法益并非如贪污行为一样具有财产属性,但是,由于某些原因,立法者显然对受贿罪的社会危害性认识还不足,这一方面最直观的表现就是

〔2〕 袁春湘:《近十年全国贪污贿赂犯罪案件量刑情况分析》,载《中国审判》2015年第6期。

〔3〕 袁春湘:《近十年全国贪污贿赂犯罪案件量刑情况分析》,载《中国审判》2015年第6期。

贪污的刑罚配置要远远重于受贿罪刑罚的配置。

鉴于改革开放后，走私、套汇、投机倒把、盗窃公私财物和索贿受贿等经济犯罪活动猖獗，1982年通过的《全国人民代表大会常务委员会关于严惩严重破坏经济的罪犯的决定》（以下简称《决定》）第1条第2款规定：对刑法第185条第1款和第2款受贿罪修改规定为：国家工作人员索取、收受贿赂的，比照刑法第155条贪污罪论处；情节特别严重的，处无期徒刑或者死刑。1982年的《决定》，从两个方面对受贿罪的刑罚配置进行了较大的调整：其一，刑法对受贿罪的处刑提高到非常严厉的程度，这一改变反映出随着社会历史环境的变化，立法上对受贿罪社会危害性大小之评价的变化，具有积极意义；其二，《决定》改变了之前受贿罪法定刑单独配置的立法形式，受贿罪的量刑出现了参照贪污罪量刑规则与根据自己单独配置的量刑规则双轨制形式，这一立法，既缺乏应有的逻辑性，亦无科学性可言。从形式上看，这应属于立法上的粗疏。就实质方面考察，其反映出立法者对某些情形下受贿罪与贪污罪之社会危害性在刑法评价上简单的等同视之。

后来，由于1979年《刑法》第155条没有具体数额的规定，过于原则，不易把握，不便于司法操作和适用，故1988年全国人大常委会专门制定的《关于惩治贪污罪贿赂罪的补充规定》（以下简称《补充规定》）对此作了补充和修改。[4] 该《补充规定》第5条规定：对犯受贿罪的，根据受贿所得数额及情节，依照本规定第2条的规定处罚；受贿数额不满1万元，使国家利益或者集体利益遭受重大损失的，处10年以上有期徒刑；受贿数额在1万元以上，使国家利益或者集体利益遭受重大损失的，处无期徒刑或者死刑，并处没收财产。索贿的从重处罚。1988年的《补充规定》出台，可谓是前述《决定》的进一步细化，受贿罪仍然延续了法定刑的双轨制量刑形式，但这时两罪在具体量刑规则上出现了明显变化，贪污罪与受贿罪在具体量刑规则上出现了明显差别，至少在涉案数额相同的情形下，如果使国家利益或者集体利益遭受重大损失的，受贿罪的量刑要明显重于贪污罪的量刑。这是受贿罪立法理念上的进步。不可否认，对贪污罪与受贿罪刑法配置的进一步细化，在取得有限的立法者所设想的使贪污罪与受贿罪在入罪与量刑规定方面的更加具体化、更易把握、便于司法操作和适用方面的效果的同时，也使受贿罪的量刑过程更加复杂化、自由裁量权过大，反而不利于司法实践、不利于具体各罪量刑的罪责刑相适应。

---

〔4〕 参见高铭暄：《中华人民共和国刑法的孕育诞生和发展完善》，北京大学出版社2012年版，第601～602页。

1997 年《刑法》第 386 条规定：对犯受贿罪的，根据受贿所得数额及情节，依照本法第 383 条的规定处罚。索贿的从重处罚。

由于本文所选取的案例样本都属于《刑法修正案（九）》颁行之前的已判决案件，裁判所依据的都是 1997 年《刑法》。因此对 1997 年《刑法》关于贪污受贿犯罪条款的规定进行分析就可得出立法方面的原因。

1997 年《刑法》刑法第 383 条是对犯贪污罪的处罚的规定，根据该条的规定，以 5000 元作为标准，5000 元以上绝对构成犯罪并以数额作为 3 档刑罚的基础刑罚，而以“情节严重”及“情节特别严重”成为加重处罚量刑情节；5000 元以下的，同时具备“情节较重”的，才构成犯罪。仅从法条表述来考察，现行《刑法》第 383 条似乎已给具有各种不同量刑情节的受贿罪以及在数额相同的情形下受贿罪的量刑重于贪污罪的量刑可能留有了足够的调节空间。但事实是这样的么？

回答这一问题的关键是对 1997《刑法》第 383 条中之“情节较重”“情节严重”及“情节特别严重”含义应当如何理解的问题。“‘情节较重’，主要是指贪污的情节较严重，如贪污党、团费，贪污扶贫、救灾款，或者贪污后拒不退赃。‘情节特别严重’，通常是指因贪污犯罪使国家利益遭受特别重大损失的，或者贪污后拒不退赃、销毁罪证、订立攻守同盟等”。[5]“所谓情节特别严重，一般是指贪污数额超过 10 万元，又是贪污集团的首犯，贪污的公款财物全部挥霍，贪污行为造成严重后果的，等等”。[6]

“由于受贿罪的客体不是侵犯公私财产的所有权，因此，主要不能以受贿数额作为是否构成受贿罪的标准。刑法第 386 条规定，对犯受贿罪的应根据受贿所得数额及情节，依照刑法第 383 条的规定处罚。按照刑法第 383 条第 1 款第（4）项的规定，受贿数额不满 5000 元，但情节较重的，仍构成受贿罪。所谓情节较重，司法实践中，一般是指因受贿给国家、集体或者公民合法权益造成重大损失的；受贿情节恶劣，强行索取财物；造成极坏社会影响的等情形。”[7]

1999 年 9 月 16 日颁行的《最高人民检察院关于人民检察院直接受理立案侦查案件立案标准的规定（试行）》第一部分第 1 项规定：贪污案件涉嫌下列情形之一的，应予立案：……2. 个人贪污数额不满 5000 元，但具有贪污救灾、抢险、防汛、防疫、优抚、

---

〔5〕 郎胜主编：《中华人民共和国刑法释义》（第 5 版），法律出版社 2011 年版，第 658 页；关于“情节较重”含义之相似观点，参见周道鸾、张军：《刑法罪名精释》（第 4 版）（下），人民法院出版社 2013 年版，第 1034 页。

〔6〕 周道鸾、张军主编：《刑法罪名精释》（第 4 版）（下），人民法院出版社 2013 年版，第 1036 页。

〔7〕 周道鸾、张军主编：《刑法罪名精释》（第 4 版）（下），人民法院出版社 2013 年版，第 1048 页。

扶贫、移民、救济款物及募捐款物、赃款赃物、罚没款物、暂扣款物，以及贪污手段恶劣、毁灭证据、转移赃物等情节的。第一部分第3项规定：受贿案涉嫌下列情形之一的，应予立案：……2. 个人受贿数额不满5000元，但具有下列情形之一的：(1)因受贿行为而使国家或者社会利益遭受重大损失的；(2)故意刁难、要挟有关单位、个人，造成恶劣影响的；(3)强行索取财物的。

具有重要参考意义的司法解释有：2013年1月1日起施行的《最高人民法院、最高人民检察院关于办理行贿刑事案件具体应用法律若干问题的解释》第2条规定："因行贿谋取不正当利益，具有下列情形之一的，应当认定为《刑法》第390条第1款规定的'情节严重'：……(二)行贿数额在10万元以上不满20万元，并具有下列情形之一的：3. 为实施违法犯罪活动，向负有食品、药品、安全生产、环境保护等监督管理职责的国家工作人员行贿，严重危害民生、侵犯公众生命财产安全的；4. 向行政执法机关、司法机关的国家工作人员行贿，影响行政执法和司法公正的。第3条规定：因行贿谋取不正当利益，造成直接经济损失数额在100万元以上的，应当认定为《刑法》第390条第1款规定的"使国家利益遭受重大损失"。第4条规定：因行贿谋取不正当利益，具有下列情形之一的，应当认定为《刑法》第390条第1款规定的"情节特别严重"：……(二)行贿数额在50万元以上不满100万元，并具有下列情形之一的：3. 为实施违法犯罪活动，向负有食品、药品、安全生产、环境保护等监督管理职责的国家工作人员行贿，严重危害民生、侵犯公众生命财产安全的；4. 向行政执法机关、司法机关的国家工作人员行贿，影响行政执法和司法公正的；(三)造成直接经济损失数额在500万元以上的；(四)其他情节特别严重的情形。上述虽然是有关行贿罪的相关规定，但作为受贿罪的对象犯，两罪息息相关。这恰好是立法上从侧面反映出受贿罪的社会危害性的具体表现。

综上所述，对于1997《刑法》第383条中的"情节较重""情节严重"及"情节特别严重"之含义，需要根据其所处之不同场合进行理解。在贪污罪场合，应主要是指以下几种情形：(1)贪污的对象为党费、团费、扶贫款、救灾款等特殊款项；(2)因贪污犯罪使国家利益遭受特别重大损失的；(3)贪污后拒不退赃、销毁罪证、订立攻守同盟、全部挥霍等贪污后续行为表现。而在受贿罪场合，应主要是指因受贿行为而导致严重危害民生、侵犯公众生命财产安全、影响行政执法和司法公正的等使国家或者社会利益遭受重大损失的情形，因受贿而故意刁难、要挟有关单位、个人，造成恶劣影响的以及强行索取财物的情形。

显而易见，除了"因贪污犯罪使国家利益遭受特别重大损失的"情节（仅指在两罪场合下内涵重合情形）可以同时成为贪污罪与受贿犯罪具备的入罪情节或加重量刑情节之外，其余情节均为贪污罪或受贿罪各自所独有的入罪情节或加重量刑情节，不具有内涵方面的重合性。这使得对于《刑法》第 383 条中各种“情节”的理解和认定仍需结合贪污罪与受贿罪各自独特的社会危害性表现进行判断，如此一来，《刑法》规定对犯受贿罪需根据受贿所得数额及情节依照本法第 383 条的规定处罚就失去了应有的合理性、必要性与科学性，徒增理解上的困惑和适用上的复杂混乱。

单就整体的刑罚配置严厉程度而言，《刑法》第 383 条无疑可以满足与受贿罪所有情形相适应的刑罚要求。但是，如前所述，在法条内部入罪情节及具体量刑规则方面，由于评判标准的模糊不清和不合体性，根据现行《刑法》第 383 条，我们显然在对受贿罪具体量刑方面无法做到准确而统一。刑罚配置是否符合罪责刑相适应原则，不仅仅要体现在刑罚配置总量的控制上，更重要的是必须体现在内部量刑规则的设置上。

其实，不仅 1997 年《刑法》关于贪污罪与受贿罪法定刑的配置无法满足受贿罪的合理需求，即使是在新颁行的《刑法修正案（九）》中，仍然没有解决这一问题。在令人充满期待的《刑法修正案（九）》中，贪污罪与受贿罪的入罪标准及量刑体系只是由之前的基本以具体犯罪数额作为入罪标准和以情节作为法定升格刑标准改为以数额与情节并重的入罪量刑模式，并未根据二者之间不同的罪质分别设置入罪标准及配置量刑体系。法律规定如此，相应配套的司法解释就不可能突破这一立法理念。随后颁行的《最高人民法院 最高人民检察院关于办理贪污贿赂刑事案件适用法律若干问题的解释》也只是进一步明确入罪数额及量刑体系数额和情节，除此之外，并无变化可言。整体观之，《刑法修正案（九）》及其配套的司法解释与 1997 年《刑法》相比，关于贪污受贿案件的规定方面，仅仅主要是提高入罪数额标准、相对明确入罪及量刑情节、适当调整了刑幅范围，数额在入罪及量刑方面仍具有绝对的主导作用，在入罪及量刑理念方面并无任何改变。

四、预防审理贪污受贿案件量刑不均衡的对策建议

（一）在立法上将为受贿犯罪设置单独的罪刑条款

现行刑法规定对受贿罪的处罚参照贪污罪法定刑的做法已经在诸多方面显现出其局限性与不科学性，亟须对其配置独立的罪刑条款。

受贿罪，是侵犯了公务行为的不可交易性的行为，其最主要的社会危害性客观表现方面应是由于交易公务行为而造成的一系列社会不利后果方面，而这远非直观的

受贿数额所能准确反映或能够反映出来的。受贿的数额可能不大,但给国家和人民的利益造成的损失可能是巨大的。当然,为了限缩打击范围,增强司法可操作性,调研组建议,受贿罪应建立以数额为主、情节为辅的入罪门槛和以情节为主、数额为辅的量刑规则。具体的数额和情节的规定,要由司法机关根据实践作出司法解释。

拟将我国《刑法》第386条修改为:对犯受贿罪的,根据受贿所得数额及情节,分别依照下列规定处罚:

(1)受贿数额较大或者有其他较重情节的,处3年以下有期徒刑或者拘役,并处罚金。

(2)受贿数额巨大的,处3年以上5年以下有期徒刑,并处罚金或者没收财产;同时具有其他严重情节的,处3年以上10年以下有期徒刑,并处罚金或者没收财产;受贿数额未达到数额巨大,但具有其他严重情节的,处3年以上10年以下有期徒刑,并处罚金或者没收财产。

(3)受贿数额特别巨大,处10年以上有期徒刑,并处罚金或者没收财产;同时具有其他特别严重情节的,处10年以上有期徒刑或者无期徒刑,并处罚金或者没收财产;受贿数额未达到数额特别巨大,但具有其他特别严重情节的,处10年以上有期徒刑或者无期徒刑,并处罚金或者没收财产;数额特别巨大,同时使国家和人民利益遭受特别重大损失的,处无期徒刑或者死刑,并处没收财产;受贿数额未达到数额特别巨大,但使国家和人民利益遭受特别重大损失的,处无期徒刑或者死刑,并处没收财产。

(二)将贪污犯罪与受贿犯罪纳入量刑规范化

贪污受贿犯罪,个罪之间犯罪情节和量刑情节差异较大,尤其是受贿犯罪。将此二罪纳入量刑规范化,难度较大。但是考虑到目前贪污受贿犯罪在量刑中出现的如上所述之严重混乱及罪责刑倒挂局面,根据罪责刑相适应原则的要求,基于可操作性之考量,将贪污受贿犯罪纳入量刑规范化势在必行。

在量刑规范化过程中,对于贪污罪与受贿罪,因其不同罪质所致,应遵循不同的原则。贪污罪应遵循以数额为主,情节为辅,相反,受贿罪应遵循以情节为主,数额为辅的原则。除了司法解释现已考虑到的情节,如贪污救灾、抢险等特定款物的、赃款赃物用于非法活动的、多次索贿的、为他人谋取不正当利益等情节以外,应当将能更加准确反映贪污受贿危害性的诸如次数、持续时段、职务级别、涉案领域等情节作为入罪量刑重要情节纳入量刑规范化。

根据2016年最高人民法院、最高人民检察院《关于审理贪污贿赂刑事案件适用法律若干问题的解释》的规定，结合审判实践，建议对贪污受贿案件作如下量刑规范化构建。

1. 以数额加情节确定贪污罪的量刑

（1）贪污数额达到数额较大 3 万元，或者数额达到 1 万元同时具有下列情形之一的：①贪污救灾、抢险、防汛、优抚、扶贫、移民、救济、防疫、社会捐助等特定款物的；②曾因贪污、受贿、挪用公款受过党纪、行政处分的；③曾因故意犯罪受过刑事追究的；④赃款赃物用于非法活动的；⑤拒不交代赃款赃物去向或者拒不配合追缴工作，致使无法追缴的；⑥造成恶劣影响或者其他严重后果的。可以在拘役 6 个月至有期徒刑 1 年内确定量刑起点。在此基础上，根据贪污数额或情节调整基准刑，每增加数额 1 万元，或者每增加严重情节一种的，可以增加 1 ~2 个月刑期。

（2）贪污数额达到数额巨大 20 万元，或者数额达到 10 万元同时具有上述 6 种加重情形之一的，可以在有期徒刑 3 ~4 年内确定量刑起点。在此基础上，根据贪污数额或情节调整基准刑，每增加数额 5 万元，或者每增加严重情节一种的，可以增加 1 ~2 个月刑期。

（3）贪污数额达到数额特别巨大 300 万元，或者数额达到 150 万元同时具有上述 6 种加重情形之一的，除了应当判处无期徒刑或死刑以外的，可以在有期徒刑 10 年至 11 年内确定量刑起点。在此基础上，根据贪污数额或情节调整基准刑，每增加数额 10 万元，或者每增加严重情节一种的，可以增加 1 ~2 个月刑期。

2. 以情节加数额确定受贿罪的量刑

（1）受贿数额达到数额较大 3 万元，或者数额达到 1 万元同时具有下列情形之一的：①多次索贿的；②为他人谋取不正当利益，致使公共财产、国家和人民利益遭受损失的；③为他人谋取职务提拔、调整的。可以在拘役 6 个月至有期徒刑 1 年内确定量刑起点。在此基础上，根据受贿数额或情节调整基准刑，每增加数额 1 万元，或者每增加严重情节一种的，可以增加 1 ~2 个月刑期。

（2）受贿数额达到数额巨大 20 万元，或者数额达到 10 万元同时具有上述 3 种加重情形之一的，可以在有期徒刑 3 ~4 年内确定量刑起点。在此基础上，根据贪污数额或情节调整基准刑，每增加数额 5 万元，或者每增加严重情节一种的，可以增加 1 ~2 个月刑期。

（3）受贿数额达到数额特别巨大 300 万元，或者数额达到 150 万元同时具有上述 3 种加重情形之一的，除了应当判处无期徒刑或死刑以外的，可以在有期徒刑 10 年至 11 年内确定量刑起点。在此基础上，根据贪污数额或情节调整基准刑，每增加数额

10万元,或者每增加严重情节一种的,可以增加1~2个月刑期。

3.根据法定量刑情节调整贪污受贿罪的量刑幅度

(1)具有自首或立功情节的,可以减少基准刑的40%以下,但最多不能超过5年。特别注意的是,应根据自首情节的主动性、彻底性确定减少基准刑的幅度。

(2)具有索贿情节的,可以增加基准刑的50%以下,但最高不能超过法定刑幅度。

(3)具有积极退赃情节的,可以减少基准刑的30%以下,但最多不能超过3年。

4.严格把握免于刑事处罚及缓刑的适用

(1)贪污或受贿数额在5万元以内,没有可以认定为"情节严重"情形,且具有自首、积极退赃情节,未给国家造成经济损失或不良影响的,可以免于刑事处罚。

(2)贪污或受贿数额在20万元以内,没有可以认定为"情节严重"情形,且具有自首或立功情节、积极退赃,确实真诚悔罪,没有再犯罪的危险,宣告缓刑没有不良社会影响的,可以宣告缓刑。

五、由量刑不均衡引发的思考

(一)贪污受贿罪的主体认定

1.贪污受贿罪的主体范围。根据现行《刑法》第93条、第382条、第385条的规定,构成贪污受贿罪的主体必须是从事公务的国家工作人员。从事公务是指代表国家对公共事务所进行的管理、组织、领导、监督等活动。它具有两方面的特点:一是具有管理性,即对公共事务进行管理。这里的公共事务比较广泛,既可以是国家事务,也可以是社会事务和集体事务,其范围涉及政治、经济、文化、军事、文体、卫生、科技以及同社会秩序有关的各种事务的管理。二是具有国家代表性,即这种活动是代表国家进行的,它是一种国家管理性质的行为,而不是代表某个人、某个集体、团体的行为。这种活动是国家权力的一种体现或是国家权力的派生权力的一种体现。[8] 而国家工作人员则包括:(1)国家机关中从事公务的人员;(2)国有公司、企业、事业单位、人民团体中从事公务的人员以国家工作人员论;(3)国家机关、国有公司、企业、事业单位委派到非国有公司、企业、事业单位、社会团体从事公务的人员;(4)其他依照法律从事公务的人员。

2.审判实践中有关贪污受贿的主体认定。审判实践中,对于国家工作人员的准

〔8〕 参见高潮:《论贪污罪的主体范围》,载《西安教育学院学报》2004年第2期。

确认定，直接关系着贪污受贿罪的准确定性，更直接影响对此类被告人的准确量刑。下面将通过课题组所在法院的具体判例分析，为今后对此类案件的判处提供参考。

案例 1：被告人焦某某被聘任为广西区高院网络管理员。2011 年 4 月至 2012 年 3 月，焦某某多次伪造领导签字，以购买零配件的名义骗取单位转账付款，后将所支付的款项用于购买电脑等物品占为己有，价值共计 55 730 元。公诉机关指控焦某某犯贪污罪。法院审理认为，焦某某只是通过劳务派遣到区高院担任网络管理员的工作，岗位职责不具有受委托经营、管理公共财产的职权，不符合贪污罪的主体要件，最后判决焦某某犯职务侵占罪。

本案例中，虽然被告人所在单位为国家机关，但首先其并非公务人员，最关键的是其从事的并非公务，没有管理、经营国有财产的职权。可见，认定国家工作人员身份，必须符合“身份” + “职务”的双重标准。同时，应区分公务与劳务的不同，劳务的存在与所有制的性质无关，公务活动则直接或间接地体现着国家对社会的管理，公务人员在单位内的职能部门中，享有职务上对某种事务进行决策、管理和办理的一定权力，而劳务人员则不享有这种权力。实践中，有些被告人虽然不是公务员，但如经授权、委托从事公务的，亦属于国家工作人员。此类人员即是其他依照法律从事公务的人员，主要是指：(1) 依照法律履行职责的各级人大代表；(2) 依法履行职责的各级人民政协委员；(3) 在人民法院依法履行审判职责的人民陪审员；(4) 协助乡镇人民政府从事行政管理工作的村民委员会、居民委员会和基层党组织人员。

案例 2：2010 年 3 月至 2011 年 3 月，被告人王某某被北部湾银行聘任为北部湾银行营业部公司营业二部经理。期间，王某某认识了某公司董事长莫某，莫某所在公司向王某某所在银行申请 3000 万元贷款，由王某某所在部门办理，王某某接受莫某赠送的一辆价值 56.7 万元的宝马牌越野车，还接受莫某付款 98 万元的房屋和车位一套以及 10 万元的房屋团购名额，莫某成功申请到贷款 3000 万元。2011 年 3 月至 2012 年 1 月，王某某被聘任为北部湾银行营业部公司营业三部经理。期间，莫某所在公司向王某某所在银行申请 5000 万元贷款，由王某某所在部门办理，王某某接受莫某为其购买房屋价款 270 万元，还接受莫某为其购买价值 74.9 万元的路虎越野车一辆，莫某成功申请到贷款 4620 万元。公诉机关指控王某某犯非国家工作人员受贿罪。法院审理认为，北部湾银行系国有出资企业，王某某非受国家机关、国有公司、企业、事业单位委派从事公务的工作人员，不具有国家工作人员的身份，其利用职务便利为他人谋取利益，收受对方给予的汽车、房屋等财产，构成非国家工作人员受贿罪。

本案例中,被告人的身份情况在目前的审判实践中也较为多见,且亦存在较大的争议。根据2010年两高《关于办理国家出资企业中职务犯罪案件具体应用法律若干问题的意见》,关于国家出资企业中国家工作人员认定标准为:(1)经国家机关、国有公司、企业、事业单位提名、推荐、任命、批准等,在国有控股、参股公司及其分支机构中从事公务的人员;(2)经国家出资企业中负有管理、监督国有资产职责的组织批准或者研究决定,代表其在国有控股、参股公司及其分支机构中从事组织、领导、监督、经营、管理工作的人员。可见,此类国家工作人员的认定,必须经过合法的"委托",其中要有合法的委托主体、规范的委托形式、被委托人员的公务代表性。王某某所在北部湾银行为国有参股的股份制公司,其担任营业二部经理、营业三部经理,是否经有管理、监督国有资产职责的组织批准或者研究决定,应是其是否为国家工作人员的关键。而现实中,国有出资企业中对于此类人员的任命没有统一形式,甚至无据可寻,很难在案件审理中查明。另外,对于"负有管理、监督国有资产职责的组织"理解也不统一。实践中一般认为,经国有出资企业的党政联席会议讨论决定,即可视为经"负有管理、监督国有资产职责的组织"研究决定,而是否需要正式下达任命文件等,却又没有统一规定。此问题成为审判实践中亟须统一的问题。

(二)贪污受贿罪中自首问题的认定

关于自首问题,现行《刑法》第67条、2010年最高人民法院《处理自首和立功具体应用法律若干问题的解释》(以下简称"解释")作了较为详细的规定。2009年最高人民法院、最高人民检察院《关于办理职务犯罪案件认定自首、立功等量刑情节若干问题的意见》(以下简称"意见"),专门对职务犯罪自首作出了更为严格的规定。正是由于贪污受贿罪等职务犯罪的特殊性,此类案件从侦查阶段即与普通刑事案件不同,作专门规定更利于审判中的统一认定。根据《意见》的规定:犯罪事实或犯罪分子未被办案机关掌握,或者虽被掌握,但犯罪分子尚未受到调查谈话、讯问,或者未被宣布采取调查措施或者强制措施时,向办案机关投案的,是自动投案。没有自动投案,在办案机关调查谈话、讯问、采取调查措施或者强制措施期间,犯罪分子如实交代办案机关掌握的线索所针对的事实的,不能认定为自首。由此可理解为,只要办案机关事先锁定了犯罪嫌疑人及其犯罪事实,其就失去了自首的余地。审判实践中,对于典型的自首情形认定不存在太大问题,但困扰我们的最大问题是"自动投案"的认定。

案例:被告人郑某某在2010年至2014年担任中国石油广西销售分公司建设工程管理处处长期间,利用职务便利,先后5次收受关联公司法人李某某送予的现金共计14万元。2016年,人民检察院办案人员根据已掌握的线索,到郑某某所在单位将其带回办公区调查,后郑某某交代受贿事实。一审法院认为,郑某某犯受贿罪成立,具有坦白情节,但不具有自首情节。郑某某不服上诉,二审法院认为郑某某有投案的主动性,构成自首,予以从轻处罚。

案例中,一审法院与二审法院出现分歧的地方就是对于"自动投案"的认定。一审法院认为,在检察机关已掌握犯罪事实及锁定犯罪嫌疑人的情况下,郑某某已失去了自首的余地,且办案人员是去往郑某某单位强制将被告人带回办案区调查,其供述的亦是线索所针对的事实,因此认定郑某某不具有自首情节。二审法院则认为,检察机关虽掌握了郑某某受贿的线索,但未被宣布采取调查措施或者强制措施,办案人员到其单位亦未表明身份,郑某某在合理怀疑是检察机关找其的心态下回到单位并主动表明身份,具有投案的主动性,是自动投案。但我们认为,二审法院忽视了被告人是否还存在自首余地的问题,值得商榷。如果犯罪嫌疑人在意识到自己犯罪事实败露的情况下如实作了交代都认定为自首,将无法与坦白情节作区分,势必会导致量刑的失衡。

另外,对比《刑法》第 67 条、《解释》与《意见》可发现,《意见》中"办案机关"比《解释》中的"公安机关、人民检察院或者人民法院"范围广。因此,实践中普遍认为"办案机关"包括纪检监察机关。对于纪检监察机关事先介入的职务犯罪案件,自首问题主要就是犯罪分子在纪检、监察部门调查期间如实供述了犯罪事实,能否认定为自首。我们认为,对于纪检监察机关采取的"双规""双指"等调查措施而进行的调查谈话,相当于公安、检察院、法院等司法部门的讯问,其所采取的调查措施就相当于司法部门所采取的强制措施。只要犯罪线索被纪检监察机关掌握并受到调查谈话、讯问后,无论其后向哪个机关投案,都不能以主动投案认定。而线索指向的事实应当按照其是否指向犯罪嫌疑人而进行区分——"如果侦查机关已知有犯罪事实并已锁定犯罪嫌疑人者,被锁定的行为人再无自首之可能";[9] 如果办案机关掌握的线索并不能锁定嫌疑人,或者不能仅凭此线索指控嫌疑人,那么嫌疑人供述并交代主要犯罪事实的仍有成立自首之契机。

(三)积极退赃对量刑的影响

退赃作为法定量刑情节的确定,根据最高人民法院、最高人民检察院《关于办理职务犯罪案件认定自首、立功等量刑情节若干问题的意见》的规定,贪污贿赂案件中

〔9〕 林珏雄:《新刑法总则》,中国人民大学出版社 2009 年版。

积极退赃只作为酌定量刑情节。《刑法修正案(九)》对刑法第383条修改后将积极退赃作为法定量刑情节予以了规定,为审判实践提供了更充分的法律依据。然而,由于具体案件的不同,在认定是否“积极退赃”的问题上,仍存在一些困扰。

1.“积极退赃”的条件。积极退赃作为法定量刑情节,必须具备两个要件:一是主观态度必须明确,且是积极主动;二是所退赃款、赃物必须明确,可予以执行。如果是因办案机关追缴追回的,则不应认定为被告人积极退赃,但如果积极配合办案机关追缴赃款、赃物,则可认定为积极退赃。

2.受贿人主动将赃款退还行贿人能否认定为“积极退赃”。有观点认为,应当认定为积极退赃。理由为:积极退赃中的积极是指主动、热心、促进发展的意思,退赃是退出赃款赃物的意思。按字面理解,积极退赃就是主动退出赃款赃物的意思。因为受贿款是行贿人所送,受贿人主动将赃款退还给行贿人的事实符合积极退赃的含义,所以应当认定为积极退赃。[10] 但我们认为,此种情形不应当认定为积极退赃。因为受贿犯罪侵犯的是国家工作人员的职务廉洁性,直接受害的是国家,退赃法律关系中有权接受违法所得财物的权利人只能是国家或受害人。在受贿退赃中,能够接受退出赃款的权利人应为国家而不是行贿人。再者,行贿人行贿的行为是国家法律禁止的,行贿人也是违法行为人,其并不受法律保护。

3.共同贪污受贿案件中,是否应全部退赃才能认定为“积极退赃”。在此类案件中,共同犯罪行为人分赃后,只有部分行为人到案,且只退回其本人分得的赃款时,也存在不同的看法。有观点认为,基于共同犯罪全部负责的原则,共同贪污受贿犯罪行为人应对其犯罪造成的后果负全部责任,只有全部退赃才能认定为积极退赃,从而依法予以从轻、减轻处罚;也有观点认为,基于受益原则,共同贪污受贿犯罪行为人只对自己分得的赃款负责,只要积极退回自己分得的赃款、赃物即可认定为积极退赃。我们认为第一种观点更符合共同犯罪的法理及原则,只有全部退赃才能认定为“积极退赃”,这可避免因“积极退赃”而从轻、减轻处罚的滥用,更能体现量刑均衡。

结　语

实践证明,我国审判实践中对于贪污受贿案件的量刑确实存在不均衡的问题,这影响了我国裁判的司法权威,不利于对贪污受贿的打击,甚至会产生一些负面的社会

〔10〕 参见孙以飞:《如何认定“积极退赃”》,载《江苏法制报》2016年1月26日,第00B版。

效果。因此,本文通过对已经公布的判决书进行分析,再结合所在法院审判中面临的问题,力求促进从立法及司法层面减少量刑不均衡的因素,希望能给我国关于贪污受贿的量刑均衡化带来帮助,真正落实罪责刑相适应原则。

图书在版编目(CIP)数据

公正司法前沿探索. 2017 年. 第 4 辑 : 总第 6 辑 / 黄克主编. -- 北京 : 法律出版社, 2018
ISBN 978 - 7 - 5197 - 2587 - 7

Ⅰ. ①公… Ⅱ. ①黄… Ⅲ. ①司法 - 研究 - 中国 Ⅳ. ①D926.04

中国版本图书馆 CIP 数据核字(2018)第 185174 号

公正司法前沿探索
(2017 年第 4 辑)(总第 6 辑)
GONGZHENG SIFA QIANYAN TANSUO
(2017 NIAN DI - 4 JI)(ZONG DI - 6 JI)

黄 克 主编

责任编辑 田 浩
装帧设计 鲍龙卉

出版 法律出版社
总发行 中国法律图书有限公司
经销 新华书店
印刷 固安华明印业有限公司
责任印制 胡晓雅

编辑统筹 法商出版分社
开本 720 毫米×960 毫米 1/16
印张 22.5
字数 327 千
版本 2018 年 8 月第 1 版
印次 2018 年 8 月第 1 次印刷

法律出版社/北京市丰台区莲花池西里 7 号(100073)
网址/www.lawpress.com.cn
投稿邮箱/info@lawpress.com.cn
举报维权邮箱/jbwq@lawpress.com.cn
销售热线/010 - 63939792/9779
咨询电话/010 - 63939796

中国法律图书有限公司/北京市丰台区莲花池西里 7 号(100073)
全国各地中法图分、子公司销售电话:
统一销售客服/400 - 660 - 6393
第一法律书店/010 - 63939781/9782　西安分公司/029 - 85330678　重庆分公司/023 - 67453036
上海分公司/021 - 62071010/1636　深圳分公司/0755 - 83072995

书号:ISBN 978 - 7 - 5197 - 2587 - 7　**定价:**48.00 元

(如有缺页或倒装,中国法律图书有限公司负责退换)